Wissenschaftliche Karriere als Hasard

Julia Reuter ist Professorin für Erziehungs- und Kultursoziologie an der Universität Köln. Dr. *Oliver Berli* und *Manuela Tischler* sind dort wissenschaftliche Mitarbeiter.

Julia Reuter, Oliver Berli, Manuela Tischler (Hg.)

Wissenschaftliche Karriere als Hasard

Eine Sondierung

Campus Verlag
Frankfurt/New York

ISBN 978-3-593-50634-0 Print
ISBN 978-3-593-43507-7 E-Book (PDF)
ISBN 978-3-593-43549-7 E-Book (EPUB)

Copyright © 2016 Campus Verlag GmbH, Frankfurt am Main
Umschlaggestaltung: Campus Verlag GmbH, Frankfurt am Main
Satz: Beltz Bad Langensalza GmbH
Gesetzt aus: Garamond
Druck und Bindung: Beltz Bad Langensalza GmbH
Printed in Germany

www.campus.de

Inhalt

III. Zutrauen, Vertrauen und Wissenschaftskarriere

Wissenschaftliche Karriere als Hasard. Eine Sondierung

Julia Reuter, Oliver Berli und Manuela Tischler

1. Wissenschaftliche Karriere als Hasard – Zur anhaltenden Aktualität einer Problemdiagnose

Karrieren in der Wissenschaft sind ein Hasard: Diese Problemdiagnose wird gegenwärtig in verschiedenen Arenen und von verschiedenen Akteuren verhandelt. In den Medien ist von Resignation, Überbelastung und einer hohen Ausstiegsneigung von Universitätsangehörigen als Folge der gegenwärtigen Beschäftigungsbedingungen die Rede,[1] von Seite des so genannten wissenschaftlichen Nachwuchses werden Petitionen ins Leben gerufen,[2] in denen neben der Problematik befristeter Arbeitsverhältnisse auf die zunehmende Unsicherheit wissenschaftlicher Karrierewege hingewiesen wird, Fachgesellschaften befassen sich mit der Thematik ebenso wie es von Seiten der gewerkschaftlichen Interessenvertretung Vorstöße gibt, den Unmut in programmatische Forderungen zu gießen.[3] Neben den genannten Akteuren bieten auch etablierte Wissenschaftler_innen Beschreibungsformeln – wie etwa *akademischer Kapitalismus* (Münch 2011) – für die diagnostizierten Phänomene an. Die beobachtbare Vielfalt der beteiligten Akteure wird durch die Übereinstimmungen in den Problembeschreibungen abgemildert. Neben der durchgängigen Betonung der negativen Entwicklungen im deutschen Wissenschaftssystem und deren Effekte auf Wissenschaftskarrieren wird damit – mehr oder weniger implizit – immer auch die normative Frage »was ist gute Arbeit?« mitverhandelt.

---

1 So berichtete die ZEIT im September 2015 mit Bezug auf eine Umfrage unter Nachwuchswissenschaftler_innen (vgl. Seifert 2015: 93ff.).

2 Hierzu ließe sich etwa eine Petition von Nachwuchswissenschaftler_innen zählen, die 2014 an die Deutsche Gesellschaft für Soziologie (DGS) gerichtet wurde (https://www.openpetition.de/petition/online/fuer-gute-arbeit-in-der-wissenschaft).

3 Exemplarisch sind das Templiner Manifest sowie der Herrschinger Kodex der GEW zu nennen.

Tritt man einen Schritt von diesen aktuellen Problemdiagnosen zurück, lässt sich erkennen, dass zentrale Aspekte der gegenwärtigen Kritik keineswegs neue Problembeschreibungen sind. Vielmehr gehören Unplanbarkeit und Risikohaftigkeit zu den wiederkehrenden Schwerpunkten der Thematisierung wissenschaftlicher Karrieren. Um auf die anhaltende Relevanz dieser Problematik hinzuweisen, greift der Titel des vorliegenden Bandes auf eine Formulierung Max Webers zurück, der in seiner Rede »Wissenschaft als Beruf« vor annähernd 100 Jahren Wissenschaftskarrieren mit dem Begriff des »Hazards« umschrieb (1988 [1919]). In dieser Rede benennt Weber mehrere Bedingungen des Gelingens wissenschaftlicher Karrieren, gleichwohl räumt er dem Zufall besondere Relevanz ein: »Gewiß: nicht nur der Zufall herrscht, aber er herrscht doch in ungewöhnlich hohem Maße. Ich kenne kaum eine Laufbahn auf Erden, wo er eine so große Rolle spielt« (1988 [1919]: 585).

Wenn auch der Verweis auf Weber nicht fehlen darf, sobald im deutschsprachigen Raum über Wissenschaftskarrieren gesprochen bzw. geschrieben wird, muss doch – mit Reinhard Kreckel (2013) gesprochen – auf die »unzeitgemäße Aktualität Max Webers« hingewiesen werden. Die deutsche Universität, wie sie Weber in seiner Rede vor Augen hatte, ist seitdem vielen Veränderungen unterworfen gewesen. Damit hat sich auch das Bild wissenschaftlicher Karrieren gewandelt. Während Weber den Beginn der wissenschaftlichen Laufbahn in der Privatdozentur (1988 [1919]: 583) sah und vor allem einen spezifischen Ausschnitt wissenschaftlicher Karrieren fokussierte – den Übergang vom Status des Privatdozenten auf eine ordentliche Professur – wird heutzutage in der Hochschul- und Wissenschaftsforschung der Startpunkt einer wissenschaftlichen Karriere meist schon in früheren Karrierestufen verortet.[4] Die Privatdozentur ist nicht mehr, oder präziser: nicht mehr in allen Disziplinen die notwendige Vorstufe zur Erlangung von Berufbarkeit, was die Auffächerung von Karrierewegen befördert hat. Neben der Pluralisierung und Differenzierung von wissenschaftlichen Karrierewegen, etwa durch neue Personalkategorien und Qualifizierungsmöglichkeiten, zählen zu den bedeutsamen Veränderungen auch die Ausweitung des sogenannten Mittelbaus (vgl. Enders 1996) bis hin zur heutigen Personalstruk-

---

4 Aber auch wenn Wissenschaftskarrieren vielleicht früher ansetzen, oder anders: die Untersuchung von Wissenschaftskarrieren auch frühere Phasen in den Blick nimmt, erweist sich die Metapher des Hasards oder Glücksspiels weiterhin als äußerst anschlussfähig. So fungieren Zufall und Glück auf der Ebene lebensgeschichtlicher Erzählungen als bedeutsame Deutungsmuster wie Anelia Kasabova und Nikola Langreiter am Beispiel von Kulturwissenschaftler_innen (2007) gezeigt haben.

tur an deutschen Universitäten, die im internationalen Vergleich ein deutliches Missverhältnis zwischen befristeten und unbefristeten Stellen aufweist (bspw. Kreckel/Zimmermann 2014). Mit diesen Entwicklungen ist auch eine verschärfte Konkurrenz- und Wettbewerbssituation unter den Beschäftigten verbunden. Denn in letzter Konsequenz gleicht der wissenschaftliche Arbeitsmarkt in Deutschland einem *winner-take-all*-Markt (vgl. Rogge 2015). So verweisen zeitdiagnostische Befunde vor allem auf die anhaltende Aktualität der Problemdiagnose, Wissenschaftskarrieren seien Hasard. Denn berufliche Unsicherheit und Kompetitivität ebenso wie langwierige Qualifizierungsverläufe, ausgeprägte Hierarchien und eine hohe Selektivität sind bis heute konstitutive Merkmale wissenschaftlicher Karrieren. Um die berufliche Unsicherheit wusste aber auch schon Weber, wenn er in seinem Vortrag darauf hinweist, dass neben den beruflichen auch finanzielle Risiken zur Universitätslaufbahn gehören: »Denn es ist außerordentlich gewagt für einen jungen Gelehrten, der keinerlei Vermögen hat, überhaupt den Bedingungen der akademischen Laufbahn sich auszusetzen. Er muß es mindestens eine Anzahl Jahre aushalten können, ohne irgendwie zu wissen, ob er nachher die Chancen hat, einzurücken in eine Stellung, die für den Unterhalt ausreicht.« (1988 [1919]: 583)[5] Unter diesen Bedingungen ist von einer hohen sozialen Selektivität des Hochschulpersonals auszugehen, die historisch angelegte Studien belegen. Hier ist etwa Martin Schmeisers Untersuchung zum »akademischen Hasard« (1994) zu nennen, in der 50 Berufsbiographien von Professoren an deutschen Universitäten zur Jahrhundertwende (1870–1920) rekonstruiert werden. Diese und andere Studien (bspw. Weber 1984) zeigen sehr deutlich, dass wissenschaftliche Karrieren immer schon hoch selektiv und mit erheblichen Risiken des Scheiterns verbunden waren: Den angehenden Professoren wurde schon damals nicht nur eine hohe Frustrationstoleranz abverlangt, sondern das Berufsziel bedeutete auch einen jahrelangen Verzicht auf eine normale bürgerliche Existenz inklusive Familiengründung. Die Entscheidung für eine wissenschaftliche Karriere war somit auch zu Beginn des 20. Jahrhunderts eine Entscheidung für eine riskante Berufslaufbahn und eine entbehrungsreiche Zeit voller emotionaler Spannungen.

---

5 Dass Wissenschaft nicht nur eine geistesaristokratische, sondern auch eine dominant männliche Unternehmung ist bzw. sein sollte, ist für Weber so selbstverständlich, dass es nicht thematisiert wird. Auch wenn sich die Selbstverständlichkeiten deutlich verschoben haben, ist die Relevanz der Ungleichheitsdimension Geschlecht in der Wissenschaft ungebrochen (vgl. exemplarisch Beaufaÿs 2003; Beaufaÿs et al. 2012; Kahlert 2013; Wobbe 2003).

Vor dieser vielschichtigen Ausgangslage stellt sich die Frage, was die heutige Diskussion um wissenschaftliche Karrieren als Hasard an neuen Einsichten bringen kann. Eine notwendige Schärfung des Blicks leistet sicherlich die vergleichende Beschäftigung mit akademischen Karrierestrukturen und Hochschulsystemen, die den differenierenden Grad an Institutionalisierung des Hasards in der Organisation von Laufbahnen veranschaulichen. So unterscheiden sich Karrierebedingungen in Deutschland, Kreckel und Zimmermann (2014) zufolge, in vielerlei Hinblick von Karrierestrukturen in anderen Ländern, wie z. B. in den USA, Großbritannien, Frankreich: Sie sind riskanter, weil es hierzulande nach wie vor eine hohe normative Orientierung am historisch tradierten Habilitationsmodell gibt – selbst in Fächern, in denen die kumulative Habilitation eingeführt wurde. Dies führt zu einer extrem ausgedehnten Qualifikationszeit, einem hohen Lebensalter der Habilitierenden, einer späten Selbständigkeit in Lehre und Forschung und einer ungeklärten Situation der nicht berufenen Privatdozent_innen (ebd.: 35). Weder Neuerungen, wie z. B. die Einführung der Stellenkategorie der Juniorprofessur, noch Exzellenzinitiativen oder die Internationalisierungsbemühungen deutscher Hochschulen haben daran etwas geändert. Für die Postdoc-Phase steht in Deutschland nach wie vor die Qualifizierungsaufgabe im Vordergrund, weshalb Postdoc-Stellen typischerweise befristet besetzt werden (vgl. ebd.: 41). So macht die Gruppe der befristet beschäftigten wissenschaftlichen Mitarbeiter_innen (Nachwuchsgruppenleiter_innen und Drittmittelbeschäftigte eingeschlossen) in Deutschland immerhin fast 80 % des gesamten wissenschaftlichen Personals aus. Kein anderes Land leistet sich diese Unverhältnismäßigkeit, die neben der Verschärfung der Konkurrenz auch eine späte, dafür massive Selektion bei der Besetzung von Professuren notwendig macht. Zudem liegt ihr eine eigentümliche Logik zugrunde: Obwohl die Mitarbeiter_innenstellen gerade aufgrund ihres Qualifikationscharakters befristet werden, konnte ihre Zahl in Deutschland nur deswegen so stark zunehmen, weil der Großteil sich gerade nicht weiter qualifiziert, und damit auch nicht mehr Teil des akademischen Karrieresystems ist. Das massenhafte »Scheitern« von wissenschaftlichen Karrieren ist somit gewissermaßen konstitutiv für das deutsche Hochschulsystem. Folglich ist der Hasard wissenschaftlicher Karrieren aktueller und brisanter denn je, zumal in Deutschland.

Vor diesem Hintergrund erscheint die hohe Einstiegsneigung des Nachwuchses in wissenschaftliche Karrieren umso erklärungsbedürftiger. Im wissenschaftlichen Feld gibt es anders als in anderen Arbeitsfeldern keinen

»Nachwuchsmangel«. Jedes Jahr strömen aufs Neue kreative und engagierte junge Menschen aus den Universitäten direkt wieder in die Universitäten hinein. Strukturierte Promotionsprogramme in Form von DFG-finanzierten Graduiertenkollegs wie auch durch die Exzellenzinitiative geförderte Graduiertenschulen produzieren nennenswerte Mengen von promovierten Wissenschaftler_innen, die gerne im System bleiben möchten.[6] Allein gegenwärtig stehen über 230.000 wissenschaftlichen Mitarbeiter_innen tendenziell 45.000 Professuren gegenüber (vgl. Konsortium Bundesbericht 2013). Der »Flaschenhals« für den wissenschaftlichen Nachwuchs wird also immer schmaler, aber die Flasche verjüngt sich erst zu einem sehr späten Zeitpunkt; sie ist lange Zeit sehr breit und wird dann plötzlich sehr eng. Während in anderen Ländern, der Zugang zur Promotion an eine Stelle und/oder besondere Auswahlverfahren und Eignungsprüfungen gebunden ist, braucht es hierzulande häufig lediglich die Zusage eines Betreuenden, um promovieren zu dürfen. Auch dies erklärt womöglich die Attraktivität einer wissenschaftlichen Karriere. Hinzu kommt, dass wissenschaftlichen Titeln auch heute noch ein Hauch von »Adelung der eigenen Persönlichkeit« anhaftet. Der Doktortitel fungiert als symbolisches Kapital, auch wenn davon auszugehen ist, dass der Wert des Titels, nicht nur wegen der zahlreichen bekannt gewordenen Plagiatsaffären von Persönlichkeiten des öffentlichen Lebens, in den letzten Jahren gelitten hat (Hoffritz 2015: 97). Wissenschaftler_innen genießen in unserer Gesellschaft ein hohes Prestige; seit Jahren rangiert der Beruf des Hochschulprofessors auf den vorderen Rängen der Berufsprestigeskala (IfD 2013). Und: Wissenschaftliches Arbeiten erscheint im Vergleich zu vielen anderen Berufen sehr selbstbestimmt, was Themen, Methoden und nicht zuletzt die Zeiteinteilung angeht und ist nach wie vor eng mit der Vorstellung spannender ungelöster Rätsel der Wissenschaft verbunden (vgl. Müller 2014: 9).[7]

Tatsächlich werden neben der hohen gesellschaftlichen Bedeutung des wissenschaftlichen Qualifizierungssystems die großen Freiheiten des Wis-

---

6 Vor diesem Hintergrund kommt die so genannte Imboden-Kommission, welche die Exzellenzinitiative evaluiert, zu der Empfehlung, Graduiertenschulen in der nächsten Runde der Exzellenzinitiative kein weiteres Mal zu fördern (IEKE 2016: 39).

7 Wer sich für eine wissenschaftliche Karriere entscheidet, entscheidet sich in der Regel auch gegen ein anti-intellektualistisches (Arbeits-)Leben und für eine Lebensform, in der möglicherweise das »ziellose Wandern, gepaart mit dem Gefühl, überall hin gehen zu dürfen« im Sinne Zygmunt Baumans (1995) als privilegiert gilt. Oder ist die postmoderne Ethik bloß eine zynische Perspektive auf die Arbeits- und Lebensrealität im 21. Jahrhundert?

senschaftssystems, die flexible Arbeitsorganisation und die interessanten Aufgaben von Doktorand_innen als zentrale Motivation für den Einstieg in eine wissenschaftliche Karriere benannt (vgl. Konsortium Bundesbericht 2013: 49). Häufig werden erst nach der Promotion die Befristung von Stellen und die im Vergleich mit anderen Berufen niedrigere Bezahlung von Wissenschaftler_innen problematisiert, worauf Befunde zur Mobilität und Drop-Out wissenschaftlicher Beschäftigter schließen lassen (vgl. ebd. 239; Metz-Göckel u. a. 2016). In der aktuellen Debatte um die schlechten Arbeitsbedingungen in der Wissenschaft sind es folgerichtig auch vorwiegend die Postdocs, die sich zu Wort melden. Zum Teil ist dies auch dadurch motiviert, da sie sich in einer Lebensphase befinden, in der neben Qualifizierungsprozessen (Habilitation) häufig gleichzeitig generative Entscheidungen getroffen werden (Konsortium Bundesbericht 2013: 240) und berufliche wie private Planungsunsicherheiten einen anderen Stellenwert bekommen. Eigentümlicherweise wurde diese Gruppe bislang in der wissenschaftlichen Berichterstattung im Kontext von Hochschulforschung und Hochschulpolitik kaum gesondert betrachtet: Es fehlen vor allem empirische Daten zur Situation von Postdocs, die neben der schlichten soziodemographischen Vermessung des heterogenen Hochschulpersonals mit Doktortitel und der Quantifizierung von Leistungsindikatoren für die Qualifizierungsphase nach der Promotion auch qualitative Fragen berücksichtigen, z. B. wie Nachwuchswissenschaftler_innen in verschiedenen Qualifikationsphasen ihren bisherigen Karriereverlauf, Bezugspersonen, Statuspassen sowie Selektionsprozesse und Möglichkeitshorizonte erfahren und bewältigen, wie sie die an sie gestellten Anforderungen bewerten, wie sie wissenschaftliche Karriere erleben, nicht zuletzt ob sie überhaupt ihre wissenschaftliche Laufbahn als *Karriere* erleben. Dies erfordert die Berücksichtigung der Diachronizität wie Prozessualität von Karriere- und Lebensereignissen sowie einen mikroperspektivischen Zugang. Denn nur so können die zu unterschiedlichen Zeitpunkten in Biographie und wissenschaftlicher Karriere unterschiedlichen »individuellen Rahmungen« und »subjektiven Möglichkeitshorizonte« der eigenen wissenschaftlichen Laufbahn im Zusammenspiel von Wissensbeständen, Bewältigungsformen und institutionellen Konstellationen rekonstruiert werden. Ebenso rückt ein solcher Zugang die Bedeutung von ausgewählten Ereignissen bzw. Personen für den Verlauf von Erwerbsbiographien in den Blick – typischerweise auch solche, die üblicherweise von der Hochschulforschung ausgeblendet werden, wie etwa private Vertrauensbeziehungen und -personen. Sie übernehmen nicht selten als ideelle, emotionale oder sogar finanzielle Stütze in langen Qualifizierungs- und Bewährungsphase zentrale Funktionen in wissenschaftlichen Karrieren.

2. Wissenschaftliche Karriere als Hasard – Zur Fragestellung des vorliegenden Bandes

Der vorliegende Band will in der Frage der aktuellen Rahmungen und Verhandlungen des Hasards in wissenschaftlichen Karrieren eine erste Sondierung vornehmen; ausgehend von einem gemeinsamen Verbundforschungsprojekt »Vertrauen und Wissenschaftlicher Nachwuchs« (VWiN),[8] das den besonderen Hasard der Postdocs ernst nimmt, haben wir uns auf die Suche nach weiteren Forscher_innen gemacht, die neue Perspektiven auf die Diskussion um den sogenannten Nachwuchs wie auch Wissenschaftskarrieren einziehen. Fündig geworden sind wir nicht nur in der Wissenschafts- und Bildungssoziologie, sondern auch in der Wissens- und Kultursoziologie, der Soziologie des Vertrauens, der Arbeits- und Organisationssoziologie, der Ungleichheits- und Geschlechtersoziologie. Es sind Beiträge, die über den reklamierten Reformbedarf bei Befristung und Finanzierung von Arbeits- und Beschäftigungsverhältnissen an Universitäten hinaus eine grundsätzliche Reflexion des Karrierebegriffs und damit verbunden eine Problematisierung von hochschul- wie personalpolitischen Instrumenten sowie Leitbildern der Karriere- und Nachwuchsförderpolitik anstoßen.

Es geht also nicht so sehr darum, die Rede vom »Traumjob« Wissenschaft mit ernüchternden Arbeitswirklichkeiten an Universitäten zu kontrastieren, wie dies häufig in Medienberichten von und über Betroffene geschieht, die Anträge und Exposés am Fließband schreiben müssen, um die eigene Stelle zu sichern, oder sich in der zunehmenden Verwaltung- und Ser-

---

8 Der Verbund »Vertrauen und Wissenschaftlicher Nachwuchs (VWiN): Einfluss von Vertrauen auf Karrierebedingungen, Karriereentwicklungen und Karriereverläufen von Wissenschaftlichem Nachwuchs innerhalb der Hochschule« wurde durch das Bundesministerium für Bildung und Forschung im Programm »Forschung zu Karrierebedingungen und Karriereentwicklung des Wissenschaftlichen Nachwuchses« von 2013 bis 2016 gefördert (FKZ: 16FWN002/003). Für weitere Informationen zum Projekt siehe www.vertrauenwin.de.

viceleistungen im Kontext elektronischer Campus-Dienste verlieren.[9] Sondierungsbedarf gibt es unserer Ansicht nach vor allem im Hinblick auf den Geltungsbereich beruflicher Ideale und Identitäten. Gegenwärtig scheint sich diese Ambivalenz wissenschaftlicher Tätigkeit als Berufstätigkeit nicht wirklich aufgelöst zu haben: Weder sind die von Weber angemahnte hektischen Zeitökonomie und der wachsenden Konkurrenzdruck verschwunden, noch sind die Probleme der (zu) langen Qualifizierungswege und finanziell wenig abgesicherten Berufsperspektiven gelöst. Zudem könnte man mit Blick auf die gegenwärtigen Arbeitswirklichkeiten an Universitäten sicherlich behaupten, dass sich Webers Diagnose einer zunehmenden Verbetrieblichung des Universitätslebens bewahrheitet hat: Wohin man auch schaut, der Campus gleicht immer mehr einem Unternehmen mit Corporate Design, Professional Centern, Servicestellen und Menschen, die ihre Leistungen aushandeln müssen – seien es die Professor_innen, die neben dem Grundgehalt über Leistungsbezüge verhandeln oder eben Studierende, denen Studiendauer und Studienverlauf spätestens bei der Anmeldung zu Modul- oder Abschlussprüfungen »in Rechnung gestellt« wird. Auch in der Forschung hat sich eine kapitalistische Betriebslogik durchgesetzt, die wissenschaftlichen (Erkenntnis-)Fortschritt an der Höhe von Forschungsmitteln bemisst. Diese Diagnose und Kritik der Transformation akademischen Lebens wird gegenwärtig vor allem unter dem zeitdiagnostischen Begriff eines »akademischen Kapitalismus« (Münch 2011) fortgeführt, der nicht nur auf den strukturellen Umbau von Universitäten zu Unternehmen verweist, sondern auch auf den Abschied von einer Lebensform, nämlich die der vitalen akademischen Gemeinschaft. Münchs Kritik lässt sich damit nicht nur für die Diskussion über die Rahmenbedingungen wissenschaftlicher Arbeit nutzen, sondern stößt auch eine erneute Diskussion über die Genese wissenschaftlicher Persönlichkeiten, die Qualität wissenschaftlicher Arbeit und die ihrer Erträge an. Im akademischen Kapitalismus folgt die wissenschaftliche Arbeit primär einer Produktions- und Mehrwertlogik. »Eingebung«, »Talent« oder »Gabe« haben hier wenig zu suchen. Wie aber passt dies mit dem Mythos vom Wis-

---

9 Dies alles gibt es und kann sicherlich zu einer Verunsicherung und auch Desillusionierung unter Lehrenden führen, die unter akademischer Selbstverwaltung nicht unbedingt als erstes an administrative Aufgaben und Verantwortung für ein elektronisch dokumentiertes ordnungsgemäßes Studium der vielen Studierenden gedacht haben. Es ist nicht selten eine belastende Erfahrung, die in der aktuellen Diskussion um Bedingungen und Voraussetzungen guter Arbeit in der Wissenschaft noch viel zu wenig thematisiert wird.

senschaftler als Einzelpersönlichkeit mit Begabung zu kognitiven Höchst-leistungen zusammen (Engler 2001), den auch Weber noch vor Augen hatte, wenn er den Hasard wissenschaftlicher Erkenntnis betonte: »Ohne diesen seltsamen, von jedem Draußen belächelten Rausch, diese Leidenschaft, [...] hat einer den Beruf zur Wissenschaft nicht und tue etwas anderes« (1988 [1919]: 589) und weiter: »Diesen Hasard, der bei jeder wissenschaftlichen Arbeit mit unterläuft: kommt die ›Eingebung‹ oder nicht? – auch den muß der wissenschaftliche Arbeiter in Kauf nehmen« (1988 [1919]: 590).

Mit Weber lässt sich auch die Notwendigkeit einer »Säkularisierung« wissenschaftlichen Handelns durch die klare Orientierung an einem profes-sionellen Forschungsethos fordern, der durch die systematische Aneignung und Anwendung fachspezifischer Methoden, Theorien und Wissensinhalte erworben werden muss (vgl. Oevermann 2005: 17). Wissenschaft als Beruf meint bei Weber also beides: einen Beruf im Sinne einer *inneren* Berufung und Beruf im Sinne einer *öffentlichen* Bekenntnis zu einer professionellen Tätigkeit, einer Berufung auf einen bestimmten gesellschaftlichen Funk-tionsplatz (ebd.). Während in der aktuellen Diskussion um wissenschaftliche Karrieren vor allem über Wissenschaft als Beruf im letzteren Sinne gespro-chen wird, fehlt es unseres Erachtens an einer genaueren Analyse der Span-nung bzw. Wechselwirkungen zwischen innerer Berufsethik und äußeren Rahmungen von wissenschaftlichen Tätigkeiten und Professionalisierungs-prozessen. Denn Selbstverwirklichungsideale und Vorstellungen von innerer Erfüllung sind heute so präsent wie zu Webers Zeiten, als der Berufsbegriff diese doppelte Bedeutung – Beruf wie Berufung – beinhaltete. Dennoch gibt es einen Unterschied: Während Weber den Berufsmensch und die Idee der inneren Berufung als Ausdruck einer säkularen Religion der Arbeit begriff, bei der Wissenschaft zur Erfüllung großer Menschheitsaufgaben diente, wird die innere Berufung heute vielmehr als Ausdruck einer »Subjektivierung von Arbeit« in postindustriellen Gesellschaften gelebt (vgl. exempl. Kleemann/Matuschek/Voß 1999). D.h. dass die besondere Motivation der Subjekte, ihre innerer Einstellung, Sinnsetzung und Eigenmotivierung zum systema-tischen Teil einer neuen Rationalisierung des Arbeitshandelns wird: Die Wis-senschaftler_innen werden mit »Haut und Haar« in das Wissenschaftssystem inkludiert, ihr Arbeitshandeln ist immer weniger von Raum und Zeit, Ver-trag oder konkreter Organisation abhängig, als vielmehr von sich selbst, der eigenen Verfügbarkeit, Identifikation und Motivation. Insofern ist das von der Arbeitsforschung seit einigen Jahren aufgezeigte Risiko einer Entgren-zung von Arbeit und Leben für Wissenschaftler_innen besonders virulent.

Sie hat zu recht auf die Ambivalenz von subjektiver Hingabe und betrieblicher Rationalität hingewiesen, die bei »kreative Wissensarbeiter_innen« in prekären Berufsfeldern besonders ausgeprägt ist. Denn es wäre fahrlässig anzunehmen, dass die prekär Beschäftigten im Wissenschaftssystem sich automatisch öfter mit »Ausstiegsgedanken« herumtragen als die vermeintlich Etablierten. In unserem Projekt zum Karrierehandeln und -erleben von wissenschaftlichem Nachwuchs waren wir überrascht, wie wenig Einfluss die aktuelle Beschäftigungsform und der tatsächliche Beschäftigungsumfang auf die Berufsethik der Nachwuchswissenschaftler_innen besitzt. Trotz mehrfach unterbrochener und mitunter »komplizierter« Erwerbsverläufe und Vertragsbiographien fühlten sich die Befragten weiterhin als Teil des Systems und nahmen dies nicht zum Anlass für Arbeitsunterbrechungen. Im Gegenteil, Arbeitslosigkeit wurde stellenweise sogar als willkommene »Auszeit« von Lehr- und/oder Verwaltungstätigkeiten und damit als »Eigenzeit«, verstanden als Zeit für eigene Forschungsarbeiten betrachtet.[10] Karriereerleben und -handeln und Karrierebedingungen sind also nicht immer deckungsgleich, was einfache Kausalmodelle von Wissenschaftskarriere irritierbar macht und eine systematischere Reflexion von Karrieremodelle und -konzepten fordert.

Aber es sei noch auf einen weiteren Aspekt in Webers Rede *Wissenschaft als Beruf* hingewiesen, der in der aktuellen Debatte vernachlässigt oder sagen wir einseitig verhandelt wird: die Abhängigkeit des wissenschaftlichen Nachwuchses. Diese hat mehrere Aspekte. So lässt sich zunächst auf die teilweise schlechte Bezahlung des (über)qualifizierten Personals wie auch die zum Teil klientelistische und feudalistische Personalpolitik an deutschen Universitäten hinzuweisen. Abhängigkeit wird in dieser Lesart vor allem über die vertrags- und finanztechnische Seite von Wissenschaft als Beruf abgeleitet, oder als soziale Ungleichheit in Prozessen der Personalrekrutierung und Personalentwicklung problematisiert. Aber die Abhängigkeit des wissenschaftlichen Nachwuchses hat auch eine professionstechnische Funktion innerhalb eines Systems, dessen Karrierestrukturen einer Qualifizierungslogik folgen: Abhängigkeit dient hier als Schutz- oder auch Schonraum des Nachwuchses, etwa wenn man wie Weber die Vorteile statt der Nachteile einer lange »Bewährungsphase« betonen möchte: »Der Privatdozent [hat] weniger mit Vorlesungen zu tun, als er wünscht. […] Der Vorteil ist: er hat, wenn schon et-

---

10 Es soll sogar in einigen Fakultäten übliche Praxis sein, die Promotion erst nach Ablauf der 6-Jährigen Vertragslaufzeit als Wissenschaftliche_r Mitarbeiter_in während den ersten Monaten der offiziellen »Arbeitslosigkeit« abzuschließen, da es das einzige »Zeitfenster« darstellt, in dem man »in Ruhe« arbeiten kann.

was unfreiwillig, seine jungen Jahre für die wissenschaftliche Arbeit frei.«
(Weber 1988 [1919]: 583f.) Sicherlich muss bei diesem Argument in Rechnung gestellt werden, dass Weber vor allem ein Wissenschaftssystems vor
Augen hatte, das das traditionelle Habilitationsmodell als genuines Element
wissenschaftlicher Qualifikation vorsah, d. h. ein System, in dem Nach-
wuchswissenschaftler_innen auf dem langen Weg zur Professur in der Regel
nach der Promotion in eine weitere Qualifikations- und Bewährungsphase
eintreten, die idealerweise wieder nach angemessener Zeit in eine Prüfung –
der Habilitation – mündet. Bis dato sind die Nachwuchswissenschaftler in
formaler Hinsicht also als »unselbständig« zu betrachten – sie dürfen keine
Vorlesungen anbieten, haben in der Regel einen Vorgesetzen, der Ihnen die
Lehre zuteilt und sind zugleich von Antragsstellung und vielerlei Prüfungs-
formen ausgeschlossen. Dies traf und trifft vor allem für das deutsche Wissenschaftssystem zu; aber auch in Österreich, Frankreich und in der Schweiz
sowie einigen osteuropäischen Ländern war lange Zeit die Habilitation als
höchste Hochschulprüfung im Qualifizierungsprozess als mehr oder weniger
einziger Weg zur Professur vorgesehen (vgl. hierzu Rüdiger 2000; Kreckel/
Zimmermann 2014). Mittlerweile sind neue Stellenkategorien wie die Juniorprofessur oder die des Nachwuchsgruppenleiters hinzugetreten und haben
die praktische Bedeutung der Habilitation in vielen Fächern verändert. Auch
dies muss man in Rechnung stellen, wenn man von wissenschaftlicher Karriere als Hasard spricht. Während also für Max Weber die wissenschaftliche
Laufbahn erst nach der Habilitation, mit dem Status des Privatdozenten begann (Weber 1988 [1919]: 582), ist heute vor allem die Promotion als Initi-
ationsritus in wissenschaftliche Laufbahnen und die anschließende Postdoc-
Phase als auf Dauer gestellte Bewährungsprobe zu betrachten.

Wissenschaftliche Karriere als Hasard – Die Beiträge

Der Band versammelt insbesondere empirische, aber auch konzeptionelle
Beiträge, die sich dem Thema wissenschaftliche Karriere als Hasard widmen.
Damit greift er die längst überfällige Diskussion der Besonderheiten von beruflichen Leitorientierungen, Karriereverläufen sowie Beziehungskonstella-
tionen und Persönlichkeitsidealen im Feld der Wissenschaft auf, die von Webers Rede historisch angestoßen wurde. Die vorwiegend aus der Soziologie
stammenden Beiträge im Sammelband fragen danach, welche Umgangsfor-

men Nachwuchswissenschaftler_innen entwickeln, um den wissenschaftlichen Karriereweg als Risikopassage zu meistern, welche Handlungsmuster dabei als besonders erfolgreich anzusehen sind und welche unterstützenden oder hemmenden, flankierenden Faktoren auf dem Weg auszumachen sind. Neben individuellen sowie sozialen Faktoren der Wissenschaftler_innen, wird auch eine durchaus kritische Perspektive auf die Rolle von bedeutenden Akteuren des Wissenschaftssystems, wie Professor_innen, aber auch auf Akteure der Nachwuchsförderung sowie auf hochschulpolitische Instrumente der Qualitätssicherung geworfen.

2.1 Wissenschaftliche Identitäten und Biographien

Den Auftakt bilden vier Beiträge, die sich mit wissenschaftlichen Identitäten bzw. Biographien beschäftigen. Gemein ist ihnen der Bezug auf qualitative interviewbasierte Daten, die sie für empirische wie konzeptuelle Sondierungen nutzen.

In ihrem Beitrag setzt sich *Hildegard Matthies* mit der Frage auseinander, was soziale Erfolgsfaktoren auf dem wissenschaftlichen Karriereweg darstellen und wie sich diese in einem professionellen Habitus ausdrücken. Dabei zeichnet sie unter Berücksichtigung der Spezifika des deutschen Wissenschaftssystems, das durch unsichere Karrierewege und eine zunehmend um sich greifenden Wettbewerbs- und Kontrolllogik gekennzeichnet ist, die Herausbildung distinkter beruflicher Identitäten auf dem beruflichen Weg der Wissenschaftler_innen nach. Als empirische Basis dienen ihr bildungsbiographische Interviews mit Wissenschaftler_innen in fortgeschrittenen Karrierephasen. Provokant fragt die Autorin, ob der wissenschaftliche Beruf im Zuge dieser Veränderungen tatsächlich zum »Karrierejob« (Funken et al. 2015: 205ff.) gerinnt.

Lars Alberth, Matthias Hahn und *Gabriele Wagner* widmen sich der Problematik des Karriere-Machens im Berufsfeld Wissenschaft und plädieren dafür, Karriere als ein Zusammenwirken von Fremd- und Selbstselektion zu fassen. Zur Beantwortung der Frage nach dem Umgang mit Unsicherheit in Bezug auf die eigene Karriere analysieren die Autor_innen interviewgenerierte Karriereerzählungen von Wissenschaftler_innen und arbeiten dabei unterschiedliche Formen der Identitätsbildung und -behauptung, die sie als Orientierungen fassen, heraus.

Aus praxistheoretischer Perspektive nehmen *Hannah Burger* und *Julia Elven* habituell bedingte Unterschiede in der Art und Weise der (Re-)Produktion wissenschaftlicher Autonomie in den Blick, welche die Hervorbringung wissenschaftlicher Karrieren rahmen. Basierend auf der Analyse von Interviews mit Promovierten arbeiten sie vier Typen wissenschaftlicher Autonomie und Verselbständigung heraus und gehen auf Chancen und Risiken ein, die mit den einzelnen Typen der (Re-)Produktion wissenschaftlicher Autonomie verknüpft sind.

Auch der Beitrag von *Sigrid Metz-Göckel* untersucht die soziale Konstruktion wissenschaftlicher Karrieren und Persönlichkeiten in den Karriereerzählungen von sogenannten »Spitzenfrauen«. Sie zeigt, wie »ausgezeichnete« Nachwuchswissenschaftlerinnen trotz Wissen um und Erfahrung mit Mechanismen institutioneller Diskriminierungen am (altmodischen) Ideal wissenschaftlicher Persönlichkeiten, die ganz von der Leidenschaft für die Forschung durchdrungen sind, und der dazugehörigen Norm des »perfekten Lebenslaufes« festhalten. Ihr Beitrag rekonstruiert die Spannungen der damit verbundenen Anforderungen aus Sicht der Betroffenen und fragt zu recht nach den Risiken und Nebenwirkungen dieser Karrierestrategie.

2.2 Wissenschaftliche Eliten, Dimensionen und Effekte von Ungleichheit

Die Untersuchung wissenschaftlicher Karrieren ist ohne den Hinweis auf wissenschaftliche Eliten wie auch die vorhandenen Erfolgspositionen im Wissenschaftsfeld nur schwer zu rechtfertigen. Allerdings lässt sich Stratifikation in der Wissenschaft (klassisch: Cole/Cole 1973), wie die Beiträge in dieser Sektion demonstrieren, ganz unterschiedlich empirisch wie konzeptuell untersuchen.

Die Leitfrage von *Eva Barlösius* und *Nadja Bieletzki* ist, inwiefern der Weg zur Position des Universitätspräsidenten als Hasard zu bezeichnen ist oder mehr als berufsbiographische Absicht gefasst werden kann. Dazu analysieren die Autorinnen zunächst Lebenslaufdaten von Universitätspräsident_innen, die durch eine Homepageanalyse gewonnen wurden. Anschließend widmen sie sich den Fragen, ob es den einen typischen Weg zur Universitätspräsidentschaft gibt und ob sich dieser gegebenenfalls in den letzten Jahren verändert hat. Weiterhin rekonstruieren sie auf der Grundlage von

Interviewdaten mit Universitätspräsident_innen, wie diese ihren Weg an die Spitze der Universität betrachten und ihre Position verstehen.

Zentraler Forschungsgegenstand in *Angela Grafs* Beitrag ist die Wissenschaftselite Deutschlands. Darunter fasst die Autorin jene Akteure, die eine erfolgreiche wissenschaftliche Karriere durchlaufen haben und an der Spitze der Wissenschaft positioniert sind. Um die Werdegänge der Elitemitglieder zwischen 1945 und 2013 zu rekonstruieren, werden im Internet verfügbare biografische Daten sowie Lebensläufe aus Dissertationen herangezogen. Zentrale Fragen der Analyse sind die Bedingungsfaktoren des Erfolgs sowie die kennzeichnenden Merkmale der Erfolgreichen, wobei die soziale Herkunft besondere Berücksichtigung erfährt.

Roland Bloch thematisiert in seinem Beitrag die Bedeutung von Graduiertenschulen der Exzellenzinitiative für Wissenschaftskarrieren. Dabei ist für den Autor die Frage zentral, inwiefern sich die Graduiertenschulen als Produzenten von Exzellenzkarrieren entwerfen. Dazu zieht er Interview- und Beobachtungsdaten, die im Rahmen von organisationsbezogenen Fallstudien an zwei Graduiertenschulen der Exzellenzinitiative gewonnen wurden heran. Im Beitrag wird diskutiert, inwiefern Graduiertenschulen die Bedingungen von wissenschaftlichen Karrieren verändern. Insbesondere steht dabei die Frage im Fokus, ob man sagen kann, dass Exzellenzkarrieren durch die Graduiertenschulen produziert werden, also ein Effekt ihres Ausbildungsprogramms sind.

Heike Kahlert beschäftigt sich in ihrem Beitrag mit der Rekrutierung von Promovierenden durch Hochschullehrende. Auf Basis von Interviews mit Professor_innen der Chemie und der Politikwissenschaft untersucht sie die Formen und Kriterien der Selektion potentieller Nachwuchswissenschaftler_innen. Ihre Ergebnisse diskutiert Kahlert vor dem Hintergrund der Reproduktion von Ungleichheiten in und durch Organisationen.

Julia Reuter und *Günther Vedder* stellen sich in ihrem Beitrag die Frage, inwiefern nicht nur die wissenschaftliche Karriere in Deutschland an sich die Bezeichnung Hasard verdient, sondern insbesondere auch das Elternsein als Wissenschaftler_in. Dieser Frage gehen die Autor_innen unter Rückgriff auf Interviewdaten mit Professoren nach und zeigen die besonderen Anforderungssituationen, die das Elternsein im Hochschulalltag aufgrund von arbeitskulturellen Hindernissen mit sich bringt. In einem zweiten Schritt werden personalpolitische Instrumente zur Verbesserung der Work-Life-Balance, die in vergleichbaren Beschäftigungssystemen bereits Anwendung finden, vorgestellt, um die Diskussion um ein geschlechter- wie familiengerechtes Karrieresystem in der Wissenschaft voranzutreiben.

2.3 Zutrauen, Vertrauen und Wissenschaftskarriere

Die vier unter dieser Überschrift versammelten Beiträge bündeln Ergebnisse und Diskussionen des Verbundprojektes »Vertrauen und Wissenschaftlicher Nachwuchs« (VWiN). Zu den Zielen des Verbunds gehört die Analyse von Vertrauen innerhalb der Hochschule. Neben Erkenntnissen zur soziologischen Vertrauens- und Wissenschaftsforschung ist auch ein Beitrag zur Verbesserung der institutionalisierten Nachwuchsförderung intendiert. Die Projektergebnisse sollen aufzeigen, welche Bedeutung Vertrauen in den unterschiedlichen Qualifizierungsphasen und Arbeitskontexten des wissenschaftlichen Nachwuchses zukommt. Zudem sollen Aussagen darüber getroffen werden, wie sich Institutionen und Instrumente der Nachwuchsförderung auf das Vertrauen von wissenschaftlichem Nachwuchs auswirken. Das Projekt bestand aus zwei Teilprojekten, die an der Universität zu Köln bzw. an der Ruhr-Universität Bochum angesiedelt waren.[11]

Im Kölner Teilprojekt, aus dem die Beiträge von *Oliver Berli* und *Manuela Tischer* stammen, liegt der Forschungsschwerpunkt auf Fragen danach, wie Nachwuchswissenschaftler_innen Vertrauen in ihrer Bildungs- und Berufsbiographie erleben und bewerten. Das Teilprojekt untersucht weiterhin, welche persönlichen und sozialen Bedingungen dabei eine Rolle spielen und welchen Einfluss diese auf die Karriereentwicklung der Nachwuchswissenschaftler_innen nehmen. Auch ist dabei von Interesse, inwiefern sich Besonderheiten in Bezug auf einzelne Statuspasssagen identifizieren lassen. Im Bochumer Teilprojekt, aus dem die Beiträge von *Heiner Minssen* sowie

---

11 Zur Datenerhebung wurde ein Mixed-Methods-Design genutzt. Zum einen wurden berufs- und bildungsbiographische Interviews mit Nachwuchswissenschaftler_innen (beide Teilprojekte), zum anderen leitfadengestützte Experteninterviews mit berufungserfahrenen Professor_innen, Expert_innen der Nachwuchsförderung und der Hochschulentwicklung (Bochumer Teilprojekt) durchgeführt. Weiterhin wurde eine quantitative, deutschlandweite Online-Befragung von Professor_innen realisiert (Kölner Teilprojekt). Für die Beantwortung der Fragestellungen wurden die Disziplinen BWL, Geschichte und Physik ausgewählt, da diese – so unsere Annahme auf Basis der vorliegenden Forschungsliteratur (Burren 2010; Hermanowicz 1998, 2009; Knorr-Cetina 1984; Weber 1984) – hinreichend Unterschiede in Bezug auf ihre Karrierekulturen erwarten lassen.

von *Caroline Richter* und *Christina Reul* stammen, standen Fragen der Gestaltung und Wirkung von Institutionen und Instrumenten der Nachwuchsförderung im Vordergrund. Hier geht es u. a. um den Einfluss, den organisational-institutionalisiertes Vertrauen auf die Karriereentwicklung von wissenschaftlichem Nachwuchs (wiN) nimmt und dessen Bedeutung innerhalb des Hochschulsystems.

Heiner Minssen setzt sich in seinem Beitrag mit der Frage auseinander, warum man sich trotz der Risiken und Ungewissheiten, die dieser Weg mit sich bringt, für eine Wissenschaftskarriere entscheidet. In Anlehnung an Luhmann rückt der Autor die Rolle von Vertrauen, genauer von Zuversicht (confidence), als wichtige Voraussetzung für das Einschlagen einer Hochschulkarriere in den Vordergrund ebenso wie das vertrauensvolle Verhältnis zum Betreuenden der Promotion. Datenbasis des Beitrags bilden teilstandardisierte Interviews mit Expert_innen aus verschiedenen Institutionen des Wissenschaftssystems.

Manuela Tischler nimmt in ihrem Aufsatz interpersonale Vertrauensverhältnisse auf dem wissenschaftlichen Karriereweg in den Blick. Nach einer theoretischen Annäherung an das Phänomen Vertrauen und seine Bedeutung für den wissenschaftlichen Karriereweg, folgt eine empirische Auseinandersetzung mit der Thematik mittels eines Fallporträts einer Nachwuchswissenschaftlerin. Insbesondere hebt die Autorin die Bedeutung von stabilen, wechselseitigen Vertrauensbeziehungen für den Umgang mit den Unsicherheiten eines wissenschaftlichen Karrierewegs hervor. Dabei rücken Professor_innen nicht nur in ihrer Rolle als Gatekeeper in den Fokus, sondern darüber hinaus in ihrer Funktion als Vertrauensintermediäre, die wichtige Referenzpunkte für das Vertrauen der Nachwuchswissenschaftler_innen in das Wissenschaftssystem und ihre Verweilabsichten darin darstellen.

Caroline Richter und *Christina Reul* gehen der Frage nach, inwiefern Professor_innen und Akteure der institutionalisierten Nachwuchsförderung bei der Ausbildung des wissenschaftlichen Nachwuchses miteinander kooperieren und sich aufeinander beziehen. Insbesondere vor dem Hintergrund des Wandels der Expertenorganisation Universität, in der die Professorenschaft bislang autonom agierte und auf deren Handeln die zentral oder extern verankerten Institutionen kaum Einfluss nehmen konnten, erscheint diese Frage von besonderem Interesse. Dabei gehen die Autorinnen davon aus, dass die Professorenschaft den Nachwuchs im Rahmen des klassischen Meister-Schüler-Verhältnisses fördert während die institutionalisierte Nachwuchsförderung dies im Rahmen vielseitiger Angebotsformen tut. Zur Beantwortung der Forschungsfragen greift der Beitrag auf Interviews mit Organisationsexpert_innen, Akteuren der Breiten- und Spitzenförderung, berufungserfahrenen Professor_innen und Wissenschaftsnachwuchs aller Qualifikationsstufen zurück.

Der Beitrag von *Oliver Berli* stellt ein Plädoyer für eine empirische Irritation ausgewählter Annahmen wissenschaftlicher Karrieremodelle dar. Nach einem Einblick in zentrale konzeptionelle Studien zu Wissenschaftskarrieren sowie feldanalytische Studien zur Konstruktion wissenschaftlicher Persönlichkeiten werden drei exemplarische Karriereverläufe von Nachwuchswissenschaftler_innen vorgestellt, die auf erwerbsbiografischen Interviews basieren. Ziel des Beitrags ist es, den Blick für die Heterogenität von Karriereverläufen und deren biografische Deutung durch die »Betroffenen« zu öffnen und für die fachübergreifende Vielgestaltigkeit von Karriereverläufen zu sensibilisieren. Darauf basierend werden Vorschläge zur Konzeptualisierung von Wissenschaftskarrieren formuliert.

3.   Dank

Der Band wäre ohne die finanzielle Unterstützung des Bundesministeriums für Wissenschaft und Forschung sowie die damit geschaffene Chance des gemeinsamen Forschens und Austausches mit Interview- und Projektpartner_innen, Kolleg_innen und Expert_innen nicht möglich gewesen. Neben konkreten Forschungsvorhaben und Tagungen im Rahmen der Förderlinie »Forschung zum Wissenschaftlichen Nachwuchs« wurde auch die Drucklegung des vorliegenden Bandes aus Mitteln des Bundesministeriums bezuschusst. Herzlichen Dank dafür. Bedanken möchten wir uns aber vor allem für die vielen interessanten Gespräche, Einblicke und Fragen an wissenschaftliche Karriere(n), die den für uns nur allzuvertrauten Gegenstand – Wissenschaftskarrieren – neu »befremdet« haben. Danke auch an die Autor_innen des Bandes, die sich als Forscher_innen, aber zugleich als Wissenschaftler_innen, die Karriere machen bzw. gemacht haben, als Betreuer_innen oder Betreute, als unbefristet oder prekär Beschäftigte, als Etablierte oder Nachwuchs, als Männer oder Frauen, dieser Form von (Selbst) Irritation gestellt haben. Dankeschön sagen wir auch dem Campus Verlag, hier vor allem Dr. Judith Wilke-Primavesi, die von der Idee des Buches schnell überzeugt war und Isabell Trommer, die bei der Umsetzung eine große Hilfe war. Ebenso gilt unser Dank unseren Helferinnen im Hintergrund, Francis Vitalia Cuéllar und Monika Eidenberg, die bei der Literaturrecherche und Erstellung der Druckfahne wertvolle Dienste geleistet haben. Nicht zuletzt danken wir unseren Partner_innen, die – wie auch einige der Beiträge in diesem Band zeigen – für das Gelingen eines Projekts und/oder einer ganzen wissenschaftlichen Karriere von größerer Bedeutung sind, als gemeinhin angenommen wird.

Die Gesamtheit der versammelten Beiträge eint, trotz ihrer soziolgischen Beheimatung, weder eine gemeinsame theoretische Sprache noch ein gemeinsamer methodischer Zugriff auf Wissenschaftskarrieren – aber die Annahme, dass wissenschaftliche Karrieren als Hasard ein anhaltend aktuelles Problemfeld darstellen, dessen weitere Durchdringung eine gleichermaßen anspruchs- wie reizvolle, aber leider wohl auch forlaufende Aufgabe darstellt. Wir hoffen, dass sich viele Wissenschaftler_innen weiterhin dieser Aufgabe stellen und über das Karriere-Beforschen hinaus auch Karriere machen.

Literatur

Bauman, Zygmunt (1995), *Postmoderne Ethik*, Hamburg.
Beaufaÿs, Sandra (2003), *Wie werden Wissenschaftler gemacht? Beobachtungen zur wechselseitigen Konstitution von Geschlecht und Wissenschaft*, Bielefeld.
Beaufaÿs, Sandra/Engels, Anita/Kahlert, Heike (Hg.) (2012), *Einfach Spitze? Neue Geschlechterperspektiven auf Karrieren in der Wissenschaft*, Frankfurt/M., New York.
Bruch, Rüdiger (2000), Wissenschaft im Gehäuse: Vom Nutzen und Nachteil institutionengeschichtlicher Perspektiven, *Berichte zur Wissenschaftsgeschichte* Jg. 23, H. 1, S. 37–49.
Burren, Susanne (2010), *Die Wissenskultur der Betriebswirtschaftslehre. Aufstieg und Dilemma einer hybriden Disziplin*, Bielefeld.
Cole, Jonathan R./Cole, Cole (1973), *Social stratification in science*, Chicago.
Enders, Jürgen (1996), *Die wissenschaftlichen Mitarbeiter. Ausbildung, Beschäftigung und Karriere der Nachwuchswissenschaftler und Mittelbauangehörigen an den Universitäten*, Frankfurt/M., New York.
Engler, Steffani (2001), *»In Einsamkeit und Freiheit?« Zur Konstruktion der wissenschaftlichen Persönlichkeit auf dem Weg zur Professur*, Konstanz.
Funken, Christiane/Rogge, Jan-Christoph/Hörlin, Sinje (2015), *Vertrackte Karrieren. Zum Wandel der Arbeitswelten in Wirtschaft und Wissenschaft*, Frankfurt/M., New York.

Hermanowicz, Joseph C. (1998), *The Stars Are Not Enough: Scientists – Their Passions and Professions*, Chicago.

Hermanowicz, Joseph C. (2009), *Lives in Science: How Institutions Affect Academic Careers*, Chicago.

Hoffritz, Jutta (2015), Was ist der Titel heute noch Wert?, *DIE ZEIT* Nr. 49/2015 vom 3.12.2015, S. 97.

IEKE (2016), Endbericht der Internationalen Expertenkommission zur Evaluation der Exzellenzinitiative, 20.06.2016, *http://www.gwk-bonn.de/fileadmin/Papers/ Imboden-Bericht-2016.pdf*

IfD (2013), Hohes Ansehen für Ärzte und Lehrer – Reputation von Hochschulprofessoren und Rechtsanwälten rückläufig. Allensbacher Berufsprestige-Skala 2013 Allensbacher Kurzbericht – 20. August 2013.

Kahlert, Heike (2013), *Riskante Karrieren. Wissenschaftlicher Nachwuchs im Spiegel der Forschung*, Opladen u. a.

Kasabova, Anelia/Langreiter, Nikola (2007), Zufall und Glück in lebensgeschichtlichen Erzählungen von Kulturwissenschaftlerinnen und –wissenschaftlern, *Bios*, 20. Jg., H. 2, S. 194–213.

Kleemann, Frank/Matuschek, Ingo/Voß, Günter G. (1999), Zur Subjektivierung von Arbeit, *WZB Discussion Paper* P99–512, Berlin.

Konsortium Bundesbericht Wissenschaftlicher Nachwuchs (2013), *Bundesbericht Wissenschaftlicher Nachwuchs 2013. Statistische Daten und Forschungsbefunde zu Promovierenden und Promovierten in Deutschland*, Bielefeld.

Knorr-Cetina, Karin (1984), *Die Fabrikation von Erkenntnis. Zur Anthropologie der Naturwissenschaft*, Frankfurt/M.

Kreckel, Reinhard (2013), Wissenschaftliche Karrieren und wissenschaftliches Arbeiten im Hochschulbereich, in: Haller, Max (Hg.), *Wissenschaft als Beruf*, Wien, S. 52–65.

Kreckel, Reinhard/Zimmermann, Karin (2014), *Hasard oder Laufbahn. Akademische Karrierestrukturen im internationalen Vergleich*, Leipzig.

Metz-Göckel, Sigrid/Schürmann, Ramona/Heusgen, Kirsten/Selent, Petra (2016), *Faszination Wissenschaft und passagere Beschäftigung. Eine Untersuchung zum Drop-Out aus der Universität*, Opladen.

Müller, Mirjam (2014), *Promotion – Postdoc – Professur. Karriereplanung in der Wissenschaft*, Frankfurt/M., New York.

Münch, Richard (2011), *Akademischer Kapitalismus. Über die politische Ökonomie der Hochschulreform*, Berlin.

Oevermann, Ulrich (2005), Wissenschaft als Beruf. Die Professionalisierung wissenschaftlichen Handelns und die gegenwärtige Universitätsentwicklung, *die hochschule*, Jg. 14, H. 1, S. 15–51.

Rogge, Jan-Christoph (2015), The winner takes it all? Die Zukunftsperspektiven des wissenschaftlichen Mittelbaus auf dem akademischen Quasi-Markt, *Kölner Zeitschrift für Soziologie und Sozialpsychologie*, Jg. 65, H. 4, S. 685–707.

Schmeiser, Martin (1994), *Akademischer Hasard. Das Berufsschicksal des Professors und das Schicksal der deutschen Universität 1870–1920*, Stuttgart.

Seifert, Leonie (2015), Wo ist hier der Notausgang?, *DIE ZEIT* Nr. 49/2015 vom 3.12.2015, S. 93f.

Weber, Max (1988 [1919]), Wissenschaft als Beruf, in: Ders.: *Gesammelte Aufsätze zur Wissenschaftslehre*, Tübingen, S. 582–613.

Weber, Wolfgang (1984), *Priester der Clio. Historisch-sozialwissenschaftliche Studien zur Herkunft und Karriere deutscher Historiker und zur Geschichte der Geschichtswissenschaft 1800–1970*. Frankfurt/M. u. a.

Wobbe, Theresa (Hg.) (2003), *Zwischen Vorderbühne und Hinterbühne. Beiträge zum Wandel der Geschlechterbeziehungen in der Wissenschaft vom 17. Jahrhundert bis zur Gegenwart*. Bielefeld.

I. Wissenschaftliche Identitäten und Biographien

Akademischer Hazard und berufliche Identitäten

Hildegard Matthies

> »Also wenn man ängstlich seine Karriere irgendwie so geplant hätte,
> dann wär' man gar nich' erst Wissenschaftler geworden.«
> (Leonard Seibold, Nachwuchsgruppenleiter)

Wissenschaft als Beruf zu wählen setzt offensichtlich einen gewissen Mut zum Risiko voraus. Vor allem scheint das für eine Karriere im deutschsprachigen Wissenschaftsraum[1] zu gelten, die der Historiker Caspar Hirschi jüngst als »Himmelfahrtskommando« tituliert hat.[2] Angesprochen ist damit der schmale Grat zwischen Scheitern und Erfolg, mit dem Wissenschaftler_innen konfrontiert werden, wenn sie eine akademische Laufbahn einschlagen – ein Umstand, auf den Max Weber schon in seinem 1919 gehaltenen Vortrag zu »Wissenschaft als Beruf« (Weber 2002 [1919]) hingewiesen und in jenem Satz zusammengefasst hat, dessen Aktualität bis heute anhält: »Das akademische Leben ist […] ein wilder Hazard« (ebd.: 481).

Hintergrund dieser Diagnose ist zum einen die hohe Selektivität der akademischen Laufbahn, die im Vergleich zu Webers Zeiten weiter zugenommen hat (vgl. Funken et al. 2015; Schmeiser 1994; Thieme 1990). Die Zahl der zu besetzenden Professuren ist über alle Fächer hinweg sehr viel kleiner als es Stellen für den sogenannten wissenschaftlichen Nachwuchs gibt, die Konkurrenz um solche Positionen entsprechend groß, wobei sich das Missverhältnis in jüngster Zeit infolge des enormen Anstiegs an Projektstellen noch einmal verschärft hat (vgl. Rogge 2015). Erhebliche Unwägbarkeiten hinsichtlich der Verbleibchancen in der Wissenschaft sowie des wissenschaft-

---

1 Zu den Verbleibchancen in der Wissenschaft im internationalen Vergleich vgl. Kreckel/
Zimmermann 2014.

2 http://derstandard.at/1297215918529/derStandardat-Interview-Himmelfahrtskom-
mando-akademische-Karriere

lichen Erfolgs sowie ein zunehmender Leistungsdruck gehören somit zum normalen Dasein vor allem junger Wissenschaftler_innen – und sie sind wissenschaftspolitisch durchaus gewollt (vgl. Matthies 2005), wie sich nicht zuletzt auch an dem um sich greifenden Wettbewerbsdiskurs in der Wissenschaft (vgl. Torka 2015) ablesen lässt.

Zum anderen ist aber auch das Innenleben des wissenschaftlichen Berufs, also die wissenschaftliche Tätigkeit selber, voller Risiken, wie uns Weber ebenfalls auf eindringliche Weise vermittelt hat. »Nicht nur äußerlich, nein, gerade innerlich liegt die Sache so: dass der Einzelne das sichere Bewusstsein, etwas wirklich ganz Vollkommenes auf wissenschaftlichem Gebiet zu leisten, nur im Falle strengster Spezialisierung sich verschaffen kann« (Weber 2002 [1919]: 481f.). Individuell zurechenbare Erfolge, die zu Ruhm und Ehre gereichen, sind damit in der Wissenschaft eher die Ausnahme denn die Regel. Weber führt das auf zwei genuine Struktureigenschaften der wissenschaftlichen Tätigkeit zurück: die Ungewissheit, ob die geleistete Arbeit je in eine neue Erkenntnis mündet und das Risiko, dass die individuelle wissenschaftliche Leistung schnell an Bedeutung verliert, weil sie durch Leistungen anderer überboten wird. Aber genau das ist »nicht nur unser aller Schicksal, sondern unser aller Zweck«, so Weber (ebd.: 487). Für Edward J. Hackett (2005: 817) bedeutet das, dass Wissenschaftler_innen nicht zwischen riskanter und sicherer Forschung wählen können, sondern nur zwischen Problemen, die auf die eine oder die andere Art riskant sind. Ulrich Oevermann, der Webers Unterscheidung zwischen äußerem und innerem Beruf im Sinne einer professionstheoretischen Modellbildung weiter ausgearbeitet hat, spitzt Webers Analyse gar zu der These zu, »dass der innere Beruf zur Wissenschaft sich gesteigert in der Krise als Normalfall bewegt« (2005: 34). Weber wie Oevermann konstatieren vor dem Hintergrund ihrer Analyse, dass die Rollenanforderungen des wissenschaftlichen Berufs – und dazu gehört wohl auch die Fähigkeit, den akademischen Hazard aushalten zu können – sich nicht einfach einüben lassen, sondern im Sinne einer inneren Berufung bereits in den Beruf mitgebracht werden müssen. Nicht äußerliche Anreize wie etwa eine Positionskarriere, sondern die echte und tiefe Leidenschaft für die reine wissenschaftliche Arbeit sowie die Bekenntnis zu ihrer professionellen Wahrnehmung werden deshalb immer wieder als zentrale Voraussetzung für die Ausübung des wissenschaftlichen Berufs genannt (vgl. Franzmann 2008; Merton 1985; Oevermann 2005; Schmeiser 1994).

Die diesem Verständnis zugrundeliegende »Unauflösbarkeit von Berufsrolle und ganzer Person« (Franzmann 2008: 334) weist Berührungspunkte zu dem auf, was Bourdieu als wissenschaftlichen Habitus bezeichnet: eine in den Leib eingeschriebene Vorstellung von Wissenschaft, die »von praktischen Beschäftigungen und Besorgnissen befreit« (Bourdieu 2001: 23) ist, um eine objektive Erkenntnis der Welt anzustreben. Es ist eine Sichtweise, die sich aus »dem geteilten Glauben an die Wichtigkeit und Richtigkeit der wissenschaftlichen Wahrnehmung der Welt« speist und »die zugleich die objektiven historischen und sozialen Bedingungen der Möglichkeiten dieses Blicks, mit anderen Worten die Geschichte des wissenschaftlichen Feldes, verkennt und verleugnet« (Priester 2006: 22f.). Diese *illusio* des wissenschaftlichen Feldes, die Bourdieu aus dem lateinischen *ludus* (Spiel) ableitet, ist keine bloße geistige Überzeugung, sondern gleichsam »ein Zustand des Körpers« (Beaufaÿs 2003: 57). Sie erlaubt nicht nur das »Mitspielen« (Krais 2000: 40) im Feld, sondern vermittelt den Spielern auch das Gefühl, »daß der Einsatz lohnt« (ebd.: 39) oder mit anderen Worten, dass er es wert ist, die Risiken der akademischen Laufbahn zu ertragen.

Aber sind deshalb alle, die sich für die Wissenschaft als Beruf entscheiden, von der gleichen Inneren Leidenschaft geprägt? Oder bietet das wissenschaftliche Feld – dies umso mehr im Zuge der um sich greifenden Wettbewerbslogik – auch Raum für distinkte berufliche Identitäten? Und welche Rolle spielen dabei die Risiken des wissenschaftlichen Berufs? Damit komme ich zur Kernthematik dieses Beitrags. Meine Frage ist, was Wissenschaftler_innen, die sich gegenwärtig in der Akademia erfolgreich behaupten können, habituell auszeichnet? Welche professionelle Identität entwickeln sie im Zuge der in der Wissenschaft zunehmend Raum greifenden Wettbewerbs- und Kontrolllogik (vgl. dazu etwa Barry et al. 2002; Thomas/Davis 2002; Torka 2015), in der nicht nur die wissenschaftliche Leistung, sondern auch Faktoren wie Zeit, Publikationsoutput und räumliche Mobilität zählen (Matthies 2015)? Gerinnt der wissenschaftliche Beruf im Zuge dieser Veränderungen etwa tatsächlich zum »Karrierejob« (Funken et al. 2015: 205ff.), womit auch der akademische Hazard in einem neuen Licht erscheint?

Der Beitrag greift auf ein Projekt zu den Werdegängen von Führungskräften in der Wissenschaft und der Wirtschaft zurück, in denen drei unterscheidbare Arten beruflicher Bewährung rekonstruiert werden konnten.[3] Zwei dieser typologischen Zuspitzungen werde ich im Anschluss an die Dar-

---

3 Das Projekt hatte den Titel »Exzellenz und Geschlecht in Führungspositionen der Wissenschaft und Wirtschaft« und wurde mit Mitteln des Bundesministeriums für Bildung und Forschung sowie des Europäischen Sozialfonds der Europäischen Union unter den Kennzeichen 01FP0848 und 01FP0849 gefördert (siehe hierzu Hänzi/Matthies 2014).

legung der theoretischen Ausgangsannahmen und Methodik dieser Analyse vorstellen und auf ihren Umgang mit dem akademischen Hazard befragen.[4] Abschließend werde ich die empirischen Befunde einer resümierenden Betrachtung unterziehen und reflektieren, inwiefern der Umgang mit Risiken etwas über die Weltbeziehung (Rosa 2012) der jeweiligen Protagonisten aussagt.

1. Das wissenschaftliche Feld und die Rekonstruktion einer professionellen Identitätsbildung: Theoretische Annahmen und Methodik

Vom besonderen Risiko des wissenschaftlichen Berufs zu sprechen impliziert die Annahme, dass die Wissenschaft von anderen gesellschaftlichen Bereichen strukturell unterschieden werden kann, unabhängig davon, ob man diese Unterscheidung aus differenzierungstheoretischer, feld- oder institutionentheoretischer Perspektive vornimmt (vgl. Krais 2000: 36) – und ungeachtet dessen, wie scharf diese Grenze gezogen oder wie lose oder eng die Verbindung zwischen Wissenschaft und anderen Bereichen der Gesellschaft gesehen wird. Im meinem Beitrag lehne ich mich an die Bourdieusche Sichtweise von der Wissenschaft als soziales Feld an, weil in dieser Konzeption auch die sozialen Akteure in den Blick genommen werden können, deren Umgang mit dem akademischen Hazard mich ja schließlich interessiert.

Die Vermittlung von Akteur und Feld wird bei Bourdieu über den Habitus erschlossen, dessen Eigenschaft darin besteht, sowohl Produkt des Handelns (»opus operatum«) als auch generatives Erzeugungsprinzip sozialer Praxis (»modus operandi«) zu sein. Allerdings bleibt das Zusammenspiel von »strukturierter Struktur« und »strukturierender Struktur« (Bourdieu 1976: 176ff.) in diesem Konzept »gleichsam in der Luft« (Rademacher/Wernet 2014: 163), weil die diesem Prinzip zugrunde liegende Struktur vornehmlich von der Klassen-

---

4 Auf die Darstellung des dritten Typs kann hier verzichtet werden, weil das ihn konstituierende Bewährungsmuster eine Hybridkonstruktion der anderen beiden Bewährungsmuster verkörpert (siehe dazu Hänzi/Matthies 2014 sowie Matthies 2015) und die Umgangsweisen mit dem akademischen Hazard eine Kombination der Handlungsmuster darstellen, wie sie für jene beiden Typen identifiziert werden konnten, die im Folgenden vorgestellt und diskutiert werden sollen. Zur allgemeinen Charakterisierung dieser Typen greife ich auf Passagen aus den oben genannten Publikationen zurück.

herkunft bzw. dem Herkunftsmilieu abgeleitet und auf eine je konkrete empirische Analyse ihrer Konstitution verzichtet wird.[5] Die Lebenspraxis der Akteur_innen wird damit auf eine »Reproduktionsgesetzlichkeit« (Franzmann 2012: 51) von Klassenlagen reduziert, die den Handlungssubjekten keinen individuellen Gestaltungsraum lässt.[6] Zur empirischen Beantwortung der Frage, was Akteure, die sich erfolgreich in der Wissenschaft bewähren konnten, habituell auszeichnet, hat es sich deshalb als instruktiv erwiesen, das Habituskonzept um das Modell der Autonomie der Lebenspraxis zu ergänzen, wie es Oevermann (z. B. 1993) vorschlägt. Dieses Modell geht von einer Differenz aus zwischen jenen Strukturen, »die dem Subjekt den Kosmos der möglichen Handlungsoptionen vorgeben« (Rademacher/Wernet 2014: 166) und den »strukturierenden Prinzipien der subjektiven Entscheidung selbst« (ebd.), so dass folglich auch die Eigenlogik einer je spezifischen subjektiven Praxis – und somit auch individueller Habitusformationen – in den Blick geraten.[7]

Für die in diesem Beitrag angesprochene Frage, welche Identitätskonstruktionen sich im Lichte des akademischen Hazard behaupten können, rücken damit vor allem jene Aspekte des Habitus in den Fokus, die dem beruflichen Denken von Wissenschaftler_innen und ihren Umgangsweisen mit den berufsfeldspezifischen Regeln strukturierend zu Grunde liegen. Solche Momente des Habitus haben Denis Hänzi und ich als *berufliche Antriebsstruktur* bezeichnet (vgl. Hänzi/Matthies 2014: 248f.), wobei der Begriff des *Antriebs* unser Verständnis von Habitus als eine lebenspraktisch immer wieder dynamisierte und gleichzeitig die Lebenspraxis dynamisierende Instanz unterstreichen soll. Dem liegt die Annahme zugrunde, dass die Lebenspraxis durch eine permanente Spannung zwischen Krise und Routine bestimmt ist (Oevermann 2009), weil die Lebensbedingungen die Subjekte immer wieder mit neuen Chancen und Restriktionen konfrontieren, für die eingeübte Praktiken nicht mehr greifen. Eine solche Spannung nehme ich auch für

---

5 Eine ausführliche Rezeption der kritischen Auseinandersetzung mit dem Habitusbegriff kann hier nicht erfolgen. Zur fehlenden strukturtheoretischen Begründung verweise ich auf die überzeugende Kritik von Rademacher/Wernet (2014).

6 Eine Unterbelichtung der Möglichkeiten des Wandels konstatieren auch Alexandra König und Oliver Berli (2013: 328ff.) in ihrer kritischen Rezeption von Bourdieus herrschaftssoziologischer Perspektive.

7 Diese Perspektive geht über die Unterscheidung zwischen einem kollektiven und individuellen Habitus bei Bourdieu (1993: 112f.) hinaus, in der der individuelle Habitus »lediglich als *homologe Variante* eines ›Klassen- oder Gruppenhabitus‹ gedacht« wird (Rademacher/Wernet 2014: 175) und nicht gegenüber der sozialen Lage eigenlogisch verfasst ist.

den hier näher zu betrachtenden akademischen Hazard an und gehe davon aus, dass sie sich vor allem auf zwei Ebenen formiert, die jedoch beide eng miteinander verwoben sind: der akademischen Laufbahn und der Wissensproduktion. Fragen, die sich für Wissenschaftler_innen vor diesem Hintergrund immer wieder stellen, sind etwa: Schaffe ich es, eine feste Anstellung zu bekommen? Was kann/sollte ich dafür tun? Auf welchem Gebiet will oder sollte ich mich spezialisieren? Komme ich mit meinen Arbeiten zu neuen Erkenntnissen? Was mache ich, wenn ich es nicht schaffe? Welche Konsequenzen hat dies für meine Zukunft in der Wissenschaft?

Das dem Beitrag zugrunde liegende empirische Material sind 34 narrative berufsbiographische Interviews mit Wissenschaftler_innen verschiedener Disziplinen und Altersgruppen, die ihre Karriere überwiegend an deutschen Wissenschaftseinrichtungen durchlaufen haben.[8] 20 der Interviews repräsentieren Selbstbeschreibungen von Professor_innen der Geburtsjahrgänge 1929 bis 1975, die bereits eine international erfolgreiche akademische Laufbahn absolviert haben. 14 Interviews wurden mit Juniorprofessor_innen und Nachwuchsgruppenleiter_innen der Geburtsjahrgänge 1960 bis 1980 geführt. Es handelt sich also mehr oder weniger um berufliche Erfolgsgeschichten; über die Krisenbewältigungsmuster der Gescheiterten oder irgendwo ›Hängen-gebliebenen‹, dies muss ich meinen Ausführungen einschränkend voran stellen, lassen sich aus dem Material keine Aussagen treffen.

Der berufsbiographische Zugang wurde gewählt, um die *strukturierte* wie *strukturierende* Eigenschaft der Antriebsstruktur sowohl hinsichtlich ihrer Genese als auch der konkreten Art und Weise, in der sie das Denken und Handeln der Akteurinnen und Akteure motiviert und deren berufliches Selbstverständnis formt, in den Blick zu nehmen. So haben wir zum einen nach den spezifischen primär- und sekundärsozialisatorischen Existenzbedingungen und Erfahrungen gefragt, in deren Kontext bzw. im Zuge derer wir die Prozesse der Habitualisierung und somit auch der Ausbildung einer beruflichen Antriebsstruktur vermuten. Zum anderen haben wir die konkreten, die berufliche Praxis und biographische Entscheidungen kennzeichnenden Denk- und Handlungsweisen analysiert, in denen das strukturierende Moment der Antriebsstruktur zum Ausdruck kommt. Auch wenn autobiografische Selbstreflexionen einem generellen Selektivitätsverdacht unterzogen werden müssen (vgl. Hahn 1988), gehen wir davon aus, dass

---

8 Das Material stammt aus dem bereits erwähnten Projekt »Exzellenz und Geschlecht in Führungspositionen der Wissenschaft und Wirtschaft« (siehe Fußnote 2) und wurde für diesen Beitrag einer weiteren Analyse unterzogen.

die Selbstdarstellung und Deutung der eigenen Biografie stets ein »Protokoll biographischer Identität« (Silkenbeumer/Wernet 2010: 172) darstellt und insofern Rückschlüsse auf die Struktur der darin zur Darstellung gebrachten Lebenspraxis zulässt.

Die verschrifteten Interviewmitschnitte wurden in Anlehnung an die Objektive Hermeneutik (Oevermann 1981; Wernet 2000) sequenzanalytisch ausgewertet und auf ihre latente Sinnstruktur hin befragt. Dies bedeutet, dass die im Interviewprotokoll dokumentierten Äußerungen als eine Abfolge von Selektionen betrachtet werden, die je ein konkretes Abbild sozialer Wirklichkeit darstellen und deren Sinngehalt über die diesen Selektionen zugrundeliegende Regelhaftigkeit rekonstruiert werden kann. Die an das Material gerichteten Fragen lauteten an jeder Sequenzstelle aufs Neue (vgl. Fischer 2009: 28): Für welche der je gegebenen Handlungsoptionen entscheidet sich der Fall (Selektion)? Auf welche Weise geschieht dies (Habitus)? Wie begründet der Fall seine Entscheidungen (Deutungsmuster)? Zug um Zug wurden so die dem Denken und Handeln eines jeden Individuums zugrundeliegenden und den Lebens- bzw. Berufsverlauf strukturierenden Bezugslinien sowie deren Genese rekonstruiert. Anschließend erfolgte eine vergleichende Betrachtung der Fälle, um entlang minimaler und maximaler Kontraste eine Typologie unterscheidbarer beruflicher Antriebsstrukturen herauszuarbeiten. Zwei der insgesamt drei rekonstruierten typologischen Zuspitzungen[9] werde ich im Folgenden kurz umreißen, um darauf aufbauend die für sie typischen Umgangsweisen mit beruflichen Risiken und Krisensituationen zu beleuchten.

2. Gestalt (und Genese) beruflicher Identitäten von Wissenschaftler_innen und berufliche Krisen – Typologische Zuspitzungen

2.1 Latente Hasadeure: der Typ »Selbstentfaltung«

»Das ist ja kein Beruf. […] Nee, weil das ist Passion. […] Das war schon seit frühster Kindheit meine Begeisterung für die Physik. Also das war, das is' seitdem ich denken

---

9 Siehe Fußnote 4.

kann. Ich hab mich also richtig darauf gefreut in die Schule zu kommen und war gierig auf den Physikunterricht und war auch immer gleich die Beste.« (Unger, Professorin, 50er Jg.)(Unger, Professorin, 50er Jg.)[10]

Wissenschaftler_innen, bei denen wir die berufliche Antriebsstruktur der »Selbstentfaltung« rekonstruieren konnten, weisen nahezu idealtypisch jene Eigenschaften auf, die Weber und an ihn anschließende Autor_innen als Voraussetzung für die Ausübung des wissenschaftlichen Berufs beschreiben. Sie sind von großer Neugierde und starkem Wissensdurst getrieben und folgen diesen Gelüsten auf beinahe kindliche Weise – aber auch mit großer Disziplin. In die Wissenschaft sind sie »hineingeraten«, wie es eine weitere Professorin ausdrückt, weil sie etwas »ergriffen« hat. Die wissenschaftliche Tätigkeit ist deshalb im Selbstbild dieser Wissenschaftler_innen auch nichts Äußerliches, sondern innere Leidenschaft, die sie mitunter bereits von Kindesbeinen an umtreibt. Das heißt, die habituellen Dispositionen für den wissenschaftlichen Beruf haben sich bei diesem Typ biographisch vornehmlich bereits in frühen Bildungsprozessen angebahnt (vgl. Franzmann 2008), im Fall der oben zitierten Professorin war es etwa die »Sternguckerei«: Schon als Kind hat sie sich »Bilder von Planeten und Sternensystemen reingezogen so wie andere Mickey-Mouse-Hefte« (Frau Unger) und war begierig darauf, mehr über die Sterne zu erfahren. Biographische Statuspassagen sehen diese Fälle vor allem als Chance, in ihrer Entwicklung voranzuschreiten und etwas zur Blüte zu bringen, das sie im Keim schon in ihrer Persönlichkeit angelegt sehen. Die im obigen Zitat aufscheinende Ungeduld im Hinblick darauf, zu den »ernsten Spielen« (Hutter 2015) des Lebens vorzudringen, ist ebenfalls eine typische Ausprägung und findet sich auch bei anderen Wissenschaftler_innen, wie das folgende Beispiel zeigt:

»Irgendwann stellte sich glaub' ich dann auch, also in der dritten, vierten Klasse in der Grundschule, ›ne ziemliche Langeweile ein und […] wenn ich mich recht entsinn‹, war das so, dass ich das ganz toll fand, jetz' auf's Gymnasium zu kommen, dass es endlich mal los geht, dass (lacht auf) man endlich was richtiges lernt. […] Als ich fertig war mit der Schule, fand ich das auch toll, dass ich jetzt studier'n durfte, endlich das machen was ich möchte, und ich kann das ganze Spektrum nutzen und ich bin nich' mehr festgelegt, irgendwas da machen zu müssen, was langweilig is' oder wo ich das Gefühl habe, ich sitze die Zeit ab.« (Wetzel, Professorin, 70er Jg.)

---

10 Die im Beitrag zur Illustration eingefügten Interviewzitate wurden zwecks besserer Lesbarkeit sprachlich geglättet und von Wortfindungs- und Pausenfülllauten sowie Bestätigungsemphasen der Interviewer_in bereinigt. Die Namen der Interviewpartner_innen wurden zu Anonymisierungszwecken geändert.

Kennzeichnend für die »Selbstentfalter_innen« ist eine starke Ichveran-
kerung im Sinne einer Orientierung am »impliziten Selbst« (Hahn 1988),
was unter den Wissenschaftler_innen maßgeblich den Umgang mit Risiken
wie dem akademischen Hazard prägt. Sie betrachten die akademische Laufbahn vornehmlich unter dem Aspekt, dass mit dem persönlichen Voran-
schreiten sich die Möglichkeiten verbessern, »eigene Forschung« betreiben
zu können. Das notwendige Bemühen um neue Projekte, die eine Weiter-
beschäftigung ermöglichen sollen, solange die Professur noch nicht erreicht
ist, deuten sie zwar als »lästigen«, aber gleichsam unvermeidlichen Weg, den
man gehen muss, wenn man Wissenschaft betreiben möchte. Getreu der
Devise, »im Zweifelsfalle wird es gut gehen«, sind diese Wissenschaftler_
innen durch einen »strukturellen Optimismus« (Oevermann 2001: 46) gekennzeichnet. Das Erreichen einer Professur ist in ihrem Selbstverständnis
etwas, das ihre Arbeitsbedingungen zweifellos verbessert und für sie insofern auch erstrebenswert, aber es ist kein Karriereziel an sich. Vielmehr he-
gen die Repräsentant_innen dieses Typs den festen Glauben, in ihrem Tun
nur den eigenen Neigungen und Bedürfnissen zu folgen und nur in die Tat
umzusetzen, was in ihnen steckt und einer Entfaltung harrt. Sie möchten etwas schaffen, das sie als genuin Eigenes begreifen, als »meine Forschungen«,
»meine Projekte«, »meine Bücher«. Sie freuen sich über Anerkennung, aber
Ehre und Prestige sind nicht ihre primären Handlungsziele.

Auch unter Wissenschaftler_innen, die im Hinblick auf die Professur
noch nicht reüssieren konnten, haben wir derartige Eigenschaften identifizieren können. Der eingangs zitierte Nachwuchswissenschaftler etwa fasst
seinen Umgang mit den Risiken in der Wissenschaft so zusammen: »Das
Beste war immer genau das zu verfolgen, was man machen möchte. [...] ich
bin damit jedenfalls bisher gut gefahr'n, würd' ich sagen. Hart zu arbeiten
und zu lernen.« (Seibold, Nachwuchsgruppenleiter, 60er Jg.)

Die in diesem Zitat zum Ausdruck gebrachte Selbstgewissheit, beruflich das Richtige zu tun und sich damit zu bewähren, ist für die die Re-
präsentant_innen dieses Typs generationsübergreifend konstitutiv. Diese
Gewissheit gründet zum einen in biografisch frühen Erfahrungen der Selbstwirksamkeit (Rosa 2012), etwa in der wiederholten Bestätigung und Anerkennung ihres Tuns schon im Elternhaus und anschließend in Schule und
Studium, wo sie nahezu ausnahmslos durch sehr gute Leistungen aufgefallen
sind, was sich bei einigen auch in atemberaubend zügigen Karriereverläufen manifestiert. Zum anderen haben wir es bei diesem Typus vielfach aber
auch mit der Reproduktion eines Herkunftsmilieus zu tun, in dem Bildung

und Kultur als entscheidende Basis für Sittlichkeit und gesellschaftlichen Fortschritt gelten. Typischerweise bekleidet(e) wenigstens ein Elternteil dieses Wissenschaftlertyps, zumeist der Vater und oft auch schon der Großvater, eine beruflich herausragende Position in der Akademia und eine umfassende Bildung der Kinder gelten in diesen Familien als große Selbstverständlichkeit. Entsprechend beschreiben die Wissenschaftler_innen dieses Typs ihr Elternhaus als einen Ort des liebevollen ›Umhegt- und Gefördertwerdens‹, an dem der Entfaltung ihrer Persönlichkeit kaum Grenzen gesetzt waren.

Derartig reichhaltig mit »kulturellem Kapital« (Bourdieu 1983) ausgestattet segeln diese Wissenschaftler_innen nicht nur gleichsam selbstverständlich in den Gewässern ihrer Vorfahren weiter, sondern sie gehen ihre wissenschaftliche Arbeit auch mit einer gewissen Unaufgeregtheit an. Dies zeigt sich unter anderem auch im Umgang mit den Krisen auf der Ebene der Wissensproduktion, die man aushalten muss, wenn man zu neuer Erkenntnis gelangen möchte.

»Also man muss natürlich ein gewisses Durchhaltevermögen haben einfach. […] Also es gibt auch wirklich Monate, da überlegt man sich irgendwas und es klappt einfach nicht und es passt nicht zusammen und die Vorzeichen stimmen nicht, und und… Das kann manchmal schon auch enttäuschend sein. Und man muss dann einfach dranbleiben und dann irgendwann eines Tages kommt die große Erleuchtung. Dann fühlt man sich natürlich ganz toll (lacht). Aber das kommt natürlich erst […] höchstens einmal im Jahr, wenn überhaupt. Also man muss einfach so irgendwie ein gewisses Sitzfleisch [haben] und einfach sagen, auch wenn es nicht klappt: ich versuche es, ich setz mich noch mal hin und ich denke noch mal drüber nach und vielleicht hab ich noch irgendwas übersehen und vielleicht noch mal hier gucken und noch mal da.« (Nachwuchsgruppenleiterin, 60er Jg.)

Wie das Zitat zeigt, werden solche Krisen als normale Begleiterscheinung der wissenschaftlichen Arbeit angesehen, die man nicht umgehen kann, wenn man sich mit »Ausschnitten der erfahrbaren Welt« forschend auseinandersetzt (Oevermann 2005: 34). Sie werden folglich nicht als Risiko problematisiert, sondern als eine spezifische Form des Weltverstehens gedeutet, die man sich zwar erst aneignen muss, aber durch die man dann ebenfalls lernen kann. Die Leiterin eines Forschungsinstituts bringt das zum Beispiel so zum Ausdruck: »man muss auch immer damit rechnen, dass es schief gehen kann. […] Wie beim Lotto spielen, gibt ja keine Gewähr. […] das muss man eben halt erst lernen und man muss eben mit negativen Ergebnissen umgehen können. […] dass ähm eben halt auch'n Misserfolg einen weiter bringt« (Dalia, 50er Jg). Eine weitere Wissenschaftlerin bezeichnet sich in diesem

Zusammenhang als »mutige[n] Angsthase[n]«, womit sie eine Persönlichkeit beschreiben möchte, die einerseits eine »lebhafte Phantasie« dafür entwickelt, was in der Forschung alles schief gehen kann, andererseits aber nicht davon lassen kann: »Ich wollte forschen«, sagt sie, »Hände dran kriegen. […] Das Risiko seh' ich immer und ich mach's dann trotzdem« (Roehler, Professorin, 30er Jg.).

Dieses gleichsam hasadeurhafte *Machen* um der Sache willen zeigt sich auch im Umgang mit den jüngsten Veränderungen im Zuge der »neuen Governance« (Grande et al. 2013), in deren Kontext Wissenschaftler_innen angerufen werden, ihr Tun an einem um Effizienzgesichtspunkte erweiterten Leistungsbegriff auszurichten (Matthies 2015). Die Wissenschaftler_innen dieses Typs betrachten die damit verbundenen neuerlichen Leistungsindikatoren wie Publikationsindizes, Drittmittelvolumina oder von der Sache abgelöste Mobilitätserwartungen als Störung, die ihre wissenschaftliche Produktivität behindern. Selbst die jüngeren Wissenschaftler_innen folgen ihnen nur bedingt und ziehen dabei durchaus in Betracht, dass sich dadurch ihre Chancen auf eine dauerhafte Anstellung verschlechtern könnten.

2.2   Karrierepolitische Strategen: Der Typ »Selbstentgrenzung«

»Für mich war frühzeitig das Ideal eigentlich meines Berufslebens: Ich wollte Professor werden. […] Ich habe noch eine sehr genaue Erinnerung daran, wie ich im Anfang meines Studiums Professoren wahrnahm. Und da gab es einige, die ich sehr faszinierend fand. […] Und ich hab dann mir auch dann mal angeguckt, als ich so studierte in den ersten zwei Semestern, wie wird man eigentlich Professor?« (Lengersdorf, Professor, 60er Jg.)

Für die Antriebsstruktur der »Selbstentgrenzung« ist das handlungsleitende Motiv, *etwas werden* zu wollen. Diese Wissenschaftler_innen streben also nach etwas, das sie noch nicht sind oder als das sie sich noch nicht sehen: sei es, dass sie einen bestimmten Status erreichen wollen oder dass sie sich, wie im obigen Zitat, zu einer besonderen Persönlichkeit entwickeln möchten. Typisch für die Werdegänge dieser Personen ist das stufenweises Überschreiten eines je gegebenen Möglichkeitsraums, wie es bereits Schmeiser (1996: 144ff.) für Professoren mit bildungsferner Herkunft und jüngst El-Mafaalani (2014) für Bildungsaufsteiger_innen aus benachteiligten Milieus herausgefunden haben. Dabei hat jedes erfolgreiche Besteigen einer neuen Stufe für die permanente Selbstentgrenzung eine wichtige Stabilisierungsfunktion.

In unserem Sample ist der Drang zur Selbstentgrenzung bereits in der Herkunftsfamilie angelegt, die typischerweise stark von utilitaristisch-zweckrationalen Denkstilen geprägt ist. Schon die Eltern haben über aufstiegsrelevante Tugenden wie Pflichtbewusstsein oder Fleiß oder durch den Erwerb von Bildung die Grenzen ihres Herkunftsmilieus überschritten und sich in einer mittleren oder gehobenen gesellschaftlichen Position etablieren können. Diese Aufwärtsmobilität setzen die »Selbstentgrenzer_innen« fort, indem sie die in der Herkunftsfamilie erlebten Möglichkeiten beruflichen Erfolgs noch einmal überbieten wollen. Dabei wird das Streben nach Außerordentlichkeit zumeist über eine außerfamiliale Figur entzündet, die Nachahmungspotenzial besitzt – unter den Wissenschaftler_innen ist es etwa ein charismatischer Professor, wie das obige Zitat ebenfalls zeigt, dem man nacheifern möchte. Entsprechend stark sind die »Selbstentgrenzer_innen« an Anreizen der ihnen äußerlichen Welt orientiert und bemüht, die damit verbundenen Rollenerwartungen aufs Beste zu bedienen. Schon in der Schule ist ihnen daran gelegen, möglichst gute Noten zu erzielen oder wie es ein anderer Professor formuliert, »intellektuelle Herausforderungen wirklich optimal zu bestehen« (John, 50er Jg.). Genauso wird die berufliche Entwicklung strategisch unter dem Gesichtspunkt einer »Karrierepolitik« (Hitzler/ Pfadenhauer 2003) in den Blick genommen und gefragt: Was muss ich tun, um zu meinem Ziel zu kommen? Wie komme ich möglichst schnell dorthin? Wer oder was kann dabei für mich nützlich sein – was schädlich?

Für das Bewältigen dieser Ungewissheiten haben die Statuspassagen der akademischen Laufbahn eine wichtige, wenngleich auch ambivalente Funktion. Einerseits löst jeder dieser Übergänge für die Wissenschaftler_innen dieses Typs eine neue Entscheidungskrise aus, weil die Frage, welches der bessere oder erfolgversprechendere Weg ist, seinem Ziel näher zu kommen, sich stets neu stellt. Beispielhaft zeigt sich das im Fall des bereits oben zitierten Professors, der über eine Krise zu Beginn des Studiums spricht, nachdem er die ursprüngliche Entscheidung für etwas »[H]andfestes« mit einem »klaren Karriereweg« revidiert hatte und – wie sich dann herausstellte – in ein »Massenfach« gewechselt ist, in dem die Universität sich weniger elitär darstellte als er erwartet hatte:

»Ich saß in Massenseminaren, ich hatte keinen Kontakt zu den Professoren, es waren hunderte manchmal in den Seminaren, es war sehr, sehr schwierig, man konnte kaum mal reden, man hielt Referate in Zehnergruppen, in Arbeitsgruppen, ja? Und dann gab's auch viele Dinge die wenig Spaß machten […] und dann hab ich mir schon fast am Ende jedes Semesters in den ersten eineinhalb Jahren überlegt, ob ich doch noch wechsle. […] Also das waren schon Jahre, in denen ich sehr unsicher war, und das änderte sich erst in dem Augenblick, wo ich so'n Fuß in dieses System bekam. Und wie gesagt so'n Ordnungsdenken ist in meinem Lebensentwurf auch immer sehr wichtig gewesen.« (Lengersdorf, Professor, 60er Jg.)

Andererseits sind die Statuspassagen – auch das klingt in diesem Zitat an – für diese Wissenschaftler_innen ein wichtiger Gradmesser dafür, wie gut es ihnen gelingt, auf ihrem Karriereweg über sich selbst hinauszuwachsen. Denn die symbolische Anerkennung, die mit dem erfolgreichen Bewältigen dieser Passagen verbunden ist, dient als Beweis für die Richtigkeit des Tuns und bereitet den Boden für den Umgang mit der nächsten Karriereetappe. Sehr markant kommt dies in der Karrierereflexion eines weiteren Professors zum Ausdruck, der seine Promotion mit dem Prädikat *summa cum laude* absolviert hat:

»Das (die wissenschaftliche Karriere, HM) ist eine sehr konische Angelegenheit und dieses Risiko ist natürlich jedem, der dann diesen Weg beschreitet, klar. Also da gibt's Leute, die sagen, ›na so weit will ich nicht reingehen‹, aber bei mir war das also eine Kardinalfrage: Sollte ich also jetzt sozusagen wirklich auf die Kappe setzen und meine berufliche Entwicklung im akademischen fortsetzen oder da ausscheiden? Und was ich also immer für ungut fand, war sozusagen, zu versuchen, das irgendwie abzubrechen und dann sozusagen Notlösungen zu machen, also das wollt ich lieber vermeiden. Und deshalb ist da nach der Promotion die Kernfrage rein oder raus aus dem akademischen System und da ist man so, also wenn man so durch eine Art Feuertest läuft und sagt, das hab ich da geschafft, das geht, dann ist das Risiko immer noch da, aber man sieht dann zumindest ›ne Chance, dass das klappen kann.« (John, Professor, 50er Jg.)

Neben der Unsicherheit über die Richtigkeit einer Entscheidung angesichts der ungewissen Verbleibchancen im Wissenschaftssystem treibt die Wissenschaftler_innen dieses Typs jedoch auch die Sorge um, nicht im Durchschnitt unterzugehen. Auch das gesteht der soeben zitierte Professor in der Reflexion seines Werdegangs in aller Deutlichkeit ein:

»Also ich hatte nie Angst, dass ich da (hinsichtlich der Leistungserwartungen im Fach, HM) auf die Nase falle. Aber ob's sozusagen immer den letzten Dreh erreicht, der nötig ist sozusagen irgendwo, wenn sie da der Durchschnitt bleiben, dann ist das praktisch an der Stelle dann das Aus. Also in jeder Phase, wo Sie sich befinden, wenn Sie sozusagen gut sind, dann heißt es im Grunde genommen, dass es praktisch Ihr Ceiling ist und Sie müssen praktisch in jeder Stufe immer dieses Ceiling durchstoßen, sonst heißt es dann, das war's dann.« (John, Professor, 50er Jg.)

Die in diesem Beispiel aufscheinende kompetitive Logik ist für die »Selbstentgrenzer_innen« ebenfalls typisch, weshalb ihnen die neuerliche Wettbewerbs- und Ertragslogik der Wissenschaft entgegenkommt. Sie wollen besser sein als ihre Mitstreiter_innen im Feld und setzen alles daran, sich von ihren Kolleg_innen abzusetzen, etwa indem sie die berufliche Qualifizierungsphase kurz halten, »schnell das Diplom« machen und die Promotion dann »sehr schnell da [ranhängen]« (Rischke, Professorin, 70er Jg.), ihre Analysen »einfach wahnsinnig schnell effizient und gut durchziehen« (Kloeppel, Nachwuchsgruppenleiter, 70er Jg.), sich schnell habilitieren oder schnell ein Buch schreiben. Dass man dabei unter Umständen auch einmal Federn lassen muss, nehmen sie in Kauf, wie es ein Nachwuchsgruppenleiter in der Beschreibung seines Werdegangs drastisch zum Ausdruck bringt: »Ja, auf dem Weg hab ich eine Freundin verschlissen (haha), also gut, also ,ne gewisse Härte im Privatbereich gehört in der [Disziplin] dazu« (Kloeppel, 70er Jg.).

Neben der wettbewerblichen Orientierung der »Selbstentgrenzer_innen« konnten wir vor allem unter den jüngeren Wissenschaftler_innen dieses Typs auch deutliche Momente einer *Aufmerksamkeitserzeugungslogik* rekonstruieren (vgl. Matthies 2015). Mitglieder einer Arbeitsgruppe werden etwa auf die eigenen wissenschaftlichen Interessen »ausgerichtet« (Bieber, Nachwuchsgruppenleiter, 70er Jg.), um das Profil der Gruppe zu schärfen, Projekte werden unter dem Gesichtspunkt der sie ermöglichenden Publikationen, Vorträge und Workshops geplant oder Fragen der Kooperation und Vernetzung unter das strategische Ziel subsumiert, das Aufmerksamkeitserzeugungspotenzial zu erhöhen. Forschungsthemen und Methoden, mit denen man Gefahr läuft, übersehen zu werden, oder denen gar ein Negativimage anhaftet, gelten dementsprechend als zu vermeidende Karrierehemmnisse.

Schon die Wahl des wissenschaftlichen Themas ist aus dieser Perspektive ein riskantes Unterfangen, das es mit Bedacht zu behandeln gilt, weil man damit leicht »irgendwo im Seitenarm« (John, Professor, 50 Jg.) landet. Aber es birgt auch die Chance, sich im Karrierewettbewerb auf die Überholspur zu bringen. Denn »es kann auch sein«, so fügt der soeben zitierte Herr John hinzu, dass Sie dann selber etwas öffnen, was sich dann hin zu einem Trend entwickelt«. Und diese Option möchten sich die »Selbtentgrenzer_innen« nicht entgehen lassen. Dazu gilt es, vor allem das Risiko des Erkenntnisprozesses, etwa dass man in einem Projekt nicht zu vorzeigbaren Ergebnissen kommt, möglichst klein zu halten, was sie durch eine wohl durchdachte Organisation der Forschung zu erreichen versuchen. Doch die grundlegende Ungewissheit, ob in einem zeitlich abgesteckten Rahmen überhaupt neues Wissen erzeugt wird oder dass man Ergebnisse hat, von denen »man erst mal überhaupt nicht weiß, wie man sie interpretieren soll«, so die Professorin Rischke, bleibt für diese Wissenschaftler_innen ein Problem, dass sich durch noch so gute Strategien nicht ausräumen lässt. In ihrem Drang, etwas Besonderes werden zu wollen, bewegen sich die Wissenschaftler_innen des Typs »Selbstentgrenzung« also in dem Dilemma, sich auf Risiken einlassen zu müssen, die sie nicht kontrollieren können.

3.   Risiken und das Verhältnis zur Welt – ein Fazit

Wie ich gezeigt habe, gehen Wissenschaftler_innen auf ganz unterschiedliche Weise mit dem akademischen Hazard um. Vorgestellt wurden zwei typologische Zuspitzungen: zum einen eine, durch die berufliche Antriebsstruktur »Selbstentfaltung« strukturierte, *relativ gelassene und latent hasadeurhafte Umgangsweise*, bei der die mit der akademischen Laufbahn verbundenen Risiken der Tendenz nach als gleichsam natürliche und unvermeidbare Vorkommnisse gedeutet und auf mehr oder weniger routinierte Weise in den beruflichen Alltag eingebaut werden. Zum anderen handelt es sich um eine, durch die berufliche Antriebsstruktur der »Selbstentgrenzung« motivierte, *strategische Umgangsweise*, bei der Risiken im Sinne einer Schaden-Nutzen-Abwägung reflektiert und Entscheidungen danach getroffen werden, was für das berufliche Fortkommen als nützlich erachtet wird. Entsprechend unterscheiden sich auch die Beweggründe für eine dauerhafte Anstellung im Wissenschaftsbetrieb, die zumindest das ›äußerliche Risiko‹ (Weber 2002 [1919]: 481) des Wissenschaftlerlebens eliminieren würde und an der freilich beiden Typen erheblich gelegen ist. Während jene Wissenschaftler_innen, die für einen gelassenen Umgang mit Risiken stehen, mit einer Festanstellung den Wunsch verknüpfen, endlich befreit von Existenzsorgen ihre Forschung betreiben zu können, sind die Wissenschaftler_innen, die Risiken unter strategischen Gesichtspunkten betrachten, vornehmlich an dem symbolischen Kapital (Bourdieu 2001) interessiert, dass mit einer Dauerstelle im Wissenschaftsbetrieb, wobei sie vor allem eine Professur im Auge haben, verbunden ist.

Damit ist bereits angedeutet, dass mit den unterschiedlichen Umgangsweisen und Bedürfnissen auch distinkte Identitätskonstruktionen einhergehen. So haben wir es bei den »Selbstentfalter_innen« mit einem intrinsisch motivierten, weitgehend den Weberschen Idealtypus eines Wissenschaftlers verkörpernden sachorientierten Typ zu tun, bei den »Selbstentgrenzer_innen« hingegen mit einem eher außengeleiteten, an gesellschaftlichen Erfolgsmaßstäben orientierten Typ, für den die Wissenschaft tatsächlich ein »Karrierejob« (Funken et al. 2015) ist. In Anlehnung an Hartmut Rosas Überlegungen zum Verhältnis von Welt und Subjekt lässt sich daraus folgern, dass die Art und Weise, wie Wissenschaftler_innen ihren Beruf sehen, was sie von ihm erwarten, wie sie agieren, was sie befürchten oder hoffen, vom jeweiligen Selbstbild abhängt, von der habitualisierten und verkörperten Vorstellung davon, was man ist und worin man seine »Aufgaben, Bedürfnisse und Ziele in der Welt« sieht (Rosa 2012: 379f.). Ebenso zeigt sich in unseren Beispielen, dass das Erleben von Risiken durch die je individuelle Stellung zur Welt bestimmt wird, wobei eine interessante Übereinstimmung zwischen unseren Befunden und der bei Rosa (ebd.: 399) entwickelten Typologie – er unterscheidet hier zwischen einem intrinsischen und einem instrumentellen Weltinteresse – zu erkennen ist. Wer aus sich selbst heraus auf die Welt der Wissenschaft zugeht, erlebt auch Risiken oder Krisen als Möglichkeit, sich an der Welt zu reiben und dabei an Kontur zu gewinnen. Wer die Welt hingegen als Simulationsfeld sieht (und dies für das eigene Tun auch benötigt) und auf ihre Rückmeldung zur Bestätigung der Richtigkeit des eigenen Tuns angewiesen ist, für den stellen Risiken oder Krisen nicht nur eine Herausforderung dar, über sich selbst hinauszuwachsen. Sondern von diesen Subjekten werden sie auch als Bedrohung für das berufliche Fortkommen wahrgenommen, das sie möglichst klein halten möchten.

Die Weltbeziehung eines Subjekts ist jedoch nicht angeboren – auch das konnte zumindest angedeutet werden –, sondern sie steht in einem konstitutiven Zusammenhang zu den je gegebenen Möglichkeiten des Erlebens von Welt. So gründet die relative Gelassenheit und Selbstgewissheit des Typs »Selbstentfaltung« in biographisch frühzeitigen Erfahrungen der Selbstwirksamkeit. Nahezu ausnahmslos sind die Repräsentant_innen dieses Typs in Familien groß geworden, in denen Bildung und Kultur nicht nur eine selbstverständliche Basis des alltäglichen Lebens darstellen, sondern gleichsam der Inbegriff für Freiheit und Selbstbestimmung sind. Dagegen stammen die Repäsentant_innen des Typs »Selbstentfaltung« aus Familienkonstellationen, in denen stark utilitaristisch-zweckrationale Denkstile dominieren. Typischerweise haben sie schon am Beispiel ihrer Eltern erlebt, dass berufsrelevante Tugenden wie Pflichtbewusstsein oder Fleiß einen beruflichen Aufstieg ermöglichen, den sie zu toppen trachten. Somit zeigt sich auch in unserer Empirie, dass das »kulturelle Erbe« (Büchner/Brake 2009: 209) der Familie eine gewichtige Plattform darstellt, auf der die Subjekte ihre Identität ausbilden – es determiniert sie nicht, aber es erweist sich für die individuelle Habitusformierung als »gewichtiger bildungsbiographischer ›Möglichkeitsraum‹« (ebd.: 206).

Kommen wir abschließend noch einmal auf die bei Max Weber und im Anschluss an ihn formulierten Erwartungen an die Charaktereigenschaften eines Wissenschaftlers zurück, können wir resümieren, dass die Wissenschaft nicht nur Raum für unterschiedliche Charaktere bietet. Sondern sie ermöglicht den distinkten Charakteren auch, in der Wissenschaft erfolgreich zu sein – und das nicht erst in jüngster Zeit, wie die hier vorgestellten Beispiele von Wissenschaftler_innen der älteren Generation zeigen. Inwiefern dies Ausdruck eines Transformationsprozesses ist, der in eine Angleichung der Wissenschaft an gesellschaftliche Felder mündet, in denen andere Währungen als »Wahrheit« als Erfolgsmaßstab gelten, wäre in künftigen Untersuchungen zu erkunden.

Literatur

Barry, Jim/Berg, Elisabeth/Chandler, John (2002), Academic Shape Shifting: Gender, Management and Identities in Sweden and England, *Organization*, Jg. 13, H. 2, S. 275–298.

Beaufaÿs, Sandra (2003), *Wie werden Wissenschaftler gemacht? Beobachtungen zur wechselseitigen Konstitution von Geschlecht und Wissenschaft*, Bielefeld.

Bourdieu, Pierre (1976), *Entwurf einer Theorie der Praxis auf der ethnologischen Grundlage der kabylischen Gesellschaft*, Frankfurt/M.

Bourdieu, Pierre (1983), Ökonomisches Kapital, kulturelles Kapital, soziales Kapital, in: Kreckel, Reinhard (Hg.): *Soziale Ungleichheiten. Soziale Welt Sonderband 2*, Göttingen, S. 183–198.

Bourdieu, Pierre (1992), *Homo Academicus*, Frankfurt/M.

Bourdieu, Pierre (1993), *Sozialer Sinn. Kritik der theoretischen Vernunft*, Frankfurt/M.

Bourdieu, Pierre (2001), *Meditationen. Zur Kritik der scholastischen Vernunft*, Frankfurt/M.

Büchner, Peter/Brake, Anna (2009), Die Familie als Bildungsort: Strategien der Weitergabe und Aneignung von Bildung und Kultur im Alltag von Mehrgenerationenfamilien. Forschungsbericht über ein abgeschlossenes DFG-Projekt. *Zeitschrift für Soziologie der Erziehung und Sozialisation*, Jg. 27, H. 2, S. 197–213.

El–Mafaalani, Aladin (2012), *Bildungsaufsteiger_innen aus benachteiligten Milieus. Habitustransformation und soziale Mobilität bei Einheimischen und Türkeistämmigen*, Wiesbaden.

Fischer, Ute Luise (2009), *Anerkennung, Integration und Geschlecht. Zur Sinnstiftung des modernen Subjekts*, Bielefeld.

Franzmann, Andreas (2008), Wissenschaft – Biographie – Erfahrung. Bio–graphische Ursprungskonstellationen des Wissenschaftlerberufs, *Sozialer Sinn*, Jg. 9, H. 2, S. 329–355.

Franzmann, Andreas (2012), *Die Disziplin der Neugierde. Zum professionalisierten Habitus in den Erfahrungswissenschaften*, Bielefeld.

Funken, Christiane/Hörlin, Sinje/Rogge, Jan-Christoph (2015), *Vertrackte Karrieren. Zum Wandel der Arbeitswelten in Wirtschaft und Wissenschaft*, Frankfurt/M., New York.

Grande, Edgar/Jansen, Dorothea/Jarren, Otfried/Rip, Arie/Schimank, Uwe/Weingart, Peter (Hg.) (1998), *Neue Governance der Wissenschaft. Reorganisation – externe Anforderungen – Medialisierung*, Bielefeld.

Hacket, Edward J. (2005), Essential Tensions: Identy Control, and Risk in Research, *Social Studies of Science*, Jg. 35, H. 5, S. 787–826.

Hänzi, Denis/Matthies, Hildegard (2014), Leidenschaft – Pflicht – Not. Antriebsstrukturen und Erfolgskonzeptionen bei Spitzenkräften der Wissenschaft und Wirtschaft, in: Hänzi, Denis/Matthies, Hildegard/Simon, Dagmar (Hg.), *Erfolg – Konstellationen und Paradoxien einer gesellschaftlichen Leitorientierung*. Leviathan Sonderband 29, Baden-Baden, 246–264.

Hahn, Alois (1988), Biographie und Lebenslauf, in: Brose, Hanns-Georg/Hildenbrand, Bruno (Hg.), *Vom Ende des Individuums zur Individualität ohne Ende*, Opladen, S. 91–105.

Hitzler, Ronald/Pfadenhauer, Michaela (Hg.) (2003), *Karrierepolitik. Beiträge zur Rekonstruktion erfolgsorientierten Handelns,* Opladen.

Hutter, Michael (2015), *Ernste Spiele: Geschichten vom Aufstieg des ästhetischen Kapitalismus*, Paderborn.

König, Alexandra/Berli, Oliver (2013), Das Paradox der Doxa – Macht und Herrschaft als Leitmotiv der Soziologie Pierre Bourdieus, in: Imbusch, Peter (Hg.), *Macht und Herrschaft. Sozialwissenschaftliche Theorien und Konzeptionen*, Wiesbaden, S. 303–333.

Krais, Beate (2000), Das soziale Feld Wissenschaft und die Geschlechterverhältnisse. Theoretische Sondierungen, in: Dieselbe (Hg.), *Wissenschaftskultur und Geschlechterordnung. Über die verborgenen Mechanismen männlicher Dominanz in der akademischen Welt*, Frankfurt/M., New York, S. 31–54.

Kreckel, Reinhard/Zimmermann, Karin (2014), *Hasard oder Laufbahn. Akademische Karrierestrukturen im internationalen Vergleich*, 1. Aufl., Leipzig.

Matthies, Hildegard (2005), ›Entrepreneurshipping‹ in unvollkommenen Märkten – das Beispiel der Wissenschaft, in: Lohr, Karin/Nickel, Hildegard Maria (Hg.), *Subjektivierung von Arbeit*, Münster, S. 149–179.

Matthies, Hildegard (2015), Die Responsivität wissenschaftlicher Karrieren, in: Matthies, Hildegard/Simon, Dagmar/Torka, Marc (Hg.): *Die Responsivität der*

Wissenschaft. Wissenschaftliches Handeln in Zeiten neuer Wissenschaftspolitik, Bielefeld, S. 177–208.

Merton, Robert K. (1985), Die normative Struktur der Wissenschaft, in: Derselbe (Hg.), *Entwicklung und Wandel von Forschungsinteressen. Aufsätze zur Wissenschaftssoziologie*, Frankfurt/M., S. 86–99.

Müller, Ruth (2014), Racing for what? Anticipation and acceleration in the work and career practices of academic life science postdoc, *FQS Forum: Qualitative Research*, Vol. 15, No. 3, Art. 15, Abrufbar unter: *http://www.qualitative-research. net/index.php/fqs/article/view/2245*

Oevermann, Ulrich (1981): Fallrekonstruktionen und Strukturgeneralisierung als Beitrag der objektiven Hermeneutik zur soziologisch-strukturtheoretischen Analyse. Frankfurt/M: Goethe-Universität, 09.03.2005, Abrufbar unter: *http://publikationen.ub.uni-frankfurt.de/frontdoor/index/index/docId/4955*

Oevermann, Ulrich (1993), Die objektive Hermeneutik als unverzichtbare methodologische Grundlage für die Analyse von Subjektivität, in: Jung, Thomas/Stefan Müller-Doohm (Hg.), *»Wirklichkeit« im Deutungsprozess. Verstehen und Methoden in den Kultur- und Sozialwissenschaften*, Frankfurt/M., S. 106–189.

Oevermann, Ulrich (2001), Die Struktur sozialer Deutungsmuster – Versuch einer Aktualisierung, *Sozialer Sinn*, Jg. 2, H. 1, S. 35–81.

Oevermann, Ulrich (2005), Wissenschaft als Beruf. Die Professionalisierung wissenschaftlichen Handelns und die gegenwärtige Universitätsentwicklung, *die hochschule*, H. 1, S. 15–51.

Oevermann, Ulrich (2009), Biographie, Krisenbewältigung und Bewährung, in: Bartmann, Sylke et al. (Hg.), *»Natürlich stört das Leben ständig« – Perspektiven auf Entwicklung und Erziehung*, Wiesbaden, S. 35–55.

Priester, Stefan (2006), *Der Habitus von Wissenschaftler_innen in der funktional differenzierten und globalisierten Wissenschaft*. Diplomarbeit am Institut für Sozialwissenschaften Philosophische Fakultät III, Humboldt-Universität zu Berlin, vorgelegt im November 2006, *http://ids.hof.uni-halle.de/documents/t1680.pdf [Zugriff: 18.04.2016]*

Rogge, Jan-Christoph (2015), The winner takes it all? Die Zukunftsperspektiven des wissenschaftlichen Mittelbaus auf dem akademischen Quasi-Markt, *Kölner Zeitschrift für Soziologie und Sozialpsychologie*, Jg. 67, H. 4, S. 685–707.

Rademacher, Sandra/Wernet, Andreas (2014), »One Size Fits All« – Eine Kritik des Habitusbegriffs, in: Helsper, Werner/Kramer, Rolf-Torsten/Thiersch, Sven (Hg.), *Schülerhabitus. Theoretische und empirische Analysen zum Bourdieuschen Theorem der kulturellen Passung*, Wiesbaden, S. 159–182.

Rosa, Hartmut (2012), *Weltbeziehungen im Zeitalter der Beschleunigung. Umrisse einer neuen Gesellschaftskritik*, Frankfurt/M.

Schmeiser, Martin (1994), *Akademischer Hasard: das Berufsschicksal des Professors und das Schicksal der deutschen Universität 1870–1920. Eine verstehend soziologische Untersuchung*, Stuttgart.

Schmeiser, Martin (1996), Deutsche Universitätsprofessoren mit bildungsferner Herkunft. Soziokulturelle Elternlosigkeit, Patenschaften und sozialer Aufstieg durch Bildung in Lebensverlaufstypologien von Professoren in der zweiten Hälfte des 19. Jahrhunderts, in: *Deutsche Gesellschaft für Erziehungswissenschaft 1996, Jahrbuch für Historische Bildungsforschung*, Weinheim, S. 135–183.

Silkenbeumer, Mirja/Wernet, Andreas (2010), Biographische Identität und Objektive Hermeneutik, in: Griese, Birgit (Hg.), *Subjekt – Identität – Person? Reflexionen zur Biographieforschung*, Wiesbaden, S. 171–196.

Thieme, Werner (1990), Die Personalstruktur der Hochschulen, in: Teichler, Ulrich (Hg.), *Das Hochschulwesen in der Bundesrepublik Deutschland*, Weinheim, S. 101–122.

Thomas, Robyn/Davies, Annette (2002), Gender and New Public Management: Reconstituting Academic Subjectivities, *Gender, Work and Organization*, Jg. 9, H. 4, S. 372–397.

Torka, Marc (2015), Responsivität als analytisches Konzept, in: Matthies, Hildegard/Simon, Dagmar/Torka, Marc (Hg.), *Die Responsivität der Wissenschaft. Wissenschaftliches Handeln in Zeiten neuer Wissenschaftspolitik*, Bielefeld, S. 17–49.

Weber, Max 2002 [1919], *Wissenschaft als Beruf*, in: Weber, Max: *Schriften 1894–1922*, ausgew. u. hg. v. Dirk Kaesler, Stuttgart.

Wernet, Andreas (2000), *Einführung in die Interpretationstechnik der Objektiven Hermeneutik*, Opladen.

Wissenschaftler-Karrieren scheitern nicht. Zur Herstellung von »Karriere« in Karriereerzählungen von Wissenschaftlerinnen

Lars Alberth, Matthias Hahn und Gabriele Wagner

1. Einleitung

Eine akademische Karriere verlangt, um eine Einschätzung von Jo Reichertz aufzugreifen, »ein gewisses Maß an Intelligenz, eine große Menge Sitzfleisch und viel Arbeitsbereitschaft [...], gepaart mit Ehrgeiz und Ehrerbietung« und den »richtigen Stallgeruch« (2003: 359). Die hier angesprochene Vorstellung von Durchhaltevermögen, einer Karriere, die gemacht werden muss, wie auch von Arbeit, die man in die Arbeit investieren muss, all das ist die normative Beschreibung des Handlungsprogramms der Karriere, in der die Karriereträgerinnen Agency, Frustrationstoleranz, planerische Voraussicht zeigen und im besten Falle noch etwas Glück haben müssen. Damit ist eine Problembeschreibung formuliert, die ihre Lösung stets schon mitführt. Der Einzelne kann, was er will, wenn er will: Karriere machen. Eine solche Zuschreibung von Autorenschaft des eigenen Lebens sieht von deren strukturellen Voraussetzungen und Gelingensbedingungen ab.

In unserem Beitrag möchten wir empirisch fundiert und theoretisch informiert die hinter den Vorschlägen der Ratgeberliteratur stehende Problematik des Karriere-Machens präziser fassen. Im Anschluss an Niklas Luhmann und Giancarlo Corsi plädieren wir dafür, Karriere als »Zusammenwirken von Fremd- und Selbstselektion« zu fassen. Mit dem Entscheidungsbegriff verbindet sich das Problem der Entscheidung unter Unsicherheit und weiterhin das Problem der Handhabung von Zurechnungen. Anhand von Karriereerzählungen von Wissenschaftlerinnen stellt der Beitrag die Fragen nach den Formen des Umgangs mit Unsicherheit in Bezug auf die eigene Karriere im Rahmen unterschiedlicher Formen der Identitätsbildung und -behauptung, die wir konzeptionell als Orientierungen fassen wollen: Wie wird Unsicherheit im Rahmen unterschiedlicher Orientierungen relevant und bearbeitet? Wie erfolgen im Rahmen der Orientierungen Zurechnungen von

Verantwortung, von Erfolg vs. Misserfolg bzw. Scheitern im Zuge der Karriere? Wie arrangieren die Orientierungen unterschiedliche Rollen und Rollenerwartungen? Welche Inklusionsportfolios bringen sie hervor bzw. erlauben sie? Welche Enttäuschungen bringen die Orientierungen hervor und wie, d. h. über welche Mechanismen, absorbieren sie die Enttäuschungen?

2.   Karriere als Inklusionsform

Im Anschluss an die Überlegungen von Luhmann (2011) und Corsi (1993, 2014) wollen wir »Karriere« zunächst rein formal als »Hauptinklusionsform« der modernen, funktional differenzierten Gesellschaft beschreiben (Corsi 2014: 311). Karriere ist an die Stelle der Inklusionsform »Herkunft« in dem Sinne getreten, dass das Leben auf der kulturell-symbolischen Ebene nicht mehr von Herkunft, Zugehörigkeit, der Familie oder dem Schicksal mehr oder weniger strikt vorgezeichnet sein soll. Zumindest der Chance nach kann und soll ein Jeder sein Leben selbst gestalten. Dabei steht der Begriff der Karriere nicht nur für einen positiv konnotierten Verlauf im Sinne des »Karriere Machens« (Corsi 1993: 255). Der deskriptive Begriff umfasst neben auf- auch seit- und abwärtsmobile Verläufe und ist nicht allein auf die Sphäre der Erwerbsarbeit begrenzt. Karriere als Inklusionsform meint vielmehr die Biografie in der Gesamtheit ihres Werdens und Gewordenseins. Zur Karriere als Inklusionsform gibt es, so Corsi, keine gesellschaftlich verfügbare Alternative (Corsi 1993: 254). Auch sogenannte Null- oder Ausstiegskarrieren werden als Karriere beobachtet. Aufgrund dieser Alternativlosigkeit können Karrieren – jedenfalls in der hier skizzierten grundbegrifflichen Fassung – nicht scheitern, allenfalls umgeschrieben werden.

In einer stratifizierten Gesellschaft gehört jede Person einem und nur einem Stand an. Es sind die Erwartungshorizonte der Stände, die als Orientierung dafür wirken, wer die Person sei und wie sie zu leben habe. Die Ausdifferenzierung unterschiedlicher gesellschaftlicher Bereiche, die sich entlang ihrer jeweiligen spezifischen Funktionslogiken gegeneinander verselbstständigen, zerreißt Uwe Schimank zufolge zunehmend den transzendent bestimmten, alles umwölbenden Sinnzusammenhang der Stände in differente Sinnprovinzen: »Von der religiös gestifteten Einheit im Absoluten hin zur absoluten Mannigfaltigkeit funktionaler Differenzierung: In dieser *radikalen Verunsicherung* muss individuelle *Identitätskonstruktion* stattfinden«

(Schimank 1985: 452, eigene Hervorhebung). Da dem Individuum seine ständisch verbürgte »Identität« nicht mehr fraglos (vor-)gegeben ist, wächst ihm die Aufgabe zu, sich als Besonderes in seinem Verhältnis zum Allgemeinen zu bestimmen. Es muss seinen sozialen Ort in einer Gesellschaft selbst suchen und finden, die ihm nur noch als Horizont unterschiedlicher Erwartungen gegenübersteht, zu denen sich der einzelne verhalten muss (Hahn 1988), die es austarieren muss. Das solchermaßen dezentriert positionierte Individuum ist nicht mehr Teil, sondern Umwelt der Gesellschaft. Deshalb muss sich die Einzelne in selbstbezüglichen Prozessen als Einheit vor dem Hintergrund der Vielheit spezifischer eigenlogischer Systeme reproduzieren, seine Muster der Teilhabe an unterschiedlichen gesellschaftlichen Sphären selbst strukturieren und die je realisierte »Inklusionsprofile bei Bedarf umbauen« (Schimank/Burzan 2004). »Die Rollenstruktur der modernen Gesellschaft«, so Schimank, »bietet dem Einzelnen viel mehr Gelegenheiten individueller und revidierbarer Rollenkombinationen, als das in vormodernen Gesellschaften der Fall war. Optionen nehmen zu, die dann aber zu *Wahlen zwingen*, für die die Einzelne auch die *Verantwortung übernehmen* muss. Keiner kann länger das Schicksal, etwa in Form seines Geburtsstandes, dafür verantwortlich machen, aus welchen Rollen er sein Leben zusammenfügt und welche Lebenszufriedenheit daraus resultiert« (2002: 251, eigene Hervorhebung).

In dieser konzeptionellen Ausleuchtung wird deutlich, dass die Positionierung eines autonomen, zu Selbststeuerung fähigen Subjekts die lebensweltliche Kehrseite funktionaler Differenzierung abbildet. Aufgabe des Individuums ist es, Integrationsleistungen gegenüber sich verselbstständigenden gesellschaftlichen Bereichen zu erbringen und in seiner Lebensführung die auseinander gebrochene Einheit von Individuum und Gesellschaft soweit wieder herzustellen, wie es die Inklusion in unterschiedliche Funktionssysteme verlangt. Von diesem strukturell nahe gelegten, normativ aufgeladenen Selbstverständnis kann sich niemand ohne weiteres verabschieden. Schließlich ist dieser Imperativ »sozialstrukturell generiert und ein funktionales Erfordernis der Stabilisierung hochkomplexer Gesellschaften« (Schimank 1981: 20). Die funktional differenzierte Gesellschaft eröffnet nicht nur Freiräume für die Entfaltung von Individualität, sie ist ihrerseits von den aktiven Integrationsleistungen ihrer Mitglieder abhängig. Denn so, wie die Individuen die innere Einheit ihrer Person und den lebenspraktischen Zusammenhang ihrer Rollenverpflichtungen nicht mehr vorgegeben finden, sondern beides erst herstellen müssen, so beruht umgekehrt der Zusammenhang der Gesellschaft auf der Fähigkeit der Individuen, sich in der »multizentrischen« und »multiperspektivischen« Gesellschaft selbst zu orientieren und zu steuern (Willke 1987: 285).

Mit dieser sozialstrukturellen Freigabe von Lebensläufen und der Entscheidungsabhängigkeit der Lebenswege korrespondiert eine umfassende, subjektivierte Verantwortungszuschreibung. Weil Lebenswege im Horizont des Inklusionsmodus Karriere kulturell-symbolisch als individuelle Verfügbarkeit und Entscheidbarkeit des Lebenslaufs codiert sind, werden die Subjekte auf der Ebene biografischer Sinnstrukturen darauf trainiert, soziale Ereignisse wie auch die Effekte von Fremdselektionen sich selbst als Folgen individueller Selbstselektionen bzw. biografischer Entscheidungen zuzurechnen (Wohlrab-Sahr 1997: 30ff.). Im Gegensatz zu psychologischen Konzepten ist damit keine Persönlichkeitsdisposition wie etwa die in der Psychologie getroffene Unterscheidung zwischen internalen und externalen Zurechnern gemeint. Das Beobachtungsschema Karriere hebt konzeptionell vielmehr darauf ab, dass den Subjekten »internale« Zurechnungsschemata sozial nahe gelegt und Selbststeuerungsleistungen strukturell abverlangt werden. Dabei ist es eine nur empirisch zu beantwortende Frage, in welche Konstellation das Wechselwirkungsverhältnis von Fremdselektion und Selbstselektion, von Fremdbeobachtung und Selbstbeobachtung, von Fremdzurechnung und Selbstzurechnung gebracht wird. Auf der Ebene biografischer Sinnstrukturen zielt diese Konstellationsanalyse zentral auf die Frage, inwieweit die Folgen biografischer Entscheidungen und die Effekte gesellschaftlicher Rahmungen nach dem Muster individuellen Erfolges oder Scheiterns zugerechnet werden und welche Folgen die kontingente Handhabung von Zurechnungen für die Einzelnen haben (Wohlrab-Sahr 1997: 31). Dabei gehen wir weder davon aus, dass auf der Ebene biografischer Sinnstrukturen alle Hebel ein für alle Mal in Richtung Selbstzurechnung umgelegt werden, noch dass Selbstzurechnung per se mehr ermöglicht als Fremdzurechnung verhindert.

Mit dem Begriff der Kariere als Inklusionsmodus wollen wir weiterhin das Problem der »drastischen Umorientierung der sozialen Strukturen von der Vergangenheit auf die Zukunft« fokussieren. »Die Gegenwart wird nicht mehr etwa durch soziale Herkunft oder durch (religiös, d.A.) fundierende Mythen bestimmt, sondern von mehr oder weniger wahrscheinlichen Darstellungen der Zukunft, an denen sich Entscheidungen und Planungen orientieren« (Corsi 2014: 303). Das Problem des Entscheidens unter Bedingungen genuiner Unsicherheit lässt sich mit Luhmanns Unterscheidung zwischen vergangener, gegenwärtiger und zukünftiger Vergangenheit, Gegenwart und Zukunft präziser fassen. Nur in der gegenwärtigen Gegenwart kann man sich eine gegenwärtige Zukunft vorstellen, auf die hin man handelt und dabei eine gegenwärtige Vergangenheit erzeugt, von der man nicht weiß und nie wissen kann, ob sie in der genuin unsicheren zukünftigen Zukunft eine irreversibel vergangene Vergangenheit ist, die man brauchen kann oder nicht (Corsi 1993: 256). Deshalb lässt sich jedes Karriereereignis auf die Frage hin abklopfen, ob das Ereignis nun Zukunft eröffnet oder verschließt, ob die Karriere einen günstigen oder ungünstigen Verlauf nimmt. Damit ist die fremd- und selbstevaluative Seite der Karriere und ihre Schlüsselfrage angesprochen: Erfolg oder Scheitern. Diese Frage verweist auf die schambesetzte »dunkle Seite der Karriere« (Corsi 1993) als *bewertendes und bewertetes Beobachtungsschema*. Karrieren als »ganze lassen den Individuen viel Spielraum zu definieren, was Erfolg ist«, solange es ihnen gelingt, »die Geltung ihres Lebensentwurfs zu behaupten und dafür bei Anderen Anerkennung zu finden« (Giegel 1995: 213f.) – und sei es, dass man die vergangene Vergangenheit im Lichte der gegenwärtigen Gegenwart zur karriereeröffnenden zukünftigen Zukunft umschreibt. Die »Umschrift« (Becker-Schmidt 1984), die »counter-culture of compensatory respect« (Sennett/Cobb 1972), die eigensinnige »Um- oder Neubewertung« (Klemm 2014) ist offen für viele Karrieren. Während Karriere als Inklusionsmodus nicht scheitern kann, können die Effekte der sich aneinanderreihenden Fremd- und Selbstselektionen auf der Ebene der Selbst- und/oder der Fremdbeobachtung bzw. der Fremd- und Selbstbewertung als gescheitert gerahmt werden. Umgekehrt kann das Re-Arrangieren der vergangenen, gegenwärtigen und zukünftigen Vergangenheiten in Kombination mit der Möglichkeit, Anerkennung für Projekte der biografischen Besonderung bei relevanten Anderen zu finden, die Karriere vor einer Scheiterns-Rahmung bewahren. Mit Blick auf die Karriere im Feld der Erwerbsarbeit hingegen sind die Spielräume enger abgezirkelt. Hier wird aus der Karriere die »Erfolgskarriere« und nimmt die »Figur des Sich-Durchsetzens in der Konkurrenz« an (Giegel 1995: 215), womit das Bewährungsproblem »Erfolg oder Scheitern« klarer konturiert ist. Der Offenheit der Karriere (ebd.: 213f.) steht die Exklusivität von Karriere(n) *in und durch Organisationen* gegenüber. Denn in der funktional differenzierten Gesellschaft ist die Inklusion aller in die unterschiedlichen gesellschaftlichen Sphären der Normalfall, die Exklusion bedarf der besonderen Begründung oder rechtlichen Regelung. Dem gegenüber ist die Exklusion der Meisten aus Arbeitsorganisationen der Normalfall. Organisationen sind damit der zentrale Ort der Herstellung sozialer Ungleichheit.

Organisationen, so Ludwig (1996: 25), »geben Entwicklungspfade vor und honorieren Personen, die diese Pfade beschreiten, mit materiellen Vorteilen, Prestige und Sicherheit«. Organisationen üben damit eine quasi redaktionelle Funktion für die denkbar vielfältigen Karrierenarrationen aus:

»Schließlich bedarf die Karriere […] einer öffentlichen Symbolisierung. Man muss in für andere verständlichen Ausdrücken sagen können, wer man ist; das heißt: wie weit man es gebracht hat. Das mag über bestandene Examina oder über erreichte (titulierte) Positionen geschehen, aber auch über Signale der Einkommenshöhe oder über Namenserwähnung in den Massenmedien oder im Klatsch. Nur über einen solchen Mehrwert leistet die Karriere einen Beitrag zur Selbst-Entwicklung, zur Festlegung einer Identität, die man auch Unbeteiligten zeigen kann. Das heißt nicht zuletzt, dass Karrieren nicht einfach erfunden werden können, sondern eine gesellschaftliche Institutionalisierung voraussetzen« (Luhmann 2011: 107).

Im Kontext von Arbeitsorganisation werden diese und eben nicht jene »Leistungen und Begabungen« als Prämisse für Personalentscheidungen genommen und dadurch Referenzen respektive Stationen für Karrierenarrative strukturell ermöglicht oder verunmöglicht. Karrieren in Arbeitsorganisationen leisten also »nicht nur eine […] Verteilung von Personen auf Rollen oder Ämter«. Sie legen auch »einen Typus von Individualität nahe, in dem das Individuum sich nicht durch besondere Wesensmerkmale definiert, sondern sich dadurch individualisiert, dass es beobachtet, wie es beobachtet wird« – und versucht, daraus die richtigen Schlüsse zu ziehen, was immer das im Einzelnen bedeuten mag (Luhmann 2011: 106).

Auch Wissenschaftskarrieren spielen sich nicht nur im Kontext von Professionen und Fachkulturen ab, sie haben ihren Ort in formalen Organisationen, typischerweise Universitäten – die für Nachwuchswissenschaftler »in Bezug auf den Geltungsbereich des Normalarbeitsverhältnisses eine ›exterritoriale Zone‹ bilden […] Das breite Spektrum umfasst hier befristete Beschäftigungen über Verträge als Angestellte bzw. als Beamte auf Zeit, teilzeitige oder nebenberufliche Tätigkeiten Privatdienstverträge und die Schein-Selbstständigkeit der Werkverträge, die neben- oder nacheinander geschaltet das Beschäftigungsmuster der ›normalen Wissenschaftlerkarriere‹ bis zur Verbeamtung als Professor prägen« (Enders 2003: 257). In diesem Sinne, so Enders, hätten »Etikettierungen wie ›Bastel-Existenzen‹ oder ›Selbstunternehmer‹ für Wissenschaftlerkarrieren wohl immer schon ihre Berechtigung gehabt« (256).

Als formale Organisationen organisieren Universitäten Fristen für das Bestehen von Bewährungsproben (zum Beispiel Altersregeln) und relevante Karriereepisoden (Prüfungen, Personalentscheidungen, Zertifizierungen), die als ungeprüfte Entscheidungsprämissen in spätere Entscheidungen anderer einfließen (Corsi 2014: 313). Organisiert wird weiterhin die Selektivität des Wettbewerbs. An Universitäten sind die Verfahren so angelegt, dass mit dem Fortschreiten der Selektion zunehmend qualifiziertere Insassinnen des *high potential pools* um eine sinkende Anzahl von Karriereplätzen konkurrieren. Im Erfolgsfall organisieren Universitäten als Evaluationsinstanz Sichtbarkeiten: Titel, Stelle, Einkommen, Adresse etc. Im Fall des Scheiterns steht auf der Kehrseite der Medaille die »hochkompromittierende Sichtbarkeit« (Corsi 2014: 313): »der Zweite ist der erste Verlierer« und viele sehen dabei zu (Dresen 2014). Wenn die Karriere im Wissenschaftssystem ins Stocken gerät oder unter den Händen zerrinnt – aus welchen äußeren oder auch sozialstrukturellen Gründen auch immer das geschieht – eines ist, so Junge (2014: 18), »schlecht sagbar: Das war ich nicht! Ich wollte keinen Erfolg!«.

Die Alltagstheorie beschreibt Scheitern als Nichtgelingen, Nichtkönnen, Nichtvermögen, als Pläne, die nicht aufgehen, als Fehler auf dem Weg zur Zielerreichung, als Schwierigkeiten, die man nicht überwindet (Junge 2014: 11). Damit ist ein Handlungsprogramm kurz umrissen, das dem Beobachtungs- und Bewertungsschema Karriere in Arbeitsorganisationen unterlegt ist. Das ist das normativ nahegelegte und institutionell gestützte Drehbuch des Karrieredramas. Auch wenn es sich dabei um eine Zuschreibung von Autonomie, Intentionalität und Wirkmächtigkeit handelt, die nicht unbedingt strukturell unterfüttert ist, so werden die Akteure dennoch kommunikativ nach Maßgabe dieses Skripts in Anspruch genommen.

Als Zwischenfazit möchten wir Folgendes festhalten: Auf der einen Seite gibt es eine Vielfalt berufsbiografischer Entwürfe und auf der anderen Seite steht die begrenzte Berücksichtigung dieser durch von Organisationen bereit gestellten Karriere-Konstrukte respektive Stellen. Auch in Arbeitsorganisationen entfaltet sich Karriere entlang des kontingenten »Zusammenwirkens von Selbstselektion und Fremdselektion«. Hier meint Selbstselektion, »dass man einen eigenen Antrieb diskutieren muss – sei es positiv (man zeigt Interesse), sei es negativ. Karrieren mögen in Tagträumen simuliert werden, aber karrierewirksam wird das eigene Interesse nur durch Kommunikation. Fremdselektion heißt: dass es nicht allein von der Selbstselektion abhängt, wie die Karriere verläuft. Ein externer Faktor – und praktisch immer, direkt oder indirekt, eine Organisation wirkt mit« (Luhmann: 2011: 103).

Die unvermeidbare Differenz zwischen der Vielfalt berufsbiografischer Entwürfe (und Träume) und der begrenzten organisatorischen Berücksichtigung der Wünsche, Ziele oder Träume macht soziale »Enttäuschungsabsorptionsformen« (Corsi 2014: 314) notwendig. Das nicht zuletzt deshalb, weil Karriere und die damit in Verbindung stehende Umstellung von Herkunft auf Leistung, von Vergangenheit auf Zukunft eine »Hypertrophie der Zukunft« wie auch der Erfolgserwartungen in Gang setzt. Schließlich ist es ein »Erfolg der Moderne, dass alle Erfolg haben können« (Corsi 2014: 313). Die negative Seite, das Scheitern, »wird als schlicht unvermeidlicher Preis angesehen (ebd.)«, den die Adressatinnen der Scheiternszuschreibung teuer zu zahlen haben. Der sozialstrukturellen Freigabe von Lebensläufen und der Entscheidungsabhängigkeit der Karriere korrespondiert eine umfassende, subjektivierte Verantwortungszuschreibung. Die Ermöglichungsseite der semantischen Figur, der zufolge jeder seines Glückes Schmied ist, führt auf der Kehrseite der Medaille jedoch die Verhinderung einer subjektiv entlastenden Zurechnung auf kollektive Größen, wie zum Beispiel soziale Herkunft oder widrige Umstände, mit sich. Solche kollektiven Bezugspunkte ermöglichen eine Deutungspraxis, die persönliches Scheitern als Ausdruck eines kollektiv typisierbaren Schicksals ausweist und so die Subjekte ein gutes Stück weit aus Eigenschuldzuschreibungsprozessen herausnehmen (Neckel 1991: 171ff.).

Der Beitrag interessiert sich für die Formen des Umgangs mit Erwartung und Erwartungsenttäuschungen in Bezug auf Karriereerzählungen durch Wissenschaftlerinnen. Dahinter steht die Annahme, dass die über Hochschulen organisierte wissenschaftliche Karriere ein Extrembeispiel und damit einen spannenden empirischen Fall darstellt, um die Verhandlung von Erfolg und Scheitern in Bezug auf Karriere zu beobachten: Die wissenschaftliche Karriere wird bis heute als »ein wilder Hazard« (Max Weber) beschrieben, der sich nicht zuletzt durch die – schon biblische – »Flaschenhalsproblematik« ergibt: »For many are called, but few are chosen« (Matthaeus 22: 14). Dramatisierend kommt hinzu, dass »Erfolg in der Wissenschaft« unsicher ist und wissenschaftliche Leistung sich mitunter erst mit erheblichem zeitlichen Verzug als Ereignis einer Karrieregeschichte markieren und erzählen lässt (Flink/Simon 2014).

Damit ist die Herstellung oder »Fabrikation« (Vormbusch 2009: 283) von Karriere angesprochen: Auch in Hinblick auf die wissenschaftliche Karriere und die Projektförmigkeit wissenschaftlicher Praxis kann davon ausgegangen werden, dass diese »weniger als etwas […], was man durchläuft« gedacht werden muss und vielmehr als etwas »was man immer wieder neu entwerfen und aufbauen, was man konstruieren und stabilisieren, was man auch abfangen und entwickeln, kurz: was man in einem strengeren Sinne machen muss« (Hitzler/Pfadenhauer 2003: 11). Hier kommt das Erfahrungswissen der Interviewpartner ins Spiel, oder mit Barley: »Careers [...] were pieced together from the string of alternatives and the set of interpretive resources offered individuals at any point in time by the collectives to which they belonged« (Barley 1989: 51). Karrieren bzw. genauer: *erzählte* Karrieren »klären uns also über eine individuelle Lebenspraxis und die Funktionsweise einer Institution gleichermaßen auf«, so Ludwig (1996: 26). Denn die Trias von der subjektiv konstruierten, der in der Zeit sedimentierten und der organisationsseitig objektiv gerahmten Karriere

»als aufeinander bezogene, wechselseitig sich aktualisierende Vorgänge wird man [...] nicht auflösen können: In einer aktuellen (Interview-)Situation beschreibt, thematisiert eine Person vergangene Formen ihres Erlebens und Handelns, in die wiederum damalige (vergangene?) Elemente der Deutung und Beobachtung, Orientierung usw. ihres Erlebens und Handelns konstitutiv eingegangen sind (eingehen), die ihrerseits damals (vielleicht) auf eine zukünftige, die jetzt aktuelle Situation antizipierend bezogen waren. Man kann dieses Verhältnis als ein sich selbst beschreibendes und beobachtendes Handlungssystem, dessen Beobachtungen und Selbstbeschreibungen Teil seiner Autopoiesis sind, bestimmen. Operative und Beobachtungsebene nehmen sich wechselseitig in Anspruch und können sich als Struktur oder Prozess aufeinander beziehen. [...] Leben, sofern es nicht bloßes ›Sichverhalten‹, Dahinleben ist, setzt immer schon Sinn und Deutung voraus und insofern auch Beschreibung, Thematisierung des eigenen Lebens« (Brose u. a. 1993: 71).

Aus diesem Grund ist die Unterscheidung zwischen einer organisationsseitig objektiv bestimmten und subjektiv erzählten Karriere rein analytischer Art: Über den objektiven Verlauf kann man sich nur in der Form der »selektiven Vergegenwärtigung des Lebens der jeweiligen Person« informieren (ebd.). Und genau diese Selektivität der Selbstbeobachtung ist maßgeblich für die Ausgestaltung der Lebenspraxis im Sinne der operativen Ebene, welche die Selbstbeobachtung respektive die damit eröffneten oder verschlossenen biografischen Anschlussmöglichkeiten mit weiterem Erzählmaterial versorgt. Um diesen konzeptionellen Einsichten Rechnung zu tragen, führen wir die analytische Trennung zwischen dem Erzähler (Beobachtungsebene) und der Protagonistin (operative Ebene) der Karriere in der empirischen Rekonstruktion der Fälle ein.

3.   Karriere erzählen: Empirische Ergebnisse eines Forschungsprojekts

Das Datenmaterial, auf das wir uns im Folgenden beziehen, ist eine Auswahl aus insgesamt 30 narrativen Interviews mit Professoren und wissenschaftlichen Mitarbeiterinnen an deutschen Universitäten und Fachhochschulen, die wir im Zeitraum von 2013 bis 2016 im Kontext des Projektes »Hochschulen in der Anerkennungsfalle? Leistungsbewertung zwischen Reformdynamiken und Strukturkonflikten« durchgeführt haben.[1]

Die narrativen Interviews, die wir systematisch anonymisiert haben, wurden nach der dokumentarischen Methode (Przyborski/Wohlrab-Sahr 2010: 271ff.; Bohnsack u. a. 2007) ausgewertet. Wir unterscheiden dabei analytisch zwischen den in der Erzählung explizit aneinander gereihten *Positionen, Orten, Aufgaben* sowie den expliziten *Rechtfertigungen der Übergänge zwischen Karriereereignissen*, die als kommunikativ generalisiertes Wissen begrifflich expliziert zur Verfügung stehen, und den *diese Aneinanderreihung implizit orientierenden Rahmungen*, die in einem Zweischritt aus formulierender und reflektierender Interpretation rekonstruiert werden.[2]

Dabei konnten wir zwei Orientierungen (zentripetal/zentrifugal) rekonstruieren, die im Folgenden anhand der in Kapitel 2 hergeleiteten Fragen präsentiert werden sollen:

1. Wie wird Unsicherheit im Rahmen der zwei Orientierungen relevant und bearbeitet?
2. Wie erfolgen im Rahmen der zwei Orientierungen Zurechnungen von Verantwortung, von Erfolg vs. Misserfolg bzw. Scheitern im Zuge der Karriere?
3. Wie arrangieren die Orientierungen unterschiedliche Rollen und Rollenerwartungen? Welche Inklusionsportfolios bringen sie hervor bzw. erlauben sie?
4. Welche Enttäuschungen bringen die beiden Orientierungen hervor und wie, d. h. über welche Mechanismen, absorbieren sie die Enttäuschungen?

---

1 Das Forschungsprojekt wurde am Institut für Soziologie der Leibniz Universität Hannover durchgeführt und vom Bundesministerium für Bildung und Forschung im Rahmen der Förderlinie »Leistungsbewertung in der Wissenschaft« finanziert. Zum Projekt-Team gehören Lars Alberth, Matthias Hahn, Christine Schwarz und Gabriele Wagner (Projektleitung).

2 Inwiefern es sich bei diesen Orientierungen um geschlechts-, bildungsmilieu- oder generationstypische konjunktive Erfahrungen handelt, soll hier nicht weiter verfolgt werden.

Zur empirischen Exploration der beiden Orientierungen greifen wir auf eine Auswahl von fünf Referenzinterviews zurück. Die erste Orientierung, die wir als *zentripetale* Orientierung bezeichnen werden, wird am Beispiel von drei Referenzinterviews dargestellt:

1. Ein Interview mit einem zum Zeitpunkt des Interviews gerade emeritierten Professors für Kulturwissenschaften (69), der auf zahlreiche Beschäftigungen im europäischen und außereuropäischen Ausland zurückblicken kann, dessen kosmopolitischer Lebenswandel ihn jedoch seine erste Ehe gekostet und eine geringe Rente zufolge hat, die er über weitere Lehraufträge auszugleichen versucht.

2. Ein Interview mit einer Juniorprofessorin der Pädagogik (38), die nach mehrjähriger Beschäftigung »in der Praxis« der Schulberatung doch »in die Wissenschaft« zurückkehrt und sich trotz geringer Publikationszahlen und Drittmittelsummen im Berufungsverfahren gegen die Konkurrenz durchgesetzt hat.

3. Ein Interview mit einer ehemaligen, promovierten wissenschaftlichen Mitarbeiterin der Betriebswirtschaftslehre (32). Nachdem ein eingereichter Projektantrag abgelehnt wird, wird ihr doch noch eine Stelle am Lehrstuhl angeboten, die sie nicht antritt und stattdessen eine Stelle in einer wissenschaftsnahen Organisation annimmt.

Die zweite Orientierung, die wir als *zentrifugale* Orientierung bezeichnen, wird am Beispiel von zwei Referenzinterviews dargestellt:

1. Ein Interview mit einem Professor für Soziale Arbeit (50), der nach einer Promotion in der Psychologie das Fach wechselt, um sich weniger Wettbewerb um Stellen auszusetzen. Er schafft es, wenige Tage vor der gesetzlichen Grenze, verbeamtet zu werden.

2. Ein Interview mit einem wissenschaftlichen Mitarbeiter der Pädagogik (28), der im Anschluss an ein Lehramtsstudium eine Stelle an einer Universität in einer anderen Stadt antrat und dort an seiner Promotion schreibt. Nebenbei arbeitet er an den Abenden als Fitnesstrainer, um sich die Reisen zu seiner Ehefrau zu finanzieren, die nach wie vor in dem Bundesland lebt, in dem er studiert hat.

Die fünf Interviewpartner werden im Folgenden als *Erzählerin* bezeichnet und analytisch von der *Protagonistin der Erzählung* unterschieden. Über diese analytische Trennung soll nicht nur verdeutlicht werden, dass es sich bei dem Protagonisten um einen möglichen Entwurf der Erzählerin ihrer Selbst handelt. Mit der Unterscheidung schließen wir an das Argument von Brose, Wohlrab-Sahr und Corsten (1993) an und arbeiten jene Strukturierungsleistungen heraus, die sich aus den je spezifisch unterschiedlich gerahmten Selbstthematisierungsmodi durch den Erzähler für das Erleben und Handeln des Protagonisten ergeben. Die verschiedenen, in den Interviews eingefangenen *Karriereerzählungen* verstehen wir *als Ausdruck* oder, mit Mannheim gesprochen, als »Objektivationen« (Mannheim 1980: 104f., zitiert nach: Przyborski/Wohlrab-Sahr 2010: 275) *von Orientierungen*, die in den Erzählungen in der Regel stillschweigend mitgeführt werden und im Zuge der Analyse herausgearbeitet werden müssen. Fragen danach, wie die interviewte Erzählerin den Karriereparcours für die Protagonistin entwirft, welche Abzweige er ihn sehen und übersehen lässt, welche Verantwortlichkeiten sie ihr ermöglicht bzw. aufbürdet, welches Arsenal an Rollen der Erzähler dem Protagonisten zur Verfügung stellt oder danach, in welche Rollenkonflikte sie die Protagonistin laufen lässt, lassen sich, so unsere Annahme, nur im Wissen um die die Karriereerzählung strukturierenden Orientierungen verstehen.

3.1   Wie wird Unsicherheit im Rahmen der zwei Orientierungen relevant und bearbeitet?

Weiter oben haben wir bereits gezeigt, dass Karrieren und erst recht »Erfolgskarrieren« genuin unsicher sind. Im Rahmen der *zentripetalen Orientierung* wird die Kontingenz der Karriere reduziert, indem Karriere als das *Verfolgen eines thematischen Interesses* erzählt wird. Das heißt, die Zusammenführung von vergangenen, gegenwärtigen und zukünftigen Positionen gelingt primär über die Anbindung an ein thematisches bzw. »das« thematische Interesse. Besonders prägnant lässt sich diese Verknüpfung an der Karriereerzählung des emeritierten Kulturwissenschaftlers beobachten, der im Rückblick auf seine Karriere die verschiedenen Positionen über die wissenschaftlichen Themen verknüpft, die ihn beschäftigten und die ihm neue Positionen ermöglichten:

»Und dann kriegte ich in Los Angeles den Ruf nach Manchester und bin da, ich hatte das Haus in Liverpool behalten, und bin ich nach London zurückgegangen und konnte da gewissermaßen da weitermachen mit dem, was ich so inzwischen gelernt hatte beim Aufbau wiederum eines Masters, jetzt zu European Cultures zusammen mit Historikern [...] Los Angeles und London hab ich so die Schwerpunkte, meine Forschungsschwerpunkte entwickelt, die es dann, ja, möglich machten sozusagen auch mit 'm Programm hier nach äh Frankfurt zu kommen, als ich gefragt wurde, ob ich mich bewerben wolle.« (Professor für Kulturwissenschaften)

Das bedeutet jedoch nicht, dass die organisationale Anbindung keine Relevanz besäße: Die Erzähler stellen in Rechnung, dass die Protagonistinnen über ihren thematischen Fortschritte hinaus auch anhand ihrer organisationalen Leistungen beobachtet werden. So erzählt uns der Kulturwissenschaftler von seiner Kollegin, deren Stelle – anders als seine eigene – nicht verlängert wird und stellt ausführlich deren Leistungen in Forschung und Lehre für die Hochschule heraus. Die thematische Integrität markiert den positiven Horizont der Orientierung, thematischer Opportunismus den negativen Gegenhorizont. Ein mögliches Orientierungsdilemma bestünde dann, wie am Beispiel der Kollegin erzählt wird, wenn das Thema nicht mehr in Brot und Lohn führt. Konsequenzen aus dem Stellenwechsel für andere Lebensbereiche stellen hingegen für den Erzähler kein Orientierungsdilemma dar: Wie folgenreich die zahlreichen Stellen- und Ortswechsel für die familiären Verhältnisse sind, kommt nur in einem Nebensatz zur Sprache.

Karrierepositionen, verstanden als verfügbare Stellen in Organisationen, sind in dieser Orientierung zu allererst ›Meilensteine‹ in der Auseinandersetzung mit einem wissenschaftlichen Thema. Die Erzähler verweben geschickt thematische Wendungen und organisationale Veränderungen – Karriereerzählungen können eben nicht abseits der Organisation »erfunden« werden (Ludwig 1996, Luhmann 2011). Tendenziell führt das Thema die Protagonistinnen zur Stelle, während gerade nicht die Stelle mit Themen auf den Protagonisten wartet. Da sämtliche Karriereereignisse als wissenschaftlich notwendig re-codiert werden, indem sie auf das eine wissenschaftliche Thema, den »Kern« (Professor für Kulturwissenschaften), bezogen werden, wollen wir von einer *zentripetalen* Orientierung sprechen. Sie integriert die verschiedenen Rollen des Protagonisten mit Bezug auf ein Thema.

Es bedarf in der erzählerischen Konstruktion daher eines schicksalhaften Moments der Erleuchtung oder Eingebung als Ausgangspunkt der Karriere. So geht der Kulturwissenschaftler bis in seine Schulzeit zurück, um auf die Lektüre von Romanen zu verweisen, die ihm seine älteren Brüder und ein Lehrer nahelegten. Als »Urerlebnis« fungiert die Lektüre von Thoreaus »Über die Pflicht zum Ungehorsam gegen den Staat«. An diese frühe Inspiration schließt eine Karriere des Protagonisten, die den Kulturwissenschaftler als Erzähler selbst überrascht. Die zufällige Wiederentdeckung eines »Büchleins«, das er schon früh in seiner wissenschaftlichen Laufbahn angelegt hat, verdeutlicht ihm rückblickend eine stringente Ausführung seines wissenschaftlichen Plans:

»[…] also ich hab so ein Büchlein, da waren meine Gedanken für Bordeaux drin, das hab ich neulich so in die Hand gekriegt und es war im Prinzip, das was ich gerne machen wollte, also diese vier: Theorie, Kultur, Kolonialisierung und Gedächtnis. Und klar, die mit den vier Schwerpunkten bin ich nicht allein. Aber sie haben mich in die Lage versetzt, das was ich in den siebziger Jahren würde ich dann doch sagen fürs Leben gelernt habe, das hieß damals Kulturgeschichte als Sozialgeschichte, dem bin ich trotz allem Poststrukturalismus und Dekonstruktion treu geblieben. Ich habe nicht jeden Turn mitgemacht.« (Professor für Kulturwissenschaften)

Unsicherheit, die sich in Bezug auf Karrieren immer schon aufgrund ihres Zusammenwirkens von Fremd- und Selbstselektion automatisch ergeben, wird in den Erzählungen, die wir der zentripetalen Orientierung zuordnen, über die Deutung eines jeden Schrittes als Schritt auf dem Wege zu wissenschaftlicher Erkenntnis reduziert. So wird Sicherheit konstruiert, »die letztlich doch immer fiktiv bleibt« (Wohlrab-Sahr 1992: 219), wie der Professor für Kulturwissenschaften am Beispiel einer Kollegin, deren Stelle entgegen der Erwartung beider nicht verlängert wird, thematisiert: die Kollegin landet letztendlich an einer anderen, jedoch thematisch passenderen Hochschule im Ausland. Auch die Ablehnung des von ihm konzipierten Masterstudienganges durch seine Kollegen mit dem Verweis auf den unzeitgemäßen thematischen Zuschnitt rufen die Kontingenzen einer thematisch interessierten Karriere in Erinnerung.

Der zweiten von uns rekonstruierten Orientierung fehlt das eine Thema, auf die hin Vergangenheit, Gegenwart und Zukunft integriert werden. Diese Orientierung operiert mit einer Vielzahl an Rollen, die jeweils unterschiedliche Anschlüsse möglich machen. Die Unsicherheit wird über einen geschickten Rollenwechsel verschoben. Diese Orientierung besitzt damit ein vergleichsweise hohes Enaktierungspotenzial, wenn sich die Rollen – metaphorisch gesprochen – den Ball zuspielen und sich anderenorts neue Optionen auftun, die als Chance aufgefasst werden. So erzählt der von uns interviewte wissenschaftliche Mitarbeiter der Pädagogik ausgiebig von gelungenen Vorträgen in schulpolitiknahen Kontexten oder von der als Abwechslung erlebten nebenberuflichen Tätigkeit im Fitnessstudio. Diese Orientierung gerät dann unter Druck, wenn konkurrierende Rollenerwartungen parallel den Protagonisten in Anspruch nehmen und er sich – mangels eines eigenen thematischen bzw. identitären Kerns – der Ansprüche nicht erwehren kann.

Während auch in den Erzählungen in der zentripetalen Orientierung verschiedene Rollen ins Spiel gebracht werden können, besteht der wesentliche Unterschied zu der zweiten Orientierung darin, dass sie diese Rollen über ein Thema narrativ zu integrieren vermögen, was im Falle des wissenschaftlichen Mitarbeiters der Pädagogik nicht erfolgt. Karriere stellt sich als Schauplatz von Konflikten und Kompromissen zwischen unterschiedlichen Rollenerwartungen dar, die nicht auf einen Fixpunkt hin integriert werden können. Unsicherheit wird durch unterschiedlichen Rollen in Unsicherheiten multipliziert: Mit jeder Rolle gehen andere Relevanzen einher und die Protagonistin wird in eine ausweglose Situation versetzt. Besonders ausgeprägt ist in dieser Hinsicht die Erzählung des Professors für Soziale Arbeit. Die Vielfalt an Rollen, die er spielt bzw. spielen muss, sind »eine furchtbar anstrengende Sache«. Dabei stellt er es sich »deutlich leichter vor, [...] wenn man nur eine Seite bedient«. Er müsse aber immer »überlegen, was mach ich am Wochenende, spiel ich mit meinen Kindern, gehe ich mit meiner Frau Essen, oder schreib ich noch einen Antrag. Oder mach die Lehre oder sowas«. Der Erzähler betont mit den Rollenkonflikten gerade die Unsicherheit für den Protagonisten. Die konfligierenden Rollenerwartungen verunmöglichen es dem Protagonisten, »seinen Lebensplan wirklich so straight durchzuziehen«, wie der Professor für Soziale Arbeit feststellt.

Der Protagonist ist hier – metaphorisch gesprochen – die Kugel im Flipperautomaten (Schimank 2002). Karriere wird entworfen als »eine lebenslange Frage, [...] des Austangierens und Neujustieren, wo man in seinem Leben seine Schwerpunkte setzt, was eigentlich das Wichtige ist, und wo welche Rolle bestehen, Freundschaften, Partnerschaften, Kinder, die Beziehung zu den Kindern, und wie kann man das und der Beruf der Frau« (Professor für Soziale Arbeit). In der Erzählung bleiben Momente der Schwerpunktsetzungen absent. Entscheidungen werden nur anhand ihrer Resultate in Form neuer Stellen, einer neuen fachlichen Heimat usw. sichtbar. In dieser Erzählung bleibt der Protagonist ein Getriebener, nicht getrieben von Themen, sondern von seinem umfassend schlechten Gewissen:

»aber ein ständiges Getrieben sein, auch vom schlechten Gewissen, entweder der einen oder anderen Seite. Entweder zu sehen, ich kann das beruflich nicht leisten, die Ziele meinen eigenen Ansprüchen, auch den Ansprüchen von außen genügen. Äh, oder auf der andern Seite, ich verlier den Kontakt zu meinen Kindern ich werde ungehalten, weil ich so viel Stress auf der Arbeit hatte, hab ich die Geduld nicht zuhause. Und der trade-off, der ist mir total bewusst.« (Professor für Soziale Arbeit)

Wir wollen daher von einer *zentrifugalen* Orientierung sprechen. Die Zusammenführung von vergangenen, gegenwärtigen und zukünftigen Positionen gelingt – anders als in den Erzählungen der ersten Orientierung – *nicht über das thematische Interesse* oder einen anderen biografischen Kristallisationspunkt. Zwar werden in beiden zugehörigen Erzählungen Partnerschaften und Familie als Referenzpunkte für Entscheidungen angeführt, jedoch betreffen diese nur einen kleinen Teil der Entscheidungen. Die *zentripetale* Orientierung hingegen ebnet Unsicherheiten ein, indem sie Karriereereignisse als thematische Notwendigkeiten integriert. Der *zentrifugalen* Orientierung fehlt ein solcher Bezugspunkt. Stattdessen legen unterschiedliche Rollen unterschiedliche Bewertungen der Karriereschritte nahe. Die Protagonisten eilen von Rolle zu Rolle, ohne einer umfassend gerecht werden zu können. Die Unsicherheit der Karriere wird hier dahingehend verschoben, dass jede Rolle die Karriereereignisse auf jeweils andere Vergangenheiten, Gegenwarten und Zukünfte wie in einem Kaleidoskop für den Protagonisten darstellt – jedoch stellt der Protagonist nicht aktiv ein eigenes Arrangement her.

3.2   Wie erfolgen im Rahmen der zwei Orientierungen Zurechnungen von Verantwortung, von Erfolg vs. Misserfolg bzw. Scheitern im Zuge der Karriere?

In der zentripetalen Orientierung wird *das Verfolgen des Themas* in zwei unterschiedlichen Varianten erzählt: das Verfolgen wird entweder als *quasi-instinktives Verhalten* (Professor für Kulturwissenschaften) oder aber als *Kette von klugen Entscheidungen* (Mitarbeiterin der Betriebswirtschaftslehre, Juniorprofessorin) erzählt. Die Themen, welche die Karriereerzählung strukturieren, werden den Protagonistinnen unterschiedlich »in die Wiege gelegt«: Während der Kulturwissenschaftler auch von schicksalhaften Bücherfunden in vergessenen Bibliothekskellern berichtet, auf die er durch den Hinweis einer Bibliothekarin stieß, kann man an den Erzählungen der Mitarbeiterin der Betriebswirtschaftslehre und der Juniorprofessorin Selbstzurechnungen von Aktivitäten als explizite Arbeit an der Biografie und »Umschriften« beobachten. Demgegenüber rechnet sich der Kulturwissenschaftler sein »Tun« als Charakterzug, als eigenen »Kern« zu:

»Sie müssen etwas Eigenes haben, sie müssen wissen, was sie umtreibt. Und trotz der geforderten Flexibilität denke ich geht's nicht ohne diesen Kern, der einen auch in die Lage versetzt, auf Ausschreibungstexte, die Anforderungen davon, flexibel zu reagieren. Aber nur flexibel, immer genau das, immer schon gewollt haben, was gerade gefordert wird, ich glaube nicht, dass es was bringt.« (Professor für Kulturwissenschaften)

In der zentrifugalen Orientierung gewährt der Erzähler dem getriebenen Protagonisten gerade keine Autorenschaft für seine Karriere. Das zeigt sich daran, dass der interviewte Erzähler die Frage nach einem Kompromiss zwischen den vielen Erwartungen an den Interviewer zurückspielt und damit die Interviewsituation umdreht: »[...] man muss gucken, dass man runterregelt, aber ich weiß ja auch nicht, wie das geht. Sagen Sie es mir« (Professor für Soziale Arbeit). Das liegt darin begründet, dass der Erzähler den Protagonisten Rollen ausschließlich im Hinblick auf normativ generalisierte Rollenerwartungen auslesen lässt, denen gegenüber er keine Distanz aufbauen kann. Mit der Vervielfältigung der Commitments, Aktivitäten und Einbindungen versucht der Erzähler folgendes Zurechnungsproblem zu lösen: gemeint ist die Möglichkeit, dass sein Tun genauso wie sein Verhalten oder seine Widerfahrnisse von Dritten als Entscheidung behandelt und die Folgen entsprechend ihm zugerechnet werden. Das Problem der Zurechnung von Scheitern wird entschärft, indem probabilistisch Erfolgsstories generiert werden.

3.3   Wie arrangieren die Orientierungen unterschiedliche Rollen und Rollenerwartungen?

Die der zentripetalen Orientierung zugeordneten Erzählungen unterscheiden sich in den Rollensets, die die Erzählerinnen den Karriereprotagonistinnen zur Verfügung stellen: Die Erzählung kann, wie im Interview mit dem Kulturwissenschaftler, primär aus *einer* Rolle erlebt werden, der sich andere Rollen (die Karriere als Partner, als Elternteil, als Sportlerin, usw.) unterordnen, oder, wie die Interviews mit der Mitarbeiterin der Betriebswirtschaftslehre und der Juniorprofessorin dokumentieren, *mehrere* Rollen in je unterschiedlicher Perspektive konfliktfrei um ein Thema kreisen lassen.

Über die Rollen des (verbeamteten oder befristet angestellten) Wissenschaftlers hinaus können in unterschiedlichem Maße weitere Rollen (der Steuerzahlerin, des Familienmenschen, des Ehemanns, der Mieterin, etc.) aktiv relevant gemacht und gesetzt werden, um die Enttäuschung aus der Perspektive der Wissenschaftlerrolle oder Angestelltenrolle als Normalitäten aus der Perspektive anderer Rollen zu verhandeln. So lassen sich unterschiedliche normative Erwartungen, Ansprüche und Anforderungen wechselseitig relativieren, gegeneinander ausspielen. Die unterschiedlichen Rollen können einander aber auch stützen. Aus der Rolle des Vaters werden so die familiären Nebenfolgen der wissenschaftlichen Karriere in Form der Trennung von seiner ersten Ehefrau und der räumlichen Trennung von seinen drei Kindern entproblematisiert:

»Und in der Zeit, die dazwischen gekommen ist, sind also unsere drei Kinder geboren worden. Und ähm die (meine Frau, d. A.) hat sich, die sie ist aus Bordeaux weggegangen mit den Kindern, und ich hab das Sorgerecht nicht bekommen, weil deutsche Kinder nach Deutschland gehören. Und ähm in den Jahren dann die Kinder die ganzen Ferien also d- alle Schulferien ganz gehabt, so dass ich auf drei Monate kam und von daher ein sehr enges Verhältnis zu allen Dreien, die größten Sorgen hatte ich bei der Jüngsten, die ,82 geboren war, und ähm bewahrt habe, aber für sie wäre das Los Angeles für eine Sechsjährige ist nicht so attraktiv.« (Professor für Kulturwissenschaften)

In den Erzählungen der Mitarbeiterin der Betriebswirtschaftslehre und der Juniorprofessorin nehmen sich unterschiedliche Rollen zu unterschiedlichen Zeitpunkten dem einen Thema in der ihnen rollentypischen Art an. Die promovierte Betriebswirtin behandelt »ihr« Thema – das Verhältnis von Praxis und Wissenschaft – zunächst im Rahmen ihrer Promotion und anschließend in der Öffentlichkeitsarbeit nicht-universitärer Forschungsprojekte. Das thematische Interesse wird also unter verschiedenen Blickpunkten bewahrt und weiterverfolgt.

Für beide Orientierungen erweist sich die Rolle des Wissenschaftlers als unkündbar, die Kaesler (2003: 28) unter Rückgriff auf Webers »Wissenschaft als Beruf« (1919) wie folgt skizziert: Sie verlangt, bei »strengste(r) Spezialisierung, verbunden mit heftiger Leidenschaft bei der Suche nach Wahrheit, unermüdliche(r) Forschungstätigkeit, allein […] (im) Dienst an der Sache, […] (der) strenge(n) Arbeit am Begriff, […] (in) intellektuelle(r) Rechtschaffenheit« nachzugehen.

Der Protagonist in der Erzählung des Professors für Kulturwissenschaften lebt jene Prinzipien mit all ihren Konsequenzen in der Gestalt der gescheiterten Ehe oder der »schockierend« niedrigen Rente, aufgrund der vielen Anstellungen im Ausland. Auch das »Wissenschaffen« im Alter steht immer noch mehr im Dienste der Autopoiesis des Wissenschaftssystems als es der eigenen Existenzsicherung dient. Die Protagonistin in der Erzählung der Betriebswirtin bedient die Prinzipien zeitweise in Form des Verfassens eines wissenschaftlichen Aufsatzes, das ihr rückblickend als vollkommene Überforderung erscheint:

»Aber ein B-Journal zu publizieren, ja, ich meine, das ist wirklich so, das sind halt Journals, wo Leute aus, also gestandene Professoren, ja, mit vierzig, fünfzig, äh aus Harvard und und und London und sonst wo haupt drin publizieren. Und man soll da eigentlich als popliger kleiner Doktorand auch promovieren, also auch seine Sachen einreichen und zu mindestens einen ja, am besten natürlich accepted oder eben halt zu mindestens kein Desk Reject bekommen. Ja, das ist natürlich total Wahnsinn, und das war also das wussten wir ja damals noch nicht.« (wissenschaftliche Mitarbeiterin in der BWL)

Die Protagonistin in der Erzählung der Juniorprofessorin hingegen »muss« das Weber'sche Skript bedienen. Der Protagonistin gelingt es im Berufungsverfahren, ein »Vorurteil« gegenüber Menschen »aus der Praxis« zu entkräften. Nach erfolgreicher Fremdselektion befindet sie sich jedoch in der Situation, fortlaufend unter Beweis stellen zu müssen, dass es sich bei dem Vorurteil eben um ein Vorurteil gehandelt hat. Und so ist die Erzählung im Interview auch Ausdruck des Bemuhens der Erzählerin, die Vergangenheit der Protagonistin auf die kürzlich erfolgte Berufung hin umzuschreiben. Während im Vergleich zur Erzählung des emeritierten Professors für Kulturwissenschaften noch das Ereignis als Ausgangspunkt der Wissenschaftskarriere fehlt, ist ein Thema als Fixpunkt verfügbar, dass sich die Protagonisten selbst setzte:

»Und ich glaube ein zweiter Teil ist, dass ich, das ist mehr so ein inhaltliches Ding, ich hab über so das Thema […], das ist ein Forschungsthema, mit dem wir uns hier beschäftigen, […], war bis zweitausendelf, zweitausendzwölf in Deutschland gar kein Thema. Und mittlerweile ist es ein Riesenthema geworden, und ich glaube nicht unerheblich, ohne da jetzt zu eingebildet rüberzukommen zu wollen, aber es ist sicherlich mit mein Verdienst. […] Insofern sind das also ein inhaltlicher und vielleicht ein organisatorischer und karriereplanerischer Aspekt, die ich jetzt sagen würde, da bilde ich mir nichts, ja nicht drauf ein, aber es ist schon so Sachen, auf die ich stolz wäre. Nach wie vor.«

In der zentrifugalen Orientierung zeigt sich dagegen, dass multiple Rollen nicht zwingend auf eine Erfolgsgeschichte hinauslaufen müssen. Die Erzähler stellen den Protagonisten (zu deren Leidwesen) multiple, konfligierende Rollen zur Verfügung, die allesamt durchweg zur Erzählung aufgerufen werden:

»Also wenn ich sechs Stunden arbeite und nach Hause komme, dann kann ich abends noch was zu essen machen, mit den Kindern Hausaufgaben mache. Wenn

ich zehn Stunden gearbeitet habe und nach Hause komme, dann brauche ich erst-
mal eine Stunde, um überhaupt runterzukommen, und dann gebe ich denen noch
eine Gutenachtkuss oder so. Also das ist, und wenn ich das in eine das eine oder das
andere eine Woche gemacht habe, dann ist ganz klar, dass ich dann denke, wow,
du hast viel zu wenig Stunden gearbeitet. Andere arbeiten fünfzig Stunden, und du
machst jetzt hier gerade mit ner diese Woche dreißig Stunden oder so. Und wenn
ich das andere Extrem mache, dann denke ich, du arbeitest zu viel, du kriegst keine
Kontakt zu deinen Kindern, also ähm das geht gar nicht, was bist du für ,n Vater.«
(Professor für Soziale Arbeit)

Die Rollenerwartungen als Wissenschaftler, als Chef, als Ehepartnerin, als
Familienvater, usw. werden als Konflikt erzählt, der den Protagonisten »im
Schleudersitz« von hier nach dort befördert. Durchweg droht, dass die Ehefrau die Scheidung einreicht, die Kinder zuhause vernachlässigt werden, die
Doktoranden verzweifeln, die Politik bzw. Geldgeber brüskiert oder die Kolleginnen verärgert werden. Der Doktorand der Pädagogik reduziert solche
Konfliktsituation, indem er sich die Rückkehr in das Lehramt in Erinnerung ruft, die, so weiß er, innerhalb von fünf Jahren nach seinem Examen
erfolgen muss. So sucht das drohende Scheitern die Karriereerzählungen der
zentrifugalen Orientierung heim, da die Protagonisten nie allen Rollenerwartungen gleichermaßen gerecht werden können, wie bereits am Beispiel
des Professors für Soziale Arbeit sichtbar wurde, als er sich von den »kras-
sen Entscheidungen« anderer Wissenschaftlerinnen abgrenzte. Dabei hält
er die Dynamik permanenter Scheiternsgefahr und permanent notwendiger Scheiternsabwehr durchweg präsent. Interessant ist in diesem Zusammenhang ein Moment im Interview, als die Interviewerin den Interviewten
nach einem Mittelweg zwischen den Erwartungen fragt und dieser lachend
auf den fehlenden »Selbstanspruch« derjenigen verweist, die einen Mittelweg beschreiten:

»Ja, das ist natürlich äh für Menschen, die kein Gew- also kein Selbstanspruch und
kein soziale Verantwortung da erleben, kann das ja sein. Ich meine, ich hatte einmal einen Dienstvorgesetzten, mit dem ich lange, äh unter dem ich lange arbeiten
musste, der hat fast nicht gearbeitet, das war schon ›n bisschen krass. Während meiner Doktormutter, bei der ich auch ungefähr genauso lang gearbeitet hat äh allein-
stehend und, ja man würd, also rein an Stundenzahl und wieviel, das war ›n Worka-
holic, die war morgens um sieben da, und wenn wir dann lang geblieben sind, ist sie
trotzdem die Letzte geblieben. Die hatte sich glaube ich äh als die hat aus ihrem Gewissen heraus da gesessen, und da haben wir uns auch gesagt, warum macht die das
eigentlich. […] Und äh dann bin ich jetzt selbst in ne ähnliche Position gekommen
und merke, dass das gar nicht so einfach ist.« (Professor für Soziale Arbeit)

Der Erzähler setzt den Protagonisten über die vielen Selbstansprüche unter Spannung. Das Weber'sche Getrieben-Sein von Themen und Fragen wird hier zum Getrieben-Sein zwischen den Rollen.

3.4 Welche Enttäuschungen bringen die beiden Orientierungen hervor und wie, d. h. über welche Mechanismen, absorbieren sie die Enttäuschungen?

Orientierungen haben in sozialen Situationen unterschiedliche Realisierungsmöglichkeiten. Sind diese Möglichkeiten gegeben, realisiert sich die Orientierung in den in ihr angelegten Handlungsanschlüssen. Andernfalls spricht man von niedrigen Realisierungsmöglichkeiten bzw. einem niedrigen Enaktierungspotential einer Orientierung. Enaktierung bezeichnet »die konkrete Umsetzung (bzw. Umsetzbarkeit) einer Orientierung im alltäglichen Leben« (vgl. Przyborski/Wohlrab-Sahr 2010: 290) bzw. in unserem Fall einer Orientierung durch den Protagonisten in der Karriereerzählung.

Die erste Orientierung gerät dann in Schwierigkeiten und bedarf Mechanismen der Enttäuschungsabsorption, wenn die thematische Auseinandersetzung organisational »heimatlos« wird, wenn also dem Professor für Kulturwissenschaften nach der Pensionierung zwar noch ein befristeter Lehrauftrag als Stellenäquivalent gegeben aber das Büro genommen wird, oder wenn der Projektantrag der Betriebswirtin scheitert und damit keine Stelle in der Organisation geschaffen werden konnte. In solchen Momenten wird den Protagonistinnen die Mitgliedschaftsrolle entzogen – ungeachtet dessen, ob alle wissenschaftlichen Themen und Fragen abgearbeitet und beantwortet sind. In jenen Momenten rücken andere Rollen in den Vordergrund, die andere Ansprüche an das wissenschaftliche Tun richten, wie allen voran das Einkommen.

Aus der ersten Orientierung heraus können wir zwei Manöver beobachten: So können die Erzähler vor dem Hintergrund der organisational proklamierter Ziele (Drittmittel, etc.) und Programme (Graduiertenakademien, Promovierendenbetreuung, etc.) *auf der Mitgliedschaftsrolle des Protagonisten beharren und die »Absurdität« organisationaler Personalentscheidungen kritisieren:*

»Eine Kollegin, die in einer vergleichbaren Situation war [...] sehr anerkannte und wirklich unglaublich erfolgreich, äh was Drittmitteleinwerbung angeht, Mitbegründerin einer jetzt gerade ausgezeichneten Anerkennung und mit Exzellenz ausgezeichneten Graduiertenschule über Ethnizität, also ein Thema was in ist, die wollte auch, weil sie genauso wie ich ähm beim, äh nicht im Ausland, sondern sie hatte universitätsfern als […] eben lange gearbeitet und niedrige Rente zu erwarten und wollte eben bis siebenundsechzig weiter, und ähm hatte einen Ruf nach […], wollte sie gehen lassen. Und stur, 65 ist Schluss, angewandt ohne Rücksicht auf das äh die Folgen für die Graduiertenschule, das, sie verliert das Promotionsrecht, weil das anner […] Hochschule in […] ist. Äh sie verliert das damit, das Promotionsnehmen alle Graduierten, die man angeworben haben, das sind so irrationale Entscheidungen.« (Professor für Kulturwissenschaften)

Oder aber die Erzählerinnen lassen ihre Protagonistinnen *auf andere Rollen ausweichen, um das thematische Interesse weiterzuverfolgen*, ohne dabei den Orientierungsrahmen zu sprengen, denn so kann die Autorenschaft über das Werden und Geworden-Sein dauerhaft behauptet werden, was dem Protagonisten in der Karriereerzählung des Kulturwissenschaftlers nur noch »auf Zeit« (d. h. die Laufzeit des Lehrauftrages) gelingt:

»es gab keine Möglichkeit im Grunde als Post-Doc da weiter zu bleiben. Deswegen hab ich mich dann umgeschaut, was es sonst noch so gibt […] dann (hatte ich) die Zusage […] von meinem jetzigen Arbeitgeber, ja, und dann quasi zwei oder eine Woche vor Antritt meiner neuen Arbeit hat meine Professorin gesagt, so, Mensch, Du, der Dingens hat gekündigt, ja, jetzt ist theoretisch die Stelle frei. […] Und ähm ich wollte das, ich wollte in der Wissenschaft bleiben, als ich in der Wissenschaft war. Und jetzt als ich die Möglichkeit habe, hatte, zurückzugehen, hab ich mir gedacht so, nee. […] Und ich arbeite jetzt seit sechs Wochen, und ich muss echt sagen […] es passt eigentlich genau auf die Anforderungen, die heute Großunternehmen haben, wenn's um Innovationen geht. […] Ja, ich will gucken, wie weit geht eigentlich das, was ich mir in der Wissenschaft angearbeitet habe, wie weit kann ich das reinbringen in die Praxis.«

Hier zeigen sich auch die Beständigkeit, Beharrlichkeit und Alternativlosigkeit der Form der Karriere sowie die Orientierung auf Selbstzurechnung: Dieser bisher angelegte Rahmen der Erzählung verliert deshalb sein »Enaktierungspotential« (Przyborski/Wohlrab-Sahr 2010: 290) nicht, weil Agency aus anderen Rollen heraus reklamiert wird oder eine organisationale Anbindung verfügbar ist.

Die zentripetale Orientierung setzt auf den Rollenwechsel, um Unsicherheit zu absorbieren. Im Gegensatz dazu setzt die zentrifugale Orientierung darauf, Unsicherheit über diverse Rollen und Rollenerwartungen am Leben zu halten. Narrativ wird die Gefahr des Scheiterns stets präsent gehalten. Denn so würde ein Absorbieren von Unsicherheit der Erzählung der zentrifugalen Orientierung das strukturierende Motiv nehmen. Aus diesem Grund

muss die Erzählung des Professors für Soziale Arbeit frei von Absorptions-
mechanismen bleiben: Unsicherheit muss in diesen Erzählungen im Extrem-
fall »lebenslang« vom Protagonisten ertragen werden.

4. Fazit

Der Beitrag hat den Vorschlag von Luhmann und Corsi aufgegriffen und
»Karriere« als Inklusionsform in die funktional differenzierte Gesellschaft
gefasst. Karriere tritt an die Stelle der Herkunft, damit ist auf normativer
Ebene das Mobilitätsversprechen der modernen Gesellschaft angesprochen:
Wenn – so die normative Lesart des guten Lebens – prinzipiell alle erfolg-
reich aufsteigen können, dann können auch alle scheitern.

Das Mobilitätsversprechen muss als Aufforderung und kommunikative
Inanspruchnahme verstanden worden, dessen Schattenseite darin besteht,
dass diejenigen, die nichts aus ihren Möglichkeiten machen, sich das Scheitern selbst zurechnen (lassen) müssen. Diese Subjektpositionierung geht mit
starken Zuschreibungen umfassender Agency und Strukturierungsleistungen einher. In dieser Zuschreibungspraxis spiegelt sich der Integrationsbe-
darf funktional differenzierter Gesellschaften wider. Gegenläufig zu diesen
Planungs- und Kontrollfiktionen sind Karrieren als ein kontingentes Zusammenwirken von Selbst- und Fremdselektionen genuin unsicher.

Im Zuge unserer Analyse konnten wir zwei Orientierungen rekonstruie-
ren, die Unsicherheiten auf spezifische Weise bearbeiten bzw. verschieben.
Die *zentripetale* Orientierung mobilisiert alles, angefangen von privaten Beziehungen über regionale Einbindungen bis hin zu Erwartungen an soziale
Absicherung, um das gesetzte wissenschaftliche Thema zu verfolgen, das als
Lebens- und Leistungsthema kategorial gefasst ist. In dieser Orientierung
immunisieren die Erzähler ihre Protagonisten gegenüber allen Formen des
Scheiterns wie folgt: Autorenschaft über das eigene Leben wird behauptet, indem der normative Überhang der starken Zuschreibung umfassender Agency die Zuschreibung von Scheitern aushebelt. Einmal gefasste und
erst recht schicksalhaft verankerte Karriere- und Biografieprojekte können
nicht scheitern, weil die Praxis der Projektentfaltung, die um die thematische
Treue organisiert ist, stets kommunikative Anschlüsse findet, sei es innerhalb
oder außerhalb der Hochschule. Die *zentrifugale* Orientierung hingegen mobilisiert umfassend unterschiedliche Rollen und Commitments: Diese Ori-

entierung prozessiert Unsicherheit über eine Vervielfältigung der Unsicherheiten, jedoch um den Preis, dass sie den Autorenanspruch an wechselnde Gelegenheitsstrukturen abtreten. Die Orientierung strebt in Richtung der Bevorratung möglicher Zukünfte und Vergangenheit. Anerkennung kann für den Versuch, über die Vervielfältigung der Rollen vielfältige Vergangenheiten und Zukünfte zu bewahren, reklamiert werden. Jene Orientierung vermag die Personen gegenüber Scheiternskommunikationen unangreifbar zu machen, das jedoch um den Preis einer eskalierenden, ungerichteten Leistungsverausgabung, die selbst dann nicht zum Stillstand kommt, wenn die Protagonistin sich erfolgreich im Karriereparcour etabliert hat.

Beide rekonstruierten Orientierungen sind für die Hochschule als Organisation brauchbar und folgenreich: Zwar sind auf der Ebene von Lebenskarrieren vielfältige Möglichkeiten verfügbar, um eine Erfolgskarriere zu behaupten. Auf der Ebene von Organisation hingegen stehen den vielfältigen Karriereentwürfen nur wenige Stellen zur Verfügung, als Selektionskriterium greifen spezifisch gefasste Karriereskripte. Dabei zeigt sich eine wahlverwandtschaftliche Passung der Selbstbeschreibung der Hochschule nicht als Organisation, sondern als institutioneller Ort der Gelehrtengemeinschaft »in Einsamkeit und Freiheit« mit der zentripetalen Karriereorientierung der Treue zum Thema. Aus einer solchen Orientierung heraus werden keine weiterreichenden Erwartungen an die Hochschule als Organisation herangetragen werden. Schließlich bietet sie die Möglichkeit, das eigene, intrinsisch motivierte Thema umfassend verfolgen zu können. Wenn überhaupt Erwartungen an die Organisation Hochschule formuliert werden, dann entweder aus einer anderen Rolle heraus oder stellvertretend für andere.

Die zweite Orientierung passt zwar nicht zum normativ erhöhten Karriereskript der Hochschule als Institution, bedient aber organisationale Ansprüche auf ungerichtete Leistungsverausgabungen bei gleichzeitiger Frustrationstoleranz im Wettbewerb um stets knapper werdende Ressourcen. Das Unsicherheitsproblem wird gelöst durch die Vermeidung bindender Festlegungen zugunsten der flexiblen Bewirtschaftung von »Optionen auf Optionen« (vgl. Brose et al. 1993: 38 ff.) mit dem Ziel, sich unterschiedliche Möglichkeitskorridore offenzuhalten. Mit der Vervielfältigung der Aktivitäten wird auf der Kehrseite der Medaille das Scheiternsrisiko in die Höhe getrieben. Beide Seiten der Medaille setzen eine Spirale der immer höher getriebenen, ungerichteten Leistungsbereitschaft und -verausgabung in Gang. Auf die Gefahr, dass eine Sache scheitern könnte, werden vielfältige potentielle Erfolge im Sinne der Ermöglichung der Ermöglichungsbedingungen auf den Weg gebracht.

Auch wenn die Hochschule als Organisation über Stellen und Programme nur eine recht enge Auswahl an narrativen Anknüpfungspunkten für Karrieren bietet, macht sich die Hochschule als Organisation selbst zwei so disparate Orientierungen, wie die hier diskutierten, zunutze. Sie importiert damit Motivlagen, die sie selbst nicht herstellen kann und auf deren Verfügbarkeit sie zugleich funktionsnotwendig angewiesen ist. Dabei nutzt die Hochschule als Organisation die kategorial gefassten wie auch und erst recht die ungerichteten Leistungsbereitschaften, die in Gang gesetzt werden durch die Abwehr des kulturell-normativ diskreditierten Scheiterns am Mobilitäts- und Erfolgsversprechen der Moderne.

Literatur

Barley, Stephen R. (1989), Careers, Identities, and Institutions: The Legacy of the Chicago School of Sociology, in: Michael B. Arthur/Douglas T. Hall/Barbara S. Lawrence (Hg.), *Handbook of Career Theory*, Cambridge, S. 41–65.

Becker-Schmidt, Regina (1994), Diskontinuität und Nachträglichkeit. Theoretische und methodische Überlegungen zur Erforschung weiblicher Lebensläufe, in: Angelika Diezinger/Hedwig Kitzer/Ingrid Anker (Hg.), *Erfahrung mit Methode. Wege sozialwissenschaftlicher Frauenforschung*, Freiburg i. Brsg., S. 155–182.

Bohnsack, Ralf/Nentwig-Gesemann, Iris/Nohl, Arndt-Michael (2007), *Die dokumentarische Methode und ihre Forschungspraxis. Grundlagen qualitativer Sozialforschung*, Wiesbaden.

Brose, Hanns-Georg/Wohlrab-Sahr, Monika/Corsten, Michael (1993), *Soziale Zeit und Biographie. Über die Gestaltung von Alltagszeit und Lebenszeit*, Opladen.

Corsi, Giancarlo (1993), Die dunkle Seite der Karriere, in: Baecker (Hg.), *Probleme der Form*, Frankfurt/M., S. 252–265.

Corsi, Giancarlo (2014), Hyptertrophie der Zukunft. Scheitern als Perspektive der Karriere, in: René John/Antonia Langhof (Hg.), *Scheitern – ein Desiderat der Moderne?*, Wiesbaden, S. 301–321.

Dresen, Antje (2014), Der zweite ist der erste Verlierer, in: René John/Antonia Langhof (Hg.), *Scheitern – Ein Desiderat der Moderne?*, Wiesbaden, S. 301–321.

Enders, Jürgen (2003), Flickwerkkarrieren und Strickleitern in einer prekären Profession. Ein Beitrag zur Nachwuchspolitik an den Hochschulen, in: Ronald Hitzler/Michaela Pfadenhauer (Hg.), *Karrierepolitik. Beiträge zur Rekonstruktion erfolgsorientierten Handelns*, Opladen, S. 252–262.

Flink, Tim/Simon, Dagmar (2014), Erfolg in der Wissenschaft: Von der Ambivalenz klassischer Anerkennung und neuer Leistungsmessung, in: Denis Hänzi/
Hildegard Matthies/Dagmar Simon (Hg.), *Erfolg – Konstellationen und Paradoxien einer gesellschaftlichen Leitorientierung*, Leviathan Sonderband 29, Baden-
Baden, S. 123–144.

Giegel, Hans-Joachim (1995), Strukturmerkmale einer Erfolgskarriere, in: Wolfgang
Fischer-Rosenthal/Peter Ahlheit (Hg.), *Biographien in Deutschland. Soziologische
Rekonstruktion gelebter Gesellschaftsgeschichte*, Opladen, S. 213–231.

Hahn, Alois (1988), Biographie und Lebenslauf, in: Hanns-Georg Brose/Bruno Hil-
denbrand (Hg.), *Vom Ende des Individuums zur Individualität ohne Ende*, Opladen, S. 91–106.

Hitzler, Ronald/Pfadenhauer, Michaela (2003), *Karrierepolitik. Beiträge zur Rekonstruktion erfolgsorientierten Handelns*, Opladen.

Junge, Matthias (2014), Scheitern in Moderne und Postmoderne, in: René John/
Antonia Langhof (Hg.), *Scheitern – Ein Desiderat der Moderne?*, Wiesbaden,
S. 11–24.

Kaesler, Dirk (2003), Karrierepolitik zwischen Geld und Wissenschaft. Der Fall Max
Weber, in: Ronald Hitzler/Michaela Pfadenhauer (Hg.), *Karrierepolitik. Beiträge
zur Rekonstruktion erfolgsorientierten Handelns*, Opladen, S. 27–41.

Klemm, Matthias (2014), Der Umgang mit dem Scheitern in grenzregionalen Projekten, in: Jens Bergmann/Matthias Hahn/Gabriele Wagner (Hg.), *Scheitern –
Organisations- und wirtschaftssoziologische Analysen*, Wiesbaden, S. 183–204.

Ludwig, Monika (1996), *Armutskarrieren. Zwischen Abstieg und Aufstieg im Sozial-
staat*, Wiesbaden.

Luhmann, Niklas (2011), *Organisation und Entscheidung*, 3. Auflage, Wiesbaden.

Neckel, Sighard (1991), *Status und Scham. Zur symbolischen Reproduktion sozialer Ungleichheit*, Frankfurt/M.,New York.

Przyborski, Aglaja/Wohlrab-Sahr, Monika (2010), *Qualitative Sozialforschung. Ein
Arbeitsbuch*, München.

Reichertz, Jo (2003), Erfolgreich Sozialwissenschaft betreiben, in: Ronald Hitzler/
Michaela Pfadenhauer (Hg.), *Karrierepolitik. Beiträge zur Rekonstruktion erfolgsorientierten Handelns*, Opladen, S. 355–370.

Schimank, Uwe (1981), *Identitätsbehauptung in Arbeitsorganisationen – Individualität
in der Formalstruktur*, Frankfurt/M., New York.

Schimank, Uwe (1985), Funktionale Differenzierung und reflexiver Subjektivismus.
Zum Entsprechungsverhältnis von Gesellschafts- und Identitätsform, *Soziale
Welt*, Jg. 26, H. 4, S. 447–465.

Schimank, Uwe (2002), Flipperspielen und Lebenskunst, in: Uwe Schimank, *Das
zwiespältige Individuum*, Wiesbaden, S. 249–265.

Schimank, Uwe/Burzan, Nicole (2004), Inklusionsprofile – Überlegungen zu einer differenzierungstheoretischen ›Sozialstrukturanalyse‹, in: Thomas Schwinn
(Hg.), *Differenzierung und soziale Ungleichheit. Die zwei Soziologien und ihre Verknüpfung*, Frankfurt/M., S. 209–237.

Schimank, Uwe/Schönek, Nadine M. (2006), Sport im Inklusionsprofil der Bevölkerung Deutschlands – Ergebnisse einer differenzierungstheoretisch angelegten empirischen Untersuchung, *Sport und Gesellschaft*, Jg. 3, H. 1, S. 5–32.

Sennett, Richard/Cobb, Jonathan (1972), *The Hidden Injuries of Class*, New York.

Vormbusch, Uwe (2009), Karrierepolitik. Zum biografischen Umgang mit ökonomischer Unsicherheit, *Zeitschrift für Soziologie*, Jg. 38, H. 4, S. 282–299.

Willke, Helmut (1987), Entzauberung des Staates. Grundlinien einer systemtheoretischen Argumentation, in: Thomas Ellwein/Joachim Jens Hesse/Renate Mayntz/Fritz W. Scharpf (Hg.), *Jahrbuch zur Staats- und Verwaltungswissenschaft*, Bd. 1. Baden-Baden, S. 285–308.

Wohlrab-Sahr, Monika (1992), Über den Umgang mit biographischer Unsicherheit – Implikationen der Modernisierung der Moderne, *Soziale Welt*, Jg. 43, H. 2, S. 217–236.

Wohlrab-Sahr, Monika (1997), Individualisierung: Differenzierungsprozess und Zurechnungsmodus, in: Ulrich Beck/Peter Sopp (Hg.), *Individualisierung und Integration. Neue Konfliktlinien und neuer Integrationsmodus?*, Opladen, S. 23–36.

Autonomie und Trajektorie.
Zur Bedeutung von Verselbständigung für wissenschaftliche Laufbahnen

Hannah Burger und Julia Elven

1. Einleitung

Autonomie gilt als grundlegende Voraussetzung für die Produktion wissenschaftlicher Erkenntnis. Ihre hohe Relevanz ist angesichts verfassungsmäßig garantierter Wissenschaftsfreiheit (GG Art. 5, Abs. 3), des nach wie vor wirkmächtigen Humboldt'schen Wissenschaftsideals und auch mit Blick auf die universitäre (Selbst-)Verwaltungspraxis evident. Sie wird in vielfältiger Weise – historisch (Lengwiler 2010: 13), philosophisch (Kant 1968) oder auch professionstheoretisch (Meier/Schimank 2010; Erne 2001) – begründet und als unabdingbare Voraussetzung für den Fortschritt der Forschung und daher konstitutive Grundlage wissenschaftlichen Arbeitens schlechthin (Hollingsworth 2009) hervorgehoben.

Die hohe Bedeutsamkeit von Autonomie zeigt sich bereits in frühen Phasen der wissenschaftlichen Laufbahn. In der Literatur ist eine verhältnismäßig große Bandbreite der Thematisierungen und Problematisierungen zu verzeichnen, etwa als »inhaltliche Autonomie«, die das »wissenschaftliche Selbstverständnis« bedingt (Gülker/Böhmer 2010: 178), als (eingeschränkte) Entscheidungsautonomie im Rahmen komplexer Systeme selbst- und fremdbestimmter Zielsetzungen (Esdar u. a. 2012) oder auch als Handlungsimperativ, der den wissenschaftlichen Nachwuchs mit Blick auf Arbeitsorganisation, Ressourcenplanung, aber auch Karriererisiken zum »abhängige[n] Selbstunternehmer« macht (Enders 2003: 256). Autonomie wird offenbar für Noviz_innen des wissenschaftlichen Feldes in unterschiedlicher Weise und in unterschiedlichen Zusammenhängen alltagspraktisch relevant, obgleich üblicherweise weder die differenten Formen dieser praktischen Autonomie noch die Bedingungen ihrer Ermöglichung näher in den Blick genommen werden.

Hier setzen wir mit unserer Forschungsarbeit zu wissenschaftlichen Laufbahnen und der Bedeutung von Autonomie und Verselbständigungsprozessen an. Den Ausgangspunkt bildet dabei die Analyse von Interviewmaterial, das im Rahmen des Forschungsprojekts »Habitus als Ermöglichungsstruktur wissenschaftlicher Nachwuchskarrieren« erhoben wurde.[1] Unsere zentrale These lautet, dass Autonomie nicht nur als grundlegende Bedingung und Anforderung des wissenschaftlichen Feldes frühzeitig Wirkung entfaltet, sondern auch in je spezifischer Weise einen Aspekt der Denk- Wahrnehmungs- und Handlungsstrukturen von Wissenschaftler_innen bildet. So setzen sich unsere Interviewpartner_innen einerseits explizit mit unterschiedlichen Aspekten von Autonomie und Verselbständigung auseinander, indem sie etwa Eigenständigkeit, Selbst- und Fremdbestimmtheit oder (Un-)Abhängigkeit thematisieren. Entscheidender ist jedoch, dass Autonomie insbesondere implizit, in der sinnhaften Strukturierung ihrer Erzählungen zum Ausdruck kommt – etwa bei der Schilderung des Arbeitsalltags oder der Reflexion von Karrierezielen. Welche Bedeutung Autonomie in der (Erzähl-)Praxis erhält, kann jedoch stark divergieren.

Für ein differenziertes Verständnis darf wissenschaftliche Autonomie also weder als Kontextbedingung missverstanden noch als dichotome Zustandskategorie naturalisiert werden, die lediglich die Ausprägungen autonom – heteronom kennt. Sie ist vielmehr als unumgängliche Voraussetzung wissenschaftlicher Karrieren zu rekonstruieren, die (auch) über Habitualisierungsprozesse (re-)produziert wird. Ziel des Beitrags ist es deshalb, die habituell bedingte Unterschiedlichkeit der (Re-)Produktionsmodi wissenschaftlicher Autonomie in den Blick zu nehmen, die in je spezifischer Weise die Hervorbringung wissenschaftlicher Karrieren rahmen. Wir werden zunächst unsere praxistheoretische Perspektive auf Autonomie und Verselbständigung in wissenschaftlichen Laufbahnen beleuchten (Abschnitt 2) und anschließend die methodischen Grundlagen unserer Analyse skizzieren (Abschnitt 3). In Abschnitt 4 stellen wir vier Typen wissenschaftlicher Autonomie und Verselbständigung vor. Abschließend verdeutlichen wir, wel-

---

1 Das Projekt »Habitus als Ermöglichungsstruktur wissenschaftlicher Nachwuchskarrieren« (Universität Augsburg, Leitung Dr. Anna Brake) ist Teil des Verbundvorhabens »Trajektorien im akademischen Feld«. Gemeinsam mit dem Partnerprojekt »Institutionelle Ermöglichungskontexte wissenschaftlicher Nachwuchskarrieren« (Philipps-Universität Marburg, Leitung Prof. Dr. Susanne M. Weber) wird es von 09/2013–08/2016 im Rahmen der Förderlinie »Forschung zum Wissenschaftlichen Nachwuchs (FoWiN)« durch das Bundesministerium für Bildung und Forschung gefördert (Förderkennzeichen 16FWN006/007).

chen Beitrag diese Analyse für die Betrachtung wissenschaftlicher Laufbahnen leisten kann, indem wir Chancen und Risiken diskutieren, die mit den herausgearbeiteten Typen der (Re-)Produktion wissenschaftlicher Autonomie verknüpft sind.

2. Trajektorien im akademischen Feld: Habitus als Ermöglichungsstruktur für wissenschaftliche Autonomie und Verselbständigung

Die Promotionsphase ist – so die Hochschulrektorenkonferenz (2016)[2] – eng assoziiert mit der »Befähigung zu vertiefter selbstständiger wissenschaftlicher Arbeit«, also mit der wissenschaftlichen Verselbständigung der Promovend_innen, die sich in einer »eigenständigen Forschungsleistung« manifestieren soll. Verselbständigung kann also als Bedingung und Merkmal einer erfolgreichen Promotion gelten. Allerdings wähnen Gülker und Böhmer (2010: 178) in diesem Zusammenhang ein Dilemma, denn obschon Autonomie zunächst ein erklärtes Ziel der wissenschaftlichen »Ausbildung« (ebd.) darstellt, handelt es sich zugleich um eine bereits für Noviz_innen wesentliche Handlungsbedingung im wissenschaftlichen Feld. Aus praxistheoretischer Perspektive stehen beide Aspekte – Autonomie als Bedingung und als Ergebnis der Promotionspraxis – in einer engen Beziehung zueinander, die weniger als Dilemma, sondern vielmehr als Ausdruck der reproduktiven Dynamik im Verlauf wissenschaftlicher Karrieren zu verstehen ist. Diese rekonstruieren wir als ›Trajektorien‹ im akademischen Feld.

Pierre Bourdieu nutzte den Begriff *trajectoire*, um das von ihm analysierte Zusammenspiel sozialer Positionen und positionsspezifischer sozialer Praxis zeitlich zu dimensionieren (Bourdieu 1987: 187ff.). (Wissenschaftliche) Laufbahnen können entsprechend als Abfolgen von Feldpositionen aufgefasst werden, die aus einer spezifischen sozialen Praxis hervorgehen. Diese erhält ihre Spezifik aus dem konkreten Zusammenwirken aktueller, jedoch historisch gewachsener Feld- und Habitusstrukturen und eröffnet einen – den Anerkennungsstrukturen des Feldes entsprechenden – Raum möglicher Positionen, in dem bestimmte Folgepositionen wahrscheinlicher, andere hin-

---

2 https://www.hrk.de/themen/forschung/promotion/, zuletzt abgerufen am 26. April 2016.

gegen unwahrscheinlicher sind. Mit der praxistheoretischen Forschungsperspektive geraten insbesondere die in der Promotionsphase inkorporierten impliziten wissenschaftsbezogenen Grundhaltungen, sowie deren Passung zu institutionellen Kontexten der Wissenschaft in den Blick. Mit anderen Worten: Die praxistheoretische Analyse wissenschaftlicher Laufbahnen lässt erfolgskritische, in die Strukturen des Feldes eingelassene Grundüberzeugungen sowie die habituell spezifischen Formen ihrer Einverleibung und praktischen (Re-)Produktion in der Qualifikationsphase sichtbar werden.

Werden wissenschaftliche Laufbahnen nun als Produkt wissenschaftlicher Praxis verstanden, die im Zusammenspiel habitualisierter und institutionalisierter Strukturen hervorgebracht werden, dann muss für ihre Erforschung (auch) der Habitus der Nachwuchswissenschaftler_innen in den Blick genommen werden. Als herkunfts- und laufbahnspezifisches, »offenes Dispositionensystem« (Bourdieu/Wacquant 1996: 167) ist der Habitus die Grundlage für feldspezifische Sozialisationsprozesse, in deren Verlauf Nachwuchswissenschaftler_innen sich die Möglichkeit aneignen, sich an der Produktion (anerkannter) wissenschaftlicher Praxis zu beteiligen. Aus dieser Perspektive zeigt sich die Gleichzeitigkeit von Autonomie als Voraussetzung und Lernziel nicht als Dilemma. Denn einerseits setzt der Eintritt in das wissenschaftliche Feld bereits ein Mindestmaß dispositiver Anschlussfähigkeit voraus (Bourdieu 2004), andererseits ist der Habitus feldspezifischen Veränderungen und Anpassungen unterworfen: Die Erfahrungen im wissenschaftlichen Feld gehen mit einer Verwissenschaftlichung des Denkens, Wahrnehmens und Handelns einher, wobei die Einverleibung wissenschaftsspezifischer Strukturen nicht allein vom Habitus der Nachwuchswissenschaftler_innen, sondern ebenso von den konkreten umgebenden Feldstrukturen abhängt: Fach, Organisation, Feldposition der Vorgesetzten etc. bedingen die wissenschaftliche Sozialisation in teils hoch divergenter Form.

Angehende Promovend_innen werden von ihren Betreuer_innen auf Grundlage ihrer (unterstellten) Passung zu den Anforderungen des wissenschaftlichen Feldes ausgewählt (Beaufaÿs 2008). Es ist also davon auszugehen, dass sie gewisse Dispositionen zur Hervorbringung einer autonomen Praxis bereits mitbringen und symbolisch wirksam machen können, sodass ihnen eine eigenständige wissenschaftliche Arbeit zugetraut wird. Im Verlauf der Promotion wird auf Basis dieser habituellen Voraussetzungen eine spezifische Form wissenschaftlicher Autonomie (weiter) ausgebildet und inkorporiert, die nicht nur den habitualisierten, sondern auch den institutionalisierten Strukturen der Aneignung entspricht. Hierin begründet sich auch, weshalb eine von jeglicher inhaltlichen Unterscheidung bereinigte Vorstellung von ›autonom sein oder nicht sein‹ zu kurz greift. Denn nicht jede Art der Eigenständigkeit wird überall gleichermaßen als wissenschaftliche Autonomie anerkannt. Engler (2003) verdeutlicht dies an den impliziten Autonomieanforderungen im Rahmen des Betreuungsverhältnisses: Sie arbeitet zwei Typen des aktiven, selbständigen Umgangs mit der Betreuungssituation heraus, wobei der eine Typ den Betreuenden eine »Kontrollfunktion« zuschreibt und deshalb Feedback einfordert, während der andere Betreuung als »beratend zur Seite stehen« versteht (ebd.: 122). Das eigenständige Einfordern von Unterstützung wird hier durch die Promovierenden auf unterschiedliche Art und Weise praktiziert. Problematisch ist allerdings, dass nur einer dieser Modi die Anerkennung der Betreuer_innen findet, denn »als ›Kontrolleur des Fortschritts‹ versteht sich keiner der befragten Professoren« (ebd.: 124).

Unterschiedliche Formen autonomer Praxis werden also in unterschiedlicher Weise symbolisch wirksam und auf diesem Weg tragen sie wiederum in unterschiedlichem Maße zur Zuschreibung wissenschaftlicher Leistungsfähigkeit bei, denn Anerkennung findet nicht (nur) das Produkt des wissenschaftlichen Arbeitens; auch der Produktionsmodus selbst hat eine symbolische Wirkung, die vorbewusst und wesentlich effektiver die Bewertung wissenschaftlicher Praxis und damit einhergehende Positionierungsmöglichkeiten bedingt (Krais 2008; Beaufaÿs 2003). Aus praxistheoretischer Perspektive greift deshalb die Frage, ob Nachwuchswissenschaftler_innen mehr oder weniger autonom handeln, zu kurz. Unsere Analyse ist vielmehr auf die Praxisformen wissenschaftlicher Autonomie und auf den *modus operandi* je spezifischer Verselbständigungsprozesse gerichtet, um auf dieser Basis Laufbahnchancen und -risiken zu unterscheiden, die mit je typischen (Re-)Produktionen wissenschaftlicher Autonomie einhergehen können.

3. Zur Rekonstruktion habitualisierter Ermöglichungsstrukturen von Autonomie und Verselbständigung

Die Analyseziele erfordern ein methodisches Vorgehen, welches einen Zugang zu den impliziten, die wissenschaftliche Praxis anleitenden Denk-,

Wahrnehmungs- und Handlungsmustern ermöglicht und darüber hinaus auch eine komparative Perspektive einschließt – denn die »spezifische Beschaffenheit der sozialen Praxis, ihre jeweils besonderen Merkmale, lassen sich empirisch erst dann rekonstruieren, wenn sie in systematischer Vergleichsperspektive denjenigen gegenübergestellt werden, die auf gleichen oder differenten sozialen Positionen vorgefunden werden« (Brake 2015: 79).

Grundlage unserer Analysen sind leitfadengestützte Interviews mit 32 Promovierten, deren Promotion zum Interviewzeitpunkt maximal ein Jahr zurücklag. Die Interviewpartner_innen befanden sich somit in einer Phase des Übergangs von der Promotion in nachfolgende Abschnitte ihrer Laufbahn, sowohl innerhalb als auch außerhalb der Wissenschaft. Das Sampling erfolgte entlang ausgewählter Kriterien, die in späteren Analyseschritten einen systematischen Vergleich ermöglichen. Hierzu zählten unter anderem die soziale bzw. Bildungsherkunft und das Geschlecht der Interviewten. Auch die organisationale Einbindung während der Promotion (Kolleg, Universität, außeruniversitäre Forschungseinrichtung) wurde systematisch in das Sampling einbezogen. Auf diesem Wege kann die Bedeutung unterschiedlicher habitualisierter und institutionalisierter Strukturen für die Hervorbringung von Autonomie in wissenschaftlichen Laufbahnen herausgearbeitet werden (Burger u. a. i. E.).

Im Mittelpunkt der Interviews standen die bisherige Laufbahn der Interviewpartner_innen, sowie deren Erfahrungen insbesondere während der Promotionsphase. Zudem wurden Erzählungen zu unterschiedlichen Aspekten des wissenschaftlichen Arbeitsalltags und der konkreten wissenschaftlichen Praxis während der Promotionsphase angeregt. Im abschließenden Teil wurden die Interviewpartner_innen zur Reflexion ihrer wissenschaftlichen Laufbahn und der Erfahrungen im wissenschaftlichen Feld aufgefordert. Insgesamt zielten die Gespräche darauf, durch offen gehaltene Erzählaufforderungen und die Vermeidung von »Leitfadenbürokratie« (Hopf 1978) den Relevanzsetzungen der Interviewpartner_innen möglichst viel Raum zu geben.

Auf Basis dieses Materials werden nicht nur die bisherigen Trajektorien im wissenschaftlichen Feld rekonstruierbar, sondern insbesondere auch die habitusspezifische (Re-)Produktion erfolgskritischer, wissenschaftsbezogener Grundorientierungen durch die Nachwuchswissenschaftler_innen. Die grundlegende Bedeutung von Autonomie zeigt sich in diesem Material in unterschiedlicher Hinsicht. So werden Aspekte von Autonomie und Verselbständigung einerseits mehr oder weniger explizit thematisiert, zum Beispiel wenn es in Erzählungen um Motivationsschwierigkeiten in »sehr sehr selbstbestimmt[en]« (Heine: 1624)[3] Arbeitsphasen geht, wenn über die Herausforderung berichtet wird, einen Forschungsprozess komplett selbst zu gestalten oder über das Glück, sein Promotionsthema entsprechend der persönlichen Interessen frei entwickeln zu können. Autonomie ist aber auch in andere Darstellungen eingelagert, ohne explizit thematisiert zu werden, beispielsweise als implizites Bewertungskriterium, wenn die Güte eines geleisteten Arbeitsschritts nicht etwa an der persönlichen Zufriedenheit oder dem Feedback der Kolleg_innen gemessen wird, sondern am realisierten Grad der Eigenständigkeit.

Diese Beispiele vermitteln zugleich einen Eindruck davon, dass Autonomie in sehr unterschiedlicher Weise mit Sinn gefüllt und praktisch hervorgebracht wird. Um den *modus operandi* systematisch herausarbeiten zu können, der die je spezifische Hervorbringung von Autonomie und Verselbständigung anleitet, wurde auf Aspekte der komparativen, reflektierenden Interpretation sowie der sinngenetischen und relationalen Typenbildung der dokumentarischen Methode (Bohnsack 2014; Nohl 2012, 2013a) zurückgegriffen. Diese ist aufgrund ihrer rekonstruktiven Analysehaltung und ihrer praxeologischen Fundierung besonders anschlussfähig an die praxistheoretische Perspektive, die wir auf wissenschaftliche Laufbahnen einnehmen. Sie zielt auf die Herausarbeitung jener atheoretischen Wissensbestände, die die Praxis der Akteur_innen leiten und geht davon aus, dass diese Wissensbestände ganz wesentlich durch die Bedingungen geprägt sind, unter denen sie sich herausgebildet haben. Dabei wird angenommen, dass das handlungsorientierende Wissen den Akteur_innen in der Regel nicht reflexiv zugänglich ist, sondern – ganz im Gegenteil – Vorreflexivität seine zentrale Eigenschaft ist. Es stellt also implizites Wissen dar, das weder expliziert werden kann, noch in seiner Selbstverständlichkeit expliziert werden muss. Um es methodisch zu erschließen und damit den *modus operandi* der sozialen Praxis zu rekonstruieren, werden die grundlegenden Orientierungen der Akteur_innen in den Schritten der formulierenden und reflektierenden Interpretation herausgearbeitet und im Rahmen der Typenbildung von den Einzelfällen abstrahiert.

Kennzeichnend für die dokumentarische Methode ist dabei eine konsequent komparative Analysehaltung bereits in frühen Interpretationsschritten (Nohl 2013b). Denn nur durch den Vergleich lassen sich die für den

---

3 Zitationen aus den Interviews sind anonymisiert und mit Zeilenangaben aus dem jeweiligen Interviewtranskript versehen.

Einzelfall charakteristischen Orientierungen mit Blick auf das im Zentrum der Analyse stehende Thema oder Problem herausarbeiten und anschließend im Rahmen der Typenbildung abstrahieren. Für diese komparative Analyse wurden von uns zum einen Textstellen herangezogen, in denen die Interviewpartner_innen sich – zum Teil »besonders ausführlich, engagiert und metaphorisch« (Nohl 2012: 40) in einer Art Fokussierungsmethapher – explizit mit einzelnen Aspekten von Autonomie und Verselbständigung im wissenschaftlichen Arbeitsalltag auseinandersetzen. Zum anderen wurden solche Passagen berücksichtigt, in denen besonders anschaulich und detailliert von der wissenschaftlichen Praxis im Rahmen der Promotion erzählt wurde, in denen die Nachwuchswissenschaftler_innen also beispielsweise den Prozess der Themenfindung für die Dissertation nachvollziehen, ihr Vorgehen in der Vorbereitung auf einen Vortrag detaillieren oder davon berichten, wie ihr Arbeitsalltag zur Zeit der Promotion aussah. Diese erzählenden und beschreibenden Darstellungen sind in besonderer Weise dazu geeignet, »das ›atheoretische‹ und ›konjunktive Wissen‹, das in die Handlungspraxis zugleich eingelassene und diese orientierende Wissen der Interviewten, zu erheben« (ebd.: 43) und dabei verschiedene Typen wissenschaftlicher Autonomie und Verselbständigung zu rekonstruieren.

4.   Typen wissenschaftlicher Autonomie und Verselbständigung

In der komparativen Analyse wurde der *modus operandi* der wissenschaftlichen Praxis herausgearbeitet, über den Autonomie und Verselbständigung in je spezifischer Weise hervorgebracht werden, und schließlich von den Einzelfällen abstrahiert, indem der analytische Vergleich als Suche nach fallübergreifenden Gemeinsamkeiten und Unterschieden fortgeführt wurde (Nohl 2012). Auf diese Weise wurden vier Typen der Hervorbringung von wissenschaftlicher Autonomie und Verselbständigung erarbeitet, die im Folgenden präsentiert werden.

In der Darstellung gehen wir auf unterschiedliche Dimensionen von Autonomie und Verselbständigung ein, die in der Analyse als besonders relevant für die Charakterisierung der Typen herausgearbeitet werden konnten: Die handlungspraktische Dimension bezieht sich auf Modi des alltäglichen, wissenschaftlichen Arbeitens; die soziale Dimension umfasst die Art und Weise der Bezugnahme auf soziale Beziehungen; in der reflexiven Dimension schließlich werden Formen der (impliziten oder expliziten) Selbstthematisierung als Wissenschaftler_in bzw. Bezugnahmen auf feldspezifische Anforderungen relevant. Der Habitus als grundlegendes Prinzip der Hervorbringung sozialer Praxis schlägt sich in all diesen Dimensionen nieder, die sich in den Darstellungen der Interviewpartner_innen zudem überlagern. Jedoch lassen sich die Typen dahingehend unterscheiden, in welcher Dimension die autonomierelevanten Orientierungen besonders wirksam werden. Insofern ermöglicht die Dimensionierung eine präzisere und systematischere Erfassung der für die jeweiligen Typen spezifischen Gestalt von Autonomie und Verselbständigung, die durch den Habitus als *modus operandi* hervorgebracht wird.

4.1 Wissenschaftliche Autonomie und Verselbständigung durch ergebnisoffene Entwicklung in Einsamkeit und Freiheit (Entwicklungsautonomie)

In diesem ersten Typus werden wissenschaftliche Autonomie und Verselbständigung insbesondere über eine Orientierung an inhaltlichen und persönlichen Entwicklungsprozessen hervorgebracht. Charakteristisch ist, dass die Forschungsarbeit der Nachwuchswissenschaftler_innen sich einer exakten Planung und Strukturierung a priori zu entziehen scheint. Zugleich umfasst diese Forschungsarbeit zweierlei: die Entfaltung des Promotionsprojekts *und* die persönliche Entwicklung der Promovend_innen. Sowohl Promotion als auch Bildung erscheinen in den Darstellungen der Interviewten als emergente, ineinander verwobene und sich wechselseitig bedingende Prozesse, die jedoch über ein gewisses Eigenleben verfügen und somit durch die Promovend_innen nur sehr bedingt kontrollierbar sind. Hieran ist einerseits ein erhöhtes Kontingenzbewusstsein geknüpft, mit dem durchaus auch Unsicherheiten einhergehen. Auf der anderen Seite wird die Promotion als intrinsisch motiviertes und persönliches Entwicklungsprojekt rekonstruiert, als Selbstverwirklichung, die »weniger aus Karriere orientierten Gründen sondern eher für mich selber« (Weiß, 46) verfolgt wird und dabei einen eigenlogischen individuellen Verlauf nimmt.

Die Spezifik dieses Typus liegt insbesondere in der handlungspraktischen Dimension: Die von den Nachwuchswissenschaftler_innen geschilderten Arbeitsprozesse zeichnen sich durch zeitlich und inhaltlich entgrenzte

Such- bzw. Orientierungsbewegungen aus, wobei sich weder die erforderliche Zeit noch die inhaltlich-thematischen Exkurse umstandslos steuern oder limitieren lassen. Im scheinbar von zeitlichen Zwängen befreiten Experimentieren, im wiederholten Verwerfen einzelner Ansätze, Aufnehmen neuer Pfade und Denken unterschiedlicher Richtungen zeigt sich der ›klassische‹ Autonomieanspruch wissenschaftlicher Praxis ›in Einsamkeit und Freiheit‹. Dabei erscheinen in den Darstellungen der Nachwuchswissenschaftler_innen auch »weggeschmissen[e]« (Holthaus, 559) (Zwischen-)Produkte teilweise mehrmonatiger Arbeitsphasen als notwendige Entwicklungsschritte im Forschungsprozess. Die für den Typ charakteristische Such- und Orientierungsbewegung erscheint als vornehmlich intrinsisch motivierter, von persönlichen Forschungsinteressen angestoßener Prozess. Die Nachwuchswissenschaftler_innen grenzen sich von einem Modus wissenschaftlichen Arbeitens ab, der die freie Entfaltung eigener Interessen und die individuelle Auseinandersetzung mit dem Forschungsgegenstand unterbindet. »In irgendein Projekt gestoßen« zu werden, »was es schon gibt« (Baumann, 188f.), stellt insofern eine Verletzung der spezifischen Freiheits- und Autonomieansprüche dieses Typus dar. Allerdings sind an diese Ansprüche auch potentielle Gefährdungen geknüpft, denn weitgehende Entwicklungsfreiheit macht zugleich umfassende eigenständige Systematisierungsleistungen notwendig. Die Herausforderungen einer frei entwickelten Forschungsfrage oder Argumentation werden von den Nachwuchswissenschaftler_innen teilweise explizit problematisiert: »da stand ich dann halt auch erst mal vor dem Nichts im Prinzip und wusste nicht was ich machen soll« (Baumann, 182f.). Feedback und Anregungen von außen können, müssen aber nicht notwendigerweise dazu beitragen, den Herausforderungen der eigenen Freiheits- und Autonomieansprüche begegnen zu können.

Dies lenkt die Aufmerksamkeit auf die soziale Dimension von Autonomie und Verselbständigung. Da das Suchen und Finden des »eigenen Weg[es]« (Weiß, 606) oder der »eigenen Argumentationslinie« (Holthaus, 863f.) eine besondere Bedeutung hat, kommen andere Akteur_innen vornehmlich als Impulsgeber_innen ins Spiel, die Entwicklungsprozesse mehr auslösen denn mitgestalten:

»[Ich] hab ihm [dem Betreuer] meine Sachen vorgestellt und dann mit ihm drüber diskutiert […] und grade auch die Gespräche mit ihm, die haben mir auch immer weiter geholfen. Also es ist auch nicht mal nur so, dass von ihm alle Ideen kamen die ich dann aufgenommen hab sondern man verarbeitet ja selber auch wenn man wenn man was ausspricht, wenn man mit jemanden drüber diskutiert, die Probleme mal jemandem schildert« (Weiß, 814ff.).

Dabei sind innerhalb des Typs fallspezifische Unterschiede dahingehend zu beobachten, in welchem Ausmaß solche externen Impulse, aber auch darüber hinausgehende Unterstützungsleistungen wahrgenommen, gesucht und eingefordert werden. Des Weiteren werden andere Wissenschaftler_innen zwar auch als Mitglieder der Scientific Community wahrgenommen, jedoch wird hier, etwa durch die Unterscheidung zwischen dem »große[n] Professor« bzw. der »Koryphäe« auf der einen und dem Nachwuchswissenschaftler als »kleine[m] Licht« auf der anderen Seite (Weiß, 1347), eine Distanz zu etablierten Akteur_innen markiert. Diese ist dem unterschiedlichen Ausmaß an Erfahrung im wissenschaftlichen Feld geschuldet und durch weitere (inhaltliche) Lern- und Entwicklungsprozesse erst noch zu überwinden. Hierin zeigt sich das klassische Meister-Schüler-Verhältnis, wie es insbesondere für die Individualpromotion charakteristisch ist. Insofern stehen bei diesem Typ der Ausbau von Netzwerkbeziehungen und die Inanspruchnahme einer eigenständigen Position in der Scientific Community nicht im Mittelpunkt. Vielmehr erscheint das Durchlaufen des sich weitgehend unabhängig von unmittelbaren Eingriffen anderer vollziehenden, persönlichen Promotions- und des damit verbundenen Entwicklungsprozesses als eine Voraussetzung für eine spätere Eigenständigkeit im wissenschaftlichen Feld. Eine soziale Verselbständigung wird damit eher zu einer Entwicklungsaufgabe für spätere Abschnitte der Laufbahn.

Mit Blick auf die reflexive Dimension wissenschaftlicher Autonomie und Verselbständigung ist dieser Typus durch einen starken Selbstbezug gekennzeichnet. So geht die enge Verknüpfung forscherischer und persönlicher Entwicklung damit einher, dass vor allem die eigenen Bedürfnisse und Wünsche im Zentrum stehen, denen die Nachwuchswissenschaftler_innen auch in ihrer inhaltlichen Auseinandersetzung mit dem Forschungsgegenstand folgen. Dies nimmt jedoch nicht die Form eines selbstbewussten ›sich in ein Verhältnis zu den Feldregeln setzen‹ an (wie dies später für den Typus ›Bewertungsautonomie‹ herausgearbeitet werden wird). Vielmehr wird die Frage, inwieweit die eigene wissenschaftliche Arbeit den feldspezifischen Anforderungen genügt, immer wieder auch zur Quelle von Unsicherheiten: »ich wusste halt auch immer nicht […] was mein Doktorvater eigentlich so von meiner Arbeit hält das kann ich bis heute ganz schwer einschätzen« (Holthaus 1260ff.). Die schrittweise Auflösung und Überwindung dieser Unsicherheiten erscheint wiederum als ein wesentlicher Bestandteil des grundlegenden (persönlichen) Entwicklungsprozesses und der im Verlauf dieses Prozesses (wiederholt) gemachten Erfahrung, bestimmte Situationen meistern und wahrgenommenen Anforderungen genügen zu können.

4.2   Wissenschaftliche Autonomie und Verselbständigung
       durch eigenständige Beteiligung an der wissenschaftlichen
       Produktionsgemeinschaft (Beteiligungsautonomie)

Für den Typus ›Beteiligungsautonomie‹ lässt sich ein teils komplementärer Modus der (Re-)Produktion wissenschaftlicher Autonomie herausarbeiten. Die eigene konkrete Forschungsarbeit erscheint hier insbesondere als Beitrag zur Gesamtheit der wissenschaftlichen Produktion, wobei Autonomie die notwendige Voraussetzung für eine Beteiligung darstellt. Denn Wissenschaft basiert in dieser Vorstellung auf dem Ineinandergreifen unterschiedlicher Expertisen, sodass sich die Wertigkeit von Wissenschaftler_innen an der Möglichkeit bemisst, einen eigenständigen Teil beizutragen.

Auf handlungspraktischer Ebene setzt dies eine eigenständige Forschungsarbeit voraus, die den fachgemeinschaftlichen Anforderungen entspricht, sich hier also sowohl hinsichtlich der thematisch-methodischen Ausrichtung als auch hinsichtlich der Qualität einfügt. Die Darstellungen der Interviewten verweisen auf eine ausgeprägte Sensitivität gegenüber institutionalisierten Strukturvorgaben, die einen hohen Grad der Passung eigener wissenschaftlicher Arbeit gewährleisten: »ich hab […] mich so daran orientiert, wie die [englischsprachigen Aufsätze] halt so normalerweise aussehen und dann hab ich es versucht so ein bisschen nachzumachen« (Wissmach, 508ff.). Die Nachwuchswissenschaftler_innen zeigen ein ausgeprägtes Gespür für explizite, aber auch für unausgesprochene Regeln, die sie zur Strukturierung und auch Standardisierung eigener Arbeitsprozesse nutzen. Diese Arbeitsprozesse werden in »Baustein[e]« (Osterkamp, 724) gegliedert, in Aufgaben und Phasen mit je spezifischen Anforderungen und Notwendigkeiten.

Autonomie bezieht sich dabei auf die flexible Nutzung dieser Handlungsstandards, die eine hohe Eigenständigkeit bei der Wahrnehmung von und Angleichung an Kontextbedingungen oder situative Gegebenheiten voraussetzt. Dabei dokumentiert sich in den Darstellungen der Nachwuchswissenschaftler_innen auch die Bedeutsamkeit der eigeninitiativen Etablierung neuer, optimierter und die Qualität der Arbeit sichernder Normen.

Dies wird zum Beispiel in der folgenden Darstellung zur Implementierung einer neuen Praxis der Kommentierung von Beitragsentwürfen erkennbar:

»der Nachteil ist natürlich, dass [...] es sein konnte, dass man vier verschiedene Meinungen oder Inhalte bekommen hat. [...] und deswegen bin ich auch dazu übergegangen [...bei den Artikeln...] so eine Kette zu machen [...]. So hatte der letzte [Kommentierende] vielleicht nicht mehr so viel zu tun, was auch gut war deswegen haben wir auch ganz fair natürlich jedes Mal gewechselt die Reihenfolge. So konnte aber jeder quasi sehen welche Anmerkung kommt von einem anderen Betreuer und konnte entweder dazu seine Anmerkung nochmal dazu schreiben wenn er auch eine hatte oder hat gesehen das Thema ist abgegessen« (Heine, 754ff.).

Anders als für den Typus ›Entwicklungsautonomie‹, lässt sich für den Typus ›Beteiligungsautonomie‹ die soziale Dimension als wichtiger Bezugspunkt wissenschaftlicher Autonomie und Verselbständigung bestimmen. Unterstützungsmöglichkeiten werden aktiv genutzt, indem beispielsweise horizontale Vernetzungsstrukturen einbezogen werden: »meistens kommen halt Fragen auf wo ich denk, okay ich frag jetzt mal nebenan die Kollegin oder so, wie die das sehen würde« (Wissmach, 1053f.) Aber auch die Betreuer innen werden gezielt in den Promotionsprozess mit eingebunden: »wie gesagt es war aber nicht, dass man das als Pflicht wahrgenommen hat sondern das war [...] eher freiwillig und gerne um mich rückzuversichern, dass das was ich jetzt die letzten zwei drei Monate gemacht habe auch ok ist und dass die Richtung die ich jetzt die nächsten drei Monate gehe so in Ordnung ist« (Heine, 941ff.). Dabei wird das Betreuungsverhältnis keineswegs als direktiv oder als Abhängigkeitsverhältnis wahrgenommen. Der Austausch erscheint vielmehr als professionelles Gespräch »auf Augenhöhe« (Heine, 993) bei dem alle Beteiligten ihre jeweilige Expertise einbringen – wobei es als normale Entwicklung und selbstverständliches Merkmal eigenständiger Wissenschaft erscheint, dass man »ziemlich schnell dann nachdem man gestartet ist [...] selber als Doktorand im Wissensvorteil gegenüber dem Betreuer war« (Heine, 933).

Autonomie bedeutet also die eigenverantwortliche und selbständige Beteiligung an der wissenschaftlichen Produktion, bei der der oder die einzelne Wissenschaftler_in zu einer »kollektive[n] Expertise« (Osterkamp, 658) beiträgt, die Wissenschaft erst ermöglicht. Der Typus ›Beteiligungsautonomie‹ zielt also gerade nicht auf Wissenschaft in Einsamkeit und Freiheit ab, sondern auf den (kritischen) Austausch, die wechselseitige Unterstützung und Vernetzung innerhalb einer Scientific Community. Zentral ist

»eine Art Zusammengehörigkeitsgefühl [...] das einem das Gefühl gibt man gehört zu dieser Community dazu und die nehmen mich wahr und wissen, dass ich sie wahrnehme. [...] Man kann dann auch die und die fragen wenn man die Frage hat und die wissen sie beantworten die Frage nicht irgendjemandem sondern jemandem der auch zur Community gehört oder die wiederum wenden sich mit Fragen an einen – das gibt einem dann schon Anerkennung« (Heine, 1758ff.).

Auch mit Blick auf die reflexive Dimension wissenschaftlicher Autonomie und Verselbständigung kommt der Scientific Community eine zentrale Bedeutung zu: Die Nachwuchswissenschaftler_innen definieren sich (durchaus auch bewusst und explizit) über das selbständige wissenschaftliche Arbeiten und den eigenständigen Beitrag, den sie für die Forschungsgemeinschaft leisten können. Hierüber wird zum einen ein persönlicher Standpunkt gegenüber der Wissenschaft sowie eine inhaltliche Position innerhalb der Fach-Community hergestellt, zum anderen geht damit auch eine konkrete Vorstellung angemessener Aufgabenprofile einher: »Das ist nicht die Art und Weise, wie ich arbeiten möchte, also ich möchte halt weiter meine Forschungen machen und nicht irgendwie Tabellen ausfüllen oder so [...hab ich] insofern gemerkt: das ist ja nicht das Richtige, ich muss irgendwie wo anders hin« (Wissmach, 638ff.).

4.3   Wissenschaftliche Autonomie und Verselbständigung durch überzeugungsgeleitetes Werten und Handeln (Bewertungsautonomie)

Dieser Typus ist dadurch gekennzeichnet, dass Autonomie durch eine Orientierung an sehr klaren und eindeutigen Handlungsgrundsätzen hergestellt wird, auf deren Basis Prioritäten gesetzt und Entscheidungen getroffen werden. Die Nachwuchswissenschaftler_innen richten ihr Handeln (implizit und explizit) an festen Überzeugungen aus, d. h. an stabilen Wertigkeiten, die gewahrt und allgemeinen Grundsätzen, die im Alltag sichergestellt sein müssen. Nicht die Wahrnehmung von und Angleichung an Kontextbedingungen und den damit einhergehenden Anforderungen an die eigene wissenschaftliche Tätigkeit stehen hier also im Mittelpunkt, sondern die eigenen Relevanzsetzungen, die den Maßstab für ein im Wortsinne autonomes, also *eigengesetzliches* Handeln bilden. So werden zum einen Erfahrungen, Situationen und Kontexte daraufhin geprüft, inwieweit sie den eigenen Vorstellungen entsprechen und zur Verwirklichung angestrebter Ziele beitragen; zum anderen wirken diese Handlungsgrundsätze und Vorstellungen als Maximen, aus denen sich in konkreten (Entscheidungs-)Situationen die notwendigen Handlungsschritte zur Realisierung der angestrebten und priorisierten Ziele – unbeeinträchtigt von Ambivalenzen – fast selbstverständlich ergeben.

In handlungspraktischer Hinsicht wirkt sich dieser zwar teilweise implizite, jedoch eindeutige, stringente und konsistente Deutungs- und Bewertungsrahmen durch ausgeprägte Entscheidungsklarheit, Zielstrebigkeit und Handlungsentschlossenheit aus. Die Grundüberzeugungen sind dabei von so genereller Wirksamkeit, dass sie eine schnelle und pragmatische Lösung potentieller Zielkonflikte im Konkreten ermöglichen, wobei die Vorteile von Handlungsoptionen unmittelbar auf der Hand liegen und hinsichtlich ihrer Relevanz geordnet werden:

»Und dann hab ich auch überlegt: mh eigentlich wollt ich vielleicht lieber nochmal nach [Land A] […] so sprachlich gesehen […] dann dacht ich ja aber wissenschaftlich gesehen – ok da gibt's auch gute Gruppen aber – ist USA vielleicht doch noch mal eine andere Dimension und ja deswegen hab ich mich dann für USA entschieden und […] ich wusste dann eigentlich schon ziemlich genau was ich will inhaltlich und hab dann ganz spezifisch geguckt wer in der Richtung forscht« (Behring, 354ff.).

Die (internationale) wissenschaftliche Positionierung wird hier priorisiert, die entsprechende Entscheidung wird bilanzierend, ohne nachträgliches Bedauern oder Bereuen thematisiert; sie erhält dadurch den Charakter einer Notwendigkeit, der die Nachwuchswissenschaftlerin pragmatisch folgt.

Diese Pragmatik zeigt sich auch in einer undogmatischen Haltung gegenüber dem Promotionsprojekt, das in erster Linie als Voraussetzung für eine langfristige wissenschaftliche Positionierung wahrgenommen wird: »aber trotzdem hab ich da halt gesehen ich brauch halt auch diesen Titel irgendwann, ich muss fertig werden um weiter zu kommen sonst geht's halt nicht« (Linders, 509ff.). Die Promotion erscheint eher als ein formaler Aspekt der wissenschaftlichen Tätigkeit, wobei letztere in den Darstellungen der Nachwuchswissenschaftler_innen nicht in der Qualifikationsarbeit aufgeht, sondern immer schon über die Promotion – und damit über den Qualifikand_innenstatus – hinaus weist. Dieser bereits elaborierte wissenschaftliche Selbstentwurf ist wiederum eingebettet in übergreifende Prioritätensetzungen, die auch andere Lebensbereiche umfassen (andere Berufstätigkeiten, Familie etc.). Voraussetzung hierfür ist eine sehr klare Vorstellung davon, was Wissenschaft im Kern ausmacht. Dies geht zugleich mit großen Freiheiten hinsichtlich Form und Inhalt des konkreten wissenschaftlichen

Arbeitens einher: Die Organisation des Wissenschaftsalltags, die Arbeitsweise und sogar inhaltliche Schwerpunkte können flexibel an kontextuellen Gegebenheiten ausgerichtet werden, solange sie mit den allgemeineren Grundüberzeugungen vereinbar bleiben. So kann beispielsweise die thematische Forschungsausrichtung dem Bedürfnis nach einem harmonischen Promotionskontext nachgeordnet werden, »selbst wenn's inhaltlich vielleicht nicht ganz genau punktgenau das ist worauf ich mich jetzt gerade ausrichten wollen würde« (Dewe, 289ff.). Hierin unterscheidet sich dieser Typus deutlich vom Typus ›Entwicklungsautonomie‹, den eine umfassende, den pragmatischen Umgang mit Forschungsinhalten tendenziell verunmöglichende Identifikation mit ihren Promotionsthemen charakterisiert.

Soziale Beziehungen werden durch die Nachwuchswissenschaftler_innen dieses Typs als kollegiale Verhältnisse gekennzeichnet, die von Konkurrenz bis Kooperation vielfältige Formen annehmen können. Dies beinhaltet ein Selbstverständnis als vollwertige WissenschaftlerIn. Ähnlich wie im Typus ›Beteiligungsautonomie‹ gilt ein wissenschaftlicher Austausch auf Augenhöhe als die ideale soziale Basis für die Promotion. Dabei werden die Betreuer_innen nicht als Lehrmeister_innen, sondern als – allenfalls erfahrenere – Kolleg_innen verstanden, denen die Nachwuchswissenschaftler_innen mit kollegialem Selbstbewusstsein begegnen. Jedoch verdeutlicht der Blick auf die soziale Dimension zugleich, dass Pragmatik und Flexibilität auf handlungspraktischer Ebene an ihre Grenzen stoßen, sobald die Eigengesetzlichkeit des Handelns durch das direktive Eingreifen anderer Akteur_innen gefährdet ist:

»[Der Betreuer] wollte mir jeden Tag genau sagen was ich heute machen muss und welche Parameter ich in dem Experiment ändern sollte und so weiter. Das hab ich vielleicht irgendwie ein paar Wochen irgendwie mitgemacht bis ich irgendwie gemerkt hab das ist nicht das – so sehe ich nicht Promotion, und das find ich nicht – das kann ich irgendwie nicht […] ja und dann gab's n klärendes Gespräch wo ich das dann angesprochen hab und ich gesagt hab, dass ich so nicht arbeiten kann und ja das ist dann auch mehr oder weniger umgesetzt worden« (Behring, 447ff.).

Hier zeigt sich, dass auch in der sozialen Dimension Autonomie über eine ausgeprägte Orientierung an den eigenen Vorstellungen hergestellt wird. Die Besonderheit dieses Typus liegt jedoch vor allem in der reflexiven Dimension von Autonomie und Verselbständigung. So geht die Orientierung an starken Grundüberzeugungen einerseits mit einer implizit bleibenden Verhältnissetzung zu feldspezifischen Kontextbedingungen und Anforderungen einher, die sich stets an diesen messen lassen müssen. Andererseits erfolgt auch eine bewusste und explizite Reflexion des eigenen Standpunktes, der Vorstellungen von Wissenschaft und der selbstgesteckten Ziele und Erwartungen:

»da hab ich dann oft dran zurückgedacht und hab gesagt ›Ja ich mach beides [Wissenschaft und praxisorientierte Weiterbildung], das macht mir beides Spaß, aber das heißt dann eben auch dass ich mich nicht auf eins voll stürzen kann und da dann 120 Prozent gebe, sondern in beidem nur 80 Prozent sozusagen damit ich eben trotzdem beides schaffen kann‹« (Dewe, 462ff.).

Die wissenschaftliche Laufbahn erhält dadurch den Charakter einer freien und bewussten Entscheidung, die in Erzählungen über ein frühzeitiges und selbständiges Interesse an Wissenschaft als ernsthaft und angemessen präsentiert wird. Indem sie in ihren Darstellungen, etwa durch die Demonstration von wissenschaftspolitischer und fachlicher Kennerschaft, ein tiefgreifendes Verständnis der Funktionsweise von Wissenschaft symbolisch wirksam machen, erscheint das Verhältnis zu den Regeln des Feldes zudem nicht als eines der (affirmativen) Befolgung, sondern der selbstbewussten Bezugnahme. So wird auch in reflexiver Hinsicht Autonomie und Verselbständigung dadurch hergestellt, dass die (impliziten) Regeln und Wertigkeiten des wissenschaftlichen Feldes im Lichte der persönlichen Grundüberzeugungen geprüft und von den Nachwuchswissenschaftler_innen selbstbewusst daraufhin befragt werden, wie sie »bei dem Spiel mitspielen« (Linders, 794) wollen.

4.4 Wissenschaftliche Autonomie und Verselbständigung durch projektbezogene Steuerungs- und Entscheidungsfreiheit (Projektautonomie)

Der Typus ›Projektautonomie‹ ist durch die hohe Bedeutung von Entscheidungs- und Steuerungsautonomie auf Ebene der Anforderungen und Arbeitsvollzüge des eigenen Promotionsprojekts gekennzeichnet. In den Darstellungen der Nachwuchswissenschaftler_innen dokumentiert sich eine klare Vorstellung positionsbezogener Aufgabenbereiche und Entscheidungskompetenzen, die mit Blick auf das eigene Promotionsprojekt die eigenverantwortliche Planung und Durchführung des Forschungsprozesses umfassen. Hieraus ergeben sich spezifische Konnotationen hinsichtlich der sozialen und reflexiven Dimensionen von Autonomie, denn alle Beteiligten müssen im Forschungsverlauf den an ihre Positionen geknüpften Handlungsverpflichtungen nachkommen, ohne dabei den Handlungs- und Entscheidungsspielraum der Kolleg_innen zu verletzen, was eine entsprechende

Reflexivität voraussetzt. Von besonderer Bedeutung ist jedoch die handlungspraktische Autonomiedimension.

Im Fokus steht dabei die Identifikation und pragmatische Bearbeitung
konkreter Handlungsherausforderungen, die sich im Forschungsalltag ergeben. Die Arbeitsprozesse zeichnen sich durch eine Herangehensweise aus,
die als managerial beschrieben werden kann, was sich in der Betonung des
»fast durchgängig auch selber entscheiden«-Könnens (Junghans, 389f.), der
eigenständigen Ressourcenverwaltung – zum Beispiel »selber übers Geld
verfügen« (Junghans, 387f.) – und schließlich auch in einer besonders lö-
sungsorientierten Arbeitsweise dokumentiert. Als eigenverantwortlich zu or-
ganisierendes Projekt wird die Promotion dabei einer realistischen Planung
unterzogen, zu der vor allem die Definition von Zielen bzw. Teilzielen und
die hieran anschließende Organisation konkreter Arbeitsaufgaben und -ab-
läufe gehören:

> »ich hab mir immer kleine Ziele gesteckt die hab ich mir immer fest definiert: was
> will ich erreichen in welchem Zeitraum? Ich hab mir immer relativ viel Puffer ge-
> geben […], sodass ich auch immer sicher war das zu schaffen das waren dann auch
> Erfolgserlebnisse, dass ich sagen konnte am Ende des Tages ›Ich hab geschafft was
> ich mir vorgenommen hab‹ und dadurch bin ich sehr, sehr gut vorangekommen«
> (Matern, 1199ff.).

Ähnlich wie für den Typus ›Entwicklungsautonomie‹ lässt sich auch für diesen Typus eine starke Orientierung auf das Promotionsprojekt feststellen, allerdings liegt der Schwerpunkt nicht so sehr auf der freien, tendenziell un-
kontrollierbaren inhaltlichen Entfaltung, sondern vielmehr auf der Planung
und zielgerichteten Realisierung. Die Promotion hat den Charakter eines
Qualifikationsprojekts, das nicht zum Selbstzweck, sondern zum Erwerben
und Belegen wissenschaftlicher Fertigkeiten durchgeführt wird. Im Mittelpunkt steht deshalb die selbständige Organisation und praktische Verwirklichung der Forschung, wobei auch das Einhalten eines bestimmten zeitlichen
Rahmens von besonderer Bedeutung ist:»dieser Zeitdruck durch […] die
Datenerhebung das waren ja fixe Termine das war einfach das wichtigste; bis
dahin musste es einfach fertig sein und wenn ich dann die Wahl gehabt hätte
zwischen ›ich lese wie so was schön geht‹ oder ›ich mach's jetzt einfach dass
es fertig wird‹, dann macht man natürlich dass es fertig wird logischerweise«
(Flink, 657ff.).

Hinsichtlich der sozialen Dimension wissenschaftlicher Autonomie dokumentieren sich sehr konkrete Vorstellungen über Kompetenz- und Aufgabenbereiche, die an (formale) Positionen geknüpft sind. Diese Positionen

sind jeweils mit konkreten Anforderungen, Befugnissen und Verpflichtungen verbunden, sie gehen aber auch mit je spezifischen Formen (und Ausmaßen) als legitim wahrgenommener Autonomieansprüche einher. Mit ihrer eigenen Position als Promovierende verbinden die Nachwuchswissenschaftler_innen eine Verantwortung für das Promotionsprojekt, die mit ausgedehnten Entscheidungsfreiheiten und Gestaltungsspielräumen verbunden ist. Dies kann sich zum Beispiel in der Verwirklichung eigener Herangehensweisen entgegen den Vorstellungen der Betreuungspersonen ausdrücken: »Er wollte immer Teile davon [des Manuskripts] sehen; aber ich war so für mich, dass ich gesagt hab ›ich will jetzt mal einen Entwurf komplett fertig haben und dann kann er den Entwurf sehen‹ ja« (Junghans, 837ff.). Umgekehrt dokumentiert sich auch hinsichtlich der Betreuer_innen eine klare Vorstellung von positionsgebundenen Aufgaben- und Kompetenzbereichen; an sie wird beispielswiese die Erwartung gerichtet, dass sie als »Vorgesetzte« ihrer organisationalen Verantwortung nachkommen: »Ja gut, wenn man halt Personalverantwortung hat für ein Dutzend Mitarbeiter dann ist man Führungskraft meiner Definition nach. Aber wenn dieses Bewusstsein und die entsprechenden Fähigkeiten nicht da sind macht das das Arbeiten ineffektiv und ineffizient« (Junghans, 1703ff.).

Die Festlegung und Behauptung der Grenze zwischen eigenem und fremdem Zuständigkeitsbereich ist von besonderer Relevanz für diesen Modus der Hervorbringung von ›Projektautonomie‹, wobei es innerhalb des Typs durchaus Variationen mit Blick auf den Umfang des Kompetenzbereichs gibt, der beansprucht wird. Kennzeichnend ist, dass die positionsgebundenen eigenen Handlungs- und Entscheidungsfreiheiten sowie ihre Grenzen – und damit der Verantwortungsbereich anderer Akteur_innen – nicht als Ergebnis von Aushandlungsprozessen erscheinen, sondern von den Nachwuchswissenschaftler_innen gesetzt werden: »also die ganze Großarbeit hab schon ich geleistet und […] ein ›Wir‹ wurde es dann wenn es eben um Entscheidungen ging dann hab ich das alles vorgelegt und gesagt so was haltet ihr jetzt davon« (Flink, 606ff.).

Darüber hinaus lässt sich hinsichtlich der reflexiven Dimension von Autonomie eine klare Vorstellung davon herausarbeiten, welche Ansprüche an Qualifikation und Expertise mit der (eigenen) Position als Promovend_in verbunden sind: »das heißt ich konnte mich hundert Prozent auf meine Arbeit stürzen […] und hab dann innerhalb kürzester Zeit unheimlich viel gelernt […] und war dann auch relativ schnell dort angekommen wo ich dachte, dass ich ankommen musste als wissenschaftliche Mitarbeiterin ohne

Promotion« (Matern, 213ff.). Hier zeigt sich immer wieder auch ein selbstbewusster Standpunkt gegenüber von außen heran getragenen Anforderungen
und Regeln, der durchaus die Form einer Distanzierung annehmen kann.
Anders als beim Typ ›Bewertungsautonomie‹ geht es dabei jedoch weniger
darum, im (kritischen) Bezug auf die Feldregeln eine besondere Souveränität
im Umgang mit diesen Anforderungen zu demonstrieren, die Spezifik liegt
hier vielmehr in einem besonderen Eigensinn hinsichtlich der selbständigen
Planung und Durchführung des Forschungsprozesses.

5. Fazit: Typen der (Re-)Produktion von Autonomie und ihre Relevanz für wissenschaftliche Laufbahnen

Alle von uns befragten Nachwuchswissenschaftler_innen haben ihre Promotion abgeschlossen und die Promotionsphase insofern erfolgreich bewältigt – und dennoch unterscheiden sich die in den vorigen Abschnitten
dargestellten Typen teilweise erheblich im Modus der (Re-)Produktion wissenschaftlicher Autonomie. Dies, so soll abschließend argumentiert werden,
hat unmittelbare Auswirkungen auf die Hervorbringung und die konkrete Gestalt wissenschaftlicher Karrieren: Wenn die Charakteristika der Typen entlang der Autonomiedimensionen noch einmal vergleichend in den
Blick genommen werden, zeigt sich, dass mit ihnen je spezifische Anschlussfähigkeiten an (institutionalisierte) Strukturen des wissenschaftlichen Feldes, aber auch spezifische Gefährdungspotentiale für die wissenschaftliche
Laufbahn einhergehen. Es lassen sich also Laufbahnchancen und -risiken sowie Hinweise auf ermöglichende und einschränkende Kontextbedingungen
aufzeigen, die an die je spezifischen, autonomierelevanten Denk-, Wahrneh-
mungs- und Handlungsdispositionen geknüpft sind, die in den Typen herausgearbeitet wurden.

Dies wird unter anderem bei der Betrachtung der handlungspraktischen
Autonomiedimension deutlich. So geht mit der Konzentration auf inhaltlich selbständiges Forschen, wie es für den Typus ›Entwicklungsautonomie‹
kennzeichnend ist, eine zeitliche Entgrenzung der wissenschaftlichen Arbeit
einher, die im Feld verbreitet Anerkennung erfährt (vgl. Krais 2008; Beaufaÿs
2003). Das Suchen und Finden eines eigenständigen thematischen Zugangs
dauert, so lange es dauert und kann keine Rücksicht auf Arbeitszeiten, allerdings auch nicht auf das Wissenschaftszeitvertragsgesetz nehmen. Zugleich

besteht die Gefahr der Unabschließbarkeit: Zeitpläne, klare Ablaufstrukturen, das Schnüren von Arbeitspaketen – Aspekte, die in den Typen ›Beteiligungsautonomie‹ und ›Projektautonomie‹ von besonderer Bedeutung sind – würden schon rein symbolisch die freie, an Inhalten orientierte Entfaltung konterkarieren und praktisch die Möglichkeit verstellen, mit weitestgehender Offenheit zu forschen. Zu einem potentiellen Laufbahnrisiko können hier nicht nur Unsicherheiten und Unabwägbarkeiten werden, die mit einem offenen Forschungsprozess verbunden sind. Problematisch sind darüber hinaus zu weitgehende inhaltliche Vorgaben und Eingriffe, die die Motivation schmälern, sowie konkrete Instruktionen und Zielvereinbarungen, deren Einhaltung ein eigenständiges und ausgeprägtes Strukturieren von Arbeitsprozessen voraussetzen würde.

Im Gegensatz hierzu stellt es für Wissenschaftler_innen, die eine Nähe zu den Typen ›Beteiligungsautonomie‹ oder ›Projektautonomie‹ aufweisen, keine besondere Herausforderung dar, den Forschungsprozess und Arbeitsalltag zu strukturieren, denn das eigenständige Planen und Entscheiden, die Identifikation und Realisierung notwendiger Arbeitsschritte und das weitestgehend selbständige Vorantreiben der Forschung steht hier im Mittelpunkt. Laufbahngefährdend kann sich hier eher die weniger große Beachtung inhaltlicher Aspekte auswirken: So ist für den Typus ›Projektautonomie‹ eine besondere Fokussierung auf einen reibungslosen, formalen Ablauf charakteristisch, der mit der Gefahr einer Unterordnung inhaltlicher Aspekte der Forschung einhergeht, während für den Typus ›Beteiligungsautonomie‹ eigenständige Wissenschaft nur insofern sinnvoll erscheint, als diese sich auch in die Arbeit der Forschungsgemeinschaft einfügt. Dabei stellt das Identifizieren entsprechender Desiderata durchaus eine erfolgskritische Herausforderung dar, denn zu selbstbestimmtes inhaltliches Arbeiten kann als entkoppeltes, zielloses Arbeiten wahrgenommen werden und zu Demotivation bis hin zur Abnahme der ansonsten recht ausgeprägten Selbstwirksamkeitsüberzeugung führen.

Auch mit Blick auf die soziale Dimension wissenschaftlicher Autonomie lässt sich deren Bedeutung für die Hervorbringung von Laufbahnen verdeutlichen. So zeigt sich für Wissenschaftler_innen des Typus ›Beteiligungsautonomie‹ wie auch des Typus ›Bewertungsautonomie‹ ein selbstbewusster, souveräner Umgang mit Hierarchien. Dies ermöglicht einen angstfreien Austausch auch mit erfahreneren und renommierteren Kolleg_innen, der als Begegnung »auf Augenhöhe« rekonstruiert wird und über den Zugehörigkeit zum Feld (re-)produziert und symbolisch wirksam wird. Für den Typus

›Bewertungsautonomie‹ bedeutet dies sogar, dass Anerkennung nicht an for-mal-hierarchischen, sondern leistungsbezogenen Kriterien ausgerichtet ist, Betreuer_innen werden daher nicht als Vorgesetzte sondern als (gute) Wis-senschaftler_innen respektiert. Dies birgt aber Gefährdungspotential für die Betreuungsbeziehung, die dann abhängig ist von der Leistungsanerkennung der Promovend_innen einerseits und der Duldung dieser Beziehungsvoraus-setzung durch die Betreuer_innen andererseits.

Schließlich lässt sich die Laufbahnrelevanz auch anhand der reflexiven Dimension aufzeigen: Die Typen ›Entwicklungsautonomie‹ und ›Projekt-autonomie‹ sind hier insbesondere an den eigenen Vorstellungen und Be-dürfnissen orientiert und reflektieren diese in Bezug auf die konkrete Ar-beit an der Promotion. Die Fokussierung des »eigenen Weges« ermöglicht ein Promovieren, das wenig erschüttert wird von Ängsten und Krisen, die etwa durch Abweichungen von einer als – zum Beispiel hinsichtlich der Pro-motionsdauer – ›normal‹ empfundenen Laufbahn ausgelöst werden können. Auf der anderen Seite enthält der weniger bedeutsame Kontextbezug auch laufbahngefährdendes Potential. So kann etwa die für ›Projektautonomie‹ typische rigorose Durchsetzung eigenständiger Vorgehensweisen zu Betreu-ungskonflikten führen. An die Typen ›Beteiligungsautonomie‹ und ›Bewer-tungsautonomie‹ sind andere Karrierechancen und -risiken geknüpft. Sie sind durch eine Reflexivität gekennzeichnet, die die eigenen Vorstellungen der Nachwuchswissenschaftler_innen in ein Verhältnis zu den Kontextbe-dingungen setzt. Dies ermöglicht einen souveränen Umgang auch mit neuen Kontexten auf der Grundlage eines (impliziten wie expliziten) Verständnisses für »das Spiel« der Wissenschaft. Auf der anderen Seite besteht insbesondere für den Typus ›Beteiligungsautonomie‹ (wie bereits ausgeführt) die Gefahr der Handlungsunsicherheit, wenn sich aus diesem Kontext zu wenig An-knüpfungspunkte für eine selbständige Arbeit ableiten lassen.

Die Ausführungen zeigen also, dass mit den herausgearbeiteten, typ-spezifischen Dispositionen autonomen wissenschaftlichen Denkens, Wahr-nehmens und Handelns je spezifische Anschlussfähigkeiten an Strukturen des wissenschaftlichen Feldes, aber auch Gefährdungspotentiale für wissen-schaftliche Laufbahnen einhergehen. Dabei ist Autonomie nicht allein des-halb ein so erfolgskritischer Aspekt, weil sie in vielfältiger Weise für den konkreten wissenschaftlichen Arbeitsalltag erforderlich wird. Zentral ist sie insbesondere, weil sie als ganz wesentliches Merkmal wissenschaftlicher Pra-xis in die Logik des Feldes eingelassen ist und sehr grundlegend eine spe-zifische Haltung und deren symbolische Wirksamkeit umfasst. Von (angehenden) Wissenschaftler_innen wird also nicht nur die Fähigkeit erwartet, selbständig zu arbeiten, sondern auch eine autonome Haltung, die geeignet ist, sie als dem Feld zugehörig zu kennzeichnen. Wie die herausgearbeiteten Typen verdeutlichen, kann eine solcherart als wissenschaftlich erkannte und anerkannte Autonomie verschiedene Formen annehmen, die zugleich mit systematisch unterschiedlichen Chancen und Risiken verbunden sind. Insofern erscheint es wenig zielführend, bei der Erforschung wissenschaftlicher Laufbahnen und der erfolgskritischen Bedeutung, die Autonomie für diese Laufbahnen haben kann, nach allgemeingültigen und konstanten Erfolgsfaktoren oder Gefährdungen zu suchen. Die Ausführungen verdeutlichen vielmehr, dass der Blick auf die strukturelle Verschiedenheit der Typen wissenschaftlicher Autonomie und Verselbständigung gerichtet werden muss, um das je spezifische ermöglichende und gefährdende Potential zu reflektieren – und um letztendlich die Rahmenbedingungen für wissenschaftliche Laufbahnen (auch wissenschaftspolitisch) angemessen gestalten zu können.

Literatur

Beaufaÿs, Sandra (2003), *Wie werden Wissenschaftler gemacht? Beobachtungen zur wechselseitigen Konstitution von Geschlecht und Wissenschaft*, Bielefeld.

Beaufaÿs, Sandra (2008), Eine Frage der Gauß'schen Normalverteilung: Zur sozialen Praxis der Nachwuchsförderung an Universitäten, in: Karin Zimmermann/ Marion Kamphans/Sigrid Metz-Göckel (Hg.), *Perspektiven der Hochschulforschung*, Wiesbaden, S. 133–141.

Bohnsack, Ralf (2014), *Rekonstruktive Sozialforschung. Einführung in qualitative Methoden*, 9. Aufl., Opladen/Toronto.

Bourdieu, Pierre (1987), *Die feinen Unterschiede. Kritik der gesellschaftlichen Urteilskraft*, Frankfurt/M.

Bourdieu, Pierre (2004), Über einige Eigenschaften von Feldern, in: Ders.: *Soziologische Fragen*, Frankfurt/M., S. 107–114.

Bourdieu, Pierre/Wacquant, Loïc J. D. (1996), *Reflexive Anthropologie*, Frankfurt/M.

Brake, Anna (2015), Zur empirischen Rekonstruktion sozialer Praxis. Methodische Anforderungen und methodologische Reflexion aus der Perspektive Bourdieu'scher Praxistheorie, in: Franka Schäfer/Anna Daniel/Frank Hillebrandt (Hg.), *Methoden einer Soziologie der Praxis*, Bielefeld, S. 59–89.

Burger, Hannah/Elven, Julia/Schwarz, Jörg/Teichmann, Franziska (i. E.), Organisierte Karrieren. Zur multimethodisch-multiperspektivischen Untersuchung akademischer Trajektorien, in: Michael Göhlich/Susanne Maria Weber/Andreas Schröer/Henning Pätzold (Hg.), *Organisation und Methode. Beiträge der Kommission Organisationspädagogik*, Wiesbaden.

Enders, Jürgen (2003), Flickwerkkarrieren und Strickleitern in einer prekären Profession. Ein Beitrag zur Nachwuchspolitik an den Hochschulen, in: Ronald Hitzler/Michaela Pfadenhauer (Hg.), *Karrierepolitik. Beiträge zur Rekonstruktion erfolgsorientierten Handelns*, Opladen, S. 253–262.

Engler, Steffani (2003), Aufstieg oder Ausstieg. Soziale Bedingungen von Karrieren in der Wissenschaft, in: Ronald Hitzler/Michaela Pfadenhauer (Hg.), *Karrierepolitik. Beiträge zur Rekonstruktion erfolgsorientierten Handelns*, Opladen, S. 113–128.

Erne, Rainer (2001), Sind Hochschullehrer »manageable«? Bauformen eines Personalmanagements von Hochschullehrern, in: Jens Cordes/Folker Roland/Georg Westermann (Hg.), *Hochschulmanagement. Betriebswirtschaftliche Aspekte der Hochschulsteuerung*, Wiesbaden, S. 163–187.

Esdar, Wiebke/Gorges, Julia/Wild, Elke (2012), Karriere, Konkurrenz und Kompetenzen. Arbeitszeit und multiple Ziele des wissenschaftlichen Nachwuchses, *die hochschule*, H. 2, S. 273–290.

Gülker, Silke/Böhmer, Susan (2010), Nachwuchspolitik, in: Dagmar Simon/Andreas Knie/Stefan Hornbostel (Hg.), *Handbuch Wissenschaftspolitik*. Wiesbaden, S. 176–192.

Hollingsworth, Rogers (2009), The Role of Institutions and Organizations in Shaping Radical Scientific Innovations, in: Lars Magnusson/Jan Ottosson (Hg.), *The evolution of path dependence*, Cheltenham/Northampton, S. 139–165.

Hopf, Christel (1978), Die Pseudo-Exploration – Überlegungen zur Technik qualitativer Interviews in der Sozialforschung, *Zeitschrift für Soziologie*, Jg. 7, H. 2, S. 97–115.

Kant, Immanuel (1968), *Kritik der reinen Vernunft*, Werkausgabe, Band III und IV, Frankfurt/M.

Krais, Beate (2008), Wissenschaft als Lebensform: Die alltagspraktische Seite akademischer Karrieren, in: Yvonne Haffner/Beate Krais (Hg.), *Arbeit als Lebensform? Beruflicher Erfolg, private Lebensführung und Chancengleichheit in akademischen Berufsfeldern*, Frankfurt/M., New York, S. 177–211.

Lengwiler, Martin (2010), Kontinuitäten und Umbrüche in der deutschen Wissenschaftspolitik des 20. Jahrhunderts, in: Dagmar Simon/Andreas Knie/Stefan Hornbostel (Hg.), *Handbuch Wissenschaftspolitik*, Wiesbaden, S. 13–25.

Meier, Frank/Schimank, Uwe (2010), Organisationsforschung, in: Dagmar Simon/Andreas Knie/Stefan Hornbostel (Hg.), *Handbuch Wissenschaftspolitik*, Wiesbaden, S. 106–117.

Nohl, Arnd-Michael (2012), *Interview und dokumentarische Methode. Anleitungen für die Forschungspraxis*, 4. Aufl., Wiesbaden.

Nohl, Arnd-Michael (2013a), *Relationale Typenbildung und Mehrebenenvergleich. Neue Wege der dokumentarischen Methode*, Wiesbaden.

Nohl, Arnd-Michael (2013b), Komparative Analyse. Forschungspraxis und Methodologie dokumentarischer Interpretation, in: Ralf Bohnsack/Iris Nentwig-Gesemann/Arnd-Michael Nohl (Hg.), *Die dokumentarische Methode und ihre Forschungspraxis. Grundlagen qualitativer Sozialforschung*, Wiesbaden, S. 271–293.

Der perfekte Lebenslauf.
Wissenschaftlerinnen auf dem Weg
an die Spitze

Sigrid Metz-Göckel

1. Im Wettlauf um den perfekten wissenschaftlichen Lebenslauf [1]

Das deutsche Universitätssystem bildet ein relativ geschlossenes Einbahn-System, das außer den Professuren kaum sichere wissenschaftliche Positionen anbietet. Fast 90 Prozent der wissenschaftlichen Mitarbeiter_innen sind befristet und etwa die Hälfte in Teilzeit beschäftigt (s. kritisch konstruktiv dazu Wissenschaftsrat 2014). Im internationalen Vergleich ist der hohe Anteil des wissenschaftlichen Personals ohne eine Laufbahnperspektive einmalig (Kreckel 2008). Einer gleichbleibend geringen Anzahl an Professuren steht eine drastisch erhöhte Anzahl von qualifizierten Nachwuchswissenschaftler_innen gegenüber, die um die wenigen sicheren Stellen konkurrieren.[2] Mit steigender Drittmitteleinwerbung ist auch das Anforderungsprofil der Professuren gestiegen, die mehr Mitarbeiter_innen zu ›verwalten‹ haben. Zugleich wurden die unbefristeten Mittelbau-Stellen von 20,3 Prozent auf 12,7 Prozent reduziert (Rogge 2013: 35).[3] »Unsichere berufliche Perspektiven, befristete Arbeitsverhältnisse, Teilzeitstellen und die geringe Planbarkeit des weiteren Berufsverlaufs verringern die Attraktivität von Wissenschaft als Beruf« (Geßner 2014: 41). Als riskante Karrieren resümiert Kahlert (2013) daher den Forschungsstand zum wissenschaftlichen Nach-

---

1 Dieser Betrag ist eine überarbeitete und komprimierte Fassung des Kap. 9 der Publikation: Metz-Göckel, Sigrid/Schürmann, Ramona/Heusgen, Kirsten/Selent, Petra (2016).
2 Für Frauen wirkt sich dies besonders kritisch aus, wenn sie Kinder haben wollen (s. Metz-Göckel u. a. 2014). Das erste Professorinnen-Programm mit 260 neuen Professuren ist da nur ein Tropfen auf den heißen Stein (Zimmermann 2012).
3 Im Zeitraum von 2003–2011 sind an den Universitäten zusätzlich 40.000 wissenschaftliche und künstlerische Mitarbeiter_innen eingestellt worden, dagegen nur 460 Professuren (ohne Junior-Professuren). Auf eine neu geschaffene Professur kommen 87 neue Stellen für Mitarbeiter_innen. Das Verhältnis zwischen Professuren und Mittelbau hat sich von 2003 von 1 zu 5,7 auf 1 zu 7, 49 in 2011 verschlechtert, 1985 betrug es 1 zu 2,8 (Rogge 2013: 35).

wuchs. Im deutschen Universitätssystem bedeutet dies, aufzusteigen oder aussteigen zu müssen.

Dennoch lassen sich ungeachtet der hohen Risiken und geringen Chancen immer wieder und immer mehr junge interessierte Frauen und Männer auf den ›wilden Hasard‹ Wissenschaft ein (Konsortium Bundesbericht Wissenschaftlicher Nachwuchs 2013; Kreckel/Zimmermann 2014), angeregt und geleitet von der besonderen Qualität wissenschaftlicher Arbeit bzw. ihren fachlichen Interessen und von Vorstellungen unabhängiger Forschung (Weber 1956; Beaufaÿs 2006). Es genügt aber nicht mehr, in seinem Fach sehr gut zu sein. »That is not enough. You have to promote yourself effectively, you have to communicate; your presentations, everything should be very attractive to people if you want to start being a leader« (I 24: 26), beschreibt eine international mobile Juniorprofessorin die Anforderungen. Außerfachliche organisationelle Faktoren wie Netzwerke und personelle Stabilisatoren gewinnen eine kaum zu überschätzende Bedeutung für die wissenschaftliche Karriere.

Zu den aktuellen Herausforderungen einer wissenschaftlichen Karriere gehört darüber hinaus, dass junge Wissenschaftler_innen nicht nur exzellent in ihrer Forschung sind, sondern zudem imstande sein müssen, ihre prekäre Beschäftigungssituation souverän zu meistern. Dies berichten Postdocs und Juniorprofessorinnen der MINT-Fächer.[4] »Also ich kenne das von den Juniorprofessoren hier in *, dass die nichts Anderes tun, außer zu gucken, dass ihre Bewerbung passt. Alles was sie tun, muss gut für die Bewerbung sein, sonst machen sie nichts« (I 26: 23). Die Wissenschaftler_innen sehen sich in einem ›erbarmungslosen‹ Wettbewerb um die knappen Professuren und zugleich im Wettlauf um den ›perfekten wissenschaftlichen Lebenslauf‹. »Wenn man nicht wirklich guckt, dass das alles gut aussieht, ich glaube nicht, dass man da eine Chance hat« (ebd.: 24).

Während der Einstieg in eine (wissenschaftliche) Karriere für Promovierende in letzter Zeit durch strukturierte Programme wie Graduiertenkollegs, Graduiertenakademien und -schulen (Korff/Roman 2013) sowie die Exzellenzinitiative (Engels et al. 2015) verbreitert wurde (Gülker 2010; Huber/Böhmer 2012), stellt sich für die Postdocs der nächste Schritt problematischer dar. Zwar verfügen sie in der Regel über mehr Selbständigkeit, Verantwortung und Binnenkenntnisse des Systems als die Promovierenden,

---

4 MINT-Fächer ist die Sammelbezeichnung für die Fächer Mathematik, Ingenieur- und Naturwissenschaften und Technik.

aber bedrückend erleben sie ihre ungewisse Zukunft und abhängige Situation. Diese fordern sie zur Selbstoptimierung ihres Lebenslaufs heraus, wobei der Stress am Einzelnen hängen bleibt. Dies könnte die Assoziation vom ›erschöpften Selbst‹ für diejenigen begründen, die reüssieren wollen, aber nicht über die unterstützenden bzw. kompensierenden Ressourcen verfügen (Ehrenberg 2008). Stress-Resistenz und berufliche wie private Stabilisatoren werden entscheidend für die wissenschaftliche Karriere und unterwandern das meritokratische Prinzip des Wissenschaftssystems, lautet ein Fazit der Studie von Funken u. a. (2013). Beim Übergang und in der Postdoc-Phase wird der Ausstieg aus der Wissenschaft zu einer naheliegenden Option, und ein relativ großer Anteil verlässt dann die Universität, vor allem Frauen, denn »man kann in der Wissenschaft nicht sein Leben lang Postdoc bleiben« (I 22: 11).

Im Folgenden wird der Wettlauf um den ›perfekten Lebenslauf‹ aus Sicht ambitionierter Wissenschaftlerinnen vorgestellt. Hierzu greife ich auf Befunde eines abgeschlossenen Forschungsprojektes zurück, das unter dem Titel »Auf der Suche nach dem verlorenen Nachwuchs«⁵ an der Universität Dortmund in den vergangenen Jahren durchgeführt wurde. Neben den formalen Anforderungen stehen dabei auch außerfachliche Anforderungen und Alltagserfahrungen von Nachwuchswissenschaftlerinnen, vorwiegend Postdocs, im Fokus, an denen sich in Anlehnung an Erving Goffman auch informelle Anforderungen an wissenschaftliche Karrieren rekonstruieren lassen.

2. »Spitzenfrauen in der Wissenschaft« – Karrierewege von Nachwuchswissenschaftlerinnen in MINT- Fächern

In dem Forschungsprojekt »Auf der Suche nach dem verlorenen Nachwuchs. Kurzform: Mobile Drop-Outs« wurde eine quantitative Drop-Out-Analyse aus dem wissenschaftlichen Mittelbau für das Jahr 2009⁶ vorgenommen, in

---

5 Das Projekt wurde vom BMBF in der Bekanntmachung: Frauen an die Spitze in der Zeit vom 01.05.2010 bis 30.06.2013 an der Universität Dortmund, Zentrum für Hochschuldidaktik, jetzt Zentrum für Hochschulbildung, gefördert. Zur Gesamtauswertung s. Metz-Göckel u. a. 2016. Die Interviews haben durchgeführt: Dorothee Koch, Kirsten Heusgen, Ramona Schürmann, Petra Selent und Sigrid Metz-Göckel.

6 Die Daten von 18 Universitäten, die insgesamt ein Drittel des Mittelbaus der Bundesrepublik ausmachen, wurden im Hinblick darauf ausgewertet, wer die Universität mit

dem knapp 18 Prozent der wissenschaftlichen Mitarbeiter_innen die Universität verlassen haben, mehr Frauen (19 Prozent) als Männer (17 Prozent) und gleich viel Promovierte wie Unpromovierte nach einer Verweildauer von 4,6 Jahren mit im Schnitt 3,6 Verträgen. Fast alle Drop-Outs waren vorher befristet und mehr als die Hälfte in Teilzeit beschäftigt (Metz-Göckel u. a. 2016, Kap. 1 und 4). Der weitere Lebensverlauf der Ausgestiegenen wurde in einer Online-Befragung und in 19 Leitfaden-Interviews erfragt. Im Kontrast dazu wurden sechs junge Wissenschaftlerinnen der so genannten MINT-Fächer interviewt, die sich auf dem Weg an die Spitze befinden.[7] Diese Wissenschaftlerinnen wurden bereits ausgezeichnet und sind engagiert dabei, um die professoralen Spitzenpositionen zu konkurrieren. Bei dieser Kontrastgruppe handelt es sich ausschließlich um Frauen, da ihr Drop-Out in der Postdoc-Phase besonders hoch ist, und die Forschungsfrage hier darauf zielte zu erfahren, unter welchen Bedingungen es Frauen schaffen können, an die Spitze zu gelangen.

Der Auswertung der Interviews mit diesen ›Spitzenfrauen‹ liegt ein kontextuelles Geschlechterverständnis zugrunde, wonach das Geschlecht im Hintergrund bleiben kann und nur unter bestimmten Bedingungen einen Masterstatus einnimmt, der die anderen Einflussfaktoren überlagert (Krüger/Levy 2000). Die Begründung für ein kontextuelles Verständnis von Geschlecht liegt darin, dass sich in der jungen Generation das Qualifikationsdefizit der Frauen aufgelöst hat und ein allgemeiner Konsens besteht, dass Männer und Frauen über die gleiche Befähigung zur wissenschaftlichen Arbeit verfügen. Das wissenschaftliche Selbstverständnis geht von einer Geschlechtsneutralität aus, daher sollte das Geschlecht eigentlich keine Rolle spielen und wenn, dann ist dies auf soziale Regelungen der Karriere zurück zu führen, zum Beispiel die Art und Weise der Rekrutierung des Personals, nicht jedoch auf die Erkenntnisprozesse selbst. Auf einen Masterstatus des Geschlechts lässt sich bei den Professuren insofern schließen, als hier nur ca. 20 Prozent Professorinnen zu finden sind, die zudem signifikant seltener und weniger Kinder haben als die Professoren. Das wissenschaftliche Perso-

---

welcher Vertragsbiografie verlassen hat.

7 Das Sample besteht aus einer Nachwuchsgruppenleiterin in der Chemie, 30 Jahre (I 21), einer Doktorandin in der Biologie (kurz vor der Promotion, 27 Jahre (I 22), eine habilitierte Statistikerin in der Bewerbungsphase, 35 Jahre (I 23), einer Juniorprofessorin in der Atomphysik aus dem Ausland, 31 Jahre (I 24), einer Mathematikerin mit einer Professur, 31 Jahre (I 25), einer Junior-Professorin, frisch als W2 Professorin berufen, 34 Jahre (I 26). Sie wurden aufgrund bereits erhaltener Auszeichnungen für ein Interview vorgesehen (vgl. hierzu insbesondere Metz-Göckel u. a. 2016, Kap. 3).

nal weist im generativen Verhalten bei den Professuren statistisch die größte Geschlechterdifferenz auf (Metz-Göckel et al. 2014: 33 ff., 128 ff.). Das Geschlecht der Wissenschaftler_innen spielt demnach auf dem Weg an die Spitze eine Rolle, es interagieren aber noch weitere Einflussfaktoren, etwa Alter, soziale Herkunft und Statusfaktoren.

Bei Wissenschaftler_innen können wir von einem Lebensverlauf ausgehen, der durch wissenschaftsimmanente Vorgaben strukturiert wird, zu denen zum Beispiel Qualifikationsanforderungen und Altersnormen und anderes mehr gehören. In den MINT-Fächern ist auf allen Stufen der akademischen Karriereleiter der Frauenanteil sehr unterschiedlich und in den Ingenieur- und einigen Naturwissenschaften marginal, so dass Frauen hier einen ›sichtbaren Sonderstatus‹ haben. Ambitionierte Wissenschaftlerinnen haben sich, so ist anzunehmen, darauf eingelassen, den formalen wie den ungeschriebenen fachlichen Anforderungen der wissenschaftlichen Karriere nachzukommen. Um diesen Sachverhalt theoretisch zu fassen, greife ich auf die Rahmen-Analyse von Goffman zurück, in der er sehr unterschiedliche Alltagserfahrungen in Organisationen strukturiert deutet. Soziales Verhalten findet ›gerahmt‹ und orientiert statt. »Ein primärer sozialer Rahmen wird so gesehen, dass er einen sonst sinnlosen Aspekt der Szene zu etwas Sinnvollem macht« (Goffman 1980: 31) und seine Anwendung »nicht auf eine vorhergehende oder ›ursprüngliche Deutung‹ zurückgreift« (ebd.). In den menschlichen Verhaltensweisen sind meist mehrere Rahmen als Bezugskontexte im Spiel. An vielen sehr unterschiedlichen Beispielen und Kontexten expliziert Goffman die Veränderbarkeit von Rahmen, die er in Modulationen (»alle Beteiligten wissen, dass es sich um eine systematische Transformation handelt«, ebd.: 57) und Täuschungen (»für die Wissenden geht ein Täuschungsmanöver vor sich; für die Getäuschten geht das vor, was vorgetäuscht wird«, ebd.: 99) unterscheidet.

Im Falle der jungen Wissenschaftlerinnen ist erstens anzunehmen, dass sie sich als Akteurinnen in der interaktiven Herstellung der Geschlechterzuschreibungen verhalten und es ihnen möglich ist, ihr Anderssein, hier ihr Frausein, auf weiten Strecken zu ›vergessen‹ bzw. in den Hintergrund zu drängen. Und zweitens, dass sie sich zwar dessen bewusst sind, als Frau in männerdominierten Feldern zu agieren und mit Männern um dieselben Positionen zu konkurrieren, sie aber zumindest in den offiziellen Kontexten so tun, als spiele dies keine Rolle. Und dieses Verhalten ist Teil ihrer Karrierestrategie. Wie den ambitionierten Wissenschaftlerinnen diese ›Dethematisierung‹ gelingt, und welche weiteren Bedingungen sie sich schaffen, die dies ermöglichen, wird genauer zu untersuchen sein, ebenso wann ihre Geschlechtszugehörigkeit sich doch in den Vordergrund drängt, also salient wird und mit einem anderen lebensweltlichen Rahmen konkurriert.

2.1   Freiheit und Abhängigkeit in der Postdoc-Phase

Der Bundesbericht Wissenschaftlicher Nachwuchs 2013 hat den Problemen in der Postdoc-Phase besondere Aufmerksamkeit gewidmet (Konsortium Bundesbericht Wissenschaftlicher Nachwuchs 2003). Die jungen Postdocs benennen die Abhängigkeiten, erkennen aber auch die Freiräume ihrer Arbeit. Es ist die Zukunft, die sie irritiert. Die Unsicherheit in dieser Phase sei aufreibender als während der Promotion, weil sie für ihre Habilitation von einem Mentor/einer Mentorin und von der Fakultät abhängig seien und die ungewisse Professur als einzige Sicherheit anstreben (müssten). Es wird immer stressiger, sagt eine Postdoc:

»je weiter man kommt. So als Postdoc ist das wirklich die anstrengendste Phase, weil man irgendwie alles macht. Man ist in der Managementposition für den Lehrstuhl, man muss seine eigenen Sachen machen, man muss die Lehre machen, man muss gucken, dass man sich irgendwie alle Voraussetzungen schafft für die Professur-Bewerbung, was ja auch nicht ohne ist« (I 23: 12).

Andererseits leitet eine Postdoc in diesen Fächern meist eine kleine Arbeitsgruppe und hat auch unterstützende Mitarbeiter_innen, zum Beispiel eine studentische Hilfskraft (Bachelor- oder Masterstudierende), einen Doktoranden oder eine Doktorandin. Eine der Postdocs hat in einer Unternehmensberatung 70 Stunden und mehr pro Woche gearbeitet und musste viel reisen. Sie konnte sich früher nicht vorstellen, was ein Professor so alles zu tun hat. Jetzt hat sie ›hier ein Projekt, da ein Projekt‹ und mit dem ganzen Forschungsmanagement des Anträge-Schreibens und Netzwerken meint sie: »Es ist halt anders verteilt. Es ist flexibler. Aber von der reinen Arbeitsleistung ist es fast das Gleiche, vielleicht sogar noch mehr« (I 23: 13). Während sich die Postdocs die Projekte ausdenken und diese beantragen, werden diese von den Chefs unterschrieben, die Entscheidung über eine weitere Beschäftigung läge aber bei den Professor_innen, sagt die Biologin. Die Qualität der Beziehung zu den Vorgesetzten und deren ›machtvolle‹ Position in der wissenschaftlichen Community sei daher entscheidend dafür, ob sich ein Vertrauen herstellt, dass die wissenschaftliche Arbeit fortgesetzt werden kann.

Bei guten Beziehungen entwickelt sich eine Mentorenschaft. Dies ist jedoch nicht immer der Fall.

Insbesondere die Wissenschaftlerinnen mit Kindern berichten von ihrem reduzierten Privatleben, ihrem Verzicht auf Freizeit und ›eigene‹ Zeit sowie mangelnde Anerkennung. Dass sie dennoch weiter in der Wissenschaft bleiben wollen, hängt mit ihrem Interesse, ihrer Freude, ja Leidenschaft zusammen, mit der sie ihre Forschung, teils auch ihre Lehre betreiben, ganz im Sinne des Diktums von Max Weber aus dem Jahre 1919: »Denn nichts ist für den Menschen als Menschen etwas wert, was er nicht mit Leidenschaft tun kann« (Weber 1956: 312).

3.   Spitzenwissenschaftlerinnen auf der Erfolgsspur

Die Wissenschaftlerinnen dieses Samples verbindet bei aller individuellen Unterschiedlichkeit und der Differenz der Disziplinen ein gemeinsamer fachkultureller Hintergrund der Natur-, Ingenieurwissenschaften und Mathematik. Bezüglich der organisationellen Karriere-Normen ist eine Übertragung auf andere Wissenschaftsdisziplinen nur bedingt gerechtfertigt, denn zum Beispiel bei den Publikationsnormen gibt es große Unterschiede. In ihren Vertragsbiographien unterscheiden sich die persönlichen Fälle nicht markant voneinander. Alle berichten von Erfahrungen mit mehreren kurzen und längeren Arbeitsverträgen, die aus unterschiedlichen Quellen finanziert wurden wie bei den Drop-Outs auch. Meist waren es Projektstellen (oft mit selbst eingeworbenen Drittmitteln), Stipendien (unterschiedlichen Renommees) und seltener Haushaltsstellen, insgesamt in vielfältigen Mischungen der Vertragsabfolgen.

Vier der sechs Wissenschaftlerinnen sind Mütter, zwei von ihnen haben bereits zwei Kinder, zwei weitere sind zum Zeitpunkt des Interviews mit dem 2. Kind schwanger und zwei sind kinderlos, möchten aber Kinder haben und äußern sich dazu. Alle Interviewpartnerinnen sind sehr jung und leben in mehr oder minder symmetrischen Paarkonstellationen, die mitverantwortlich sein könnten für ihre bisher erfolgreiche Karriereentwicklung, wie noch ausgeführt wird.

Selbst in dieser kleinen Gruppe der mit ihrem Fach hoch identifizierten jungen Wissenschaftlerinnen finden sich feine Unterschiede in ihrer Ausrichtung auf die wissenschaftliche Karriere, die hier kurz skizziert werden (s.

ausführlich dazu Metz-Göckel u. a. 2016, Kap. 9). Die beiden Postdocs befinden sich mit relativ großer Zuversicht auf dem Weg zur Professur, haben unterstützende Partner und sehen auch mit Kindern ihren Platz in der Wissenschaft. Sie sind jung und haben ›gute Karten‹. Sie bleiben in der Wissenschaft, weil sie genuine Freude an ihrem Fach und ein erfülltes Leben haben. Diese *Hoffnungsvollen* haben das Spiel zu beherrschen gelernt.

Die Juniorprofessorin aus einem südeuropäischen Land ist eher ambivalent. Sie hat ihre bisherige Karriere in anderen Ländern gemacht und wünscht sich vor allem mehr Stabilität in ihrem Leben. Ihre Wissenschaftsbiografie und Auslandserfahrungen sind so brillant, dass sich ihre Kollegen beglückwünschen, sie für eine deutsche Universität gewonnen zu haben: »Thank you for coming here, they tell me« (I 24: 13). Sie hält ihre aktuelle Position als Juniorprofessorin mit zwei Kindern für besser vereinbar als die Spitzenforschung, doch trauert sie dieser auch nach.

Im Unterschied zu den Hoffnungsvollen, die sich noch auf dem Weg befinden, sind *die Erfolgreichen* ganz frisch auf einer unbefristeten Professur angekommen, die sie aber nicht als ihre Endstation betrachten. Beide Wissenschaftlerinnen haben es als Mütter geschafft, nicht nur eine unbefristete Professur zu erreichen, sondern diese auch souverän zu handhaben. Die eine hat diese Position von vornherein angestrebt, als noch Kinderlose erreicht und strebt nach mehr. Ihr Fach macht ihr ausgesprochen viel Spaß. »Ich empfinde es als ein großes Geschenk, dass ich diese Möglichkeit hatte, das so zu machen, so ein Traumjob gefunden zu haben. Zwar manchmal anstrengend, aber welcher Job ist es nicht« (I 25: 26). Die frisch entfristete Professorin (I 26) hat sich in der Industrie gelangweilt, deshalb ist sie an die Universität zurückgekehrt und hat ihren Lebenslauf gezielt korrigiert, um ihre Chancen als Juniorprofessorin auf eine unbefristete Professur zu verbessern. Beide jungen Professorinnen haben ihre Karriere ganz strategisch verfolgt.

Zu den noch *Unklaren* zählt die 27-jährige Biologin in der Endphase ihrer kumulativen Promotion. Sie identifiziert sich zwar stark mit ihrem Fach, sucht aber dennoch nach Alternativen, zum Beispiel als Patentanwältin und hat sich sehr genau darüber erkundigt. Bisher war sie beruflich nicht im Ausland, kann sich dies aber für eine begrenzte Zeit vorstellen. Sie weiß nicht, ob sie sich auf die Postdoc-Phase einlassen soll, denn sie will Kinder haben und eine sichere berufliche Situation, sieht aber auch die Vorteile der wissenschaftlichen Arbeit, die für sie interessengeleitet und sachorientiert ist und sagt: »So frei werde ich ja nie wieder arbeiten können« (I 22: 11).

4. Der »perfekte Lebenslauf« und seine Anforderungen

Dass die ›Nachwuchswissenschaftler_innen‹ lernen (müssen), sich aus der Perspektive der Gutachter_innen und geltenden extra-fachlichen Karrierenormen zu betrachten, ist in dieser Qualität ein neuer Aspekt der wissenschaftlichen Karriere. Dieses sich aus den Augen von relevanten Anderen zu betrachten, ist eine eigene Herausforderung in der Verfolgung einer wissenschaftlichen Karriere, dessen sind sich die interviewten Wissenschaftlerinnen sicher, »man muss sich einfach auch bewusst sein darüber, wie das Standing in der Community ist, und wie man das beeinflussen kann. Also einen guten Vortrag auf einer Konferenz zu halten, dass man den Leuten auffällt, das ist zum Beispiel wahnsinnig wichtig. Und so auf Außenwirkung ein bisschen achten« (I 25: 33). Die Herausforderung, einen ›perfekten Lebenslauf‹ zu präsentieren, erfasst alle Facetten des Lebenszusammenhangs, zugespitzt die ganze Person. Und die bisher erfolgreichen Wissenschaftlerinnen haben dies auf ihrem Weg an die Spitze verinnerlicht, selbst wenn sie kritische Distanz zu den Abhängigkeiten (und Publikationsstrategien) äußern, denen sie sich aber fügen. Sie haben sich das formale wie ungeschriebene Wissen angeeignet, das in ihrem Fachkontext als karriereförderlich gilt, um sich einen »perfekten Lebenslauf« konstruieren zu können. In der Konkurrenz um die begehrten Professuren sehen sie sich in einem Wettlauf um einen solchen ›perfekten Lebenslauf‹: »Man muss sich bewusst sein, dass ein extremer Zeitaufwand und Nervenaufwand damit verbunden ist, also dass es kein Zuckerschlecken ist, das muss jeder wissen. […] Und wenn man bis dahin kommen möchte, […] muss alles im Lebenslauf stimmen« (I 21: 34). »Blauäugig darf man da nicht reingehen« (ebd.: 13) sagt eine andere Postdoc.

Sie befinden sich zudem im Wettlauf mit der Zeit, denn irgendwann ist man dann zu alt. Zeitliche Vorgaben sind Teil des Wettbewerbs- und Selektionsprozesses: »Eine magische Grenze stellt das 40. Lebensjahr dar« (Gross et al. 2008: 20). Spätestens nach ein oder zwei Jahren als Postdoc »muss man (in die Industrie) wechseln, sonst ist es zu spät. Und wenn man das nicht macht, muss man die Habil anstreben, damit es da weitergeht« (I 22: 32). Irgendwann ist man dann zu alt für die Wissenschaft, aber auch um den Absprung in die Industrie zu schaffen.[8] Und wenn man nur noch so und so viele Jahre vor sich hat, und sich auf den Webseiten anschaut, was die Anderen

---

8 Die Personen in der Industrie hätten »keine Lust, einen Vierzigjährigen einzustellen, wenn sie auch einen 27-Jährigen haben können, ist wohl ganz klar, würde ich auch so machen« (I 22: 32).

veröffentlichen, verursacht das Stress. Zusätzlich zur inhaltlichen Leistungs-konkurrenz erzeugt dieser Wettlauf eine Spannung, zumal Forschung nicht auf Knopfdruck zu den vorzeigbaren Ergebnissen führt. Etwa die Hälfte der Experimente im Labor funktioniere nicht auf Anhieb, gesteht eine Forsche-rin (I 22: 32).[9]

Nicht das absolute Alter, sondern das wissenschaftliche Alter zähle, also die zeitliche Differenz zur Promotion, erklärt eine der Postdocs. Und die-se Differenz sei bei ihr schon »relativ groß. Deswegen kann ich mich auf Programme wie Junior-Professur (nicht bewerben), und so ist es schon ein bisschen spät« (I 23: 18). Sie kann theoretisch auf ihrer derzeitigen Haus-haltsstelle[10] noch vier Jahre verlängert werden, da sie zwei Kinder hat. Sie rechnet also einerseits mit dem Zeitmaß der Rahmenbedingungen für die Beschäftigung, andererseits mit dem Maß des wissenschaftlichen Alters. Für ihre Bewerbung auf eine Professur gibt sie sich noch einige Jahre Zeit: »Dann bin ich immer erst noch Anfang, Mitte Vierzig, wo man noch immer gut argumentieren kann, warum man denn jetzt so lange gebraucht hat, mit Fa-milie und so. Das wäre ja dann immer noch nicht so spät irgendwo für einen Lehrstuhl« (I 23: 24).

Die Anforderungen an einen ›perfekten Lebenslauf‹ teilen sich auf in ei-nerseits formal überprüfbare Kriterien, wie zum Beispiel Alter, Auslands-aufenthalte und (internationale) Tagungsbesuche, sie bilden gleichsam den primären Rahmen. Andererseits scheint es so etwas wie einen (lebensweltli-chen) Rahmen im Hintergrund zu geben, der die Erfüllung dieser Anforde-rungen für die Frauen ermöglicht und sich im beruflichen Support durch Chefs und Mentor_innen sowie in der privaten Unterstützung durch Eltern und Partner äußert, vor allem dann wenn die Wissenschaftlerinnen Kinder haben (wollen).

---

9 Den Vorteil, sehr jung zu sein, hat die erfolgreiche Professorin klar kalkuliert. Sie wollte nach dem Studienabschluss gerne weiter forschen und war noch relativ jung, als sie ihre Promotion abgeschlossen hat und dachte, »dass ich meinen Weg nicht verbaue, wenn ich jetzt noch ein, zwei Jahre Postdoc mache. Weil ich gedacht habe, wenn ich mich später dann noch in der Industrie bewerbe, kann ich das rechtfertigen. Ich bin dann vielleicht noch genauso alt wie andere, die gerade die Promotion abgeschlossen haben« (I 25: 13).

10 Pro Kind kann eine Wissenschaftlerin/ein Wissenschaftler den befristeten Arbeitsver-trag um zwei Jahre verlängert bekommen.

4.1 Überprüfbare Karriere-Kriterien des ›perfekten Lebenslaufs‹

Zu den formal überprüfbaren Anforderungen, mit denen sich die Postdocs auseinandersetzen, zählen Auslandsaufenthalte, Publikationsregeln, Zeitrahmen, Netzwerke und (internationale) Tagungsbesuche. Ihre Akzeptanz erfolgt moduliert in der Passung mit dem persönlichen Lebenskonzept.

4.1.1 Mobilität und passgerechte Auslandsaufenthalte

Auslandsaufenthalte und internationaler Austausch von Wissenschaftler_innen sind nicht nur erwünscht, sondern werden auch gefördert und gehören traditionell zur wissenschaftlichen Arbeit (Konsortium Bundesbericht Wissenschaftlicher Nachwuchs 2013: 111f.). Für die Schweiz resümiert eine Untersuchung: »Die Norm von geografischer Mobilität und Auslandserfahrungen ist Teil der subjektiven Karrierekonstruktionen der jungen Nachwuchswissenschaftler_innen und kaum jemand rechnet damit, ohne Auslandserfahrungen reelle Chancen auf eine Professur in der Schweiz zu haben« (Leemann/Boes 2012: 182). So äußern sich auch die interviewten Wissenschaftlerinnen. Die junge Professorin bekräftigt, dass Auslandsaufenthalte unheimlich wichtig sind, »weil man viele andere Forscher kennen lernt… Also ich glaube eine Karriere, wo man promoviert in einer Arbeitsgruppe, dann Assistent ist in der Arbeitsgruppe bis zur Habilitation und dann irgendwann mit Mitte 30 oder so eine andere Stelle sucht, das ist… zum Scheitern verurteilt« (I 25: 11).

Aus dem Blick von Berufungskommissionen, Gutachter_innen, Chefs und Chefinnen sind aber nicht alle Auslandsaufenthalte gleich. An welcher Universität, wann und an welchem Institut, in welchem fremden Land der Aufenthalt war, ist wichtig, und es sollte ein renommiertes Institut sein. Die junge W2-Professorin (I 26: 42) berichtet zwiespältige Erfahrungen. Obwohl sie mehrfach und insgesamt drei Jahre im Ausland war, kann sie keine Harvard- oder Oxford-Station in ihrem Lebenslauf vorweisen und vor allem: »Alle Zeugnisse sind von der einen, sehr renommierten Uni*, also ist es auch nicht perfekt« (I 26: 42). Ihr fehlte ein halbes Jahr Auslandsaufenthalt, um als Juniorprofessorin die Chance auf eine unbefristete Professur (W2) an ihrer Universität zu erhalten. Sie beantragte erfolgreich ein Forschungsstipendium von der DFG, ließ sich beurlauben und ging an eine Universität ins europäische Ausland. Ihren kleinen Sohn betreute in dieser Zeit ihre Mutter, und sie selbst pendelte jede Woche nach Hause. Diese Zeit empfindet sie als die schlimmste ihres bisherigen Lebens und den ›erzwungenen‹ Auslandsaufenthalt als unzumutbare Formalie (I 26: 16).

Eine der Postdocs ist aus der Unternehmensberatung an die Universität ihres Studiums zurückgekehrt, hat dort promoviert und habilitiert. Auch sie sieht dies als Schwachpunkt ihrer Wissenschaftsbiographie. »Ich habe auch teilweise Forschungsstipendien nicht verlängert gekriegt oder es wurde gesagt: ›Nein, es macht keinen Sinn, weil Sie waren ja immer nur an der Uni‹ oder man muss einen Auslandsaufenthalt vorweisen von so und so lange, um überhaupt die Voraussetzungen zu erfüllen für irgendwelche Bewerbungen« (I 23: 27).

Für die schwangere Juniorprofessorin ist der Verzicht auf internationale Konferenzen ausschließlich mit ihrer Mutterschaft verbunden. »I was breast feeding my kid for quite a long time, so I couldn't really move away from him. And now I am not going to travel anymore, because I am expecting another one. […]. But this is hard, it's hard because we don't have family around. This is very tough« (I 24: 21).

Generell ist es von Vorteil, ein anderes Wissenschaftssystem und andere Karrierewege kennen zu lernen. Eine der Postdocs meint, der Karriere-Weg in den USA sei besser, weil man dort schrittweise aufsteigt und nicht sofort die volle Verantwortung mit all den Verpflichtungen einer Professur hat (I 25). Kritisch äußert sich dagegen eine andere:

»Ich war zum Postdoc noch in den USA gewesen. Und dort sind die Arbeitsbedingungen, gerade wenn man die Laufbahn beginnt, wesentlich schlechter, da man da versuchen muss, wirklich an einer Eliteuniversität unterzukommen, weil man sonst kaum Chancen hat, wenn man nicht bei dem richtigen Professor ist, der einem dann über seine Beziehungen einen Job vermittelt […]. Und wie die deutschen Universitäten ausgestattet sind, da können wir uns, glaube ich, nicht beklagen« (I 21: 12).

Diese kinderlose Postdoc sieht das Arbeits- und Konkurrenzklima in den USA sehr kritisch. In den Arbeitsgruppen würde man sich in Deutschland gegenseitig helfen, eine Erfahrung, die sie in den USA nicht gemacht hat, »da ist es wirklich eher Ellenbogen gewesen«, so dass sie ihre frühere Begeisterung verloren hat. Nach ihrer Rückkehr ist sie in Deutschland allerdings in eine kritische Situation geraten, bis sie wieder eine Anschlussfinanzierung erreicht hat. »Inzwischen ist es so, dass jede Stiftung, die Stipendien für Postdocs vergibt, auch so genannte Rückkehr-Stipendien zur Wiedereintegration nach Deutschland (vergibt)« (I 21: 15).

4.1.2 Zwänge und Glück beim Publikationserfolg

Die ausschließliche Orientierung an quantitativen Indikatoren und Impact-Faktoren ist auch kritisch zu sehen. Sie ersetze das genuine wissenschaftliche Interesse durch eine extrinsische Belohnung in Form bibliometrischer Maße und ›hochkarätiger Beiträge‹ in Zeitschriften. Innerwissenschaftlich könnte dies zur Folge haben, dass die intrinsische Motivation, die eine Voraussetzung kreativer Wissenschaft sei, Gefahr laufe zerstört zu werden (Osterloh/Frey 2008), ja, dass diese Motivation zum Hindernis wird, wie auch einige Wissenschaftlerinnen andeuten. Selbst zwischen den einzelnen Fachdisziplinen der MINT-Gruppe unterscheiden sich die Publikationsnormen mehr oder weniger stark.

Ihre Chefin halte sie an, nur in Journals mit hohem Impact-Faktor zu publizieren. »Das schreckt mich auch ein bisschen ab von dieser wissenschaftlichen Laufbahn. Man ist einfach nur noch so eine Zahl. Das hat ja ganz viel mit Glück zu tun, ob eine Veröffentlichung von einem Journal angenommen wird« (I 22: 26), sagt die Biologin, die in der Medizin beschäftigt ist. Für die Habilitation in ihrem Fach sind 12 Veröffentlichungen vorzuweisen, die Hälfte in Erstautorenschaft. Diese ist am wichtigsten, aber auch am schwierigsten zu erfüllen. Alle Kooperationspartner_innen werden als Autor_innen aufgeführt, der Chef/die Chefin immer am Ende. »Im klinischen Betrieb, da ist es auch so, dass dann der Klinik-Direktor irgendwie findet, dass er da draufstehen kann, obwohl der weder die Idee hatte, noch überhaupt den Inhalt dieses Papers kennt. Der steht halt auch noch drauf als Autor« (I 22: 12).[11] Sie findet es problematisch, nur anhand der Veröffentlichungen eingeschätzt zu werden, zumal der/die Reviewer/in nicht immer verstehe, worum es in dem Paper geht, weil er/sie fachlich auf dem Gebiet »nicht zu Hause sei«. Man müsse immer bangen, ob ein Paper angenommen wird. Auch die erfolgreiche Professorin sagt:

»Es werden ja viele Projektanträge und Paper (abgelehnt) und teilweise aus Gründen, die man nicht nachvollziehen kann. Vielleicht auch, weil der Reviewer nicht geeignet war oder so […]. Ich weiß noch, wie deprimiert ich war, als mein erstes Paper abgelehnt wurde und mein erster DFG-Antrag. Habe ich überhaupt nicht verstanden. Ich fand diesen Antrag perfekt« (I 26: 44).

---

11 Weil sie eine technische Assistentin vertreten hat, obwohl es eigentlich nicht ihre Aufgabe war, es aber in einem Gebiet war, in dem sie sich gut auskennt, hat ihre Chefin sie mit ihrer Namensnennung auf einer Publikation belohnt. Das sei recht üblich in ihrer Fachkultur.

Sie sagt aber auch, dass ihr der Zwang zum Publizieren klar war: »Schon während der Promotionsphase habe ich auch direkt Zwischenergebnisse gleich publiziert und nicht erst abgewartet und dann eine Diss geschrieben« (I 25: 18). Diese Wissenschaftlerin forscht in einem sehr aktuellen Gebiet und publiziert nur in Peer-Review Journals. Die schwierigste Frage sei: Wo schickt man das Paper hin? Dies könne eine Promotionsstudentin nicht abschätzen, deshalb hat sie dann immer den Rat ihrer Betreuer gesucht und befolgt.

Eine der Postdocs hat sich im Rahmen ihres Habilitationsverfahrens gegen die einseitige Berechnung der Impactfaktoren in Journals gewehrt, da sie auch in einer zweiten Fachkultur publiziert hat, in der »Konferenzbände das Hauptinstrument sind, wo die halt veröffentlichen. Das ist auch richtig mit Review-Prozess« (I 23: 14). Dass diese Veröffentlichungen in der Punkteliste nicht zählen sollten, fand sie ungerecht und erreichte eine Veränderung der Habilitations-Ordnung in dem Fach, indem sie sich habilitiert hat.

4.1.3 Netzwerken und internationale Horizonte

Netzwerke spielen eine große Rolle und (internationale) Tagungen bieten dazu eine optimale Gelegenheit (Sagebiel 2010, 2013). »Je mehr Leute man kennt, desto mehr Kooperationen kann man machen, und desto mehr Input bekommt man und desto mehr Geräte und Techniken, die man selbst nicht beherrscht, kann man von jemand anderen sich beibringen lassen« (I 22: 34). Die Teilnahme an Tagungen ist in der Regel kostspielig, und wenn dies von einer halben Stelle finanziert werden muss, verlangt dies zusätzlichen Aufwand, die Finanzierung zu organisieren. Die Doktorandin hält ihre Chefin für eine schlechte Netzwerkerin, da diese sie bei gemeinsamen Tagungsbesuchen nicht mit Kollegen bekannt mache. Sie selbst schätzt sich darin noch schlechter ein. »Diese Tagungen, […] man ist ja da immer in der Angst, verrate ich zu viel, was ich mache« (I 22: 34). Man lernt aber auf diesen Tagungen, »das sind auch nur Menschen« (ebd.). Sie traut sich dennoch nicht, die ›Größen des Faches‹ anzusprechen, nutzt aber die Email-Adressen, um Nachfragen zu stellen und so Kontakt aufzunehmen. Sie hat jedoch das Gefühl, dass dies letztlich nicht ausreicht. Eine der Postdocs bemerkt aus Erfahrung, »dass man keine Scheu haben darf, auf Leute zuzugehen. Und auch keine Angst vor großen Tieren. … Klar gibt es Personen, die sind nicht unbedingt die Person, mit der man viel zu tun haben will« (I 21: 40). Die international erfahrene Juniorprofessorin stellt den Nutzen für die eigene Forschung heraus: »We were travelling a lot, we were with one suitcase ready all the time. [...]. I really believe that if you don't attend conferences then you start losing contact with what happens, this is not good« (I 24: 10). Internationale Tagungsbesuche sind unabdingbar, sagt auch die junge Professorin, »gerade später für die Projektförderung, dass man wirklich mit ausländischen Kooperationspartnern ... Projekte beantragen kann ... Ohne das wird es schwierig« (I 23: 28). Die Vernetzung ist über das Bekanntwerden hinaus wichtig, weil die Finanzierung der eigenen Existenz und die Forschung zunehmend von Drittmitteln abhängen. Tagungsbesuche und internationale Vernetzungen sind karriereförderlich, um andere Professor_innen kennen zu lernen, die strategisch für eine Begutachtung und für Referenzen gebraucht werden, und diese Wissenschaftlerinnen haben sich pragmatisch darauf eingelassen.

4.2 Voraussetzungen im Hintergrund für den Karriereerfolg

Die ›unsichtbaren‹ Voraussetzungen für den Erfolg manifestieren sich in der begleitenden Unterstützung durch Vorgesetzte und Mentor_innen sowie in der sehr persönlichen Unterstützung durch Partner und Eltern, worauf auch die Studie »Generation 35plus« (Funken u. a. 2013) hingewiesen hat.

4.2.1 Beruflicher Support als Modulation des Rahmens

Der Wunsch der Wissenschaftlerinnen nach mehr Unterstützung ist von ihrem Interesse bestimmt, schnell selbständig zu werden, denn ohne dies kann ein ›perfekter Lebenslauf‹ nicht gelingen. In einigen Fällen dienen die Vorgesetzten als Mentoren, es können aber auch selbst gewählte Mentoren diese Funktion übernehmen. Die auslandserfahrene Juniorprofessorin antwortet auf die Frage, ob sie einen Mentor habe.

»No, unfortunately this is my big complaint. I never had a mentor and that was not good and I still feel the lack of it ... In my postdoctoral career, where I could have been helped by someone talking to me about how I should pursue my professional career, no I've never had. Well, I have survived so far without a mentor. A mentor would be someone senior that ... can give you guidance and stuff like that, ... who has the bigger picture« (I 24: 15f.).

Diese Physikerin ist erst seit wenigen Monaten in Deutschland und war bisher ausschließlich in der Forschung engagiert. Sie erhält Hilfe, wenn sie darum bittet, »but this is different than having someone to look after you, and maybe give some advice on how to proceed« (I 26: 16). Sie wünscht sich jemanden, der den »großen Rahmen« und Überblick im Kopf hat und ihr hilft, sich darin zu verorten.

Die kinderlose Postdoc und die gerade auf eine W2 berufene Professorin hatten Förderer, Berater und verständnisvolle Chefs. Beide Wissenschaftler_innen haben aber auch Unterstützung aktiv nachgefragt und ihre Dankbarkeit und Verbundenheit gezeigt, wodurch sie ihre Abhängigkeitsgefühle mildern konnten. Aber noch wichtiger war es, dass die Chefs, Doktorväter/-mütter und Mentoren ihre Selbständigkeit in der Forschung unterstützt und nicht durch allzu viele andere Aufgaben behindert haben.

»Mein Doktorvater hat mich immer gefördert. Und auch wenn wir gemeinsam auf Konferenzen waren, hat er mich immer Leuten vorgestellt. […] Und er hat mich auch für Preise vorgeschlagen und so. Aber dass er mir gesagt hätte, wie eine Bewerbung aussieht, und dass man so strategisch wirklich darauf hinarbeitet, dass einfach die Kriterien stimmen, damit das bei der Bewerbung super aussieht, das hat er mir nicht gesagt« (I 26: 23).

Diese W2 Professorin vermisste trotz aller Unterstützung die konkrete strategische Karriereberatung wie auch die Juniorprofessorin. Die kinderlose Postdoc hat sich gegen den Rat ihres Fachlehrers in der Schule für das Chemie-Studium entschieden und schon in der Diplomphase und später als Doktorandin in der Arbeitsgruppe ihres Doktorvaters gearbeitet. Sie meint, in einer kleinen Arbeitsgruppe könnten die Einzelnen selbständiger und verantwortungsvoller forschen. Für sie war es selbstverständlich, ihrem Doktorvater an die Universität zu folgen, an der er einen Ruf angenommen hatte, und sie hat dann dort promoviert.

4.2.2 Partnerschaft und unersetzbare Eltern – Karriere als gemeinsames Projekt

Nach vorliegenden Untersuchungen lebt die Mehrheit der Wissenschaftlerinnen in Partnerschaft (linked lives, Rusconi/Solga 2011a; Rusconi 2012), ein Drittel hat nach der Untersuchung von Lind u. a. (2010)[12] auch einen Wissenschaftler als Partner. Die individuellen Paar-Konstellationen können

---

12 Die Datenbasis dieser Untersuchung von 2007–2010 bildet eine Online-Vollerhebung des wissenschaftlichen Personals an 19 ausgewählten Universitäten mit 4.959 Wissenschaftlern und 3.707 Wissenschaftlerinnen.

allerdings sehr unterschiedlich sein.[13] Die Untersuchung »Gemeinsam zum Erfolg?« kommt zu dem Resümee, dass die Paarbeziehung die Karriereverläufe von Frauen eher zum Negativen beeinflusst, als dass sie diese unterstützt, da sich die Priorisierung der männlichen Karriere oft von selbst verstehe oder ergebe (Bathmann u. a.. 2013, s. auch Rusconi/Solga 2011b und Leemann/Boes 2012). Frauen mit einem größeren Berufserfolg als ihre Partner seien dankbar, dass der Partner mit dieser ›Überlegenheit der Partnerin‹ leben könne und entlasten ihn weitgehend von der Hausarbeit. »Die Verletzung der Geschlechterhierarchie im Berufsleben erfordert ein umso traditionelleres Doing Gender im Privatleben, um die Stabilität der Paarbeziehung nicht zu gefährden« (Bathmann 2013: 125). Für Frauen auf dem Weg an die Spitze sind die Befunde der Partnerschaftsforschung, auch der Dual Career-Forschung somit zwiespältig. Um die paarinterne Konkurrenz zu ›bewältigen‹, bedarf es nach Wimbauer (2012) einer schwierigen paarinternen Aushandlung.

Anders als in den referierten Forschungsbefunden zu Doppelkarriere-Paaren spielt die paarinterne berufliche Konkurrenz bei den hier vorgestellten Paaren eine untergeordnete Rolle, wahrscheinlich, weil sie in unterschiedlichen beruflichen Kontexten (mit Ausnahme des professoralen Paares) arbeiten. Bei genauerem Hinsehen zeigt sich, dass mehrere der Frauen in ihrer Paarkonstellation eher die erfolgreicheren sind. Dies thematisieren sie aber nicht, vielmehr schildern alle ihre Karriere als gemeinsames Projekt. Um als Frau in der Wissenschaft Karriere machen zu können, sei es ›unendlich‹ wichtig, dass der Partner diese unterstützt, als Sicherheit im Hintergrund, aber auch emotional. Das gilt ebenso für die Eltern, sagen alle Interviewten. Partner und Eltern bilden für sie ein stabiles Backup. Ihre Paarbeziehung geht mit unterschiedlichen Paarkonstellationen einher. Die Doktorandin hat einen noch studierenden Partner, der nach seinem Studienabschluss mit einem sicheren Job rechnen kann. Sie hat seinetwegen die Universität gewechselt, in Zukunft würde er mit ihr mitziehen, da er als spezialisierter Ingenieur überall eine Stelle bekommen würde, dessen sind sich beide sicher. Die anderen Interviewpartnerinnen leben mit einem akademisch gebildeten, beruflich ausgelasteten Partner, der sie nachdrücklich in ihrer selbständigen Karriere unterstützt, ja diese scheint ein gemeinsames Projekt zu sein. Vier Partner

---

13 Es kann sich um ein relativ dauerhaftes Ein-Karriere-Modell der Frau, um ein dauerhaftes Doppel-Karrierepaar, um eine aufholende Berufskarriere oder Re-Etablierung der Berufskarriere der Frau und um die Priorisierung der männlichen Berufskarriere sowie um ein dauerhaftes Ein-Karriere-Modell des Mannes handeln (Bathmann 2013).

sind vom gleichen Fach, bis auf einen arbeiten sie in der freien Wirtschaft, einer ist außerplanmäßiger Professor an einer Universität, einer ist selbständig. Es sind Doppelkarriere-Paare mit und ohne Kinder in einer selbst eingeschätzten symmetrischen Paarkonstellation.

Die Juniorprofessorin hat ihren Mann im Studium kennen gelernt und seitdem alle wissenschaftlichen Karriereschritte mit ihm gemeinsam durchlaufen. Auf die Frage, ob sie und ihr Mann miteinander konkurrieren, sagt sie:

»No, because if it would be a competition, it wouldn' last. I mean this cannot be. If you have a competition, you cannot be a couple. I think we really have exactly the same views of things. […].We said from the beginning whoever gets it, this gives a good opportunity for the other one and the other one lives in a very good environment to find something« (I 24: 19).

Dieses Paar hat sich auch zu zweit um die Junior-Professur in Deutschland beworben und zugleich mitgeteilt, dass sie nur gemeinsam kommen würden. Die Universität hat die Frau berufen und für den Ehemann eine passende Stelle beschafft. Dieses Paar ist ein Fall von ›couple hiring‹ seitens der Universität.

Die Postdoc in der Chemie berichtet von Reibungspunkten während ihrer Promotionsphase mit ihrem Partner, der im gleichen Gebiet forschte. Sie hatte ein renommiertes Stipendium erhalten, ihr Partner dagegen nicht. »Und da musste ich mir von meinem damaligen Chef halt auch anhören: ›Ja, das hat sie bekommen, weil sie Frau ist‹ (I 21: 41)«. Seitdem sie nicht mehr »in demselben Gewässer fischen«, hat sich ihre paarinterne und von außen befeuerte Konkurrenz erledigt. Sie berichtet aber, die Kollegen würden viel über die Bevorzugung von Frauen reden. Das ärgert sie, weil die Kollegen die Leistungen der Frauen ignorieren. Als kompetente Wissenschaftlerin will sie selbstverständlich keine Stelle bekommen, bloß weil sie eine Frau ist, und sie glaubt auch nicht, dass dies der Fall sein könnte.

Die kollegiale Konkurrenzsituation lässt sich auch positiv sehen, wie die erfolgreiche Professorin ausführt. Sie hat in ihrer Bewerbungsphase einen Kollegen »bei jedem Vorstellungsgespräch getroffen … Aber wir haben das eigentlich positiv gesehen, haben uns einfach gegenseitig ausgetauscht und versucht, uns Tipps zu geben … ›Weißt du, wer im Committee ist? Worauf sollte man denn achten‹? […]. Unterstützen wir uns gegenseitig und dann schauen wir halt mal« (I 25: 21).

Für die Wissenschaftlerinnen mit kleinen Kindern ist die kollegiale Konkurrenz um einen Zeitgewinn und die Professur äußerst problematisch. Sie scheuen sich, Elternzeit zu nehmen, »wenn man sieht, wie schnell die Kollegen, die männlichen Kollegen vorwärtskommen, wie viel die publizieren [...] und wenn man da irgendwie Elternzeit, Auszeit nimmt, dann ist man weg« (I 26: 12). Als Juniorprofessorin mit Kleinkind war sie nur kurze Zeit nicht an ihrer Universität präsent. In ihrem männerdominierten Fach sei die wissenschaftliche Arbeit mit einem Kleinkind in der Qualifizierungsphase kaum vereinbar, als Professorin schon eher, weil sie dann unabhängiger über ihre Arbeitseinteilung und Anwesenheit an der Universität bestimmen könne.

Für die Mütter ist in der Postdoc-Phase neben den institutionellen Angeboten die persönliche Betreuungsmöglichkeit für ihre Kinder ganz entscheidend, ja zentral. Für die habilitierte Postdoc auf dem Weg zur Professur und die frisch berufene W2-Professorin sind es jeweils ihre Eltern, die flexibel und selbstverständlich zur Seite stehen. In beiden Fällen hat dies den Nachteil, dass beide Wissenschaftlerinnen regional gebunden sind und nicht im ›richtigen‹ Maße im Ausland waren. Dies empfinden sie als nachteilig, denn in dieser Hinsicht haben sie keinen perfekten Lebenslauf.

Die Juniorprofessorin, fremd in einem Land, dessen Sprache sie noch nicht beherrscht, hat es mit der Betreuung ihres kleinen Sohnes schwer, da ihre Eltern weit entfernt leben und sich Freundschaften vor Ort noch nicht entwickelt haben. Das Kind ist zwar in der Krippe, aber wenn es krank ist, können nur die Eltern einspringen, was sie abwechselnd tun. Denn sie teilt sich gleichermaßen die Betreuung mit ihrem Partner und Vater des Kindes.

4.3 Eine wissenschaftliche Karriere mit Kindern – stromlinienförmige und sperrige Karriereverläufe

»Die Nicht-Planbarkeit der Laufbahn verhindert es«, dass die Wissenschaftlerinnen Kinder bekommen, davon ist die kinderlose Postdoc überzeugt (I 21: 31). »To have children is not a rational choice, given the lifestyle as a plant scientist« (Pettersson 2011: 111) lautet ein Forschungsergebnis aus Skandinavien. Keine der interviewten Wissenschaftlerinnen ist nach der Geburt ihres Kindes für längere Zeit abwesend gewesen, alle arbeiten danach Vollzeit weiter und machen Abstriche an anderer Stelle, so lautet der Befund dieser erfolgreichen Wissenschaftlerinnen zum Thema Mütter in der Wissenschaft. Das Problem sind die Anderen, die tratschenden Kollegen, ›jetzt ist die wieder schwanger‹, und die Chefs, die sich eine Wissenschaftlerin als Mutter nicht vorstellen können, und die Rektoren, die aus Sorge um die Universität keine Professor_innen in Elternzeit wünschen (I 26: 58). Die junge W2 Professorin, mit dem 2. Kind schwanger, sagt: »Trotzdem werden die nächsten Jahren, wird man vielleicht jetzt ein bisschen langsamer sein als Kollegen, die 14 Stunden am Tag nicht anderes tun, außer Paper zu schreiben« (I 26: 35). Die Doktorandin würde von ihrer neuen Chefin nicht daran gehindert werden, mit Kind weiter wissenschaftlich zu arbeiten. Im Moment kann sie es sich aber nicht vorstellen, mit einem Kleinkind alles zu bewältigen. Sie will diese Aufgabe zusammen mit ihrem Partner stemmen, sonst ist »man ja alleinerziehend, dann braucht man ja im Grunde keinen Mann zu haben, wenn der sowieso nie da ist« (I 22: 19). In der Industrie, mit der sie ihre universitären Arbeitsbedingungen vergleicht, wäre es aber noch schwieriger, Kinder zu bekommen. »Da kann ich ja nicht anfangen und nach einem halben Jahr ein Kind kriegen« (I 22:17). Wenn sie sich in ihrem wissenschaftlichen Umfeld umschaut, dann trauen sich fast alle Frauen nicht, »Kinder zu kriegen, weil sie nicht wissen, wie es weitergeht« (I 22: 29). Dies ist die Phase, in der viele Frauen aussteigen, meint eine Interviewpartnerin.

Die frisch berufene Professorin hat als Mutter viel Gegenwind und unangenehme Kommentare gehört, weil die Kollegen die Einstellung hätten, eine Frau mit Kind passe nicht in ihre Fachkultur. Sie würde dieses Gerede lieber nicht mitbekommen, hat aber ein gewisses Verständnis dafür, weil sie als Juniorprofessorin die erste Frau in ihrer ingenieurwissenschaftlichen Fakultät war. »Als ich hierhin kam, in das Professorium rein und dachte, was ist das für ein Laden? Die waren alle über fünfzig, viele fast an die sechzig, alles nur Männer – und dann ich mit dreißig, Frau und auch noch schwanger – (lacht) furchtbar! Das ist jetzt vier Jahre her, inzwischen sind auch ein paar jüngere Kollegen da« (I 26: 13). In welch' extreme Situation eine leidenschaftliche Forscherin geraten kann, schildert die Juniorprofessorin: »I applied here, because I wanted to come back to Europe and I didn't really have time to start doing applications, because the deadline for this application was the day, I gave birth to my son and six weeks after that, I came here for an interview« (I 24: 4). Zwei Wissenschaftlerinnen mit Kindern (I 23 und I 26) haben die Universität nicht gewechselt und waren nur kürzere Zeiten im Ausland und nicht im ›richtigen‹ Ausland. Beide haben ihre rüstigen Eltern am Ort und können sich keine bessere Betreuungssituation für ihre Kinder vorstellen. Die Väter können sich in beiden Fällen nicht viel an der Betreuung beteiligen, der eine ist zu diesem Zeitpunkt nur am Wochenende in seiner Familie, der andere ist selbständig, hoch eingespannt und ›gefühlt‹ eher noch mehr ausgelastet als die Mutter. Ob ihre wissenschaftliche Umgebung Verständnis dafür habe, dass sie auch ein kleines Kind zu betreuen hat, diese Frage beantwortet die Juniorprofessorin:

»I think no, because most of them are men and I am pretty sure, they didn't raise their kids. I'm pretty sure their wives took care of them. So, I don't think they have any idea of what that is to take care. I don't think they do it on purpose, they just don't know it. …Younger people in general are more (open), they understand. I'm talking now of big professors« (I 24: 22).

Die kinderlose Postdoc lebt mit ihrem Ehemann das Modell ›living apart together‹ über eine mäßige Entfernung. Ihr Mann hat eine sichere Stelle in der Industrie und unterstützt sie sehr. Da beide Kinder haben wollen, will sie sich in nächster Zeit im Umfeld von 100–150 Kilometern um eine Professur zu bewerben und falls das nicht gelingt, sich in der Industrie eine Stelle suchen. Aber das wäre Plan B.

In einem anderen Fall handelt es sich um ein Doppelkarriere- und Sorge-Paar (dual career and dual care-couple). Diese Wissenschaftlerin wollte immer Kinder haben, hat die Beziehung zu ihrem Partner über eine Pendelei innerhalb Deutschlands, Europas und den USA mehrere Jahre lang aufrechterhalten, teils allein, teils gemeinsam mit dem Partner. Nach der Geburt von Zwillingen, die zum Zeitpunkt des Interviews 10 Monate alt sind, hat sie kurz Elternzeit genommen und dann der Vater. Beide verfolgen ihre eigene wissenschaftliche Karriere und teilen sich die Kinderbetreuung. Sie ist ausgesprochen forschungszentriert,

»und dann muss ich einfach unterwegs sein und zwar viel. Das ist jetzt halt immer mit einem deutlich höheren Planungsaufwand verbunden als es vorher war. Ja, da habe ich eine Zahnbürste eingepackt, dann bin ich los. Jetzt die nächste Konferenz in × mit Kindern, wegen Stillen und so. … Dann ist das immer ein Riesenakt. Bis man alles eingepackt hat. Die Unterkünfte sind natürlich dann auch ein anderes Kapitel, auch wie man das dann mit der Betreuung vor Ort macht« (I 25: 29).

Sie will ihr Forschungsfreisemester unbedingt für ihre Forschung nutzen, daher wird der Vater die Zwillinge versorgen.

»Da hat er es jetzt so gemacht, dass er eben dann noch halbtags Elternzeit nimmt. Er kann sich das dann flexibel einteilen. […]. Also einen Monat haben wir geplant in den USA zu verbringen, da wird er die Kinder betreuen, drei Monate haben wir geplant in B (Deutschland) zu verbringen, da haben wir eine Kita jetzt schon ausgesucht und festgemacht. Da kann er dann auch voll arbeiten, wenn die Eingewöhnungsphase vorbei ist« (ebd.: 29f.).

Sie selbst muss jetzt auf ihre Freizeitaktivitäten verzichten. Während ihrer Promotion habe sie noch in der Theater AG und im Orchester der Universität mitgespielt und viel Musik gemacht. »In der Postdoc-Phase bin ich dann durchs Land gezogen. Jetzt ist halt auch noch die Familie da, jetzt ist es dann auch total vorbei (lacht)« (I 25: 28).

Auf die Frage, was sie den Jüngeren raten würde, sagt die ambitionierte Postdoc: »Schnell zu studieren und zu promovieren, besonders für Frauen ... Also, wer länger als die Regelstudienzeit braucht, hat überhaupt keine Chance. Und dann muss man durchgehend gute Noten haben. Das sind die Voraussetzungen […]. Und wenn der Lebenslauf dann noch passt, dann sind das quasi die Kriterien« (I 21: 8). Und auf die Frage: »Was ist für Sie eine klassische Uni-Karriere«? antwortet die Postdoc mit zwei Kindern: »So wie ein Mann, ohne Kinder, die so maximal mobil sind und diesen idealen Weg gehen halt von Uni zu Uni und ins Ausland und halt unabhängig« (I 3: 30). Angesichts ihrer Wissenschaftsbiografie und Ambition auf eine Professur ist dies eine merkwürdige Antwort, denn sie selbst reiht sich nicht in diese ›klassische Uni-Karriere‹ ein. Vielmehr kreiert sie gegen alle Herausforderungen und widrigen Umstände wie die anderen interviewten Wissenschaftlerinnen auch, eine neue Variante der wissenschaftlichen Persönlichkeit als Frau und Mutter.

5.   Zum Verhältnis von Geschlecht und Karriere –
Diskussion der Ergebnisse

Die interviewten Wissenschaftlerinnen bewegen sich an die Spitze, indem sie die Anforderungen des primären sozialen Rahmens wie selbstverständlich akzeptieren. Sie wissen, worauf sie sich auf dem Weg an die Spitze eingelassen haben, denn sie sind aus einem harten Selektionsprozess hervorgegangen. Sie sind mit Begeisterung in ihrem Fach dabei, aber auch erst in diesem Prozess zu der Wissenschaftlerin geworden, die sie in den Interviews präsentieren.

Die auslandserfahrene Juniorprofessorin sagt, sie habe sich bisher als Frau nie diskriminiert gefühlt, und so äußern sich auch die anderen interviewten Wissenschaftlerinnen, die in männerdominierten Fachkulturen ihre bisherige Karriere gemacht haben, denn in ihrer Fachlichkeit fühlen sie sich akzeptiert. Wenn sie sich aber die Bedingungen aus einem anderen Blickwinkel, aus ihrem lebensweltlichen Rahmen anschauen, gelangen sie zu anderen Aussagen. Einhellig und eindeutig nennen sie zwei Diskriminierungstatbestände. Erstens sind sie der Auffassung, dass sie als Mütter größte Schwierigkeiten haben, in gleicher Zeit und gleicher Weise wie die Männer (auch als Väter) ihr Karriereziel zu erreichen. Und zweitens sind sie überzeugt, dass Männer für Leitungspositionen den Frauen gegenüber bevorzugt werden.

Die gleichstellungspolitischen Programme und Angebote sind in ihren Augen nützlich, haben aber auch unbedachte Nebenfolgen. Die junge Professorin hat sich zehn Mal beworben und wurde zehn Mal eingeladen. Sie hat drei Rufe erhalten und sagt, sie würde sich nur noch ganz gezielt auf eine W3-Professur bewerben, die sie anstrebt. »Das ist irgendwie ein Nachteil, dass man eine Frau ist. Wenn man sich bewirbt, wird man eingeladen, aber vor allem deshalb, weil sie auch eingeladen werden, wenn die genau wissen, die nehmen wir sowieso nicht« (I 26: 17). In ihrem Fall hat sie die Bewerbungstour (mit Kleinkind) zwar viel Zeit und Aufwand gekostet, sie hat sie aber auch bekannt gemacht, und schließlich war sie sehr erfolgreich. Sie hat sich so viel beworben, weil sie unbedingt einen auswärtigen Ruf brauchte, um an ihrer Universität als Junior-Professorin entfristet zu werden, da sie wegen der Kinderbetreuung und ihrer Eltern die Universität nicht wechseln wollte. Das spricht nicht gegen die Auflage, Frauen, die die Voraussetzung erfüllen, zur Anhörung einzuladen, es spricht aber dafür, dass für Frauen ihr Geschlecht eine Rolle spielt.

Die interviewten Wissenschaftlerinnen kommen zu ihren widersprüchlichen Aussagen, nicht diskriminiert und diskriminiert zu sein, indem sie zwischen der kompetenten Fachwissenschaftlerin, die quasi ›geschlechtslos‹ anerkannt wird, und der sozio-kulturellen Organisation der wissenschaftlichen Karriere, die für Frauen problematisch werden kann, unterscheiden. Bei dieser Trennung differenzieren sie noch mal zwischen den formalen organisationellen Anforderungen und den informellen Bedingungen bzw. Voraussetzungen. Ein Problem als Frauen entsteht für sie als Wissenschaftlerinnen erst, wenn sie Kinder haben oder haben wollen, dann in einigen Fällen aber »brutal« und »rücksichtslos«. Eine Interviewpartnerin berichtet, wie ihr Dekan auf die Ankündigung ihrer zweiten Schwangerschaft reagiert hat: »Und dann hat er sich furchtbar aufgeregt. Eine Frau mit zwei Kindern könnte ja keinen qualifizierten Job machen. Hätte er das gewusst, dass ich es plane, ein zweites Kind, hätte er die Verstetigung verhindert«. Frage der Interviewerin: »Hat er Ihnen das wirklich gesagt«? Antwort: »Das hat er mir direkt gesagt. Dann dachte ich: Ja, (lacht kurz), genau deswegen bin ich nicht vorher schwanger geworden. Das ärgert mich schon, muss ich sagen. Aber was soll ich tun, ist halt diese Fakultät« (I 26: 20). Diese junge Wissenschaftlerin wägt in ihrem Verhalten zwei sich widersprechende Rahmen miteinander ab, den professionellen und den lebensweltlichen. Im Sinne von Goffman ließe sich auch von einem Täuschungsmanöver bei der Entfristung ihrer Professur sprechen, denn sie weiß, wie es sich wirklich verhält, der Dekan aber sieht nur die formalen Regeln. Mit der Geheimhaltung ihrer zweiten Schwangerschaft trotzt sie sich einen Freiraum ab, bis sich ein für sie günstiger Moment der Aufklärung ergibt. Sie stellt sich als Akteurin dar, die imstande ist, den primären Rahmen der Karriereanforderungen zu modulieren.

Die interviewten Wissenschaftlerinnen leben in einer unterstützenden Partnerschaftskonstellation, in ihrem wissenschaftlichen Kontext können sie ihr Frausein weitgehend ignorieren, auch wenn das Umfeld es anders sieht. Ihre Geschlechtszugehörigkeit drängt sich für sie erst in den Vordergrund, wenn es um die Schwangerschaft und die Spitzenpositionen geht, immerhin sehr zentrale Aspekte ihrer Karriere. In ihren Vorstellungen müssen Wissenschaftler_innen fachlich sehr kompetent, ehrgeizig und fokussiert sein, aber auch eine total hohe Frustrationstoleranz besitzen. Im Rahmen ihrer persönlichen Lebensvorstellungen brauchen sie Durchhaltevermögen und Risikobereitschaft, »spätestens dann, wenn man ein Kind in die Welt setzt und weiterhin diese Karriere oder diese Laufbahn verfolgen will« (I 22: 33). Diese Wissenschaftlerinnen bewältigen die Widersprüche zwischen der strukturellen Unsicherheit und ihrer wissenschaftlichen Identifizierung nur mit der persönlichen Unterstützung ihrer Partner und Eltern. Die große Bedeutung, die sie den persönlichen Lebensbedingungen für die Bewältigung und als Kompensation für die Anforderungen des ›perfekten wissenschaftlichen Lebenslauf‹ zuschreiben, ist ein problematisches Ergebnis dieser Forschung zur wissenschaftlichen Karriere von Frauen, das wissenschaftspolitisch Aufmerksamkeit finden sollte.

Die Wissenschaftlerinnen, die hier zu Worte kamen, sind Gegenbeispiele zu den Drop-Outs, denn sie befinden sich auf der Erfolgsschiene. Alle stammen aus den so genannten MINT-Fächern und nur für diese können die hier analysierten Kriterien des ›perfekten wissenschaftlichen Lebenslauf‹ gelten. Diese Wissenschaftlerinnen rücken sich selbst in die Nähe der (altmodischen) Idealkonstruktion des Wissenschaftlers. In dieser Vorstellung ist der Wissenschaftler ganz von der Leidenschaft für seine Forschung durchdrungen. Dies sind die hier vorgestellten Wissenschaftlerinnen in gewisser Weise auch, aber nur ganz wenigen kann es gelingen, sich diesem Ideal angesichts der Forschungs-, Lehr- und Verwaltungsaufgaben sowie außerwissenschaftlichen Verpflichtungen im Kontext des tradierten Geschlechterverhältnisses überhaupt zu nähern, wenn sie gleichzeitig ihre persönlichen Lebensvorstellungen verwirklichen wollen. »Gegenwärtig scheint vor allem die mangelnde Passfähigkeit zwischen der wissenschaftlichen Arbeitswelt und den privaten Lebensarrangements eine zentrale Ursache für die andauernde Unterrepräsentanz von Frauen auf den fortgeschrittenen Karrierestufen zu sein« (Engels u. a. 2015: 309). Diese Konstruktion des Wissenschaftlers auch auf die Wissenschaftlerin zu übertragen, ist aus vielen Gründen irreal. Als Fiktion scheint sie dennoch sehr wirksam zu sein, aber ihr können nur diejenigen genügen, die über einen starken und ständigen außerwissenschaftlichen Support verfügen. Somit erfüllt diese Fiktion angesichts des ›Überhangs‹ an qualifizierten Nachwuchskräften eine zentrale Allokations- und Selektionsfunktion. Die Frage sollte daher berechtigt sein, wohin diese Entwicklung führen kann. Nicht nur dass die Einzelnen an ihre Belastungsgrenze stoßen und überfordert werden. Eine unbedachte Folge dieses ungleichen Wettbewerbs könnte nicht nur eine schwindende Attraktivität des deutschen Wissenschaftssystems, sondern auch eine problematische Selektion der ›besten Köpfe‹ sein.

Literatur

Bathmann, Nina/Cornelißen, Waltraud/Müller, Dagmar (2013), *Gemeinsam zum Erfolg? Über Karrieren von Frauen in Paarkonstellationen*, Wiesbaden.

Bathmann, Nina (2013), Die Verflechtung von Karriereverläufen in Paarbeziehungen: Eine Typologie, in: Nina Bathmann/Waltraud Cornelißen/Dagmar Müller, *Gemeinsam zum Erfolg? Über Karrieren von Frauen in Paarkonstellationen*, Wiesbaden, S. 65–128.

Beaufaÿs, Sandra (2006), Von Goldgräbern und Körperlosen. Mythos und Alltag wissenschaftlicher Lebensführung, in: Maria Buchmayer/Julia Neissl (Hg.), *Work-life-balance und Wissenschaft – ein Widerspruch?* Wien, 11–22.

Ehrenberg, Alain (2008), *Das erschöpfte Selbst. Depression und Gesellschaft der Gegenwart*, Frankfurt/M.

Engels, Anita/Beaufaÿs, Sandra/Kegen, Nadine V./Zuber, Stephanie (2015), *Bestenauswahl und Ungleichheit. Eine soziologische Studie zu Wissenschaftlerinnen und Wissenschaftlern in der Exzellenzinitiative*, Frankfurt/M.

Funken, Christiane/Hörlin, Sinje/Rogge, Jan-Christoph (2013), *Generation 35plus. Aufstieg oder Ausstieg? Hochqualifizierte und Führungskräfte in Wirtschaft und Wissenschaft*, Berlin.

Geßner, Anke (2014), In der Pflicht. Wie Forschungseinrichtungen und Wissenschaftssystem Vereinbarkeit fördern können, *WZB Mitteilungen*, H. 143, S. 40–42.

Goffman, Erving (1980), *Rahmen-Analyse. Ein Versuch über die Organisation von Alltagserfahrungen*, Frankfurt/M.

Gross, Christiane/Jungbauer-Gans, Monika/Kriwy, Peter (2008), Die Bedeutung meritokratischer und sozialer Kriterien für wissenschaftliche Karrieren – Ergebnisse von Expertengesprächen in ausgewählten Disziplinen, *Beiträge zur Hochschulforschung*, Jg. 30, H. 4, S. 8–32.

Gülker, Silke (2010), Arbeitsmarkt Wissenschaft, *WSI Mitteilungen*, Jg. 63, H. 5, S. 227–233.

Huber, Natalie/Böhmer, Susan (2012), Karrierewege von Promovierten in der Wissenschaft, in: Natalie Huber/Anna Schelling/Stefan Hornbostel, *Der Doktortitel zwischen Status und Qualifikation*, Berlin IFQ-Working Paper 12, S. 69–80.

Kahlert, Heike (2012), Was kommt nach der Promotion? Karriereorientierungen und -pläne des wissenschaftlichen Nachwuchses im Fächer- und Geschlechtervergleich, in: Sandra Beaufaÿs/Anita Engels/Heike Kahlert (Hg.), *Einfach Spitze? Neue Geschlechterperspektiven auf Karrieren in der Wissenschaft*, Frankfurt/M., S. 57–86.

Kahlert, Heike (2013), *Riskante Karrieren. Wissenschaftlicher Nachwuchs im Spiegel der Forschung*, Opladen.

Konsortium Bundesbericht Wissenschaftlicher Nachwuchs (2013), *Bundesbericht Wissenschaftlicher Nachwuchs. Statistische Daten und Forschungsbefunde zu Promovierenden und Promovierten in Deutschland*, Bielefeld.

Korff, Svea/Roman, Navina (Hg.) (2013), *Promovieren nach Plan? Chancengleichheit in der strukturierten Promotionsförderung*, Wiesbaden.

Kreckel, Reinhard (Hg.) (2008), *Zwischen Promotion und Professur. Das wissenschaftliche Personal in Deutschland im Vergleich mit Frankreich, Großbritannien und den USA, Schweden, den Niederlanden, Österreich und der Schweiz*, Leipzig.

Kreckel, Reinhard/Zimmermann, Karin (2014), *Hasard oder Laufbahn. Akademische Karrierestrukturen im internationalen Vergleich*, Leipzig.

Krüger, Helga/Levy, René (2000), Masterstatus, Familie und Geschlecht. Vergessene Verknüpfungslogiken zwischen Institutionen des Lebenslaufs, *Berliner Journal für Soziologie*, Jg. 10, H.3, S. 379–401.

Leemann, Regula/Boes, Stefan (2012), Institutionalisierung von »Mobilität« und »Internationalität« in wissenschaftlichen Laufbahnen: Neue Barrieren für Frauen auf dem Weg an die Spitze? in: Sandra Beaufaÿs/Anita Engels/Heike Kahlert (Hg.), *Einfach Spitze? Neue Geschlechterperspektiven auf Karrieren in der Wissenschaft*, Frankfurt/M., S. 174–203.

Lind, Inken (2010), Was verhindert Elternschaft? Zum Einfluss wissenschaftlicher Kontextfaktoren und individueller Perspektiven auf generative Entscheidungen von Wissenschaftler_innen, in: Carola Bauschke-Urban/Marion Kamphans/Felizitas Sagebiel (Hg.), *Subversion und Intervention. Wissenschaft und Geschlechter(un)ordnung*, Opladen, S. 155–178.

Lind, Inken/Samjeske, Kathrin/Banavas, Tanja/Oemmelen, Guido (2010), *Balancierung von Wissenschaft und Elternschaft (BAWIE)*. Schlussbericht, Bonn.

Metz-Göckel, Sigrid/Schürmann, Ramona/Heusgen, Kirsten/Selent, Petra (2016), *Faszination Wissenschaft und passagere Beschäftigung. Eine Untersuchung zum Drop-Out aus der Universität*, Opladen.

Metz-Göckel, Sigrid/Heusgen, Kirsten/Möller, Christina/Schürmann, Ramona/Selent, Petra (2014), *Karrierefaktor Kind. Zur generativen Diskriminierung im Hochschulsystem*, Opladen.

Metz-Göckel, Sigrid/Möller, Christina/Auferkorte-Michaelis, Nicole (2009), *Wissenschaft als Lebensform – Eltern unerwünscht? Kinderlosigkeit und Beschäftigungsverhältnisse des wissenschaftlichen Personals aller nordrhein-westfälischen Universitäten*, Opladen.

Osterloh, Margit/Frey, Bruno (2008), *Anreize im Wissenschaftssystem*, 12. Sept. 2008, *https://www.uzh.ch/iou/ssl-dir/wiki*, letzter Zugriff 23.01.2016.

Petterson, Helena (2011), *Gender and Transnational Plant Scientists. Negotiating Academic Mobility, Career Commitments and Private Life*, Gender. Zeitschrift für Geschlecht, Kultur und Gesellschaft, Jg. 3, H 1, S. 99–116.

Rogge, Jan-Christoph (2013), Wissenschaft als Karrierejob, in: Christiane Funken/Sinje Hörlin/Jan-Christoph Rogge (Hg.), *Generation 35plus. Aufstieg oder Ausstieg? Hochqualifizierte und Führungskräfte in Wirtschaft und Wissenschaft*, Berlin, S. 30–52.

Rusconi, Alessandra (2012), Zusammen an die Spitze? Der Einfluss von Arbeitsbedingungen im Paar auf die Verwirklichung von Doppel-Karriere, in: Sandra Beaufaÿs/Anita Engels/Heike Kahlert (Hg.), *Einfach Spitze? Neue Geschlechterperspektiven auf Karrieren in der Wissenschaft*, Frankfurt/M., S. 257–279.

Rusconi, Alexandra/Solga, Heike (2011a), »Linked lives« in der Wissenschaft – Herausforderungen für berufliche Karrieren und Koordinierungsarrangements, in: Alessandra Rusconi/Heike Solga (Hg.), *Gemeinsam Karriere machen*, Opladen, S. 11–50.

Rusconi, Alessandra/Solga, Heike (Hg.) (2011b), *Gemeinsam Karriere machen. Die Verflechtung von Berufskarrieren und Familie in Akademikerpartnerschaften*, Opladen.

Sagebiel, Felizitas (2010), Zur Funktion von Männernetzwerken für die Karriere von (Ingenieur-)Wissenschaftlerinnen, in: Carola Bauschke-Urban/Marion Kamphans/Felizitas Sagebiel (Hg.), *Subversion und Intervention. Wissenschaft und Geschlechter(un)ordnung*, Opladen, S. 279–301.

Sagebiel, Felizitas (Hg.) (2013), *Organisationskultur und Macht – Veränderungspotenziale und Gender*, Münster.

Weber, Max (1956 [1919]), Vom inneren Beruf zur Wissenschaft, in: *Soziologie. Weltgeschichtliche Analysen*, hg. und erläutert von Johannes Winkelmann, Stuttgart, S. 311–339.

Wimbauer, Christine (2012), *Wenn Arbeit Liebe ersetzt.* Frankfurt/M.

Wissenschaftsrat (2014), *Empfehlungen zu Karrierezielen und -wegen an Universitäten.* Drs.4009–14. Dresden 11.07.2014.

Zimmermann, Karin (2012), Bericht zur Evaluation des »Professorinnenprogramms des Bundes und der Länder«, *Hof-Arbeitsberichte* H. 6.

II. Wissenschaftliche Eliten, Dimensionen und Effekte von Ungleichheit

Der Weg zum Universitätspräsidenten. Zufall oder berufsbiographische Absicht?

Eva Barlösius und Nadja Bieletzki

1. Einleitung

Es scheint zu den wissenschaftlichen Dispositionen der Wissenschaftssoziologie (Bourdieu 2015) zu gehören, dass sie sich, wenn sie über wissenschaftliche Karrieren reflektiert, darauf konzentriert, den Weg zur Professur zu rekonstruieren. Auch die Studien über einzelne Etappen, wie Promovieren, Postdoc-Phase oder Habilitieren, referieren letztlich auf die Stelle und die Position der Professur.[1] Darin dokumentiert sich, dass an den deutschen Hochschulen wie auch in den außeruniversitären Forschungseinrichtungen gesicherte und dauerhafte akademische Stellen unterhalb der Professur kaum mehr existieren und die Position des Professors bis heute »Wissenschaft als Beruf« symbolisiert. Ob auch in den wissenschaftlichen Dispositionen angelegt ist, dass sich die Wissenschaftssoziologie bislang kaum mit dem Weg auf die Stelle des Universitätspräsidenten[2] und der Auffassung dieser herausgehobenen Position beschäftigt hat, ist eine der Fragen, der wir in diesem Aufsatz nachgehen möchten. Wir stellen diese Frage, weil wir vermuten, dass die weitgehende Nicht-Behandlung dieses Themas durch die Wissenschafts- und Hochschulforschung kein Zufall ist.

---

1 Wenn wir in diesem Text von Stelle und Position sprechen, meinen wir die Stellungen und die Positionierungen innerhalb der Universität, wie das in der Bezeichnung der Professur ausgedrückt wird. Ähnlich verwenden wir die Bezeichnung Universitätspräsident (im Singular), sofern es sich um die Stelle und die Position handelt. Wenn dagegen die Stelleninhaberinnen und -inhaber gemeint sind, dann sprechen wir von Universitätspräsidentinnen und -präsidenten, von Dekaninnen und Dekanen oder von Professorinnen und Professoren.

2 Mit der Bezeichnung Universitätspräsident meinen wir auch die des Universitätsrektors. Wir haben uns für die Titulierung Universitätspräsident entschieden, weil die Konzeption dieser universitären Position sowie ihre sprachliche Repräsentation weitaus mehr den rechtlichen Reformen des Amts seit den 1990er Jahren entspricht als der Titel des Universitätsrektors.

Vielmehr – so unsere Mutmaßung – drückt sich darin aus, dass die Stellung des Universitätspräsidenten und die Ausübung der Position zu jenen Angelegenheiten gehören, über die gemäß dem universitären Selbstverständnis besser Unbestimmtheit und Unklarheit besteht. Denn wissenschaftssoziologische Studien zu diesem Sujet kommen methodologisch nicht umhin, die Stellung des Präsidenten innerhalb der Universität und/oder in Relation zu vergleichbaren Stellen außerhalb der Wissenschaft zu bestimmen. In welcher Form auch immer, solche Studien sind genötigt, Klärungen vorzunehmen, die die Stelle sowie die Position des Universitätspräsidenten theoretisch und empirisch greifbar machen. Damit geht unabwendbar, meist implizit einher, eine bestimmte Konzeption von Universität zugrunde zu legen. Und dabei, so unsere Vermutung, wird von den wissenschaftlichen Dispositionen vorausgelegt, wie die Stelle und insbesondere die Position gedacht werden. Sicherlich, methodologisch kann man sich auch auf den von Max Weber geprägten Begriff des Idealtypus berufen, um dem Erfordernis einer präzisen Ausformulierung vorerst zu entgehen. Aber letztlich bleibt dies eine Ausweichstrategie, denn sie gibt ebenfalls Auskunft darüber, wie die Stelle und die Position theoretisch-konzeptionell vorgestellt werden, und damit indirekt, was von ihr praktisch erwartet wird, ob sie beispielsweise eher als Primus inter Pares oder als Entrepreneur (Bleiklie 2004) aufzufassen ist.

Dass die vorstehenden Sätze nicht bloß theoretische Denkübungen präsentieren, werden wir im Weiteren ausführlich anhand von Interviews mit Universitätspräsidentinnen und -präsidenten belegen, die – direkt nach ihrer Position innerhalb der Universität gefragt – meist verschwommen antworten (Bieletzki 2015). Ein weiterer, wahrscheinlich noch beachtenswerterer Beleg für die Evidenz unserer Überlegungen dokumentiert sich darin, dass die wenigen vorhandenen Studien über die Stelle und die Position »Universitätspräsident« beinahe durchgängig den formalrechtlichen Status als Referenzpunkt heranziehen, um von diesem aus ihre Forschungsperspektive zu entwickeln. Damit entheben sie sich oftmals weitgehend der Notwendigkeit, eine eigenständige wissenschaftssoziologische Reflexion darüber anzustellen, wie Stelle und Position, ausgehend von der universitären Praxis, rekonstruiert werden können.

Freilich, diesen Mangel zu beanstanden, ist eine einfache Übung. Wesentlich schwieriger ist es, die damit verbundene Forderung einzulösen. Auch uns wird dies nicht gänzlich möglich sein, aber wir möchten versuchen, dazu beizutragen, eine Forschungsperspektive auf die Stelle und die Position des Universitätspräsidenten aus der universitären Praxis zu entwickeln. Ein erster

Schritt dazu ist, nicht von der Formalität des Amts auszugehen, auch nicht, was naheliegt, die Reformen der Landeshochschulgesetze ab den 1990er Jahren damit gleichzusetzen, dass sich das institutionelle Gesamtgefüge der Universität in Richtung einer Ermächtigung des Universitätspräsidenten und einer Schwächung der akademischen Selbstverwaltung gewandelt habe (Hüther 2010). Ob überhaupt und welche Wandlungsprozesse durch die formalrechtlichen Veränderungen ausgelöst wurden, ist empirisch zu überprüfen. Ebenso ist es eine empirisch zu untersuchende Frage, ob sich – was evident zu sein scheint – durch die formalrechtliche Stärkung des Universitätspräsidenten die Auffassung von der Position gewandelt hat. Auf der Hand liegend wäre es, dass die Position nunmehr als eine begriffen wird, die zu hierarchischer Selbststeuerung auffordert (de Boer 2003). Nach empirischer Überprüfung drängt eine weitere, vom Amt hergeleitete Forschungsperspektive. Sie nimmt an, dass sich die »Leistungsrollen« professionalisieren und die Universität zukünftig »managerial« geführt wird (Schimank 2014; Leach 2008). Nicht selten wird Letzteres als Forderung an Amt und Position des Universitätspräsidenten gestellt: Sie müssten stärker professionalisiert werden (Nickel/Ziegele 2006). Darunter wird insbesondere verstanden, dass der Weg auf die Stelle zielgerichteter zu gestalten und alle Anmutungen eines *Hazards* zu vermeiden sind.

Drei empirische Fragen stehen im Zentrum unsres Aufsatzes. Erstens soll untersucht werden, wie sich der Weg auf die Stelle gestaltet. Gehorcht er einem *Hazard*? Für die Universität hieße dies, dass für sie nicht vorhersehbar ist, wer die Stelle einnehmen und wie die Position aufgefasst wird. Auf Seiten der Universitätspräsidenten könnte das heißen, dass sie sich mit der Kandidatur extrem exponieren und zugleich höchst ungewiss ist, ob sie überhaupt gewählt werden, wie viele Wahlgänge erforderlich sind und welche »Beschädigungen« das ganze Verfahren für sie bringt. Von besonderem Interesse ist dabei, ob sich der Weg in den letzten Jahrzehnten gewandelt hat, und weiterhin, ob sich ein typischer Karriereweg auf diese Stelle identifizieren lässt. Zweitens soll gefragt werden, wie Universitätspräsidentinnen und -präsidenten selbst ihren Weg auf die Stelle schildern. Mit anderen Worten: Ihre subjektive »berufsbiographische« Sicht soll rekonstruiert werden (Demszky von der Hagen/Voß 2010). Drittens werden ihre Darstellungen dahingehend analysiert, wie sie die Position des Universitätspräsidenten auffassen. Dabei ist von Interesse, woran sie sich orientieren, ob sie beispielsweise auf die formalrechtliche Macht des Amts referieren und welche Konzeption von Universität ihren Schilderungen zugrunde liegt. Hieraus lässt sich erschließen, wie Universitätspräsidentinnen und -präsidenten das institutionelle Gesamtgefüge der Universität sehen, beispielsweise die Stellung des akademischen Senats sowie die des Präsidenten und ihr Verhältnis zueinander. Wir werden somit aus der Perspektive von Universitätspräsidentinnen und -präsidenten den Weg auf die Stelle nachzeichnen und ihre Sicht der Position analysieren.

2.   Stand der Forschung

Der Karriereweg von Universitätspräsidentinnen und -präsidenten ist in der US-amerikanischen Hochschulforschung häufiger thematisiert und beforscht worden. Den Grundstein dafür haben Cohen und March (1974) gelegt. Sie stellten fest, dass die Stelle des Universitätspräsidenten an US-amerikanischen Hochschulen über einen typischen Karriereweg erlangt wird. Dieser lässt sich kurz zusammenfassen: Der Weg beginnt mit einer Professur, setzt sich über diverse Stationen in der akademischen Selbstverwaltung fort, häufig im Amt des Dekans und/oder Vizepräsidenten, bevor der Schritt zum Universitätspräsidenten folgt. Dieser Karriereweg wurde für US-amerikanische (beispielsweise Moore u. a. 1983; Wessel/Keim 1994; Birnbaum/Umbach 2001), aber auch für kanadische Universitätspräsidentinnen und -präsidenten in verschiedenen Studien bestätigt (Muzzin/Tracz 1981). Es wird angenommen, dass die Tätigkeit auf einer Professur als unerlässlich angesehen wird, weil sie als Voraussetzung dafür gilt, die universitäre Praxis verstehen und handhaben zu können (Wessel/Keim 1994). Entsprechend wird betont, dass der Karriereweg US-amerikanischer Universitätspräsidentinnen und -präsidenten einem »fundamentally academic path« folge (Dowdall 2000). Auch eine neuere Auswertung weist darauf hin, dass sich an diesem Weg in den letzten Jahrzehnten nichts geändert hat (Hartley/Godin 2009).

In Europa sind vergleichbare Studien über die Karrierewege von Universitätspräsidentinnen und -präsidenten selten. Goodall (2006) hat für England festgehalten, dass die besten Universitäten des Landes in der Regel herausragende Wissenschaftlerinnen und Wissenschaftler als Universitätspräsidenten rekrutieren. Auch Breakwell und Tytherleigh fanden heraus, dass englische Universitäten Führungspersonal rekrutieren, »that match the aspirations and identity of the institution« (Breakwell/Tytherleigh 2010: 503). Engwall (2014) stellte für schwedische Universitäten fest, dass manageriale Fähigkeiten zunehmend stärker gegenüber akademischen Leistungen bei der Präsidentenwahl gewichtet werden.

Zu deutschen Universitätspräsidentinnen und -präsidenten wurde bislang sehr wenig geforscht, weshalb nur Eckdaten bekannt sind. Die Amtszeiten wurden im Zuge der Hochschulrechtsreformen auf sechs bis acht Jahre verlängert (Hüther 2010). Mit der Verlängerung verband sich die Absicht, dem Amt des Universitätspräsidenten mehr Durchsetzungsmacht zu verschaffen, es zu professionalisieren und ihm eine größere Kontinuität zu garantieren (zum Beispiel Müller-Böling/Küchler 1998; Nickel/Ziegele 2006). Allerdings zeigt eine Studie von Röbken (2007), dass sich die tatsächliche durchschnittliche Verweildauer im Amt entgegen der rechtlichen Zielsetzung nicht verlängert, sondern verkürzt hat, von 10,7 Jahren 1988 auf 6,3 Jahre 2003. Die Stelle wird ganz überwiegend von Männern besetzt, nämlich in 94,3 Prozent der Fälle (Röbken 2006: 10), das Alter eines Universitätspräsidenten liegt im Median bei Amtsantritt bei 57,5 Jahren und die fachwissenschaftliche Herkunft ist äußerst heterogen. Außerdem wurde festgestellt, dass der Großteil der Universitätspräsidenten vor ihrer Stellenübernahme eine Professur an derselben Universität innehatte. Im Jahr 2005 waren lediglich 16,5 Prozent der Universitätspräsidentinnen und -präsidenten extern rekrutiert (Röbken 2006), im Jahr 2011 stieg ihr Anteil auf 27,4 Prozent (Bieletzki 2015). In diesem Punkt unterscheiden sich die Rekrutierungen an den deutschen von denen an US-amerikanischen Universitäten. In den USA sinkt der Anteil intern rekrutierter Präsidenten seit den 1920er Jahren und lag bereits in den 1960er Jahren bei lediglich 30 Prozent (Cohen/March 1986: 21) und blieb auch über die folgenden Jahrzehnte stabil (Green u. a. 1988: 18). In Deutschland wurde bis weit ins 20. Jahrhundert die Stelle des Universitätspräsidenten für vergleichsweise kurze Zeit ausgeübt, entsprechend wechselten die Personen auf der Position häufig. Diese Phase wird in der Literatur als Begründung dafür hergezogen, dass sich Universitätspräsidentinnen und -präsidenten selbst nicht als Führungskraft sahen (Müller u. a. 2012). Durch kurze Präsidentschaften sei einer zu großen Machtansammlung wie auch starken Machtausübung vorgebeugt worden, weil nach der Amtszeit die Präsidenten in der Regel wieder auf ihre Professur zurückkehrten (Pellert 1999).

Zu den beiden anderen Fragen, die wir in diesem Aufsatz behandeln wollen, wie Universitätspräsidentinnen und -präsidenten selbst ihren Karriereweg darstellen und wie sie die Position des Universitätspräsidenten schildern, gibt es weder für Deutschland noch international tragfähige empirische Studien. Cohen und March haben in ihrer umfangreichen Untersuchung US-amerikanischer Universitätspräsidentinnen und -präsidenten herausbekommen, dass diese ihre Position als eine Kombination aus »political leader and bureaucrat-entrepreneur« (Cohen/March 1974: 60) beschreiben und diese selbst am ehesten mit einem Bürgermeister oder einem Mediator vergleichen (ebd.: 75). Dies ähnelt der Klassifikation europäischer Universitätspräsidentinnen und -präsidenten als »middlemen«, die Informationen zwischen den verschiedenen Ebenen der akademischen Selbstverwaltung und der Ministerialbürokratie weitertragen (Clark 1983: 127). Flink und Simon (2015) haben eine Typisierung der Auffassung der Position von deutschen Universitätspräsidentinnen und -präsidenten entwickelt. Ihr erster Typus, »der Traditionalist«, hält am »Kollegialitätsprinzip« einer »organisational unabhängigen Professorenschaft« fest (ebd.: 115); der zweite Typus, »der Gestalter«, gestaltet nur insoweit, dass er keine »Verwerfungen mit Wissenschaftler_innen riskiert« (ebd.: 124); und der dritte Typus, »der Macher«, lebt »seine gestärkte Rolle als Führungsperson aus und nimmt dafür notfalls Konflikte mit der Professorenschaft in Kauf« (ebd.: 130). Kleimann beschreibt das »aktuelle Modell präsidialer Leitung« als »weder rein kollegialer, noch rein managerialer, sondern hybrider Natur« (Kleimann 2016: 841). In diesem Modell sind die Rollen, die Universitätspräsidenten ausfüllen, sowohl unklar als auch widersprüchlich, was Universitätspräsidenten in der Praxis veranlasst, ihre Rollen situationsbezogen zu wechseln (Kleimann 2016).

3.   Curriculum vitae: Universitätspräsidentin und Universitätspräsident in Deutschland

In diesem Abschnitt gehen wir der Frage nach, wie sich der Weg auf die Stelle des Universitätspräsidenten gestaltet, ob eine bzw. welche Typik sich erkennen lässt. Insbesondere untersuchen wir, ob und wie sich der Weg seit den Hochschulreformen der 1990er Jahre, durch die eine formale Stärkung des Amts erreicht werden sollte, gewandelt hat. Dabei orientieren wir uns an Bourdieus Konzept der »trajectoires au champ scientifique« (Bourdieu 1992, 2001; Barlösius 2007, 2012). Die universitäre Laufbahn verstehen wir als eine Abfolge von Stellen und Positionen innerhalb der Universität (Bourdieu 1998), die die Universitätspräsidentinnen und -präsidenten innehatten, bevor sie das Amt übernahmen. Mit Bourdieu gehen wir davon aus, dass universitäre Positionen mit wissenschaftlichem Kapital versehen sind.

Bekanntlich unterscheidet Bourdieu zwei Sorten von wissenschaftlichem Kapital: das »reine« wissenschaftliche Kapital, welches der Eigenart des wissenschaftlichen Nomos entspricht und durch hochreputierliche Beiträge zum »wissenschaftlichen Fortgang« erworben wird, und das institutionelle wissenschaftliche Kapital, was »erhält und behält, wer Positionen innehat, mit denen sich andere Positionen und deren Inhaber beherrschen lassen« (Bourdieu 1992: 149). Die Position des Universitätspräsidenten wappnet ihre Inhaberinnen und Inhaber vor allem mit institutionellem wissenschaftlichen Kapital, weil das Amt formalrechtlich die Macht zuweist, auf die Strukturen und Positionen der Universität einwirken zu können. Gleichwohl handelt es sich um ein »Wahlamt« – der Universitätspräsident wird vom akademischen Senat und vom Hochschulrat gewählt.[3]

Zur Rekonstruktion des Werdegangs beschränken wir uns auf solche universitären Positionen, die strukturell homolog und nur mit weniger institutionellem Kapital versehen sind: Dekane und Vizepräsidenten.[4] Bei beiden Ämtern handelt es sich im Allgemeinen nicht um hauptamtliche Positionen, weshalb die Stelleninhaberinnen und -inhaber zeitgleich auf ihrer Professur tätig sind. Sie sind somit sowohl akademisch als auch administrativ aktiv. Auf der einen Seite haben sie darauf zu achten, ihr reines wissenschaftliches Kapital zu erhalten. Auf der anderen Seite haben sie nunmehr eine Position mit institutionellem wissenschaftlichen Kapital inne. Sie sind folglich vor die Herausforderung gestellt, für sich zu überlegen, auf welche Kapitalart sie sich zukünftig konzentrieren werden.[5] Man kann das Amts des Dekans und das des Vizepräsidenten als vorbereitende Positionen für das des Universitätspräsidenten ansehen: für die Stelleninhaberinnen und -inhaber selbst wie auch für die Universität, um zu prüfen, wie sie das ihnen positional zugewiesene institutionelle wissenschaftliche Kapital praktisch handhaben. Zur Beantwortung der Frage, ob es eine typische *trajectoire* (Flugbahn) auf die Position des Universitätspräsidenten gibt, sind auch nach Cohen und March (1974) –

---

3 Je nach Bundesland bestehen verschiedene Wahlverfahren (Hüther 2010: 275ff.).

4 Diese beiden Positionen haben wir auch deshalb ausgewählt, weil das Amt des Dekans in ähnlicher Weise durch die Hochschulreformen der 1990er Jahre gestärkt wurde wie das des Universitätspräsidenten und die Position des Vizepräsidenten durch den Aufbau weiterer Stellen – sprich Ämtern von Vizepräsidenten – Machtzuwachs erhalten hat.

5 »Eine gleichmäßige Akkumulation von beiden Kapitalsorten lässt sich in der wissenschaftlichen Praxis nur schwer erreichen. Sie markieren zwei Pole des wissenschaftlichen Feldes.« (Barlösius 2012: 128).

wie oben dargestellt – die Position des Dekans und des Vizepräsidenten bedeutsam. Weiterhin haben wir folgende persönliche Merkmale der Stelleninhaberinnen und -inhaber erhoben: Alter bei Amtsübernahme, Fachzugehörigkeit, ob sie vorher eine Professur bekleideten und das Geschlecht. Aus diesen Merkmalen lässt sich erschließen, ob auf dem Weg zum Universitätspräsidenten spezifische Selektionen bzw. Privilegierungen wirksam sind, zum Beispiel bestimmte Fächer bevorzugt und andere benachteiligt werden.

Die Wege auf die Stelle des Universitätspräsidenten rekonstruieren wir für drei Zeitpunkte: 1980, 1995 und 2011, um feststellen zu können, ob und wie sich diese gewandelt haben. 1980 markiert einen Zeitpunkt, zu dem es an Universitäten noch keine größeren Diskussionen um das Amt und darum, wer es bekleiden sollte, gab. Es rotierte in kurzen Abständen von wenigen Jahren unter den Professoren[6] einer Universität (Rüegg 2011). 15 Jahre später, 1995, beginnt die wissenschaftspolitische Diskussion darum, wie die Position zu verändern, zu professionalisieren ist, insbesondere ob das Amt formal-rechtlich ausgebaut werden soll. Das Jahr 2011 wurde ausgewählt, weil zu diesem Zeitpunkt die hochschulrechtlichen Reformen lange genug implementiert (Hüther 2010) waren, um zu analysieren, welche Effekte sie auf den Karriereweg zum Universitätspräsidenten hatten. Wir beginnen mit dem Jahr 2011, weil die Erhebungen zu den beiden anderen Forschungsaspekten – die subjektive »berufsbiographische« Sicht und die Auffassung der Position – aus dem gleichen Jahr stammen. Unsere empirische Untersuchung ist somit auf dieses Jahr fokussiert. Die beiden anderen Zeitpunkte werden herangezogen, um Veränderungsprozesse beobachten zu können. Alle Universitätspräsidentinnen und -präsidenten, die zu den drei Zeitpunkten tätig waren, wurden erfasst. Nicht berücksichtigt wurden solche, die an Universitäten mit einem speziellen Profil das Amt innehatten, zum Beispiel Kunst- und Musikhochschulen, humanmedizinische oder tierärztliche Hochschulen.

Die Daten wurden im Wesentlichen in zwei Schritten erhoben. Zunächst wurden Daten zur Person, Ausbildung und beruflichen Entwicklung aus den Lebensläufen der Universitätspräsidentinnen und -präsidenten, die auf den Homepages der Universitäten zu finden waren, gewonnen. Für die Universitätspräsidentinnen und -präsidenten der Jahre 1995 und 1980 war dieser Schritt jedoch wenig ertragreich, weshalb zusätzliche Informationen bei der

---

6 Wir verwenden an dieser Stelle nur die männliche Form, weil es zu diesem Zeitpunkt keine weiblichen Universitätspräsidenten gab.

Hochschulrektorenkonferenz sowie bei den einzelnen Universitäten schriftlich und telefonisch eingeholt wurden. Es zeigte sich jedoch, dass nicht jede Universität über eine Stelle verfügt, die solche Informationen bereithält, weshalb insbesondere für die Samples aus den Jahren 1980 und 1995 einige Daten fehlen und unbekannt blieben.

Das Sample aus dem Jahr 2011 umfasst 72 Universitäten und 73 Universitätspräsidenten, darunter acht Frauen.[7] Die überwältigende Mehrheit der Universitätspräsidentinnen und -präsidenten – mit Ausnahme von zwei Stelleninhabern[8] – hatte vorher eine Professur ausgeübt. Die Analyse der disziplinären Zugehörigkeit ergibt, dass 4,2 Prozent aus den Rechtswissenschaften stammten, 6,9 Prozent aus den Wirtschaftswissenschaften, 33,3 Prozent eine naturwissenschaftliche und 19,4 Prozent eine ingenieurswissenschaftliche Professur bekleideten. Auf eine geistes- oder sozialwissenschaftliche Professur waren 26,4 Prozent berufen, 9,7 Prozent forschten in der Medizin oder der Psychologie. Ein Vergleich mit der Anzahl der hauptberuflichen Professorinnen und Professoren an deutschen Hochschulen aus dem Jahr 2014 ergibt Über- und Unterrepräsentationen für folgende Fächergruppen. Die Naturwissenschaften sind mit 33,3 Prozent der Universitätspräsidentinnen und -präsidenten deutlich überrepräsentiert, da sie im Jahr 2014 nur 27,3 Prozent aller Professorinnen und Professoren stellen. Erheblich überrepräsentiert sind die Ingenieurswissenschaften unter den Universitätspräsidentinnen und -präsidenten. Sie stellen jeden fünften Universitätspräsidenten, aber nur jede zehnte Professur (Statistisches Bundesamt 2015).[9] Für die anderen Fächergruppen lassen sich weder bedeutsame Über- noch Unterrepräsentationen

---

7 Die Abweichung, 73 Universitätspräsidenten an 72 Universitäten, erklärt sich aus der Doppelspitze des Karlsruhe Institute of Technology (KIT), welches nach der Fusion der TU Karlsruhe und dem Forschungszentrum Karlsruhe von zwei Personen geführt wurde. Ein Präsident entstammte der TU Karlsruhe und ein weiterer dem Forschungszentrum.

8 Der Präsident der Leuphana Universität in Lüneburg war vor Stellenübernahme außerplanmäßiger Professor an der Universität St. Gallen, der Präsident der Europa Universität Viadrina in Frankfurt an der Oder war ehemals als Diplomat tätig.

9 US-amerikanische Ergebnisse bezüglich der disziplinären Herkunft weisen nach, dass 42 Prozent der Universitätspräsidentinnen und -präsidenten aus den Sozial-, Geistes- und Erziehungswissenschaften und 33 Prozent aus den MINT-Fächern stammen. Juristen machen auch in den USA nur zehn Prozent und Wirtschaftswissenschaftler nur fünf Prozent aller Herkunftsdisziplinen aus (Hartley/Godin 2009).

feststellen.[10] Bis zur Wahl in das Amt des Universitätspräsidenten vergingen zwischen fünf und 35 Jahre nach der Berufung auf eine Professur, im Median waren es 13 Jahre. Bei Amtsantritt waren die Universitätspräsidentinnen und -präsidenten im Mittel 54 Jahre alt. Die Erhebung der persönlichen Merkmale bestätigt die Ergebnisse der US-amerikanischen Forschungsliteratur, dass es sich bei der Stelle des Universitätspräsidenten um einen »fundamentally academic path« (Cohen/March 1974), genauer: um einen »male path«, handelt. Wie die Überrepräsentationen der Naturwissenschaften und insbesondere der Ingenieurwissenschaften zu erklären sind, bedarf weiterer Untersuchungen. Eine Vermutung ist, dass es für Technische Universitäten als selbstverständlich gilt, dass die Position des Universitätspräsidenten den Ingenieurwissenschaften zusteht.[11] Weiterhin deutet das Alter bei Stellenantritt darauf hin, dass die Mehrzahl der Universitätspräsidentinnen und -präsidenten nach ihrer Amtszeit voraussichtlich nur noch für wenige Jahre oder bei zwei Amtszeiten gar nicht mehr auf ihre Professur zurückkehren. Dies bedeutet, dass sie einen Berufswechsel vom »scientist« zum »public administrator« durchlaufen (Mainzer 1963).

Schauen wir uns nun an, welche Positionen mit institutionellem wissenschaftlichen Kapital die Universitätspräsidentinnen und -präsidenten durchlaufen haben. Von den 73 Universitätspräsidentinnen und -präsidenten haben 42 in ihrem Werdegang verzeichnet, dass sie zuvor Dekan bzw. Dekanin waren. Von 31 ist dieses nicht bekannt. Die Position eines Vizepräsidenten übten 40 Personen aus.[12] Nur vier der 73 Universitätspräsidentinnen und -präsidenten waren, bevor sie diese Position übernahmen, weder Dekan noch Vizepräsident. 19 von ihnen haben beide Positionen ausgeübt.

---

10 Da die Spezialuniversitäten in dem Sample der Universitätspräsidenten nicht enthalten sind, kann es möglicherweise zu Verzerrungen kommen. Dies gilt auch für die Analyse der disziplinären Repräsentanz der Jahre 1995 und 1980.

11 Wir hatten erwartet, dass Ökonomen und Juristen stärker vertreten wären, weil eine gewisse Nähe zwischen ihrem wissenschaftlichen Fach und den Tätigkeiten auf der Position vermutet werden können. Unsere bisherigen Ergebnisse deuten jedoch darauf hin, dass die Positionen der Fächergruppen an einer Universität zueinander, ob sie zum Beispiel als wichtig gelten, größeren Einfluss darauf haben, welche Disziplinen bevorzugt die Position des Universitätspräsidenten besetzen können. Für externe Besetzungen scheint dies weniger bedeutsam zu sein.

12 Von drei Personen ist nicht bekannt, ob sie diese Position eingenommen haben. Diejenigen, die zuvor nicht Professor oder Professorin waren, haben wir hier nicht berücksichtigt. Interessanterweise ist die Datenlage, ob eine Person Vizepräsident bzw. Vizepräsidentin war, sehr viel besser.

Das Sample aus dem Jahr 1995 umfasst 73 Universitäten und dieselbe Anzahl Universitätspräsidentinnen und -präsidenten. Nur vier Frauen amtierten damals als Präsidentinnen. Bis auf zwei Ausnahmen[13] hatten die Universitätspräsidentinnen und -präsidenten eine Professur inne. Bei der Zugehörigkeit zu Disziplinen zeigt sich, dass es mit 18,3 Prozent erheblich mehr Juristen unter den Universitätspräsidenten gab und mit 9,9 Prozent erheblich weniger Ingenieure als beim Sample aus dem Jahre 2011. Die Naturwissenschaften stellten 33,8 Prozent der Präsidenten, 23,9 Prozent waren zuvor in den Geistes- oder Sozialwissenschaften tätig, und 4,2 Prozent stammten aus der Medizin und der Psychologie. Im Median waren die Universitätspräsidenten bei Amtsantritt 54 Jahre alt. Von ihrer Berufung an die Universität bis zu ihrem Amtsantritt als Universitätspräsident vergingen im Median 13 Jahre. Unter den Universitätspräsidenten sind die Juristen im Jahr 1995 erheblich überrepräsentiert. Ihr Anteil an den Professoren betrug zu diesem Zeitpunkt 4,8 Prozent. Ebenfalls deutlich überrepräsentiert sind die Naturwissenschaften, sie stellten 33,8 Prozent aller Universitätspräsidentinnen und -präsidenten, ihr Prozentsatz bei den Professuren betrug jedoch nur 25,4 Prozent. Zwar erscheint der Anteil von 23,9 Prozent Geistes- und Sozialwissenschaftlern unter den Universitätspräsidenten hoch, doch sind diese unterrepräsentiert, da sie 38,0 Prozent aller Professuren ausmachten (Statistisches Bundesamt 1997).

Die Datenlage bezüglich anderer universitärer Positionen ist für das Jahr 1995 unvollständig, insbesondere für die Position des Dekans. Dies kann unterschiedliche Gründe haben: Möglicherweise waren deutlich weniger Präsidenten zuvor Dekan oder das Amt wurde in kurzen Abständen durch die Fakultät weitergereicht, so dass es nicht als besondere Auszeichnung für die »Flugbahn« der Universitätspräsidenten gewertet wurde, diese Position innegehabt zu haben. Nichtsdestotrotz konnte für 20 Universitätspräsidentinnen und -präsidenten festgestellt werden, dass sie zuvor Dekan waren. Bei 34 Personen konnten wir nicht herausfinden, ob sie zuvor Dekan waren. Bei der Position des Vizepräsidenten sieht die Datenlage erfreulicher aus. 25 Personen waren zuvor Vizepräsidenten, 43 Universitätspräsidenten haben nicht zuvor die Position bekleidet, und für fünf Personen lässt sich dies nicht feststellen. Von denen, die nicht Vizepräsident waren, haben die meisten zuvor jedoch als Dekan gewirkt. Im Sample von 1995 sind fünf Universitätspräsi-

---

13 Einer war Gründungspräsident diverser west- und dann ostdeutscher Universitäten, der andere Ausnahmefall ist ein Universitätskanzler, der zum Universitätspräsidenten gewählt wurde.

dentinnen und -präsidenten vertreten, die zuvor Präsident an einer anderen Universität waren.

Das Sample des Jahres 1980 umfasst ausschließlich die Universitäten und Präsidenten der damaligen Bundesrepublik Deutschland. Es besteht aus 49 Universitäten und der gleichen Anzahl von Präsidenten, die allesamt männlich und Professor waren. Der disziplinäre Hintergrund ist wie in den beiden anderen Samples heterogen. Im Vergleich zu den späteren Zeitpunkten fallen jedoch der hohe Anteil der Juristen mit 18,4 Prozent und die geringe Zahl an Ingenieuren auf. Sie machten nur 8,2 Prozent aus. Die Wirtschaftswissenschaften waren mit 10,2 Prozent und die Naturwissenschaften mit 24,5 Prozent vertreten. Anteilig die meisten Präsidenten stellten die Geistes- und Sozialwissenschaften, nämlich 28,6 Prozent, zwei Prozent stammten aus der Medizin und der Psychologie, und von 8,2 Prozent ist die Fachzugehörigkeit unbekannt. Auch im Jahr 1980 sind die Juristen unter den Universitätspräsidenten erheblich überrepräsentiert, denn ihr Anteil an allen Professuren machte 1980 lediglich 3,9 Prozent aus. Ähnliches gilt für die Wirtschaftswissenschaften, die nur 5,7 Prozent aller Professuren innehatten. Die Geistes- und Sozialwissenschaften sind trotz des hohen Anteils unter den Universitätspräsidenten unterrepräsentiert, da im Jahr 1980 38,7 Prozent aller Professuren zu diesen beiden Fächergruppen gehörten (Statistisches Bundesamt 1982).

Im Median wurden die Professoren acht Jahre nach ihrer Berufung an die Universität zum Präsidenten gewählt. Im Vergleich zu den Jahren 1995 und 2011 waren sie neun Jahre jünger – im Median 45 Jahre alt – als sie die Position antraten. Im Gegensatz zu den späteren Universitätspräsidenten, die nach dem Ende ihrer Amtszeit nur selten auf ihre Professur zurückkehrten, wird dies für die Präsidenten aus dem Jahr 1980 vermutlich häufiger der Fall gewesen sein. Die Position des Dekans haben im Vergleich zu den beiden anderen Zeitpunkten nur wenige Präsidenten zuvor ausgeübt. So wissen wir von 39 Universitätspräsidenten, dass sie zuvor nicht Dekan waren. Nur von zehn Personen und damit von jeder Fünften ist bekannt, dass sie Dekan war. Für 2011 war es mehr als jeder Zweite und für 1995 jeder Vierte, der diese Position übernommen hatte. Die Position des Vizepräsidenten wurde ebenfalls nur von wenigen Universitätspräsidenten des 1980er Samples übernommen. Nur acht von ihnen waren zuvor Vizepräsident. Eine mögliche Erklärung, weshalb die Position des Vizepräsidenten hier deutlich seltener zuvor angetreten wurde, könnte sein, dass es in den 1980er Jahren in aller Regel nur zwei Vizepräsidenten gab: einen für Lehre und einen für Forschung. Seit den 1990er Jahren kam es zu einer deutlichen Vergrößerung der meisten Präsidien. So wurden beispielsweise Vizepräsidenten für Internationales, für Öffentlichkeitsarbeit, für lebenslanges Lernen, Gleichstellung und Diversity usw. geschaffen.

Was lernen wir aus der Rekonstruktion der Karrierewege? Zunächst zeigt das empirische Material deutlich, dass sich der Weg auf die Stelle des Universitätspräsidenten in den letzten 30 Jahren in mehrfacher Hinsicht gewandelt hat. Erstens hat sich – ganz ähnlich, wie Cohen und March dies für die US-amerikanischen Universitätspräsidentinnen und -präsidenten dargelegt haben – ein typischer Weg auf die Stelle herausgebildet. Man könnte für das Sample des Jahres 2011 von einem Standardweg sprechen. Die Positionen des Dekans und/oder des Vizepräsidenten sind zu Etappen geworden, die Universitätspräsidenten mehr oder weniger standardmäßig durchlaufen, bevor sie in die Position des Präsidenten gewählt werden. Insofern gleicht sich die Rekrutierung in Deutschland der in den USA an. Nun könnte man einwenden, dass die Daten für die Samples von 1995 und 1980 unvollständig sind, weshalb wir möglicherweise den Anteil der damaligen Präsidenten unter schätzen, die ebenfalls diese beiden Positionen zuvor ausgeübt haben. Aber trotzdem, die Tendenz ist eindeutig, die Position des Universitätspräsidenten wird zunehmend von Personen übernommen, die bereits strukturhomologe Positionen in der Universität innehatten. Abgesehen davon: Falls der Werdegang auf das Amt als gerichteter und kohärenter bewertet würde, wenn die Positionen des Dekans und des Vizepräsidenten vorher durchlaufen worden sind, dann hätten die Inhaberinnen und Inhaber, die große Übung in der Präsentation ihres Curriculum Vitae haben, dies mit Sicherheit erwähnt. Insgesamt können wir somit eine stärkere Institutionalisierung des Werdegangs zum Universitätspräsidenten feststellen.[14]

Diese Institutionalisierung – und dies ist das zweite Ergebnis – geschieht über strukturhomologe universitäre Positionen, die ebenfalls mit institutionellem wissenschaftlichen Kapital ausgestattet sind und bei denen es sich um Wahlämter handelt. Es gibt eine Reihe weiterer Positionen an der Universität, die mit Macht versehen sind, zum Beispiel die Leitung eines DFG-Sonderforschungsbereichs oder eines DFG-Exzellenzclusters, aber sie prädestinieren offenbar weniger für die Position des Universitätspräsidenten. Unsere Vermutung ist, dass solche universitären Positionen als Etappen zum

---

14 Den Begriff der Institutionalisierung meinen wir hier in Anlehnung an Martin Kohlis Konzeption der »Institutionalisierung des Lebenslaufs« (Kohli 2009).

Amt gelten, auf denen die Inhaberinnen und Inhaber über institutionelles wissenschaftliches Kapital verfügen, mit dem sie auf die Strukturen und Positionen universitärer Einheiten wie Fachbereiche oder Fakultäten oder auf die gesamte Universität einwirken können und nicht nur auf einen Forschungsschwerpunkt. Solche Positionen eignen sich in besonderer Weise dazu, zu beobachten, wie die Stelleninhaberinnen und -inhaber in der Praxis mit dem ihnen zugewiesenen Kapital, sprich der Gestaltungsmacht, umgehen. Mit anderen Worten: ob sie sich im Amt bewähren, das heißt die Macht so handhaben, wie die Mitglieder der Universität, insbesondere die Professorinnen und Professoren, dies erwarten (Braun u. a. 2014). Im nächsten Abschnitt werden wir unter anderem fragen, ob die Stelleninhaberinnen und -inhaber ihre Tätigkeiten ebenfalls als »Bewährung« wahrgenommen haben.

Bezüglich der disziplinären Herkunft hat ebenfalls ein Wandel stattgefunden: Die juristische Fakultät stellt gegenwärtig auffällig seltener als in den 1980er und 1990er Jahren den Universitätspräsidenten. Auch der Anteil der Wirtschaftswissenschaftlerinnen und Wirtschaftswissenschaftler hat abgenommen. Die Naturwissenschaften waren in dem gesamten Zeitraum überrepräsentiert. Besonders zugenommen hat in den letzten Jahren die Zahl ingenieurwissenschaftlicher Präsidentinnen und Präsidenten. Insgesamt können wir für die erste Frage, ob der Weg zum Universitätspräsidenten einem *Hazard* gehorcht, konstatieren, dass dies immer seltener der Fall ist. Vielmehr scheint eine Institutionalisierung des Werdegangs stattgefunden zu haben (Kohli 2009). Für diese Institutionalisierung ist kennzeichnend, dass Etappen zu durchlaufen sind, die aus universitären Positionen bestehen, denen institutionelles wissenschaftliches Kapital zugewiesen ist. Von einem *Hazard* kann man somit für die Gegenwart nicht sprechen, für die Vergangenheit mag dies eher der Fall gewesen sein. Bildlich ist dieser institutionalisierte Weg in Abbildung 1 dargestellt.

Abb. 1: Der Weg auf die Position des Universitätspräsidenten (eigene Darstellung)

4. Schilderungen des Wegs auf die Position des Universitätspräsidenten

Nachdem wir gezeigt haben, dass eine Institutionalisierung des Wegs auf die Position des Universitätspräsidenten in den letzten Jahren erfolgt ist, sich quasi ein Standardweg etabliert hat, soll nun gefragt werden, wie Universitätspräsidentinnen und -präsidenten selbst ihren Weg auf die Position schildern. Mit anderen Worten: Ihre »berufsbiographische« Sicht soll rekonstruiert werden. Auch hier orientieren wir uns theoretisch an Bourdieu, vor allem an seiner Kritik der »biographischen Illusion« (Bourdieu 1998), die in die biographischen Theorien und Teile der Lebenslaufsoziologie eingeschrieben ist. Die biographische Illusion besteht für Bourdieu darin, dass »das Leben«, auch und insbesondere der berufliche Werdegang, »eine kohärente und gerichtete Gesamtheit« darstellt, die »als einheitlicher Ausdruck einer subjektiven und objektiven ›Intention‹ [...] aufgefasst werden kann und muss« (ebd.: 75). Dass sie als solche zu begreifen ist, stellt für Bourdieu eine gesellschaftliche Anforderung an den Einzelnen dar: Er hat »ein Interesse an der Sinngebung, am Erklären, am Auffinden einer zugleich retrospektiven und prospektiven Logik« (ebd.: 76) zu präsentieren und ist damit in die Pflicht genommen, seinen Werdegang gemäß des »Postulats des Sinns« darzulegen, womit er indirekt die strukturellen Bedingungen seiner Existenz akzeptiert. Genau dies meint »biographische Illusion«: eine intentionale Schilderung des eigenen Werdegangs, obwohl dieser weitgehend durch strukturelle Bedingungen bestimmt ist. Ein zentrales Kennzeichen biographischer Schilderungen, die dem Gebot der Sinngebung, der Präsentation einer inneren Logik, der Darbietung von Konstanz und Konsistenz unterliegen, besteht darin, dass »in Abhängigkeit von einer Globalintention bestimmte *signifikante* Ereignisse aus[ge]wählt und Verknüpfungen zwischen ihnen hergestellt werden« (ebd.).

Für die Selbstschilderungen der Universitätspräsidentinnen und -präsidenten ist entsprechend zu fragen, welche Ereignisse sie auswählen, um zu erklären, warum sie in diese Position gelangt sind, also welche Verknüpfungen sie herstellen. Um keine falsche Fährte zu legen: Wir rekurrieren hier nicht auf Bourdieu, weil wir unterstellen, dass die Universitätspräsidentinnen und -präsidenten einer »biographischen Illusion« unterliegen und sich über ihren Weg auf die Position täuschen. Geradezu im Gegensatz dazu, wie sich unten zeigen wird, entzieht sich der Großteil der Universitätspräsidentinnen und -präsidenten bei ihren Selbstpräsentationen der gesellschaftlichen Aufforderung, den Weg auf diese Position als intentional gerichtet darzustellen. Dies irritiert in besonderer Weise, weil in der Berufsbiographie von Professorinnen und Professoren seit Beginn ihrer wissenschaftlichen Karriere eingeübt wird, ihr Curriculum Vitae dem »Postulat des Sinns« entsprechend darzulegen. Unser Interesse ist dementsprechend darauf gerichtet, nachzuvollziehen, wie Universitätspräsidentinnen und -präsidenten ihren Weg auf diese Position schildern. Das empirische Material für diesen und den nächsten Abschnitt sind Interviews, die mit 15 Universitätspräsidenten deutscher Universitäten geführt wurden.[15] Sie wurden zu verschiedenen Aspekten befragt, hier beziehen wir uns aber insbesondere auf ihre eigenen Schilderungen darüber, wie sie auf die Position des Universitätspräsidenten gelangt sind.

Schaut man die Aussagen grob daraufhin durch, welche Ereignisse bzw. Erfahrungen die Universitätspräsidenten nennen, insbesondere welche Verknüpfungen bzw. Schlussfolgerungen sie daraus gezogen haben, dann lassen sich zwei Gruppen von Stelleninhabern unterscheiden: intern oder extern rekrutierte Universitätspräsidenten.[16] Gemeinsam ist beiden Gruppen, dass sie betonen, langjährige Erfahrung in den Gremien der akademischen Selbstverwaltung zu besitzen und vorher bereits Dekan und/oder Vizepräsident gewesen zu sein. So stellt ein externer Universitätspräsident fest: »Er [der Universitätspräsident, E.B./N.B.] müsste nach Möglichkeit schon Vizepräsident einer Universität mal gewesen sein, das wäre sicherlich von Vorteil. […] denn er muss strategisch denken können« (UP 11e).[17] Ganz ähnlich formuliert ein interner Präsident, dass der Weg auf diese universitäre Position über vergleichbare Positionen laufen sollte: »Es [ist] gut […], wenn es Personen sind, die sozusagen schon da gewisse Erfahrungen haben in der administrativen Verwaltung, wie auch immer, dass sie mal Dekan oder Prodekan oder

---

15 Die Interviews fanden von 2010 bis 2012 statt und wurden im Rahmen eines DFG-Projekts (Projektnummer GZ BA 1072/5–1, GZ KL 1344/2–1) erhoben. Die meisten der Universitätspräsidentinnen und -präsidenten wurden zweimal befragt. Insgesamt konnten deshalb 22 Interviews ausgewertet werden. Im Folgenden werden wir aus Gründen der Anonymisierung den männlichen Genus benutzen.

16 Wir verstehen unter internen Universitätspräsidenten solche, die ihre letzte Stelle an derselben Universität hatten, an der sie nun Universitätspräsident sind. Externe Universitätspräsidenten waren dagegen nicht unmittelbar davor an der Universität tätig, deren Universitätspräsident sie nun sind.

17 Die Abkürzungen hinter den Zitaten verweisen anonymisiert auf die jeweils interviewten Universitätspräsidenten. »UP« steht für Universitätspräsident, die Zahl für eine zufällige Nummerierung, das »e« für extern, das »i« für intern rekrutiert.

Studiendekan waren, vielleicht sogar Vizepräsident oder Prorektor [...] das hat schon große Vorteile« (UP 6i).

Unterschiede bestehen darin, mit welchen Erklärungen sie die von ihnen angeführten Erfahrungen verknüpfen, um zu begründen, warum sie bereit waren, für die Position des Universitätspräsidenten zu kandidieren. Die Gruppe der internen Präsidenten nimmt im Wesentlichen zwei Verknüpfungen vor. Erstens berichten sie davon, dass andere Professorinnen und Professoren, die ebenfalls Ämter und Positionen mit institutionellem wissenschaftlichen Kapital innehatten, sie auf die Position des Universitätspräsidenten »geschoben und gezogen« haben. Die Universität hätte lange nach einer geeigneten Person gesucht, sie seien mehrfach gebeten worden, und schließlich hätten sie zugestimmt. »Und da ich das Geschäft kannte als Prorektor für Forschung, bin ich auch geschoben und gezogen worden« (UP 6i).

Manche Universitätspräsidenten stellen die letzte Etappe – die Übernahme des präsidialen Amts – als Zufall dar. So erzählt ein interner Präsident nach einer längeren Ausführung über seine vielen Positionen in der akademischen Selbstverwaltung, dass er – aus der Position des Prorektors für Lehre – zufällig zum Amt des Präsidenten gelangt sei: »Ich bin in diese Situation eigentlich sehr unvorbereitet, wenn Sie so wollen, und sehr plötzlich hineingeraten« (UP 12i). Ganz ähnlich schildert ein weiterer Präsident, wie er ins Amt gelangt ist: »Ich hatte überhaupt nur das eine im Sinn, nämlich ein guter Professor zu sein [...] Und dann kommt man in einen bestimmten Prozess hinein, aus dem man manchmal nicht mehr herauskommt oder vielleicht auch nicht herauskommen möchte« (UP 7i). Zweitens erklären sie ihren Schritt auf diese Position damit, dass sie eine Verpflichtung gegenüber ihrer Universität empfunden hätten. Meist drücken die Präsidenten dies als soziale Reziprozität aus: »Das ist ein Geben und Nehmen und wenn man von einer Einrichtung stark gefördert wird, dann ist es fast eine Verpflichtung, auch etwas zurückzugeben« (UP 4i). »Ich verdanke dieser Universität eine ganze Menge und ich glaube, dann muss man auch etwas zurückgeben« (UP 8i).

Beide Erklärungen kennzeichnet, dass es den Universitätspräsidenten wichtig ist, zu verdeutlichen, dass sie die Position nicht angestrebt haben. Stattdessen verweisen sie darauf, dass sie von anderen überredet, beinahe bestürmt wurden bzw. sie sich persönlich gedrängt gefühlt haben. Mit anderen Worten: Sie referieren Erklärungen, die just das Gegenteil davon sind, was sie in ihrem wissenschaftlichen Werdegang eingeübt haben, nämlich den Schritt ins Amt als Ausdruck einer subjektiven Intention zu präsentieren, der sich kohärent und konsistent aus den davor absolvierten universitären Positionen herleitet. Sie ziehen situative, emotionale und soziale, also geradezu antiwissenschaftliche Begründungen heran, um zu erklären, warum sie Universitätspräsident geworden sind.

Die externen Universitätspräsidenten betonen ihre ausgiebigen Erfahrungen in der akademischen Selbstverwaltung und leiten davon andere Erklärungen her, weshalb sie sich zur Wahl auf das präsidiale Amt gestellt haben. Sie nutzen diese Erfahrungen ganz im Sinn der biographischen Aufforderung als Begründung dafür, dass sie die Position angestrebt haben. Sie präsentieren somit Verknüpfungen, die den gesellschaftlichen Erwartungen an eine am Postulat des Sinns orientierte Erzählung entsprechen. So führt ein externer Universitätspräsident aus, wie er Schritt für Schritt seine fachwissenschaftliche gegen eine universitäre Perspektive gewechselt habe: »Letztendlich eine Planungskompetenz auf der Metaebene. Anders als das, was ich jetzt als Wissenschaftler sozusagen erlernt hatte. Also auch für ein größeres System zu planen und zu gestalten« (UP 5e). Die externen Universitätspräsidenten des Samples stellen ganz überwiegend die Einnahme der Position des Universitätspräsidenten als Ausdruck einer subjektiven Intention dar. Entsprechend verdeutlichen sie, dass es sich um einen Berufswechsel vom »scientist« zum »public administrator« (Mainzer 1963) handelt, den sie absichtsvoll vollzogen haben. Die externen Universitätspräsidenten verweisen auf ihre Erfahrungen und stellen eine berufsbiographische Sicht dar, die ihren Werdegang auf die Stelle des Universitätspräsidenten als kohärent und gerichtet präsentiert. Bourdieu würde daran kritisieren, dass sie damit der »biographischen Illusion« erliegen, ihr Curriculum Vitae als Ergebnis einer subjektiven Intention zu schildern, obwohl ihr Weg zum Amt genauso durch strukturelle Bedingungen geprägt war. Die internen Universitätspräsidenten nennen ebenfalls ihre Erfahrungen, aber verknüpfen diese nicht zu einer biographischen Intention. Vielmehr entledigen sie sich dem »Postulat des Sinns«, indem sie situative Gegebenheiten, Zufälle oder Verpflichtungen etc. benennen, um ihrem Werdegang auf die Position eine »innere Logik« zu geben. Bourdieu variierend könnte man sagen, dass sie damit eine »universitäre Illusion« bedienen. Die »universitäre Illusion« besteht darin, dass die Position des Universitätspräsidenten und die Erlangung von institutionellem wissenschaftlichen Kapital nicht intentional angestrebt werden, ganz im Gegensatz zur Position der Professur und zum Erwerb reinen wissenschaftlichen Kapitals. In der »universitären Illusion« drückt sich aus, dass ein absichtsvolles Streben nach positionaler Macht in der Universität als eher illegitim angesehen wird. Vermutlich erklärt sich daraus zu einem großen Teil die relative Unbestimmtheit und Unklarheit der Position des Universitätspräsidenten im Gesamtgefüge der Universität.

5. Auffassungen der Position des Universitätspräsidenten

In diesem Abschnitt analysieren wir, welche Auffassung von der Position die Universitätspräsidenten formulieren und worauf sie diese gründen, beispielsweise auf die formalrechtliche Fassung des Amts oder die Universität als kollegiale Institution. Dabei interessiert uns, ob sie diese im Ungefähren belassen, ob sie präzisieren, über wie viel institutionelles wissenschaftliches Kapital der Präsident verfügt und wie er die Position handhaben sollte. Das empirische Material für die Beantwortung dieser Frage ist das gleiche wie im vorangegangenen Abschnitt. Wir haben uns hier auf die Transkriptstellen konzentriert, in denen die Universitätspräsidenten die »Rolle als Präsident« beschreiben.

Im Unterschied zu Flink und Simon (2015) konnten wir in unserem Material keine Typen identifizieren. Grundsätzlich haben wir ähnliche Beschreibungen der Position gefunden, die sich jedoch nicht nach distinkten Typen differenzieren lassen. Die Charakterisierungen greifen vielmehr ineinander und fügen sich zu einem größeren Erklärungs- und Begründungszusammenhang der Position. Um Fehlschlüsse zu vermeiden, möchten wir nochmals unterstreichen, dass wir – genauso wie Flink und Simon – die dargelegten Auffassungen und nicht die Ausübungen der Position, sprich das tatsächliche Handeln der Interviewten, rekonstruieren. Ganz allgemein und vorweg kann man festhalten, dass die Universitätspräsidenten in unserem Sample im Vergleich zu anderen Aspekten, zum Beispiel zur Frage, warum sie Universitätspräsident geworden sind, oder zu von ihnen durchgeführten Reformprojekten, kurz und eher ausweichend über ihre Auffassung der Position gesprochen haben. Die internen Universitätspräsidenten waren noch zurückhaltender als die externen, beide Gruppen unterschieden sich aber nicht prinzipiell in ihren Stellungnahmen. Keiner der interviewten Universitätspräsidenten hat sich bei der Schilderung seiner Auffassung der Position auf den formalrechtlichen Status berufen. Sie haben sich noch nicht einmal darauf bezogen, um die Position vom Amt abzugrenzen. Es kam in ihren Darstellungen überhaupt nicht vor.

Den Standort der Position im Gesamtgefüge der Universität bestimmten die interviewten Universitätspräsidenten ähnlich: Der Universitätspräsident hat die »Verantwortung für die Allgemeinheit« (UP 9i) und soll »für die Entwicklung des Ganzen seinen Beitrag leisten« (UP 9i). Dazu ist es erforderlich, »integrativ zu wirken«, um »die Zentrifugalkräfte, die es in einer solchen Institution gibt, zu beherrschen« und die Universität als »eine Einheit insgesamt zu sehen und eine Gesamtperspektive zu haben« (UP 3i). Ein weiterer Universitätspräsident drückte dies so aus: »Ein übergeordneter Blickwinkel, eine breite Perspektive, auch eine vom fachlichen eher unabhängige Perspektive« (UP4i) bestimmen den Standort der Position innerhalb der Universität. Die Universitätspräsidentinnen und -präsidenten in unserer Untersuchung stellten den Standort ihrer universitären Position nicht hierarchisch – als Spitze – oder als »oben«, wie es dem Organigramm der meisten Universitäten entsprechen würde, dar. Vielmehr verwendeten sie Charakterisierungen, die einen Standort markieren, von dem aus die gesamte Universität als Einheit repräsentiert ist. Mit Leibniz/Bourdieu könnte man diesen Standort als »Ort der Orte« der Universität bezeichnen (Barlösius 1999).

Die Handhabung des institutionellen Kapitals auf dieser Position beschreiben die Universitätspräsidenten durchgängig als »Gestalten«. Unter Gestalten fassen sie – sehr generell formuliert – »Strukturen bilden« und »Neues schaffen« (UP 15i). Wenn sie genauer darlegen, wie für sie das Gestalten auf dieser Position vonstattengeht, dann weisen sie darauf hin, dass sie Prozesse nur in Gang setzen können, sofern die Professorinnen und Professoren diese mittragen und tatsächlich praktisch umsetzen. »Gestalten ist für mich […] unterschiedliche Talente zusammenführen […] Sie können sie [die Professorinnen und Professoren, E.B./N.B.] ja nur motivieren, indem man Themen aufgreift, wo jeder seinen Mehrwert sieht. Das ist auch legitim, das ist völlig in Ordnung. Aber das muss man hinkriegen« (UP 9i). Ein anderer Universitätspräsident beschreibt dies so: »Sie müssen die Kollegen und Kolleginnen natürlich immer dabei haben. Alleine können Sie selbst mit einer großen Macht des Präsidenten nicht alles durchdrücken und wollen Sie vielleicht auch gar nicht. Ich will es auf jeden Fall nicht« (UP 11e).

Neben den Professorinnen und Professoren ist insbesondere der Senat als universitäres Gremium in den Gestaltungsprozess einzubinden. Der Senat »mildert« aus Sicht vieler Universitätspräsidenten die Ziele des Präsidiums ab, aber sichert andererseits, dass diese breit getragen und mit größerer Wahrscheinlichkeit praktisch umgesetzt werden. Nach Auffassung der Universitätspräsidenten sollte das mit dieser Position verbundene institutionelle wissenschaftliche Kapital gestaltend eingesetzt werden, wobei die Professorenschaft und der Senat bei dem anvisierten Vorhaben mitziehen sollten. Beim Gebrauch des institutionellen wissenschaftlichen Kapitals – so die Sichtweise der von uns befragten Universitätspräsidenten – ist darauf zu achten, dass die »gewohnten«, institutionell anerkannten, relativ autonomen Positionen der Professoren und des Senats nicht in Frage gestellt werden. In der Anerkennung, dass diese Positionen durch eingelebte Gewohnheit wie auch durch professionelles Selbstverständnis mit einem bestimmten Status und mit Rechten ausgestattet sind, findet die Handhabung des institutionellen Kapitals seine Grenzen. Hierbei referieren die Universitätspräsidenten auf ein Verständnis von Universität als kollegiale Institution, die die Professoren als soziale Einheit und die alle vorhandenen Fächer als sachliche Einheit umfasst.

Die Auffassung der Position, so wie die Universitätspräsidenten sie charakterisieren, ist durch eine weitere Bindung des Gebrauchs des institutionellen wissenschaftlichen Kapitals gekennzeichnet. Sie weisen nachdrücklich darauf hin, dass die Art des Gebrauchs, das Gestalten, einer sachlichen Erklärung und Begründung bedarf. Diese sachlichen Erklärungen und Begründungen verweisen beispielsweise auf interne Defizite oder veränderte äußere Anforderungen. Weiterhin stellen sie in Aussicht, dass das anvisierte Vorhaben die Voraussetzungen dafür schaffen wird, dass es den Professorinnen und Professoren möglich wird, die internen Defizite auszugleichen oder den veränderten äußeren Anforderungen nachzukommen. Mit anderen Worten: Die Aufgabe der Position besteht nach Ansicht der Universitätspräsidenten darin, Veränderungen anzustoßen und zu ermöglichen, die fachliche, die konkrete Umsetzung ist mit den Professorinnen und Professoren abzustimmen.

Obwohl die Universitätspräsidenten die Handhabung der positionalen Macht deutlich begrenzen, sehen sie diese universitäre Position im Vergleich zu der von Professoren als eine an, auf der gehandelt wird, man etwas »in die Tat umsetzen« (UP 4i) oder aus der heraus man als »Motor für Veränderungen« (UP 3i) wirken kann. Entscheidend ist jedoch, dass diese Position nach Meinung der Universitätspräsidenten nicht durch ihre positionale Macht, sondern durch ihren Standort im institutionellen Gefüge der Universität gekennzeichnet ist. Und das heißt, dass die praktisch nutzbare Macht sich relational in Bezug auf die Position der Professoren und die des Senats bestimmt. Mit Bourdieu gesprochen: Aus Sicht der Universitätspräsidenten wird das praktisch nutzbare institutionelle wissenschaftliche Kapital nicht durch das Amt – also formalrechtlich – zugewiesen, sondern erwächst aus bzw. ist begrenzt durch das institutionelle Gesamtgefüge der Universität.

6.   Resümee: Kein *Hazard* und kein berufsbiographisches Ziel

Die Rekonstruktion der Werdegänge zur Stelle des Universitätspräsidenten hat ergeben, dass diese keineswegs einem *Hazard* folgen. Im Gegenteil, in den letzten Jahrzehnten hat eine Institutionalisierung des Werdegangs auf diese universitäre Position stattgefunden. Auf dem Weg zum Universitätspräsidenten werden strukturhomologe Positionen durchlaufen, auf denen die Personen institutionelles wissenschaftliches Kapital ansammeln. Die Institutionalisierung dieses Werdegangs rekurriert nicht – jedenfalls nicht direkt – auf die formalrechtlichen Veränderungen des Amts durch die Hochschulreformen der 1990er Jahre.

Zweitens haben wir gezeigt, dass die internen Universitätspräsidenten ihren Weg auf die Position oftmals so schildern, als sei er aus einem *Hazard* entstanden. Die externen Universitätspräsidenten stellen ihn gerichteter und kohärenter dar, aber nicht als »berufsbiographisches« Ziel, das sie verfolgt haben. Beide Gruppen verdeutlichen, dass sie auf dem Weg über strukturhomologe Positionen Erfahrungen gesammelt haben, die sie auf die Übernahme dieser Position vorbereiteten und aus Sicht der Professorinnen und Professoren dafür prädestinierten. Dass die Universitätspräsidenten ihren Weg auf diese universitäre Position nicht als intentional gerichtet darstellen, entspricht der »universitären Illusion«, der entsprechend das Streben nach positionaler Macht als eher illegitim angesehen wird. Dies ist ein Grund für unsere eingangs aufgestellte Vermutung, dass es dem universitären Selbstverständnis, aber auch den wissenschaftlichen Dispositionen der Wissenschafts- und Hochschulforschung entgegenkommt, die Position des Universitätspräsidenten im Ungefähren zu belassen. Ein weiterer Grund wurde bei der Analyse der Auffassungen der Position durch die Universitätspräsidenten deutlich. Den Standort der Position bestimmen sie nicht hierarchisch und verweisen auch nicht auf die formalrechtliche Macht des Amts. Vielmehr erklären sie ihn zu jenem Standort, der die Universität als Einheit repräsentiert. Ein solcher Standort kann in einem üblichen Organigramm weder visualisiert werden, noch lässt er sich räumlich im Verhältnis zu den anderen Standorten genau festlegen. Weil er sich den gebräuchlichen Vergegenwärtigungen und auch den eingeführten soziologischen Repräsentationen von Positionen entzieht, erscheint er auf den ersten Blick als unbestimmt oder unklar. Es handelt sich um eine Standortbestimmung, die Universitätspräsidenten von sich selbst während eines Interviews vornahmen. Würde man – wie wir bereits zu Beginn angeregt haben – für eine umfassendere wissenschaftssoziologische Analyse diese Selbstpositionierung mit den Perspektiven anderer Positionen konfrontieren, insbesondere mit der der Senatoren oder/und der Dekane, käme es gewiss zu anderen Positionierungen. Der Anspruch der Universitätspräsidenten, »den Ort der Orte« (Barlösius 1999) zu repräsentieren, würde mutmaßlich relativiert, abgesehen davon, dass diese Behauptung keineswegs ohne Machtanspruch ist.

Literatur

Barlösius, Eva (1999), Das Elend der Welt. Bourdieus Modell für die »Pluralität der Perspektiven« und seine Gegenwartsdiagnose über die »neoliberale Invasion«, *BIOS*, Jg. 12, H. 1, S. 1–25.

Barlösius, Eva (2007), Urteilsgewissheit und wissenschaftliches Kapital, in: Hildegard Matthies/Dagmar Simon (Hg.), *Wissenschaft unter Beobachtung*, Leviathan-Sonderheft 24, Wiesbaden, S. 248–264.

Barlösius, Eva (2012), Wissenschaft als Feld, in: Sabine Maasen u. a. (Hg.), *Handbuch Wissenschaftssoziologie*, Wiesbaden, S. 125–135.

Bieletzki, Nadja (2015), *The Power of Collegiality. A Qualitative Analysis of University Presidents' leadership in Germany*, unveröffentlichte Dissertation, Leibniz Universität, Hannover.

Birnbaum, Robert/Umbach, Paul (2001), Scholar, Steward, Spanner, Stranger. The Four Career Paths of College Presidents, *The Review of Higher Education*, Jg. 24, H. 3, S. 203–217.

Bleiklie, Ivar (2004), *Institutional Conditions and the Responsibilities of Universities*, Stein Rokkan Centre for Social Studies, Working Paper No. 13, Universität Bergen, Norwegen.

Bourdieu, Pierre (1992), *Homo Academicus*, Frankfurt/M.

Bourdieu, Pierre (1998), Anhang I. Die biographische Illusion, in: Pierre Bourdieu, *Praktische Vernunft*, Frankfurt/M., S. 75–83.

Bourdieu, Pierre (2001), *Science de la science et réflexivité*, Paris (engl.: Bourdieu, Pierre (2004), *Science of Science and Reflexivity*, Chicago.

Bourdieu, Pierre (2015), *Manet. Eine symbolische Revolution*, Frankfurt/M.

Breakwell, Glynis/Tytherleigh, Michelle Y. (2007), UK university leaders at the turn of the 21st century. Changing patterns in their socio-demographic characteristics, *Higher Education*, Jg. 56, H. 1, S. 109–127.

Braun, Dietmar/Benninghoff, Martin/Ramuz, Raphael/Gorga, Adriana (2015), Interdependency management in universities. A case study, *Studies in Higher Education*, Jg. 40, H. 10, S. 1829–1843.

Clark, Burton R. (1983), *The Higher Education System*, Berkeley.

Cohen, Michael D./March, James G. (1974), *Leadership and Ambiguity. The American College President*, New York.

Cohen, Michael D./March, James G. (1986), *Leadership and Ambiguity. The American College President*, Princeton.

de Boer, Harry (2003), Who's Afraid of Red, Yellow and Blue? The Colourful World of Management Reforms, in: Alberto Amaral u. a. (Hg.), *The Higher Education Managerial Revolution?*, Aarhus, S. 89–108.

Demszky von der Hagen, Alma/Voß, Günter (2010), Beruf und Profession, in: Fritz Böhle/Günter Voß/Günther Wachtler (Hg.), *Handbuch Arbeitssoziologie*, Wiesbaden, S. 751–803.

Engwall, Lars (2014), The recruitment of university top leaders. Politics, communities and markets in interaction, *Scandinavian Journal of Management*, Jg. 30, H. 3, S. 332–343.

Flink, Tim/Simon, Dagmar (2015), Responsivität beim Organisieren von Wissenschaft, in: Hildegard Matthies/Dagmar Simon/Marc Torka (Hg.), *Die Responsivität der Wissenschaft. Wissenschaftliches Handeln in Zeiten neuer Wissenschaftspolitik*, Bielefeld, S. 97–131.

Goodall, Amanda H. (2006), Should top universities be led by top researchers and are they? A citations analysis, *Journal of Documentation*, Jg. 62, H. 3, S. 388–411.

Green, Madeleine F./Ross, Marlene/Holstrom, Engin (1988), *The American College President. A Contemporary Profile, American Council on Education*, Washington, D.C.

Hartley, Harold V./Godin, Eric E. (2009), *Career Patterns of the Presidents of Independent Colleges and Universities. A Study of the Council of Independent Colleges*, Washington D.C.

Hüther, Otto (2010), *Von der Kollegialität zur Hierarchie? Eine Analyse des New Managerialism in den Landeshochschulgesetzen*, Wiesbaden.

Kleimann, Bernd (2016), *Universitätsorganisation und präsidiale Leitung. Führungspraktiken in einer multiplen Hybridorganisation*, Wiesbaden.

Kohli, Martin (2009), Die Institutionalisierung des Lebenslaufs. Historische Befunde und theoretische Argumente, in: Heike Solga/Justin Powell/Peter A. Berger (Hg.), *Soziale Ungleichheit. Klassische Texte zur Sozialstrukturanalyse*, Frankfurt/M., S. 387–409.

Leach, William D. (2008), *Shared Governance in Higher Education. Structural and Cultural Responses to a Changing National Climate*, Report of the Center for Collaborative Policy, California State University, Sacramento.

Mainzer, Lewis C. (1963), The Scientist as Public Administrator, *The Western Political Quarterly*, Jg. 16, H. 4, S. 814–829.

Moore, Kathryn M./Salimbene, Ann M./Marlier, Joyce D./Bragg, Stephen M. (1983), The Structure of President's and Dean's Careers, *Journal of Higher Education*, Jg. 54, H. 5, S. 500–515.

Müller-Böling, Detlef/Küchler, Tilman (1998), Zwischen gesetzlicher Fixierung und gestalterischem Freiraum. Leitungsstrukturen für Hochschulen, in: Detlef Müller-Böling/Jutta Fedrowitz (Hg.), *Leitungsstrukturen für autonome Hochschulen*, Gütersloh, S. 13–36.

Müller, Ursula/Scherm, Ewald/de Schrevel, Marcel/Zilles, Markus (2012), *Strategisches Universitätsmanagement. Erste Ergebnisse einer Vollerhebung deutscher Universitätsleitungen*, Arbeitsbericht Nr. 23, Hagen.

Muzzin, Linda J./Tracz, George S. (1981), Characteristics and Careers of Canadian University Presidents, *Higher Education*, Jg. 10, H. 3, S. 335–351.

Nickel, Sigrun/Ziegele, Frank (2006), Profis ins Hochschulmanagement, *Hochschulmanagement*, H. 1, S. 2–7.

Pellert, Ada (1999), *Die Universität als Organisation. Die Kunst, Experten zu managen*, Wien u. a.

Röbken, Heinke (2006), Profile deutscher Universitätsleitungen, *Beiträge zur Hochschulforschung*, Jg. 28, H. 4, S. 6–29.

Röbken, Heinke (2007), Leadership Turnover among University Presidents, *Management Review*, Jg. 18, H. 2, S. 138–152.

Rüegg, Walter (2011), *Universities since 1945*, Cambridge.

Schimank, Uwe (2014), Von Governance zu »authority relations«. Wie sich Regelungsstrukturen dem Forschungshandeln aufprägen, in: René Krempkow/André Lottmann/Torger Möller (Hg.), *Völlig losgelöst? Governance der Wissenschaft*, Band der 6. iFQ-Jahrestagung, iFQ-Working Paper Nr. 15, März, Berlin, S. 15–26.

Statistisches Bundesamt (1982), *Bildung und Kultur. Personal an Hochschulen 1980*, Fachserie 11, Reihe 4.4, Stuttgart, Mainz.

Statistisches Bundesamt (1997), *Bildung und Kultur. Personal an Hochschulen 1995*, Fachserie 11, Reihe 4.4, Stuttgart.

Statistisches Bundesamt (2015), *Bildung und Kultur. Personal an Hochschulen 2014*, Fachserie 11, Reihe 4.4, Wiesbaden, 21.01.2016, https://www.destatis.de/DE/Publikationen/Thematisch/BildungForschungKultur/Hochschulen/Personal-Hochschulen2110440147004.pdf?__blob=publicationFile

Wessel, Roger D./Keim, Maybelle C. (1994), Career Patterns of Private Four-Year College and University Presidents in the United States, *The Journal of Higher Education*, Jg. 65, H. 2, S. 211–225.

Leistung, Zufall oder Herkunft? Die Karrierewege der deutschen Wissenschaftselite

Angela Graf

1. Einleitung

Seit einigen Jahren ist die deutsche Wissenschafts- und Hochschullandschaft stark im Umbruch. Es sind zahlreiche Reformprogramme und -maßnahmen in Gang gesetzt worden, deren Auswirkungen auf die institutionelle Verfasstheit der deutschen Wissenschaftslandschaft und somit auch auf wissenschaftliche Karrieren bisher nur erahnt werden können. Gemein ist allen Reformbemühungen, dass sie unter dem Leitbild von Leistung und Exzellenz verhandelt werden, wie am Beispiel der Exzellenzinitiative besonders deutlich wird. In diesem Zusammenhang wird im wissenschafts- und hochschulpolitischen Diskurs häufig dezidiert von der (Aus)Bildung und Förderung wissenschaftlicher *Eliten* gesprochen (vgl. bspw. Gabriel u. a. 2004, Schmidt/Scholz-Reiter 2015). So sollen die Ausweitung der wettbewerblichen Strukturen und die Einführung neuer Steuerungsinstrumente im Wissenschafts- und Hochschulbereich nicht zuletzt dazu beitragen, Potenziale besser auszuschöpfen und wissenschaftliche Leistungen zu Spitzenleistungen voranzutreiben und auszubauen.

Vor diesem Hintergrund verwundert es umso mehr, dass die Wissenschaftselite, also jene Akteure, die an der Spitze der Wissenschaft positioniert sind und damit die erfolgreichsten wissenschaftlichen Karrieren absolvierten, bislang kaum Gegenstand soziologischer Forschung waren. Über die Werdegänge der Inhaber von Toppositionen innerhalb der Wissenschaft gibt es kaum fundierte Informationen. Gerade angesichts der aktuellen Strukturreformen ist ein Blick auf die bisher erfolgreichsten Wissenschaftskarrieren bedeutsam, um mögliche Folgen der Veränderungen antizipieren zu können. Im vorliegenden Beitrag sollen daher die Werdegänge der deutschen Wissenschaftselite zwischen 1945 und 2013 in den Fokus gerückt werden. Es wird der Frage nachgegangen, wer es bislang an die Spitze schaffte, welche Einflussfaktoren dabei möglicherweise eine Rolle spielten und welche Binnendifferenzen sich in den Werdegängen der Elitemitglieder finden lassen.

2.　Wissenschaft als (Glücks)Spiel: Leistung, Zufall oder Herkunft?

Mehr noch als für andere gesellschaftliche Bereiche wird gerade für die Wissenschaft von einem meritokratischen Ausleseprinzip ausgegangen. Dies wird insbesondere in den Debatten um die aktuellen wissenschafts- und hochschulpolitischen Interventionen deutlich, die ganz im Zeichen von Leistung, Exzellenz und Elitebildung stehen. Es wird das Bild reiner Leistungseliten gezeichnet, die alleine aufgrund individueller Leistung an die Spitze aufsteigen. Wissenschaftliche Leistung – wissenschaftliche Exzellenz gilt als einzig legitimes Kriterium für Erfolg und somit für eine entsprechende Positionierung innerhalb der Wissenschaft. Dieses Bild einer reinen Leistungsauslese entspricht nicht nur der Fremd-, sondern ebenso dem Selbstbild der Wissenschaft, wie unter anderem in der von Robert K. Merton für die moderne Wissenschaft postulierten Universalismus-Norm zum Ausdruck kommt:

»Der Universalismus drückt sich unmittelbar in dem Grundsatz aus, daß Wahrheitsansprüche, gleich welcher Herkunft, *vorab aufgestellten, unpersönlichen Kriterien* unterworfen werden müssen: sie müssen mit der Beobachtung und dem bisher bestätigten Wissen übereinstimmen. Die Annahme oder Zurückweisung von Behauptungen, die auf dem Turnierplatz der Wissenschaft um ihre Aufmerksamkeit ringen, hängt nicht von den individuellen oder sozialen Merkmalen ihrer Verfechter ab; deren Rasse, Nationalität, Religion, Klasse und persönliche Eigenschaften sind als solche irrelevant.« (Merton 1985b: 90; Hervorhebung im Original).

Die Universalismus-Norm ist für Merton Bestandteil eines Werte- und Normenkomplexes, der als »Ethos der Wissenschaft«, als »moralischer Konsensus der Wissenschaftler« (ebd.: 88ff.) dazu beiträgt, das institutionelle Ziel der Wissenschaft, »die Erweiterung abgesicherten Wissens« (ebd.: 89) zu verwirklichen. Demnach zieht die Wissenschaft ihren Objektivitätsanspruch nicht zuletzt aus der meritokratischen Prämisse, dass die Bewertung wissenschaftlicher Produkte anhand objektiver, nicht persönlicher Kriterien erfolgt sowie diese Bewertung dann die Grundlage einer rein auf Leistung basierenden Auslese sei und die leistungsstärksten Akteure sich an der Spitze positionieren. Damit zeichnet Merton das Bild einer egalitären Wissenschaftsgemeinschaft, in der, ganz im Sinne der Chancengleichheit, der Zugang zu Spitzenpositionen ausschließlich von der wissenschaftlichen Exzellenz der

Akteure, der Qualität ihrer persönlich erbrachten wissenschaftlichen Leistung abhängt und damit prinzipiell jedem offen steht.[1]

Max Weber zeichnete demgegenüber zu Beginn des 20. Jahrhunderts ein sehr viel pessimistischeres Bild von Wissenschaft und wissenschaftlichen Laufbahnen. Er beschreibt in seinem berühmten Vortrag *Wissenschaft als Beruf* (Weber 1988 [1919]) die Universitätslaufbahn als »wilde[n] Hasard« (ebd.: 588), als ein *Glücksspiel*. Der Erfolg im wissenschaftlichen Karriereverlauf sei nur bedingt auf persönliche Leistung zurückzuführen, vielmehr spielten Zufall beziehungsweise Glück eine nicht zu unterschätzende Rolle. »Gewiss: nicht nur der Zufall herrscht, aber er herrscht doch in ungewöhnlich hohem Grade. Ich kenne kaum eine Laufbahn auf Erden, wo er eine solche Rolle spielt« (ebd.: 585), so seine Auffassung. Das Zufallsmoment kommt aus seiner Sicht insbesondere bei Personalentscheidungen, nämlich bei der Besetzung von Professuren zum Tragen. Die Ursache dafür, »[d]aß nun der Hasard und nicht die Tüchtigkeit als solche eine so große Rolle spielt« (ebd.), sieht Weber vorrangig in der Kollektivwillensbildung begründet, also der Beteiligung verschiedener Instanzen an der Berufungsentscheidung, die dazu führe, dass trotz des guten Willens »rein sachliche Gründe entscheiden zu lassen« (ebd.: 586) keine reine *Bestenauswahl* möglich sei. Entgegen einem auf persönlicher Leistung basierenden und damit individuell beeinflussbaren Karriereverlauf, vergleicht Weber Wissenschaftskarrieren mit einem *Glücks*spiel, deren Verlauf und Ausgang maßgeblich von Glück und Zufall bestimmt werden.

Die Metapher des *Spiels* findet sich nicht nur bei Weber, auch Pierre Bourdieu (vgl. bspw. Bourdieu/Wacquant 1996: 124ff.) nutzt den Vergleich der Wissenschaft mit einem Spiel, allerdings mit einer anderen Intention. Bei Weber verweist der Begriff *Hasard* eher auf reine Glücksspiele, wie beispielsweise im Falle von Würfelspielen (davon leitet sich der Begriff *Hasard* ab) oder Roulette, deren Spielverlauf kaum vorhersehbar ist und bei denen die Gewinnchancen für alle Spieler weitgehend einer stochastischen Verteilung entsprechen. Die Chance zu gewinnen oder zu verlieren wäre demnach für alle Spieler gleich hoch und könne von ihnen (außer durch illegitime Manipulationen in Form von Betrug) nicht beeinflusst werden. Insofern würde auch im Falle des Glücksspiels das Prinzip der Chancengleichheit zutreffen, wenn auch im Vergleich zur Leistungsauslese auf ganz andere Weise. Wäh-

---

1 Mit dem *Matthäus-Effekt* (Merton 1985a, 2010) weist Merton zwar auf soziale Bias im wissenschaftlichen Belohnungssystem hin, die prinzipielle Gültigkeit der Universalismus-Norm wird dadurch jedoch nicht in Frage gestellt.

rend die Chancengleichheit bei der Leistungsauslese auf der gleich verteilten Erfolgschance durch individuelle Anstrengungen in Form individueller Leistung basiert, sind beim Glücksspiel die Erfolgschancen zwar auch für alle Teilnehmer gleich, liegen aber außerhalb ihres Einflussbereichs. Anders als Weber betont Bourdieu mit seiner Spielmetapher hingegen deutlich stärker das strategische und taktische Moment des Spiels. Er zeichnet für die Wissenschaft eher das Bild eines Taktikspiels, ähnlich dem Poker. Zwar nimmt der Zufall oder das Glück auch hier eine nicht unbedeutende Rolle ein, jedoch sind die Gewinnchancen deutlich stärker abhängig von den Spielfähigkeiten, dem strategischen Geschick, dem Informationsstand der Spieler sowie deren aktuellen Stellung im Spielverlauf.

Bourdieu nutzt die Metapher des Spieles nicht nur im Zusammenhang mit Wissenschaft, sondern generell um die Funktionsweise sozialer Felder zu verdeutlichen. Soziale Felder stellen für ihn relativ autonome Handlungszusammenhänge dar, die jeweils eine eigene Logik und Funktionsweise aufweisen und soziales Handeln strukturell rahmen. Da er eine prinzipielle Strukturhomologie aller sozialen Felder unterstellt, bildet auch das wissenschaftliche Feld für ihn keine Ausnahme. Er betont, »[t]he ›pure‹ universe of even the ›purest‹ science is a field like any other, with its distribution of power and its monopolies, its struggles and strategies, interests and profits, but it is a field in which all these invariants take on specific forms« (Bourdieu 1975: 19). Aus der Perspektive Bourdieus geht es den Akteuren im wissenschaftlichen Spiel nicht ausschließlich um rein wissenschaftliche Erkenntnis, sondern ebenso um Macht- und Positionskämpfe, um die Anerkennung für die erbrachte wissenschaftliche Leistung seitens der Scientific Community und damit um eine entsprechende Positionierung innerhalb des wissenschaftlichen Feldes (v. a. Bourdieu 1975, 1991, 1992b, 1998). Bourdieu beschreibt die Strategien der Akteure als »in gewissermaßen immer doppelgesichtig, doppelsinnig, interessengeleitet und interessenlos, beseelt von einer Art Eigennutz der Uneigennützigkeit« (Bourdieu 1998: 27).

Die Spielmöglichkeiten, Handlungsoptionen und Strategien der Spieler im wissenschaftlichen Feld sind jedoch nicht gleich verteilt. Sie hängen maßgeblich von ihrem verfügbaren Kapital ab, von dem, was sie in das Spiel einbringen können, welche Einsätze sie also tätigen können, um damit das Spiel zu ihren Gunsten zu beeinflussen. Ähnlich wie beim Poker hängen die Spielstrategien, die Chancen, die sich für den einzelnen Spieler ergeben, also davon ab, wie viele Chips er vor sich liegen hat. »Wer einen großen Stapel hat, kann bluffen, kann gewagter spielen, risikoreicher« (Bourdieu 1992a:

38) und damit auch seine Gewinnchancen erhöhen. Mit Kapital ist dabei zunächst die Gesamtheit aller Ressourcen gemeint, die eingesetzt werden können, um die eigene Position zu erhalten oder zu verbessern. Die Kapitalverteilung innerhalb des Feldes spiegelt insofern auch die Machtstruktur wieder. Je größer der Kapitalumfang eines Akteurs, desto größer ist sein Handlungsspielraum und sein Einfluss auf den Spielverlauf, desto höher ist also sein Machtumfang. Bourdieu beschreibt in seinem Werk eine Vielzahl von Kapitalsorten, die eine je feldspezifische Wertigkeit haben, wie bei Jetons, deren Wert je nach Spiel variiert. In jedem Feld gibt es eine Kapitalsorte, die besonders wertvoll ist, ähnlich einem *Trumpf* beim Kartenspiel (Bourdieu/Wacquant 1996: 127ff.). Die im wissenschaftlichen Feld dominante Kapitalform bezeichnet Bourdieu als *wissenschaftliches Kapital*. Es stellt »eine besondere Art symbolischen Kapitals [dar] (von dem man weiß, dass es immer aus Akten des Erkennens und Anerkennens entsteht), das auf der Anerkennung (oder dem Kredit) beruht, den die Gesamtheit der gleichgesinnten Wettbewerber innerhalb des wissenschaftlichen Feldes gewährt« (Bourdieu 1998: 23). Je mehr Anerkennung einem Wissenschaftler also seitens der Scientific Community entgegengebracht wird (z. B. Zitationen, Preise etc.), desto größer ist seine Macht und desto besser sind seine *Karten* im Wettkampf um hohe Positionen.

Das wissenschaftliche Kapital differenziert Bourdieu nochmals in zwei Sorten, die jeweils mit zwei unterschiedlichen Machtformen korrelieren (ebd.: 31ff.). Auf der einen Seite identifiziert er das »reine wissenschaftliche Kapital«, eine Form persönlichen wissenschaftlichen Prestiges, das auf der Hochachtung anderer Feldakteure für erbrachte wissenschaftliche Beiträge gründet und dem Inhaber Definitions- und Deutungsmacht hinsichtlich wissenschaftlicher Inhalte verleiht. Auf der anderen Seite beschreibt Bourdieu das »institutionelle wissenschaftliche Kapital«, das mit institutioneller und institutionalisierter Macht einhergeht und seinem Besitzer Verfügungsgewalt über finanzielle und personelle Ressourcen verleiht. Da die Akkumulation der beiden Kapitalarten mit jeweils spezifischem Zeitaufwand verbunden ist, ist eine gleichzeitige Maximierung kaum möglich. Die Akteure verfügen im analytischen Sinne somit immer über eine spezifische Kombination aus beiden Kapitalsorten, wobei in der Regel eine Kapitalsorte überwiegt. Die Position eines Akteurs innerhalb eines Feldes hängt nach Bourdieu also sowohl von dessen Kapitalvolumen als auch von der Kapitalzusammensetzung ab. An der Spitze der Kapitalverteilungen lassen sich in Anschluss an Bourdieus Überlegungen analytisch zwei Typen wissenschaftlicher Spitzenpositionen unterschieden, die gleichsam als zwei Fraktionen innerhalb der Wissenschaftselite aufgefasst werden können. Auf der einen Seite findet sich die *Prestigeelite*, jene wissenschaftlichen Koryphäen, die die höchste wissenschaftliche Reputation aufweisen, die also seitens der Scientific Community die meiste Anerkennung für wissenschaftliche Beiträge in Form *rein wissenschaftlichen Kapitals* erhalten haben. Auf der anderen Seite steht die *Positionselite*, der die Inhaber der höchsten und einflussreichsten Ämter innerhalb der Wissenschaftslandschaft angehören, da sie über das meiste *institutionelle wissenschaftliche Kapital* verfügen.

Wissenschaftliche Karrieren lassen sich vor dem Hintergrund der Spielmetapher als Prozess der Kapitalakkumulation, als Wettbewerb um die größtmögliche Kapitalanhäufung verstehen. Die Spielstärke und der Spielerfolg der Akteure sind dabei einerseits abhängig von deren verfügbaren Kapital, also ihrer Stellung im Spiel[2] und andererseits von der Spielfähigkeit, dem taktischen und strategischen Geschick der Spieler. Das verfügbare Kapitalvolumen ist allerdings nicht nur die »Ausbeute vorangegangener Runden« (Bourdieu 1992a: 38), sondern gründet auch auf unterschiedliche Ausgangsbedingungen bei Spielbeginn. Obschon das wissenschaftliche Kapital die dominante und wertvollste Kapitalform darstellt, haben auch andere Kapitalarten im wissenschaftlichen Feld eine Wirkung – wenn auch deutlich schwächer – und können unter spezifischen Bedingungen in wissenschaftliches Kapital transformiert werden. Bourdieu beschreibt drei Kapital-Grundsorten, die in jedem Feld einen Effekt haben: das ökonomische, das kulturelle und das soziale Kapital (vgl. Bourdieu/Passeron 1971: 128, Bourdieu 1983). So stellt in das wissenschaftliche Spiel mitgebrachte ökonomische Kapital (insbesondere über die soziale Herkunft) zwar zunächst keinen Eigenwert im wissenschaftlichen Spiel um Anerkennung und Positionen dar, das ökonomische Kapital kann jedoch entscheidende Vorteile bei der Akkumulation wissenschaftlichen Kapitals bieten, da es die hohe Karriereunsicherheit abdämpfen, also eine Art Sicherheitsnetz bilden, und auch risikoreichere

---

2 Das verfügbare Kapital führt in der Konsequenz zu einer ungleichen Kumulation von Chancen im Sinne des von Merton beschriebenen Matthäus-Effekts (Merton 1985a, 2010). Denjenigen, die schon über relativ viel wissenschaftliches Kapital verfügen, also schon eine relativ hohe Reputation haben, wird seitens der Akteure im wissenschaftlichen Feld eine höhere Aufmerksamkeit entgegengebracht, die ihnen höhere *Kapitalrenditen* für ihren Einsatz ermöglichen. Wer schon einen *Namen* im wissenschaftlichen Feld hat, wird in Selektions- und Rekrutierungsprozessen wohlwollender und weniger kritisch geprüft und erhält dadurch leichter weitere Handlungsressourcen (bspw. in Form von Geldern oder Stellen), die wiederum die Kapitalakkumulation begünstigen.

Spieloptionen ermöglichen kann, die entsprechend größere Gewinnrenditen versprechen (z. B. Forschungsaufenthalte im Ausland, räumliche Mobilität aber auch gewagte Forschungsvorhaben). Obwohl Weber im Vergleich zu Bourdieu deutlich stärker auf den Aspekt des Zufalls rekurriert, finden sich auch bei ihm Anzeichen dafür, dass er der sozialen Herkunft eine bedeutsame Rolle für wissenschaftliche Karrieren zuschreibt. Weber betont insbesondere für Deutschland die enorme Unsicherheit der Aufnahme und langfristigen Verfolgung einer Wissenschaftslaufbahn, nicht nur im Hinblick auf die Chance, eine Professur zu erlangen, sondern ebenso im Zusammenhang mit den großen finanziellen Unwägbarkeiten wissenschaftlicher Karrieren. Er argumentiert: »Denn es ist außerordentlich gewagt für einen jungen Gelehrten, *der keinerlei Vermögen hat*, überhaupt den Bedingungen der akademischen Laufbahn sich auszusetzen. Er muß es mindestens eine Anzahl von Jahren aushalten können, ohne irgendwie zu wissen, ob er nachher die Chancen hat, einzurücken in eine Stellung, die für den Unterhalt ausreicht« (Weber 1988 [1919]: 583; Hervorhebung A.G.). Die Risikobereitschaft und Tragbarkeit des Karriererisikos in der Wissenschaft ist demnach auch für Weber von den zu Verfügung stehenden finanziellen Ressourcen und damit von der sozialen Herkunft der Person abhängig. Transformationsoptionen zeigen sich auch für kulturelles Kapital, beispielsweise in Form von Abschlusstiteln renommierter Universitäten, und für soziales Kapital, wie etwa die schon während des Studiums aufgebauten engen Kontakte zu angesehenen etablierten Wissenschaftlern, die gerade in der Frühphase der wissenschaftlichen Laufbahn (etwa als Mentoren) Grundsteine für die Akkumulation wissenschaftlichen Kapital legen und Türen öffnen können. Dass auch die Akkumulation dieser beiden Kapitalarten in engem Zusammenhang mit der familiären Herkunft steht, zeigen wiederholt Befunde aus der Bildungsforschung (vgl. Lenger 2008, Hartmann 2004). Die Ausgangssituation, mit der die Spieler in das Spiel eintreten, mit der also Nachwuchswissenschaftler ihre Wissenschaftskarrieren starten, ist demnach höchst unterschiedlich. Je nachdem wie viel transformierbares Kapital *mitgebracht* wird, unterliegt der Kapitalakkumulationsprozess anderen Voraussetzungen und es können andere Strategien verfolgt werden.

Neben dem verfügbaren Kapital, als Grundlage möglicher Spieleinsätze, ist die Spielfähigkeit der Akteure, das strategische Geschick bei der Verwirklichung der weiteren Kapitalakkumulation von entscheidender Bedeutung. Auch in diesem Zusammenhang spielt die soziale Herkunft eine zentrale Rolle. Wissenschaftler treten nicht als *unbeschriebene Blätter* ins Wissenschaftsspiel ein und werden dort *neu* hervorgebracht, sondern sie bringen immer schon *ihren Rucksack* mit (vgl. hierzu Lange-Vester/Teiwes-Kügler 2013). Bourdieu spricht in diesem Zusammenhang vom »Privileg des ›Angeborenen‹« (Bourdieu 1998: 24), welches jenen, die aus Familien mit großer Nähe zum Feld stammen, den Vorteil verschafft,

»daß sie wie durch eine Art eingeflößter Wissenschaft die inneren Gesetze des Feldes beherrschen, seine ungeschriebenen Gesetze, die im objektiven Zustand seiner Tendenzen verfügt sind, daß sie etwas besitzen, was man im Rugby, aber auch an der Börse einen *Platzierungssinn* nennt. […] Diese Kunst des Erspürens von Tendenzen, die […] es erlaubt, sich zur rechten Zeit des richtigen Gegenstands zu bemächtigen, gute Veröffentlichungsorte […] zu wählen, ist einer der Gründe für die deutlichsten Abweichungen verschiedener wissenschaftlicher Karrieren.« (ebd.: 24; Hervorhebung im Original).

Der Spielverlauf, wird also nicht nur von der vorhandenen Kapitalausstattung, sondern auch von den damit verbundenen habituellen Dispositionen beeinflusst. Insbesondere bei jenen, die in Familien aus sozial niedrigeren Schichten fern des wissenschaftlichen Feldes aufgewachsen sind, ist eine geringere habituelle Passung an die Anforderungen wahrscheinlich. So sind diese Personen eher unsicher und haben das Gefühl »fehl am Platz« (Bourdieu/Passeron 1971: 31) zu sein. Es ist eine aufwändige Akkulturation an das wissenschaftliche Feld nötig. Außerdem ist davon auszugehen, dass Personen aus Familien fern des akademischen Milieus geringere Kenntnisse über implizite *Erfolgsstrategien* im wissenschaftlichen Feld mitbringen (Wie baue ich mir Netzwerke auf? Wie hebe ich mich von meinen Mitkonkurrenten ab? usw.). Je nach Nähe oder Ferne der Herkunftsfamilie zum wissenschaftlichen Feld und je nach Übereinstimmung mit den dort gültigen Normen und Werten fällt die habituelle Anpassung an die Anforderungen des Wissenschaftsspiels leichter oder schwerer (vgl. Lange-Vester/Teiwes-Kügler 2013, Hasenjürgen 1996).

Die Vertrautheit mit dem wissenschaftlichen Feld geht aber nicht nur auf ein besseres Gespür für Kapitalerträge und damit auf die Wahl erfolgversprechender Akkumulationsstrategien einher, sondern hat darüber hinaus auch Auswirkungen auf die Anerkennung und damit auf die Zuschreibung von Wissenschaftskapital.[3] Wissenschaftliche Anerkennung, wissenschaftliche Reputation, wird durch die Scientific Community, seitens der etablierten Akteure im Feld, gewährt – dies ist ein Spezifikum des wissenschaftlichen

---

3 Eine ausführlichere Darstellung dieser Perspektive findet sich in Graf (2015a: 25ff.)

Feldes. Die Feldakteure sind damit nicht nur Produzenten und primäre Konsumenten wissenschaftlicher Produkte, sondern zugleich auch Richter über deren Qualität. Es ist davon auszugehen, dass ein Akteur umso schneller als legitimer Feldspieler erkannt und anerkannt wird und damit höhere Chancen auf die Akkumulation wissenschaftlichen Kapitals hat, je mehr der in der Herkunftsfamilie erworbene Habitus an den feldspezifischen, akademischen Habitus vorangepasst ist, je größer die Ähnlichkeit zu den schon etablierten Feldakteuren ist.

3. Die Wissenschaftselite Deutschlands

Auch wenn individuelle Leistung sicherlich die zentrale Grundlage für eine erfolgreiche Wissenschaftskarriere bildet und Elemente des Zufalls ebenfalls nicht ohne Bedeutung sind, ist im Anschluss an Bourdieu (und Weber) davon auszugehen, dass auch die soziale Herkunft einen nicht unerheblichen Einfluss auf die Erfolgschancen und damit auf den Zugang zu Spitzenpositionen innerhalb der Wissenschaft hat. Im Folgenden wird daher der Blick auf die Wissenschaftselite gerichtet. Als Inhaber der höchsten Positionen stellen sie gewissermaßen die *Gewinner* des wissenschaftlichen Spiels dar. Anhand einer genaueren Betrachtung ihrer Werdegänge wird aufgezeigt, wie die Wege an die Spitze der Wissenschaft verliefen. Dabei wird der Fokus einerseits auf strukturellen herkunftsspezifischen Unterschieden in den Karriereverläufen liegen. Andererseits wird untersucht, inwiefern sich strukturelle Differenzen in den Werdegängen der Inhaber verschiedener Elitepositionen finden lassen, die auf Unterschiede in den Akkumulationsprozessen der von Bourdieu postulierten Formen wissenschaftlichen Kapitals verweisen. Zwar stellen diese Unterschiede lediglich Binnendifferenzen zwischen den erfolgreichsten Akteuren im Wissenschaftsfeld dar, geben also keinen allgemeingültigen Aufschluss über Erfolgskriterien für wissenschaftliche Karrieren bzw. den Zugang zur Wissenschaftselite und dürfen demnach nicht als Kausalzusammenhänge missinterpretiert werden, gleichwohl können die Ergebnisse einige Hinweise auf die feldimmanent wirksamen Mechanismen geben.

3.1   Anmerkungen zu Forschungsdesign und Methode

Um nun einen genaueren Blick auf die Werdegänge der Wissenschaftselite werfen zu können, muss zunächst spezifiziert werden, welche Akteure zur Wissenschaftselite zählen. Auf Grundlage einer genaueren Betrachtung des wissenschaftlichen Feldes in Deutschland wurden vier Gruppen von Akteuren identifiziert, die im Folgenden der Wissenschaftselite zugerechnet werden.[4] Als Repräsentanten der *Prestigeelite*, jener Personen mit dem höchsten *rein wissenschaftlichen Kapitalumfang*, wurden die Träger der wichtigsten wissenschaftlichen Preise, nämlich des Nobel-[5] und des Gottfried-Wilhelm-Leibnizpreises, ausgewählt. Zu den Mitgliedern der *Positionselite*, also jener Akteure, die über das meiste *institutionelle wissenschaftliche Kapital* verfügen, werden die Präsidenten der vier wichtigsten Forschungsgesellschaften (Max-Planck-Gesellschaft, Fraunhofer-Gesellschaft, Wissenschaftsgemeinschaft Gottfried-Wilhelm-Leibniz, Helmholtz-Gemeinschaft Deutscher Forschungszentren) sowie die Präsidenten der zentralen wissenschaftspolitischen Intermediärgremien (Deutsche Forschungsgemeinschaft, Wissenschaftsrat, Hochschulrektorenkonferenz) gezählt.

Für einen genaueren Einblick in die Werdegänge der Wissenschaftselite wurden biographische Daten für alle Elitemitglieder zwischen 1945 und 2013 in Form einer Vollerhebung ermittelt. Das Sample umfasst insgesamt 407 Fälle. Als Datengrundlage wurden in erster Linie einerseits die im Internet zugänglichen Curricula Vitae und andererseits die in den Originaldissertationen beiliegenden Lebensläufe herangezogen, da in diesen zu einem Großteil Angaben zur sozialen Herkunft vermerkt waren. Darüber hinaus wurde auf weitere öffentlich zugängliche Sekundärquellen, wie Biographiedatenbanken oder Pressematerial, zurückgegriffen. Die so erhobenen Daten wurden in einem iterativen Verfahren standardisiert und mittels deskriptiver statistischer Verfahren analysiert.

Für die Analyse der sozialen Herkunft der Elitemitglieder wurde zum einen der Beruf des Vaters herangezogen und einem Schema mit drei beziehungsweise vier sozialen Schichten zugeteilt: der Arbeiterschaft, den breiten Mittelschichten sowie dem Bürgertum, welches insgesamt etwa die obersten

---

4 Eine detaillierte Beschreibung der Analyse der Struktur und Genese der deutschen Wissenschaftsfeldes und der Operationalisierung der Elitepositionen findet sich in Graf (2015a: 50ff; 87ff.)

5 Die Träger des Literatur- und des Friedensnobelpreises werden nicht einbezogen, da es sich hierbei nicht um Mitglieder des wissenschaftlichen Feldes handelt.

3,5 Prozent der deutschen Bevölkerung ausmacht.[6] Das Bürgertum wurde nochmals in das gehobene und das Großbürgertum unterteilt, wobei das Großbürgertum mit ungefähr 0,5 Prozent der Gesamtbevölkerung die Spitze der gesellschaftlichen Hierarchie repräsentiert. Dies bietet die Möglichkeit eines genaueren Blicks auf die *Selbstrekrutierung* der gesellschaftlichen Eliten. Darüber hinaus wurde die familiäre Nähe zur Wissenschaft separat anhand des akademischen Grades beziehungsweise des akademischen Titels des Vaters für die Analysen herangezogen.

3.2 Die soziale Zusammensetzung der Wissenschaftselite

Erste Anhaltspunkte dafür, dass die soziale Herkunft beträchtlichen Einfluss auf die erfolgreiche Positionierung im Feld und den Zugang zu einer Eliteposition hat, liefert schon ein kurzer Blick auf die soziale Zusammensetzung der Wissenschaftselite. Nicht einmal ein Drittel (32,0 Prozent) der Elitemitglieder stammt aus der breiten Bevölkerung (vgl. Abb. 1). Mit anderen Worten: Zwei von drei Inhabern wissenschaftlicher Elitepositionen sind in Familien aufgewachsen, die den obersten 3,5 Prozent der Gesellschaft angehören, jeder vierte stammt sogar aus großbürgerlichen Verhältnissen, den obersten 0,5 Prozent der gesamtgesellschaftlichen Hierarchie. Darüber hinaus weisen die Elternhäuser der Elitemitglieder eine enge Verbindung zum wissenschaftlichen Feld auf. Über die Hälfte (56,7 Prozent) stammt aus einer Akademikerfamilie. Ein Drittel der Väter der Elitemitglieder (32,6 Prozent) ist promoviert, alleine jeder Siebte (14,1 Prozent) hat sogar einen Professor zum Vater. Diese Zusammensetzung illustriert anschaulich eine enorme soziale Exklusivität der Wissenschaftselite.

---

6 Der quantitative Anteil des *Bürgertums* bleibt seit dem Deutschen Kaiserreich bis etwa zur Mitte des 20. Jahrhunderts weitgehend stabil. Zwar hat sich die Zusammensetzung der dem gehobenen und dem Großbürgertum zugerechneten Berufe im Zeitverlauf verändert, dies ändert jedoch nichts am Umfang (vgl. Hartmann 2002: 35ff.). Die grundlegenden Veränderungen der 1960er-Jahre bleiben für die Analysen der sozialen Herkunft folgenlos, da jeweils nur die Elterngeneration von Bedeutung ist.

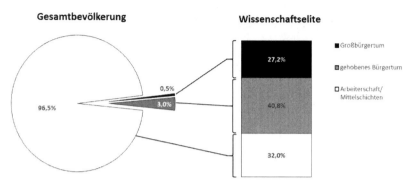

Abb. 1: Soziale Zusammensetzung: Gesamtbevölkerung und Wissenschaftselite im Vergleich (eigene Darstellung)

Allerdings lassen sich deutliche Unterschiede zwischen den Elitefraktionen ausmachen (vgl. Abb. 2). Während die Amtsinhaber (Positionselite) und die Nobelpreisträger insgesamt eine ähnlich exklusive Zusammensetzung aufweisen, finden sich unter den Leibnizpreisträgern mehr soziale Aufsteiger. Von ihnen stammt gut ein Drittel (36,4 Prozent) aus der Arbeiterschaft beziehungsweise den Mittelschichten. Bei den Amtsinhabern und den Nobelpreisträgern trifft dies hingegen nur auf jeden Vierten (24,2 bzw. 26,7 Prozent) zu. Insbesondere Nachkommen aus dem Großbürgertum sind unter den Amtsinhabern und Nobelpreisträgern erheblich stärker vertreten. Jeder dritte Präsident (32,3 Prozent) ebenso wie jeder dritte Nobelpreisträger (33,3 Prozent) stammt aus Familien, die dem obersten halben Prozent der Gesellschaft angehören. Von den Leibnizpreisträgern hat demgegenüber nur jeder Fünfte (20,9 Prozent) ein großbürgerliches Elternhaus.

Unterschiede finden sich auch im Hinblick auf die familiäre Nähe zur Wissenschaft. Die Preisträger stammen im Vergleich zu den Mitgliedern der Positionselite deutlich häufiger aus Akademikerfamilien. Besonders markant ist der Unterschied zwischen den Amtsinhabern und den Nobelpreisträgern. Gut jeder vierte Nobelpreisträger (26,7 Prozent) entstammt einer Professorenfamilie, hat also einen Vater, der selbst schon die höchste berufliche Stellung im Wissenschaftsfeld eingenommen hat. Dies trifft bei den Amtsinhabern gerade einmal auf knapp jeden Zehnten (9,8 Prozent) zu. Hingegen weisen die Mitglieder der Positionselite eine geringere familiäre Nähe zur Wissenschaft auf. Über die Hälfte ihrer Väter (57,4 Prozent) hat keinen Hochschulabschluss, während dies bei den Preisträgern nur auf etwa 40 Prozent zutrifft.

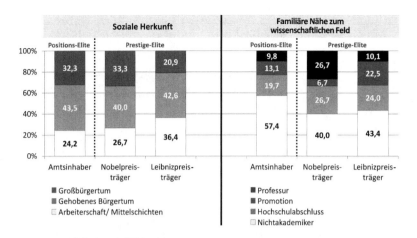

Abb. 2: Soziale Zusammensetzung der Elitetypen (eigene Darstellung)

Die enorme soziale Exklusivität der Wissenschaftselite stützt die These des Einflusses der sozialen Herkunft im wissenschaftlichen Feld.[7] Gleichzeitig legen die Unterschiede in der sozialen Zusammensetzung der verschiedenen Elitepositionen nahe, dass die soziale Herkunft für die Akkumulation der verschiedenen wissenschaftlichen Kapitalarten von unterschiedlicher Bedeutung ist. Während für den Zugang zur Prestigeelite offensichtlich eine enge familiäre Verbindung zum wissenschaftlichen Feld von besonderer Bedeutung ist, ergibt sich beim Blick auf die sozio-ökonomische Stellung der Herkunftsfamilie insgesamt der Eindruck, dass die soziale Exklusivität mit der Stellung in der Kapitalhierarchie in Verbindung steht.[8] Die Befunde legen

---

7 Ein Vergleich der sozialen Zusammensetzung der Wissenschaftselite im Zeitverlauf mit der sozialen Zusammensetzung der jeweiligen Studierendenpopulation verdeutlicht, dass die soziale Exklusivität der Wissenschaftselite keine reine Fortschreibung herkunftsspezifischer Ungleichheiten im Bildungssystem ist, da die Wissenschaftselite über den gesamten betrachteten Zeitraum erheblich exklusiver zusammengesetzt ist als die Studierendenschaft. Für höhere Hierarchieebenen im wissenschaftlichen Feld fehlen entsprechende Vergleichsdaten weitgehend. In einer aktuellen Studie (Möller 2015) werden erstmals Daten zur sozialen Zusammensetzung der Professorenschaft in NRW vorgelegt. Zieht man diese als Vergleichsdaten heran (aufgrund der unterschiedlichen Untersuchungszeiträume können allerdings nur sporadische Vergleiche anhand der Differenzierung nach Erstberufungskohorten vorgenommen werden), so zeigt sich auch hier deutlich höhere soziale Exklusivität der Wissenschaftselite (genauer hierzu Graf 2015b).

8 Es ist davon auszugehen, dass die Nobelpreisträger im Vergleich zu den Leibnizpreisträgern über ein größeres Kapitalvolumen verfügen.

die Vermutung nahe, dass sich dahinter unterschiedliche Laufbahnen und unterschiedliche Strategien der Akteure verbergen. Daher wird der Blick nachfolgend auf die Wege geworfen, die an die Spitze des wissenschaftlichen Feldes führten, auf die Werdegänge der Elitemitglieder. Hierzu werden exemplarisch einige markante Befunde präsentiert, die aus den Rahmendaten der Bildungs- und Karriereverläufe in den Lebensläufen extrahiert wurden.[9]

4. Der Weg an die Spitze: Werdegänge der deutschen Wissenschaftselite

Betrachtet man die Werdegänge der Mitglieder der Wissenschaftselite in ihrer Gesamtheit, zeichnen sich diese insbesondere durch eine überdurchschnittlich schnelle Etablierung im wissenschaftlichen Feld, vornehmlich feldinterne Laufbahnen und, entgegen der Erwartung, eher geringe Auslandserfahrungen aus. Während Studium und Promotion obligatorische Voraussetzungen für den Weg an die Spitze des wissenschaftlichen Feldes darstellen, trifft dies für die Habilitation und die Professur nicht uneingeschränkt zu. Gut jeder fünfte Inhaber einer Eliteposition (22,7 Prozent) ist nicht habilitiert, gut jeder Zehnte (11,6 Prozent) hatte vor Einnahme der Eliteposition keine ordentliche Professur.

Auffällig ist also zunächst, dass die Mitglieder der Wissenschaftselite bei Erreichung der einzelnen Statuspassagen im wissenschaftlichen Karriereverlauf (Promotion, Habilitation, Erstberufung auf eine Professur) durchschnittlich etwas jünger waren als das Mittel aller Absolventen (vgl. Abb. 3) – sie konnten sich insgesamt schneller im Feld etablieren. Für den Vergleich wurde jeweils auf die verfügbaren Daten aus der Amtsstatistik zurückgegriffen. Da das Durchschnittsalter nicht für alle Jahre erhoben wurde, mussten einige Werte der Grafik aus den vorhergegangenen und nachfolgenden Daten extrapoliert werden. Wie in der Abbildung ersichtlich, liegt das Durchschnittsalter in der Wissenschaftselite (jeweils die durchgezogenen Linien) jedoch über den gesamten betrachteten Zeitraum unterhalb des Gesamtdurchschnittes (jeweils die gestrichelten Linien). Die Geschwindigkeit des Bildungs- und Karriereverlaufs wird häufig als Indikator für Leistungsfähig-

---

9 Eine ausführliche Analyse der Bildungs- und Karriereverläufe findet sich in Graf (2015a: 149f.)

keit beziehungsweise Begabung interpretiert. Je schneller die einzelnen Phasen durchlaufen und abgeschlossen wurden, desto leichter fällt der Person offenbar die Erfüllung der gestellten Anforderungen, so die Annahme (vgl. hierzu auch Bourdieu 2004: 35ff.). Dieser Befund würde daher zunächst dafür sprechen, dass die individuelle Leistung der Wegbereiter für den Zugang zu Elitepositionen ist. Gleichwohl lassen sich, wie noch zu zeigen sein wird, in diesem Zusammenhang herkunftsspezifische Binnendifferenzen feststellen, die die These wiederum fragwürdig erscheinen lassen.

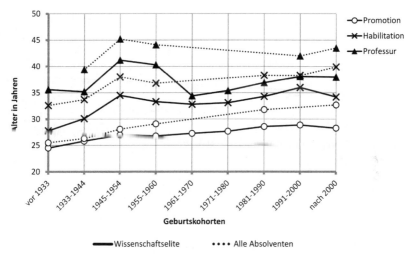

Abb. 3: Durchschnittsalter bei Promotion, Habilitation und Erstberufung: Wissenschaftselite und wissenschaftliches Lehrpersonal bzw. Absolventen im Vergleich (Quelle: Statistisches Bundesamt 1960, 1992, 2000a, b; eigene Berechnungen und Darstellung).

Dass der Zugang zu den Spitzenpositionen in erster Linie über Erfolge im feldinternen Spiel erworben werden muss, zeigt sich daran, dass der überwiegende Anteil der Elitemitglieder (83,1 Prozent) seine gesamte Karriere innerhalb des wissenschaftlichen Feldes verbrachte. Allerdings war nur knapp die Hälfte davon (49,2 Prozent) ausschließlich an Universitäten tätig. Lediglich etwa jeder Sechste (17,0 Prozent) wechselte im Verlauf seiner Karriere zeitweilig in andere Felder, vornehmlich in die Wirtschaft. Das für den Zugang zur Wissenschaftselite notwendige Kapital muss also überwiegend innerhalb des Feldes akkumuliert werden. Bemerkenswert ist des Weiteren, dass die Mitglieder der Wissenschaftselite über deutlich weniger Auslandserfahrung verfügen als dies, insbesondere angesichts der häufig propagierten Notwendigkeit von internationalen Erfahrungen für einen erfolgreichen wissenschaftlichen Karriereverlauf, zu erwarten wäre. Nur etwas mehr als die Hälfte (56,6 Prozent) aller Elitemitglieder verfügt überhaupt über nennenswerte Auslandserfahrung von mindestens einem Jahr. Einen mindestens zweijährigen Auslandsaufenthalt absolvierte nur gut ein Drittel (38,4 Prozent). Die vergleichsweise geringe Auslandserfahrung der Elitemitglieder verdeutlicht indes, dass der Akkumulationsprozess (bislang) überwiegend innerhalb der nationalen Feldgrenzen verlief.

4.1   Herkunftsspezifische Differenzen in den Karriereverläufen

Dass die soziale Herkunft nicht nur beim Zugang zu den jeweiligen wissenschaftlichen Elitepositionen zum Tragen kommt – wenn auch in unterschiedlicher Form –, sondern den gesamten wissenschaftlichen Werdegang prägt, zeigen strukturelle Differenzen zwischen den Karriereverläufen der Elitemitglieder verschiedener Herkunftsgruppen. Die Werdegänge der Personen, die aus den breiten Bevölkerungsschichten (Arbeiterschicht und Mittelschichten) stammen und nicht über eine enge familiäre Bindung zur Wissenschaft verfügen, weisen typischerweise eher konventionelle Karriereverläufe auf. Demgegenüber zeichnen sich die Werdegänge der Elitemitglieder aus privilegierten Familienverhältnissen durch große Souveränität im Umgang mit den sich bietenden Handlungsoptionen und hohe Mobilität aus. Dies lässt sich schon an den ersten Schritten im wissenschaftlichen Feld aufzeigen. Bei Personen aus privilegierten Elternhäusern und insbesondere mit enger Verbindung zur Wissenschaft fiel die Wahl der Institution, an der die Doktorarbeit verfasst wurde, häufiger auf außeruniversitäre Forschungseinrichtungen, während die Elitemitglieder aus der *Normalbevölkerung* nach dem Studium häufiger an einer Universität verblieben. So verfasst nur etwa jeder Zehnte, der einer Nichtakademikerfamilie entstammt (9,4 Prozent), seine Promotionsschrift an einem außeruniversitären Forschungsinstitut, während dies unter den Professorenkindern auf mehr als jeden Fünften (22,9 Prozent) zutrifft. Es spricht einiges dafür, dass die Personen ohne familiäre Verbindung zum wissenschaftlichen Feld ihre ersten Schritte eher auf dem durch das Studium *bekannten* Terrain der Universitäten wagen, während jene, die von Hause aus das Spiel und die Spielregeln kennen, einerseits bessere Kenntnisse der Handlungsoptionen haben und andererseits eher bereit sind, aus ihrem *gewohnten* Umfeld der Universität herauszutreten.

Darüber hinaus finden sich in den Lebensläufen der Elitemitglieder aus der *Normalbevölkerung* gehäuft Elemente, die als Kompensationsmomente interpretiert werden können, wie beispielsweise ein deutlich höherer Anteil an Studienstipendiaten. Etwa jeder Fünfte aus der breiten Bevölkerung (21,9 Prozent: Arbeiterklasse/Mittelschichten; 23,5 Prozent: Nichtakademikerkinder) war während des Studiums Stipendiat, während dies bei den Personen aus privilegierten Familien nur etwa auf jeden Zehnten (10,9 Prozent: Großbürgertum; 13,8 Prozent Professorenkinder) zutrifft. Insgesamt vermitteln die Werdegänge der Elitemitglieder den Eindruck, dass die Flexibilität und Souveränität im Umgang mit Karriereoptionen mit der Exklusivität der sozialen Herkunft zunimmt. Im Hinblick auf die Tätigkeitsfelder im Karriereverlauf lassen sich besonders markante Unterschiede zwischen den Großbürger- beziehungsweise den Professorenkindern auf der einen Seite und den Personen, die der breiten Bevölkerung entstammen, auf der anderen Seite ausmachen (vgl. Abb. 4). Zwar stellt eine zeitweilige berufliche Tätigkeit außerhalb der Wissenschaft in allen Herkunftsgruppen gleichermaßen eine Ausnahme dar, allerdings zeigen sich auffällige Differenzen bei der feldinternen Mobilität. Die Elitemitglieder aus privilegierten Elternhäusern wechselten häufiger zwischen universitärer und außeruniversitärer Struktur. Während von den Personen aus den unteren Herkunftsgruppen nur etwa jeder Dritte (31,2 Prozent bzw. 33,7 Prozent) im Laufe der Wissenschaftskarriere an Universitäten und außeruniversitären Forschungseinrichtungen tätig war, findet sich dieser Karrieretypus bei den Großbürger- und Professorenkindern mit 46,3 Prozent beziehungsweise 48,1 Prozent deutlich häufiger.

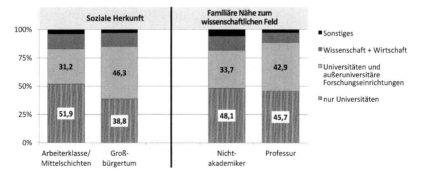

Abb. 4: Karrieretypus der Wissenschaftselite differenziert nach sozialer Herkunft (eigene Darstellung)

Ähnliches gilt für die Anzahl der Karrierestationen. Die Mobilität nimmt mit der sozialen Stellung des Elternhauses merklich zu. Knapp die Hälfte (44,8 Prozent: Großbürgertum; 45,7 Prozent: Professorenkinder) der Personen aus den hohen Herkunftsgruppen war im Laufe der Karriere an mehr als drei Organisationen beschäftigt, bei den Elitemitgliedern aus den niedrigen Herkunftsgruppen hingegen nur gut ein Viertel bis ein Drittel (27,3 Prozent: Arbeiterschaft/Mittelschichten; 35,6 Prozent: Nichtakademikerkinder).

Entsprechende herkunftsspezifische Unterschiede sind ebenfalls im Hinblick auf die Auslandserfahrung festzustellen. Zwar verfügen die Mitglieder der Wissenschaftselite insgesamt nicht im erwarteten Maße über Auslandserfahrung, gleichwohl zeigt sich, dass Personen aus sozial privilegierten Elternhäusern nicht nur insgesamt häufiger für eine gewisse Zeit im Ausland waren, ihre Aufenthalte waren im Durchschnitt länger. Hingegen sind die Laufbahnen der Eliteangehörigen ohne privilegierte soziale Herkunft beruflich stärker national verhaftet.

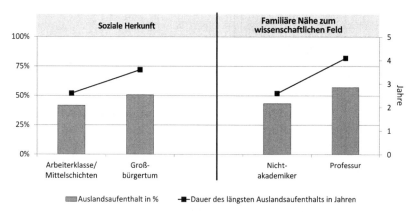

Abb. 5: Auslandserfahrung differenziert nach sozialer Herkunft (eigene Darstellung)

Überraschende herkunftsspezifische Differenzen lassen sich mit Blick auf die Karrieregeschwindigkeit, also die Dauer der einzelnen Qualifikationsphasen, ausmachen. Sowohl die Nachkommen aus dem Großbürgertum als auch jene aus Professorenfamilien sind zwar bis zum Abschluss der Habilitation etwas schneller, allerdings ist bei ihnen die Zeitspanne zwischen Habilitation und Ruf auf die erste ordentliche Professur deutlich länger, so dass sie insgesamt die längste Zeitspanne zwischen Studium und Erstberufung aufweisen. Während bei den jeweiligen Referenzgruppen etwa 3,5 Jahre zwischen Habilitation und Erstberufung vergehen, liegt der Durchschnittswert bei den

Großbürger- und Professorenkindern mit 5 bzw. 5,5 Jahren fast zwei Jahre darüber. Vor allem bei den Elitemitgliedern aus Professorenfamilien ist der Befund insofern überraschend, als sie aufgrund ihres familiären Hintergrundes eigentlich am besten für den Wettbewerb um Professorenstellen gerüstet sein müssten. Daher liegt die Vermutung nahe, dass die vergleichsweise lange *Wartezeit* bis zur Besetzung einer Professur weniger auf mangelnde Durchsetzungsstärke zurückzuführen ist, sondern vielmehr mit anderen Ansprüchen dieser Personen an ihren Karriereverlauf zusammenhängt. Für sie stellt die Erlangung einer Professur vermutlich eher eine Selbstverständlichkeit und eine Frage der Zeit dar.[10] Diese habituelle Selbstsicherheit ermöglicht ihnen dann möglicherweise eher, sich ohne großen Zeitdruck auf ihre Forschungsinteressen zu konzentrieren und auf die *richtige* Stelle zu warten. Denn einerseits geht eine Professur mit zahlreichen zusätzlichen Aufgaben in Administration und Lehre einher und bindet damit Ressourcen, andererseits steht das Erlangen einer abgesicherten Position vermutlich weniger im Fokus. Im Gegensatz dazu werden soziale Aufsteiger der mit einer Professur einhergehenden Absicherung und Planungssicherheit größeres Gewicht bei messen und daher eher sich bietende Gelegenheiten wahrnehmen.

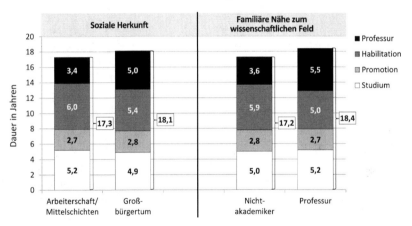

Abb. 6: Karrieregeschwindigkeit differenziert nach sozialer Herkunft (eigene Darstellung)

Die dargestellten Differenzen können insgesamt als starke Indizien für den Einfluss der sozialen Herkunft auf Karrieren in der Wissenschaft interpre-

---

10 Da sich keine nennenswerten Unterschiede der disziplinären Zugehörigkeit zwischen den Herkunftsgruppen zeigen, lassen sich die Unterschiede in der Karrieregeschwindigkeit nicht auf zeitliche Differenzen in den Fachkulturen zurückführen.

tiert werden. Jene Personen, die aus den oberen Rängen der Gesellschaft stammen, und insbesondere jene, die in Familien mit enger Bindung zum wissenschaftlichen Feld aufgewachsen sind, scheinen im Spiel von ihrem familiären Hintergrund zu profitieren. In der Gesamtschau bietet sich der Eindruck, dass sie eher geneigt sind risikoreichere Spielzüge zu wagen, wie exemplarisch an der höheren organisationalen und internationalen Mobilität im Karriereverlauf und der längeren Phase bis zur Professur aufgezeigt. Dies kann einerseits, so ist anzunehmen, auf intimere Kenntnisse der expliziten und impliziten Spielregeln zurückgeführt werden, andererseits bietet ihnen ihre Herkunft die Möglichkeit, auch risikofreudiger zu agieren, da sie gewissermaßen über ein familiäres Sicherheitsnetz verfügen. Man könnte sagen, sie kennen das Spiel und sie wissen es zu spielen.

4.2   Differenzen zwischen den Elitefraktionen

Aber nicht nur im Hinblick auf die soziale Herkunft lassen sich Unterschiede in den Karriereverläufen ausmachen, auch die Laufbahnen, die an die Spitze unterschiedlicher Elitepositionen führen, weisen auffällige Differenzen auf, die auf unterschiedliche Kapitalakkumulationsprozesse und -strategien hindeuten und teilweise auch in enger Verbindung mit der sozialen Herkunft zu sehen sind. Unter den Preisträgern findet sich beispielsweise über alle Qualifikationsstadien hinweg ein deutlich höherer Anteil an Stipendiaten (vgl. Abb. 7). Während der Anteil unter den Mitgliedern der Positionselite durchgängig bei etwa zehn Prozent liegt, schwankt der Anteil unter den Preisträgern je nach Qualifikationsphase zwischen einem Fünftel und einem Viertel. Insofern können Stipendien als ein Symbol *rein wissenschaftlichen Kapitals* interpretiert werden. Ob Stipendien im Kapitalakkumulationsprozess jedoch als Indikator für frühzeitig erkanntes Leistungspotenzial und damit als gelungene meritokratische Selektion gedeutet werden können, oder ob die Stipendien selbst durch Akkumulation von Chancen im Sinne des Matthäus-Effektes beziehungsweise als symbolisch verwertbares Kapital den Weg zur Spitze geebnet haben, also eine Art *Trumpf* im Wettstreit um wissenschaftliche Reputation fungierten, muss an dieser Stelle offen bleiben.

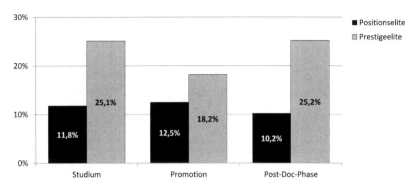

Abb. 7: Stipendiatenanteile differenziert nach Elitefraktionen (eigene Darstellung)

Markante Unterschiede lassen sich darüber hinaus mit Blick auf die internationale Mobilität ausmachen (vgl. Abb. 8). Die Karrieren der Preisträger zeichnen sich durch eine deutlich stärkere internationale Ausrichtung aus, während die Laufbahnen der Inhaber formaler Machtpositionen vornehmlich innerhalb Deutschlands verlaufen. Knapp zwei Drittel der Preisträger (61,4 Prozent) waren im Laufe ihres Werdegangs mindestens ein Jahr im Ausland tätig, hingegen trifft dies nur auf knapp ein Drittel der Amtsinhaber (30,1 bzw. 31,8 Prozent) zu. Diese Differenz verdeutlicht sehr anschaulich die verschiedenen Kapitalakkumulationsprozesse und den unterschiedlichen Charakter der beiden wissenschaftlichen Kapitalarten. *Institutionelles Wissenschaftskapital* ist Ausdruck der Macht innerhalb der und über die institutionellen Feldstrukturen und somit eng mit der spezifischen nationalen Verfasstheit verwoben. Der mit diesen Machtpositionen einhergehende Einfluss auf nationale Feldstrukturen muss offensichtlich auch vorwiegend im nationalen Gefüge erworben werden. Demgegenüber weist das *rein wissenschaftliche Kapital* eher den Charakter einer *globalen Währung* auf. Es steht zu vermuten, dass Auslandserfahrung im Spiel um wissenschaftliche Reputation eine deutlich höhere Wertigkeit hat und größere Gewinnchancen verspricht, während diese im Wettkampf um formale Spitzenpositionen von geringerem Wert ist.

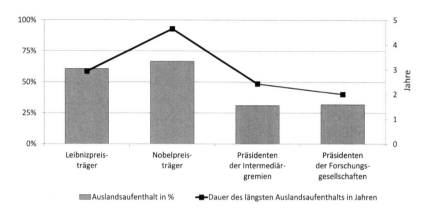

Abb. 8: Auslandserfahrung differenziert nach Elitefraktionen (eigene Darstellung)

Neben den exemplarisch aufgezeigten Unterschieden zwischen den Elitefraktionen zeigen insbesondere die Werdegänge der Nobelpreisträger einige auffällige Abweichungen. Ihre Laufbahnen scheinen häufig jenseits der institutionellen Ordnung des wissenschaftlichen Feldes zu verlaufen; sie spielen das Spiel gewissermaßen nach ihren eigenen Spielregeln. So finden sich in ihren Werdegängen vergleichsweise wenige Elemente feldspezifischer institutioneller Konsekration. Gerade einmal etwas mehr als die Hälfte (53,9 Prozent) der Nobelpreisträger bekleidete vor der Preisverleihung einen ordentlichen Lehrstuhl.[11] Außerdem liegt die durchschnittliche Zeitspanne zwischen Habilitation und Berufung bei ihnen weit über der der anderen Elitemitglieder. Während die Amtsinhaber im Durchschnitt etwa vier Jahre nach ihrer Habilitation auf einen Ruf warten mussten, die Leibnizpreisträger hingegen im Mittel schon nach 2,7 Jahren berufen wurden, liegt die mittlere Zeitspanne bei den Nobelpreisträgern bei knapp acht Jahren (7,7). Darüber hinaus wechselten sie nicht nur am häufigsten zwischen universitären und außeruniversitären Forschungseinrichtungen, sondern auch auffällig oft zwischen Wissenschaft und Wirtschaft (vgl. Graf 2015a: 227 ff.). Jeder zweite Nobelpreisträger (50,0 Prozent) forschte zumindest zeitweilig an einem außeruniversitären Forschungsinstitut, knapp jeder sechste (15,9 Prozent) arbeitete temporär in der Wirtschaft. Hingegen verbrachte nicht einmal ein Drittel von ihnen (31,8 Prozent) die gesamte Laufbahn ausschließlich an Universitäten. Dieses Ergebnis spricht dafür, dass insbesondere außeruniversitäre

---

11 Fünf weitere Laureaten erhielten ihren Ruf auf eine Professur im Jahr der Preisverleihung.

Forschungseinrichtungen gute Bedingungen für die Erbringungen herausragender Forschungsleistungen bieten, während Universitäten aufgrund des deutlich breiteren Aufgabenspektrums in Lehre und Administration möglicherweise unzureichenden Freiraum dafür gewähren.[12]

Charakteristisch für die Werdegänge der Nobelpreisträger ist weiterhin die umfassende Auslandserfahrung. Ihre Laufbahnen zeichnen sich durch zahlreiche mittel- und langfristige Auslandsaufenthalte, vornehmlich an Eliteuniversitäten, aus. Sie nutzten die Auslandserfahrung augenscheinlich weniger als episodisches und strategisches Moment zur Beförderung ihrer nationalen Karrierelaufbahn, sondern bewegen sich tatsächlich frei zwischen den verschiedenen Wissenschaftsfeldern. Besonders begünstigend für ihren Weg zur internationalen Spitze der wissenschaftlichen Prestigehierarchie scheint darüber hinaus ihr enger Kontakt zur etablierten Prestigeelite zu sein. Knapp die Hälfte (42,2 Prozent) aller Nobelpreisträger im Sample stand im Laufe ihrer Karriere als Mentee in einem Betreuungs- beziehungsweise Förderungsverhältnis zu einem schon ausgezeichneten Nobelpreisträger.[13] Die eher unkonventionellen Werdegänge der Nobelpreisträger lassen sich mit ihrer exklusiven sozialen Herkunft in Verbindung bringen. (Jeder vierte Nobelpreisträger im Sample stammt aus einer Professorenfamilie, jeder dritte aus dem Großbürgertum.) Diese privilegierte Herkunft scheint sie mit dem notwendigen Selbstbewusstsein und der nötigen Selbstsicherheit dafür auszustatten, ihre Werdegänge jenseits der regulären Bahnen zu gestalten, versetzt sie aber gleichzeitig in die Lage, sich Anerkennung im Feld zu verschaffen (hierzu auch Hänzi/Matthies 2014). Die Nobelpreisträger verkörpern damit am ehesten jene Wissenschaftsakteure, die Bourdieu mit dem Begriff der »arrivierten Häretiker« (Bourdieu 1992b: 180ff.) umschreibt. Es handelt sich dabei um hoch anerkannte Ausnahme- (und Außenseiter-) Wissenschaftler, deren Laufbahnen größtenteils außerhalb der traditionellen universitären Karrierewege und damit auch jenseits der institutionellen Machtpositionen verlaufen. Das Handeln des *arrivierten Häretikers* ist vornehmlich auf die Forschung ausgerichtet, er verkörpert eher den Typus eines

---

12 Vor diesem Hintergrund wäre auch die massive Verschärfung des Wettbewerbs um Finanzmittel, von denen zunehmend auch außeruniversitäre Forschungsinstitute betroffen sind, kritisch zu sehen, da diese zur Ressourcenkonzentration auf bürokratische Vorgänge, wie Antragsstellungen, führt und tendenziell zeitlich kurz- bis mittelfristige Forschungsvorhaben begünstigt.

13 Zu ähnlichen Ergebnissen kommt Zuckerman auch für die US-amerikanischen Nobelpreisträger (vgl. Zuckerman 1977).

Künstlers. Seine häufig hohe soziale Herkunft, so Bourdieu, sorge für objektive Sicherheiten und großes Selbstvertrauen, was ihn zu höherer Risikobereitschaft neigen ließe und ihm eine Laufbahn jenseits der vorgegebenen Strukturen ermögliche.

5. Wissenschaft – ein Spiel mit ungleichen Chancen

Die empirischen Befunde zur sozialen Zusammensetzung und den Werdegängen der Wissenschaftselite in Deutschland lassen sich als starke Hinweise darauf interpretieren, dass Wissenschaft ein Spiel unter ungleichen Bedingungen ist. Es ist anzunehmen, dass sowohl Zufall und als auch Leistung bedeutende Einflussfaktoren für einen erfolgreichen Karriereverlauf sind, zugleich jedoch die Voraussetzungen für die Wirkmacht von Zufall und Leistung eine ungleiche Verteilung nach sozialer Herkunft aufweisen. Die insgesamt äußerst sozial exklusive Zusammensetzung der deutschen Wissenschaftselite und insbesondere die markanten Unterschiede im Sozialprofil der wissenschaftlichen Teileliten deuten darauf hin, dass für den Zugang zur Wissenschaftselite keine Chancengleichheit herrscht – weder auf Basis von Glück noch von Leistung –, sondern sozial selektive Mechanismen wirksam sind, die je spezifische, sozial schiefe Zusammensetzungen der Elitefraktionen zur Folge haben. Die herkunftsspezifischen Differenzen, die sich in den Werdegängen der Elitemitglieder zeigen, legen darüber hinaus die Vermutung nahe, dass die soziale Herkunft eine generelle Einflussgröße im wissenschaftlichen Spiel darstellt und damit nicht nur den Zugang zur Elite beeinflusst, sondern den gesamten wissenschaftlichen Karriereverlauf prägt. Die Werdegänge der Elitemitglieder, die aus privilegierten Familienverhältnissen stammen und insbesondere jener, die *in das Feld hineingeboren* wurden, vermitteln im Vergleich zu den Laufbahnen der Personen ohne entsprechenden Hintergrund den Eindruck großer Souveränität und Selbstsicherheit. Eine mögliche Deutung wäre, dass sich in ihren Werdegängen eine Vertrautheit mit der Struktur des Feldes und den darin gültigen Spielregeln widerspiegelt. Die strukturellen Unterschiede lassen annehmen, dass diese Personen sich eher frei und ungezwungen auf das Wissenschaftsspiel einlassen können und sich selbstbewusster ein Arbeitsumfeld suchen, welches auf ihre Interessen zugeschnitten ist. Sie scheinen sozusagen das gesamte Spielfeld bespielen zu können, während die Werdegänge der sozialen

Aufsteiger eher schmalspuriger und weniger gewagt ausfallen. Aufgrund fehlender tieferer Einblicke bleiben diese Deutungen jedoch spekulativ.

Darüber hinaus weisen insbesondere die Werdegänge der Nobelpreisträger einige markante Abweichungen auf. Sie halten sich seltener an die feldinterne Ordnung, sowohl im Hinblick auf die zeitliche als auch auf Positionsstruktur. Die eher untypischen Werdegänge der Nobelpreisträger lassen sich mit deren exklusiver Herkunft und der familiären Nähe zum wissenschaftlichen Feld in Verbindung bringen. Sie starten mit den besten Ausgangsbedingungen in das Spiel und verfügen über hohes Spielgeschick. Im Anschluss an Bourdieu liegt es nahe anzunehmen, dass sie das Spiel nicht nur streng nach den Spielregeln spielen, sondern gewissermaßen auch mit den und um die Spielregeln selbst spielen, da sie durch ihre wissenschaftlichen Errungenschaften und ihre Stellung im Feld oftmals auch weitreichenden Einfluss auf die Feldstrukturen selbst haben. Bourdieu verdeutlicht dies am Beispiel Einsteins, der als »eine Art Großunternehmen [.] den gesamten Raum umgestalten« konnte, also sich nicht nur an der Spitze der gegebenen Struktur positionierte, sondern die Struktur selbst beeinflusste und veränderte (Bourdieu 1998: 20).

Auch wenn in den empirischen Betrachtungen nur jene Akteure in den Blick genommen wurden, die zu den Gewinnern des Wissenschaftsspiels zählen, also durchweg Beispiele erfolgreicher Spielverläufe und Spielstrategien darstellen, so können die herkunftsspezifischen Unterschiede in der Zusammensetzung und in den Werdegängen als starke Indizien gewertet werden, dass die soziale Herkunft einen Einfluss auf den individuellen Verlauf des Wissenschaftsspiels hat. Folgt man dieser These, so geben die derzeitigen strukturellen Veränderungen der institutionellen Rahmenbedingungen und der Beschäftigungsstrukturen im Wissenschaftsfeld Anlass zu Besorgnis. Denn seit einigen Jahren zeichnet sich das deutsche Wissenschaftsfeld durch eine massive Zunahme prekärer Beschäftigungsverhältnisse aus. In den letzten Jahrzehnten ist ein starker Anstieg befristeter Beschäftigungsverhältnisse zu verzeichnen, gleichzeitig sinkt die Befristungsdauer, also die Laufzeit der Arbeitsverträge. Derzeit sind knapp 90 Prozent aller wissenschaftlichen Mitarbeiter an Hochschulen in einem befristeten Beschäftigungsverhältnis angestellt (vgl. Statistisches Bundesamt 2013: 145; eigene Berechnungen), über die Hälfte dieser befristeten Arbeitsverhältnisse habe eine Laufzeit von unter einem Jahr (vgl. Jongmanns 2011: 73). Darüber hinaus ist knapp die Hälfte aller wissenschaftlichen Mitarbeiter in Teilzeit beschäftigt (vgl. Statistisches Bundesamt 2013: 145; eigene Berechnungen). Diesen enormen be-

ruflichen Unsicherheiten in den unteren Hierarchieebenen des Feldes steht
eine sehr geringe Anzahl an sicheren Dauerstellen im oberen Feldsegment
gegenüber. Im internationalen Vergleich verfügt das deutsche Wissenschaftsfeld über einen sehr schmalen *Oberbau* (*senior staff*) in Form unbefristeter
Stellen, die eine eigenständige wissenschaftliche Betätigung in institutionell
gesichertem Rahmen ermöglichen (vgl. Kreckel 2008, 2011). Eine Laufbahn
im wissenschaftlichen Feld ist insofern nach wie vor mit erheblichen beruflichen Unsicherheiten und Risiken verknüpft, wobei die jüngsten Entwicklungen diese Unsicherheit noch in hohem Maße verstärken. Der Bericht der Expertenkommission zur Evaluation der Exzellenzinitiative spricht
in diesem Zusammenhang sogar von Wissenschaftskarrieren als »Vabanque-
spiel« – einem Spiel um alles oder nichts –, das dazu führe, dass sich insbesondere Frauen davon abschrecken ließen (IEKE 2016: 25ff.). Während der
Einflussfaktor Geschlecht in der wissenschaftlichen wie in der öffentlichen
Debatte um Wissenschaftskarrieren seit Jahren als zentrales Problem erkannt
und zum Politikum erhoben wird, wird der Einfluss der sozialen Herkunft
(anders als etwa im Bereich der Bildungsforschung) nicht nur weitgehend ig-
noriert, sondern häufig auch tabuisiert. Vor dem Hintergrund der theoretischen Überlegungen und der empirischen Befunde ist jedoch anzunehmen,
dass gerade das hohe und weiter steigende Karriererisiko soziale Aufsteiger
vor zunehmend größere Hürden stellt. Bourdieu argumentiert in diesem Zusammenhang, dass »[d]ie risikoreichen und damit oft auch die prestigeträchtigen Bildungslaufbahnen und Berufskarrieren [.] immer ein weniger ruhm-
volles ›Gegenstück‹ [haben], das denen überlassen bleibt, die nicht genügend
(ökonomisches, kulturelles und soziales) Kapital haben, um das Risiko einzugehen, bei dem Versuch alles zu gewinnen, alles zu verlieren – ein Risiko,
das man nur dann eingeht, wenn man sicher ist, niemals alles zu verlieren«
(Bourdieu 1981: 180). In Kombination mit dem herkunftsspezifischen Gespür für das Wissenschaftsspiel und Kenntnissen erfolgreicher Spielstrategien sowie mit den Selektionseffekten aufgrund einer herkunftsabhängigen
Passung an den feldspezifischen Habitus, bergen die aktuellen wissenschafts-
und hochschulpolitischen Entwicklungen eine wachsende Gefahr der Produktion und Reproduktion herkunftsspezifisch ungleicher Chancen auf den
Einstieg, Verbleib und Erfolg in der Wissenschaft.

Literatur

Bourdieu, Pierre (1975), The specificity of the scientific field and the social conditions of the progress of reason, *Social Science Information*, Jg. 14, H. 6, S. 19–47.

Bourdieu, Pierre (1981), Klassenschicksal, individuelles Handeln und das Gesetz der Wahrscheinlichkeit, in: Pierre Bourdieu/Luc Boltanski/Monique de Saint Martin/Pascale Maldidier, *Titel und Stelle. Über die Reproduktion sozialer Macht*. Hg. v. Helmut Köhler, Frankfurt/M., S. 169–226.

Bourdieu, Pierre (1983), Ökonomisches Kapital, kulturelles Kapital, soziales Kapital, in: Reinhard Kreckel (Hg.), *Soziale Ungleichheiten*, Göttingen, S. 183–198.

Bourdieu, Pierre (1991), The peculiar history of scientific reason, *Sociological Forum*, Jg. 6, H. 1, S. 3–26.

Bourdieu, Pierre (1992a), Die feinen Unterschiede, in: Pierre Bourdieu, *Die verborgenen Mechanismen der Macht*. Hg. v. Margareta Steinrücke, Hamburg, S. 31–47.

Bourdieu, Pierre (1992b), *Homo academicus*, Frankfurt/M.

Bourdieu, Pierre (1998), *Vom Gebrauch der Wissenschaft. Für eine klinische Soziologie des wissenschaftlichen Feldes*, Konstanz.

Bourdieu, Pierre (2004), *Der Staatsadel*, Konstanz.

Bourdieu, Pierre/Passeron, Jean-Claude (Hg.) (1971), *Die Illusion der Chancengleichheit. Untersuchungen zur Soziologie des Bildungswesens am Beispiel Frankreichs*, Stuttgart.

Bourdieu, Pierre/ Wacquant, Loïc J. D. (1996), *Reflexive Anthropologie*, Frankfurt/M.

Gabriel, Oscar W./Neuss, Beate/Rüther, Günther (Hg.) (2004), *Konjunktur der Köpfe? Eliten in der modernen Wissensgesellschaft*, Düsseldorf.

Graf, Angela (2015a), *Die Wissenschaftselite Deutschlands. Sozialprofil und Werdegänge zwischen 1945 und 2013*, Frankfurt/M.

Graf, Angela (2015b), Soziale Selektivität beim Zugang zur Wissenschaftselite, in: Angela Graf/Christina Möller (Hg.), *Bildung – Macht – Eliten. Zur Reproduktion sozialer Ungleichheit*, Frankfurt/M., S. 181–207.

Hänzi, Denis/Matthies, Hildegard (2014), Leidenschaft – Pflicht – Not. Antriebsstrukturen und Erfolgskonzeptionen bei Spitzenkräften der Wissenschaft und Wirtschaft, *Leviathan Sonderband*, Jg. 42, 29, S. 246–264.

Hartmann, Michael (2002), *Der Mythos von den Leistungseliten. Spitzenkarrieren und soziale Herkunft in Wirtschaft, Politik, Justiz und Wissenschaft*, Frankfurt/M.

Hartmann, Michael (2004), Elitehochschulen. Die soziale Selektion ist entscheidend, *Prokla*, 34/137, H. 4, S. 535–549.

Hasenjürgen, Brigitte (1996), *Soziale Macht im Wissenschaftsspiel. Sozialwissenschaftler_innen und Frauenforscherinnen an der Hochschule*, Münster.

Internationale Expertenkommission Exzellenzinitiative (IEKE) (2016), Internationale Expertenkommission zur Evaluation der Exzellenzinitiative. Januar 2016.

Jongmanns, Georg (2011), Evaluation des Wissenschaftszeitvertragsgesetzes (WissZeitVG), 15.07.2013.

Kreckel, Reinhard (Hg.) (2008), *Zwischen Promotion und Professur. Das wissenschaftliche Personal in Deutschland im Vergleich mit Frankreich, Großbritannien, USA, Schweden, den Niederlanden, Österreich und der Schweiz*, Leipzig.

Kreckel, Reinhard (2011), Universitäre Karrierestruktur als deutscher Sonderweg, in: Andreas Keller/Alexandra Ortmann/Klemens Himpele (Hg.), *Traumjob Wissenschaft? Karrierewege in Hochschule und Forschung*, Bielefeld, S. 47–60.

Lange-Vester, Andrea/Teiwes-Kügler, Christel (2013), *Zwischen W 3 und Hartz IV. Arbeitssituation und Perspektiven von wissenschaftlichen Mitarbeiterinnen und Mitarbeitern*, Leverkusen.

Lenger, Alexander (2008), *Die Promotion. Ein Reproduktionsmechanismus sozialer Ungleichheit*, Konstanz.

Merton, Robert K. (1985a), Der Matthäus-Effekt in der Wissenschaft, in: Robert K. Merton, *Entwicklung und Wandel von Forschungsinteressen. Aufsätze zur Wissenschaftssoziologie*, Frankfurt/M., S. 147–171.

Merton, Robert K. (1985b), Die normative Struktur der Wissenschaft, in: Robert K. Merton, *Entwicklung und Wandel von Forschungsinteressen. Aufsätze zur Wissenschaftssoziologie*, Frankfurt/M., S. 86–99.

Merton, Robert K. (2010), Der Matthäus-Effekt in der Wissenschaft, II. Kumulativer Vorteil und der Symbolismus des intellektuellen Eigentums, *Berliner Journal für Soziologie*, Jg. 20, H. 3, S. 285–308.

Möller, Christina (2015), *Herkunft zählt (fast) immer. Soziale Ungleichheiten unter Universitätsprofessorinnen und -professoren*, Weinheim.

Schmidt, Helmut J./Scholz-Reiter, Bernd (2015), Wollen wir mehr Elite wagen? Die Bildungsrepublik diskutiert über die nächste Exzellenzinitiative. Zwei Uni-Präsidenten streiten sich, ob es weitergehen soll wie bisher, *ZEIT ONLINE*, 12.11.2015, *http://www.zeit.de/2015/44/exellenzinitiative-universitaet-pro-contra-elite-allianz-veraenderung*.

Statistisches Bundesamt (1960), *Bevölkerung und Kultur. Hochschullehrer und sonstiges wissenschaftliches Personal an den Wissenschaftlichen Hochschulen 1960*, Wiesbaden.

Statistisches Bundesamt (1992), *Bildung und Kultur. Prüfungen an Hochschulen 1990*, Wiesbaden.

Statistisches Bundesamt (2000a), *Bildung und Kultur. Personal an Hochschulen. Fachserie 11 Reihe 4.4*, Wiesbaden.

Statistisches Bundesamt (2000b), *Bildung und Kultur. Prüfungen an Hochschulen 2000. Fachserie 11 Reihe 4.2*, Wiesbaden.

Statistisches Bundesamt (2013), *Bildung und Kultur. Personal an Hochschulen 2012*.

Weber, Max (1988), Wissenschaft als Beruf, in: Max Weber, *Gesammelte Aufsätze zur Wissenschaftslehre*. Hg. v. Johannes Winckelmann, 7. Aufl., photomechan. Nachdr. der 6. Aufl, Tübingen, S. 582–613.

Zuckerman, Harriet (1977), *Scientific Elite. Nobel laureates in the United States*, New York.

Exzellenzkarrieren? Die Graduiertenschulen der Exzellenzinitiative und ihre Bedeutung für akademische Karrieren

Roland Bloch

Graduiertenschulen und andere Promotionsprogramme sind ein relativ neues Phänomen im deutschen Hochschulsektor. Sie sollen das traditionelle »Meister-Schüler-Verhältnis« (Hornbostel 2009: 213), das auf einem individuellen »Arbeitsbündnis« (Oevermann 2005: 38) zwischen Betreuer und Doktorand beruht, durch ein formalisiertes Ausbildungsprogramm ersetzen. Ihre Zahl ist in den letzten Jahren stark gestiegen. Zu diesen Programmen zählen die Graduiertenschulen der Exzellenzinitiative. Mit diesen soll aber nicht allein die traditionelle Promotion transformiert, sondern auch Rangunterscheidungen im Feld der Doktorandenausbildung eingeführt werden. Dies liegt in der Logik der Exzellenzinitiative, ist sie doch ein politisches Programm zur Induzierung von Stratifikation im deutschen Hochschulsektor.

In der Forschungsliteratur wird Stratifikation primär auf die Produktion und Reproduktion nationaler und internationaler Eliten durch Elitehochschulen bezogen, die als »gatekeeper of class position« fungieren (Liu 2011: 384; Waters/Brooks 2010; Morley/Lugg 2009; Rivera 2011; Martin 2012). Bestimmte Hochschulen werden dabei durch den Erfolg ihrer Alumni rückwirkend als Elitehochschulen deklariert. In einem hoch stratifizierten Hochschulsektor wie dem US-amerikanischen ist eine solche Zuschreibung fest etabliert (vgl. Paradeise/Thoenig 2014): Qua ihres Prestiges können Elitehochschulen ihren Absolventen[1] eine erfolgreiche Karriere versprechen. Im Gegensatz dazu gilt der deutsche Hochschulsektor bislang kaum als vertikal gegliedert (vgl. Teichler 2009: 164). Für Hochschulen gleichen Typs wird von einer »ständischen Gleichheitsfiktion« (Kreckel 2010: 242) ausgegangen; ihre Abschlüsse gelten als gleichwertig. Der Bildungsabschluss, aber nicht die spezifische Hochschule, an der dieser erworben wurde, ist – neben der sozialen Herkunft – ein entscheidender Faktor für den Aufstieg in Spitzenposi-

---

[1] Aus Gründen der Lesbarkeit wird die männliche Form verwendet, die Frauen mit einschließt. Zudem wird der Begriff ›wissenschaftlicher Mitarbeiter‹ an vielen Stellen im Text als Personalkategorie und nicht zur empirischen Beschreibung genutzt.

tionen (vgl. Hartmann 2001). Mit der Exzellenzinitiative werden nun neue Rangunterscheidungen in den Hochschulsektor eingeführt. Den ausgewählten Graduiertenschulen wird eine Spitzenposition im Feld der Doktorandenausbildung zugewiesen. Soll sich die solchermaßen induzierte Stratifikation etablieren, so müssen die Graduiertenschulen ihren Exzellenzanspruch einlösen. Der Blick auf hoch stratifizierte Hochschulsektoren – mit denen die Graduiertenschulen der Exzellenzinitiative um die besten Nachwuchswissenschaftler konkurrieren sollen – zeigt, dass das Prestige einer Einrichtung davon abhängt, ob sie ihren Absolventen Zugang zu Spitzeneinrichtungen verschaffen können, kurz: ob sie Exzellenzkarrieren produzieren können.

Im Zentrum des Beitrags steht die Frage, ob und wenn ja, wie sich die Graduiertenschulen als Produzenten von Exzellenzkarrieren entwerfen. In ihren Bemühungen, dies zu tun, treffen sie auf ein traditionelles akademisches Karrieresystem, das durch einen weitgehend unregulierten Karriereaufstieg gekennzeichnet ist (vgl. Bloch/Würmann 2014). Nach dem Hochschulabschluss erfolgt die weitere Qualifikation häufig während der ersten akademischen Berufstätigkeit. Sie ist nicht Teil einer formalisierten Ausbildung, sondern vielmehr durch informelle Lernprozesse, Erwartungen und Sanktionen geprägt (Enders 1994, Engler 2001). Der Beitrag rekonstruiert daher zunächst anhand des Aufstiegs des wissenschaftlichen Mitarbeiters, also jener Position, auf der sich die meisten Nachwuchswissenschaftler weiterqualifizieren, wie die Promotionsphase in der Personalstruktur der Universitäten verankert ist. Im zweiten Abschnitt wird analysiert, inwiefern Graduiertenschulen und ihre Vorgänger die akademischen Karrierebedingungen verändern. Im letzten Abschnitt wird schließlich der Frage nachgegangen, inwiefern die Graduiertenschulen Exzellenzkarrieren produzieren, das heißt ob und wie akademische Karrieren als Effekt ihres Ausbildungsprogramms erscheinen. Empirische Grundlage sind organisationsbezogene Fallstudien an zwei Graduiertenschulen der Exzellenzinitiative.[2]

---

2 Die Fallstudien wurden im Rahmen der DFG-Forschergruppe »Mechanismen der Elitebildung« im Teilprojekt »Elitebildung und Hochschulen« durchgeführt. Sie basieren auf leitfadengestützten Interviews mit Professoren, Mitarbeitern der Administration und Promovierenden und der Beobachtung ausgewählter Veranstaltungen wie beispielsweise Sitzungen der Auswahlkommission, besonderen Lehrveranstaltungen und Absolventenfeiern. Alle Angaben, die Rückschlüsse auf Personen, Institutionen und Orte erlauben, wurden anonymisiert.

1. Der Aufstieg des wissenschaftlichen Mitarbeiters

Anfang der 1960er Jahre gab es kaum wissenschaftliche Mitarbeiter an deutschen Hochschulen. Vielmehr war die Assistentur die reguläre Position unterhalb der Professur, die einerseits Funktionsaufgaben am Lehrstuhl übernahm, andererseits der Qualifikation des wissenschaftlichen Nachwuchses diente, und zwar der Habilitation. Die Assistentur setzte damit die Promotion voraus. Mit der beginnenden Hochschulexpansion stieg die Zahl der Assistentenstellen aber so stark an, dass es nicht mehr ausreichend für diese Stellen Qualifizierte, das heißt Promovierte, gab.[3] Gleichzeitig wurden dringend mehr Assistenten benötigt, um den Lehrbetrieb angesichts steigender Studierendenzahlen aufrechterhalten zu können. Daher wurden immer mehr Assistenturen ›in Verwaltung‹ mit Nicht-Promovierten besetzt. In der Konsequenz konnten wegen der fehlenden Promotion immer weniger Assistenten habilitieren, so dass der Wissenschaftsrat (1967: 111) eine »angespannte Nachwuchslage« diagnostizierte, die dazu führe, dass frei werdende oder neu eingerichtete Professuren nicht mehr besetzt werden könnten. Das akademische Karrieresystem stand somit im Vergleich zur Gegenwart unter umgekehrten Vorzeichen unter Druck: Es gab nicht zu viele, sondern zu wenig Qualifizierte – zu wenig Promovierte für die Assistentenstellen und zu wenig Habilitierte für die Professuren.

Vor diesem Hintergrund ging es vorrangig darum, die Zahl der akademisch Qualifizierten zu erhöhen. Dementsprechend forderte der Wissenschaftsrat, dass die Assistentur wieder ihrem Qualifikationscharakter gerecht werden und mit Promovierten besetzt werden müsse; Promovierende hingegen sollten durch Stipendien gefördert werden.[4] Zwar wurde ein entspre-

---

3 Dieser Mangel war auch darin begründet, dass die Promotion Zugang zu attraktiven Positionen außerhalb der Wissenschaft bot, die Assistentur aber als »Durchgangsstelle einen wesentlichen Teil ihrer Attraktivität aus bloß ›potentiellen Belohnungen‹ zog, die die Einzelnen als Chancen auf die höchst attraktive Position des Ordinariats erst realisieren mussten. Dieses, im Vergleich zur unmittelbaren Attraktivität der Stelle hohe Niveau der Eingangsqualifikation konnte nur so lange von den Bewerbern verlangt werden, als die Zahl der so angelegten Stellen die der Habilitationswilligen und derer, die eine andere Position innerhalb der Hochschule anstrebten, nicht wesentlich überstieg« (Bock 1972: 204).

4 Vgl. die Empfehlung der Westdeutschen Rektorenkonferenz (WRK) zur Stellung des Assistenten 1968: »Als Assistent kann grundsätzlich eingestellt werden, wer den Doktorgrad erworben hat. [...] Doktoranden sollen durch Promotionsstipendien gefördert werden« (WRK 1968: 18). Bereits seit 1963 vergab die Volkswagen-Stiftung Promotionsstipendien. Weil diese Förderung 1968 auslaufen sollte, stellte »sich das Problem der finanziellen Sicherung von Doktoranden erneut und mit besonderer Dringlichkeit« (Wissenschaftsrat 1967: 30).

chendes Stipendienwesen 1971 gesetzlich geschaffen[5], aber nie in dem Umfang ausgebaut, dass es zum Regelfall für die Promotion werden konnte. Weil Assistenturen nicht mehr mit Nicht-Promovierten besetzt werden sollten, fehlte im Personalstrukturgefüge eine Position, auf der man sich für die Assistentur qualifizieren, das heißt promovieren konnte. Darüber hinaus brauchte man dringend mehr Personal zur Bewältigung der Hochschulexpansion. Als Ersatz für die fehlende Förderung von Promovierenden wurde daher verstärkt die Kategorie des wissenschaftlichen Mitarbeiters genutzt. Ihre Zahl stieg rapide an von 3.289 (1966) auf 20.261 (1973), während sich die Expansion der Assistentur im gleichen Zeitraum bereits abschwächte.

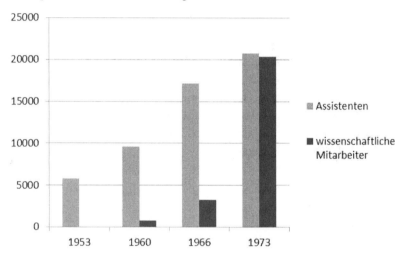

Abb. 1. Anzahl der Assistenten und der wissenschaftlichen Mitarbeiter 1953, 1960, 1966, 1973 (Quelle: Lundgren 2009)

Im 1976 verabschiedeten Hochschulrahmengesetz (HRG) wurden die wissenschaftlichen Mitarbeiter aber als Funktions- und nicht als Qualifikationsstellen definiert.[6] Weil es unbefristete Stellen für akademische Daueraufgaben unterhalb der Professur sein sollten, wurden sie mit dem »Verlust weiterer Karriereperspektiven« (Enders 1996: 107) assoziiert. Demgegenüber

---

5 Gesetz über die Förderung des wissenschaftlichen Nachwuchses an den Hochschulen (GFG) vom 2.9.1971.

6 Das HRG verankerte die Promotionsphase nicht in der Personalstruktur der Hochschulen, »sondern setzte stillschweigend eine Verlagerung der Qualifizierungs- und Selektionsfunktion aus dem Personalstrukturgefüge durch die Stipendienförderung nach dem Graduiertenförderungsgesetz voraus« (Enders 1996: 102).

nahm man an, dass sich der Karriereweg hin zur Professur »nur über eine Kette befristeter Nachwuchspositionen sinnvoll gestalten ließe« (ebd.). Die Landeshochschulgesetze, denen das HRG die konkrete Ausgestaltung der Beschäftigungsverhältnisse und der Promotionsphase überantwortete, folgten dieser Vorstellung, indem sie a) die Nutzung von Mitarbeiterstellen zur Promotionsförderung explizit erlaubten und b) diese Stellen aufgrund ihres Qualifikationscharakters grundsätzlich befristeten, ohne aber c) ihren Funktionscharakter aufzuheben.[7] Diese Regelung passte zu »Steuerungsversuchen, Befristung als funktionale Notwendigkeit für den akademischen Arbeitsmarkt [...] rechtlich abzusichern und verstärkt zu praktizieren« (Lundgren 2009: 23). Die zunehmende Besetzung von Mitarbeiterstellen mit Promovierenden führte so zur Ausdehnung befristeter Beschäftigung an den Universitäten.

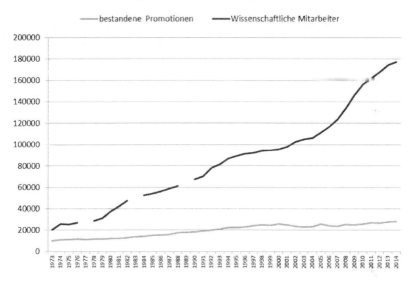

Abb. 2. Anzahl der wissenschaftlichen Mitarbeiter und der abgeschlossenen Promotionen 1973– 2014 (Quellen: Lundgren 2009; Statistisches Bundesamt: Bildung und Kultur. Prüfungen an Hochschulen, Fachserie 11, Reihe 4.2; Statistisches Bundesamt: Bildung und Kultur. Personal an Hochschulen, Fachserie 11, Reihe 4.4, Bundesministerium für Bildung und Wissenschaft: Personal an Hochschulen 1982 bis 1991, Bonn 1994)[8]

---

7 Die akademische Qualifizierung war dementsprechend lediglich eine von mehreren Dienstaufgaben oder wurde gar nicht als Teil dieser festgelegt, sondern im Rahmen zunehmender Teilzeitbeschäftigung in die Freizeit verlagert.

8 Für die Jahre 1977, 1983 und 1989 wurden die Zahlen durch Individualbefragungen des Lehrpersonals ermittelt, die nicht vergleichbar mit den ansonsten auf Verwaltungsmel-

Zwischen 1973 und 2014 hat sich die Zahl der wissenschaftlichen Mitarbeiter mehr als verachtfacht[9], während sich die Zahl der jährlich abgeschlossenen Promotionen nicht einmal verdreifacht hat. Diese Expansion verdankt sich nicht allein der Vermehrung regulärer, das heißt haushaltsfinanzierter Mitarbeiterstellen, sondern auch der zunehmenden Ausdehnung drittmittelfinanzierter Forschung. 2014 beschäftigten die deutschen Hochschulen 134.190 wissenschaftliche Mitarbeiter befristet, von denen 69.942 aus Haushaltsmitteln finanziert wurden, das heißt es handelt sich um Stellen, die aufgrund ihres Qualifikationscharakters befristet sind. Hinzu kommen 63.049 Mitarbeiterstellen, die aus öffentlichen wie privaten Drittmitteln finanziert werden und häufig ebenfalls als Qualifikationsstellen deklariert sind, z. B. in DFG-Projekten (Statistisches Bundesamt 2015: 144). Zwar arbeitet nicht jeder wissenschaftliche Mitarbeiter an einer Promotion, aber auch nicht jede Promotion wird auf einer Mitarbeiterstelle an der Universität abgeschlossen.[10] Insgesamt hat sich die Diskrepanz zwischen denen, die mutmaßlich an einer Promotion arbeiten, und jenen, die eine Promotion abschließen, immer mehr vergrößert.

Diese Entwicklung hängt maßgeblich mit dem Doppelcharakter des wissenschaftlichen Mitarbeiters als Funktions- und Qualifikationsstelle zusammen. Reine Qualifikationsstellen gibt es nach diesem Verständnis nicht. Vielmehr übernehmen wissenschaftliche Mitarbeiter neben der Promotion immer weitere Aufgaben in Forschung, Lehre und Verwaltung. Die Expansion der wissenschaftlichen Mitarbeiter ist funktional begründet: Sie werden zur Bewältigung stetig steigender Studierendenzahlen (Bloch u. a. 2014b) und einer immer größer werdenden Zahl von drittmittelfinanzierten Forschungsprojekten benötigt. In beiden Fällen wird aber nicht von Daueraufgaben ausgegangen: Projektfinanzierung ist an Laufzeiten gebunden und

---

dungen basierenden Zahlen sind und daher nicht in den Zeitreihen der amtlichen Statistik aufgeführt werden.

9 Dazu trug auch der Umstand bei, dass mit der Einführung der Bundesbesoldungsordnung C 2005 die für Habilitanden bestimmte Position des wissenschaftlichen Assistenten abgeschafft wurde. Befristete wissenschaftliche Mitarbeiterstellen können seither sowohl mit Promovierenden als auch mit Promovierten besetzt werden, die eine Habilitation oder äquivalente Weiterqualifikation anstreben.

10 So gibt es auch die ›externe‹ oder ›freie‹ Promotion, in deren Rahmen Doktoranden individuell von einem Hochschullehrer betreut werden, aber nicht Angehörige der Universität sind. Hierunter fallen Stipendiaten, Promovierende in der außeruniversitären Forschung und solche, die ihre Promotion selbst finanzieren. Das Statistische Bundesamt (2012: 23) schätzt ihren Anteil auf 24 Prozent der Promovierenden.

von den Studierendenzahlen wird trotz gegenteiliger Entwicklung immer wieder angenommen, dass sie wieder zurückgehen würden. Rechtlich abgesichert wird die Befristung von Beschäftigungsverhältnissen aber über den Qualifikationscharakter der Stellen. In der Konsequenz führt die funktional begründete Expansion der wissenschaftlichen Mitarbeiter zu einer entsprechenden Vermehrung von Qualifikationsstellen. Dementsprechend promoviert die Mehrheit auf der Position des wissenschaftlichen Mitarbeiters.[11] Diese Position wird aber nicht mehr als Ersatz für eine fehlende Promotionsförderung genutzt, sondern macht aus den Stelleninhabern erst Qualifikanten – ihre Zahl übertrifft bei weitem den Nachwuchsbedarf, das heißt die Zahl der verfügbaren Stellen bei Erreichen des Qualifikationszwecks.

Die Position des wissenschaftlichen Mitarbeiters ist daher trotz ihres Qualifikationscharakters weitgehend vom akademischen Karrieresystem entkoppelt: Unter dem Gesichtspunkt der Produktion von wissenschaftlichem Nachwuchs erscheint es funktional notwendig, dass der Qualifikationszweck häufig *nicht* erreicht wird.[12] Unter dem Gesichtspunkt der Aufnahme weiterhin steigender Studierendenzahlen erscheint es ebenfalls als funktional notwendig, die Zahl der wissenschaftlichen Mitarbeiter keinesfalls zu reduzieren. Obwohl die Mitarbeiterstellen gerade aufgrund ihres Qualifikationscharakters befristet werden, konnte ihre Zahl nur deswegen so stark zunehmen, weil der Großteil sich gerade nicht weiter qualifiziert, und damit auch nicht mehr Teil des akademischen Karrieresystems ist.[13]

---

11 Die Zahl der Promovierenden an deutschen Hochschulen wird nicht statistisch erfasst. Das Statistische Bundesamt (2012) schätzt, dass es rund 200.000 Promovierende gibt, von denen 58 % intern, das heißt auf einer Mitarbeiterstelle an der Universität promovieren.

12 Weil in der Prüfungsstatistik nur die abgeschlossenen Promotionen, nicht aber die laufenden Promotionsvorhaben erfasst werden, kann auch die Abbruchquote nur geschätzt werden. Laut dem ersten Bundesbericht zur Förderung des Wissenschaftlichen Nachwuchses (2008: 47) wird nur jedes dritte Promotionsvorhaben auch abgeschlossen, laut dem zweiten Bundesbericht (2013: 273) jedes zweite. Der dort genannte Anteil von einem Fünftel abgebrochener Promotionsvorhaben bezieht sich auf einen gesamten Absolventenjahrgang, schließt also auch jene mit ein, die gar nicht promovieren wollten. Eigene Erhebungen wurden nicht durchgeführt.

13 Allein eine mutmaßlich geringe Erfolgsquote der Promovierenden wird somit nicht zu einer Reduktion der Zahl der wissenschaftlichen Mitarbeiter führen.

2.   Die Transformation der Promotion
in ein Ausbildungsprogramm

Die Differenz zwischen der Zahl der Promovierenden und der Zahl der bestandenen Promotionen lässt sich funktional begründen, aber kaum politisch legitimieren. Vielmehr wird sie als Ineffizienz der Promotionsphase gedeutet. Bereits 1986 diagnostizierte der Wissenschaftsrat, dass die Zahl der Promotionen zu gering, die Promotionsdauer zu lang und das Alter der Promovierenden zu hoch sei. Die Rekrutierung von Promovierenden direkt im Anschluss an das Studium suggeriere eine Laufbahn am Institut bzw. Lehrstuhl und »verdunkelt die Einsicht, dass es sich eigentlich um eine Qualifikationsstelle von begrenzter Dauer handelt« (Wissenschaftsrat 1986: 43). Ein Wettbewerb um »vielversprechende« Promovierende finde nicht statt; vielmehr seien Promovierende immobil und würden »oft über längere Zeit in einer Arbeitsgruppe oder einem Hochschulinstitut ›hängenbleiben‹« (ebd.); sie seien nur unzureichend in Forschungszusammenhänge eingebunden und ihre Dissertationsthemen seien zu spezialisiert. Die Ursachen hierfür sah der Wissenschaftsrat zum einen in der »mangelnde[n] Vorbereitung der Doktoranden während des Studiums«, zum anderen in der »mangelhafte[n] Betreuung durch zuständige Hochschullehrer« (ebd.). Kurz: Die wissenschaftlichen Mitarbeiterstellen erfüllten nicht ihren Qualifikationszweck.

Als Lösung empfahl der Wissenschaftsrat (1986: 60) erstens, die Promotion systematisch auf die vorangehenden Ausbildungsstufen zu beziehen und zweitens, die Promotionsphase durch die Einführung von Graduiertenstudien und Graduiertenkollegs zu strukturieren. Tatsächlich eingeführt wurden dann ab 1990 Graduiertenkollegs, die das traditionelle Meister-Schüler-Modell durch ein verbindliches Forschungs- und Ausbildungsprogramm und eine kompetitive Auswahl von Promovierenden ersetzen sollten. Die Ausrichtung war expansiv: Graduiertenkollegs sollten in der Breite eingeführt werden, der Wissenschaftsrat (1988: 17) ging zunächst von einer Gesamtzahl von mindestens 80 aus.

Die Durchführung des Programms zur Förderung von Graduiertenkollegs übernahm die Deutsche Forschungsgemeinschaft (DFG). Innerhalb von nur drei Jahren gelang es, die politischen Zielvorstellungen sogar zu übertreffen und 199 Graduiertenkollegs an 62 Universitäten einzurichten (DFG 1993: 3). Sichtbar waren die Graduiertenkollegs aus der Perspektive der DFG aber nicht als Reformmodell, sondern als Exzellenzprogramm: Die DFG betreibe »eine strenge Auslese« bei der Begutachtung von Graduiertenkollegs; es seien »überwiegend sehr gut ausgewiesene, in Lehre und Forschung engagierte Hochschullehrer, die zu einem Graduiertenkolleg zusammenfinden« und in den Graduiertenkollegs entstünden »exzellente Arbeiten« (DFG 1993: 48). Die Ausrichtung der Graduiertenkollegs war daher nicht expansiv, sondern exklusiv; sie gelten als »Förderform für herausragende Forschung und eine Elite der Doktoranden« (DFG 2000: 8).[14]

Im Gegensatz zu den wissenschaftlichen Mitarbeiterstellen bieten die DFG-Graduiertenkollegs eine, wenn auch zeitlich stärker begrenzte Fördermöglichkeit allein für die Promotion: Ihre Stipendiaten übernehmen zumindest offiziell keine Funktionsaufgaben an der Universität. Die exklusive Konzentration auf die Promotion zusammen mit der Einbindung in ein Forschungs- und Ausbildungsprogramm soll die Effizienz der Promotionsphase erhöhen, indem sie eine frühe wissenschaftliche Selbständigkeit ermöglicht und die Promotionsdauer verkürzt. Auf diese Weise würden Graduiertenkollegs ihre Promovierenden so qualifizieren, »dass sie auf dem internationalen Arbeitsmarkt konkurrenzfähig sind« (DFG 2011: 9). An dem Problem der strukturellen Stellenknappheit auf höheren akademischen Karrierestufen ändern die Graduiertenkollegs somit nichts. Vielmehr setzen sie die Stellenknappheit als Bedingung der Konkurrenz zwischen Nachwuchswissenschaftlern voraus. Durch Bestenauslese und die »zügige forschungsbezogene Qualifizierung« (ebd.) suggerieren sie, dass ihre Absolventen erfolgreich im akademischen Karrieresystem sein werden. Tatsächlich unterscheiden sich diese in ihrem Karriereerfolg allerdings kaum von jenen, die nicht in Graduiertenkollegs promoviert haben.[15] Mit der Einführung von Graduiertenkollegs konnten nunmehr Promovierende allein für den Zweck der Promotion gefördert werden; dies scheint aber trotz Exklusivität und Bestenauslese keinen Einfluss auf den weiteren Karriereverlauf zu haben. Absolvent eines

---

14 Auch für den Wissenschaftsrat (2002: 47) mutierten die Graduiertenkollegs schließlich zu einem »innovationsfördernde[n] Exzellenzprogramm« für eine Minderheit der Promovierenden: »Die Festlegung auf ein Exzellenzprogramm lässt vielmehr eine Reduktion der Anzahl der geförderten Kollegs erforderlich erscheinen« (ebd.: 89).

15 Enders und Kottmann (2009) haben auf der Grundlage einer Befragung ehemaliger Mitglieder von Graduiertenkollegs deren akademische Karrieren mit anderen Promovierten verglichen. Bezüglich des Verbleibs in der Wissenschaft gebe es keine Unterschiede zwischen diesen beiden Gruppen (Enders/Kottmann 2009: 98). In ihrem Kommentar zu der Studie relativiert die DFG denn auch den Einfluss der Graduiertenkollegs auf die akademische Karriere, wenn sie feststellt, »dass nicht nur DFG Graduiertenkollegs zu beruflichem Erfolg führen, sondern in gleicher Weise auch die anderen Promotionswege. Von daher muss die Diversität von Promotionswegen erhalten bleiben« (DFG 2009: 3).

Graduiertenkollegs zu sein ist somit weder eine hinreichende noch eine notwendige Bedingung für eine Exzellenzkarriere.

Die seit 2006 durch die Exzellenzinitiative geförderten Graduiertenschulen schreiben die Exklusivität der Graduiertenkollegs fort, gehen aber »fachlich und strukturell [...] weit über Graduiertenkollegs [...] hinaus und grenzen sich dadurch von diesen ab« (DFG/Wissenschaftsrat 2010: 1). Zwar dominieren bei der Konzeption und Auswahl zunächst Gemeinsamkeiten (Simon u. a. 2010: 161): In Graduiertenschulen wie -kollegs geht es darum, die Promotion in ein Ausbildungsprogramm zu transformieren und zugleich in ein exzellentes Forschungsprogramm bzw. -umfeld einzubinden.[16] Die Unterschiede liegen daher weniger in einem neuen Modell des Promovierens als vielmehr im Umfang und Status. So erhalten die Graduiertenschulen der Exzellenzinitiative zwischen 5,0 und 12,5 Mio. Euro für eine Förderperiode von fünf Jahren,[17] DFG-Graduiertenkollegs hingegen werden jeweils mit durchschnittlich 557.000 Euro für eine Förderperiode von maximal 4,5 Jahren finanziert (DFG 2011: 15). Anders als die DFG-Graduiertenkollegs, die von mehreren Hochschullehrern gemeinsam beantragt und durchgeführt werden, ist die Exzellenzinitiative ein politisches Programm, das primär darauf ausgerichtet ist, Stratifikation im Feld der Hochschulen zu induzieren (Bloch u. a. 2014a). Das Konzept der Graduiertenkollegs – die Promotion als exklusives Ausbildungsprogramm – wurde übernommen und erweitert. Graduiertenschulen sind Programme von Universitäten[18] zur Ausbildung von

16 Graduiertenschulen »dienen der Qualifizierung herausragender Nachwuchswissenschaftlerinnen und Nachwuchswissenschaftler innerhalb eines exzellenten Forschungsumfelds« (DFG/Wissenschaftsrat 2010: 1), und in Graduiertenkollegs »bilden innovative exzellente Forschung und darauf bezogene, strukturierte Nachwuchsförderung eine Einheit« (DFG 2010b: 1). Kriterien der Auswahl von Graduiertenschulen sind »die Qualität eines übergreifenden Forschungs- und Studienprogramms in profilbildenden Wissenschaftsfeldern, die Attraktivität für in- und ausländische Absolventinnen und Absolventen, bestmögliche Betreuung und Herstellung einer frühestmöglichen Selbstständigkeit des wissenschaftlichen Nachwuchses« (ExV 2005, Anlage). Bei Graduiertenkollegs werden das Forschungsprogramm, die Gruppe der Antrag stellenden Wissenschaftlerinnen und Wissenschaftler, das Qualifizierungs- und Betreuungskonzept sowie das wissenschaftliche Umfeld begutachtet (DFG 2010a).

17 Angaben der DFG (http://www.dfg.de/foerderung/programme/exzellenzinitiative/graduiertenschulen/kompakt/index.html).

18 »Graduiertenschulen sind Teil des Nachwuchskonzepts einer Universität und tragen zu ihrer Profilbildung bei« (DFG/Wissenschaftsrat 2010: 1). Antragsteller für Graduiertenschulen sind die Universitäten. Siehe auch Schimank und Lange (2009: 72), die Promotionsprogramme als ein Mittel sehen, die Autonomie der einzelnen Hochschullehrer zu reduzieren.

exzellentem wissenschaftlichen Nachwuchs; und es sind Programme, mit denen Rangunterscheidungen zwischen Hochschulen eingeführt werden. Das formalisierte Wettbewerbsverfahren führt zu einer eindeutigen Entscheidung über die Anträge: entweder sie werden gefördert oder eben nicht. Es ist ein »winner-take-all status system« (Sauder u. a. 2012: 276), dass sowohl Ressourcen als auch Prestige allein den erfolgreichen Anträgen und den daraufhin gegründeten Graduiertenschulen zuweist. Diese Ungleichverteilung markiert die Exzellenzinitiative als eine »policy of excellence […] aim[ed] at formally promoting or recognising a level of quality in research and/or teaching higher than average. On the basis of this level, policies for excellence formally recognise and give institutions, their sub-units, or networks of institutions or sub-units, an apical status and position within the higher education system, and more financial resources« (Rostan/Vaira 2011: 57) .

In der Folge kommt es zu einem Boom von Promotionsprogrammen. Nicht nur die Leibniz und die Helmholtz-Gemeinschaft ziehen nach und installieren eigene Programme, sondern auch die Universitäten bzw. deren Fachbereiche: Die Zahl der Promotionsprogramme außerhalb der Einzellenförderung durch DFG und Exzellenzinitiative und ohne außeruniversitäre Träger steigt von 91 (2006) auf 516 (2014).[19] Mit den Graduiertenschulen der Exzellenzinitiative wird zugleich erst jenes Feld der Doktorandenausbildung erzeugt, in dem die geförderten Graduiertenschulen eine Spitzenposition einnehmen. Sie wirken als Promotoren, die stratifizierende Unterscheidungen einführen und dadurch Reaktionen hervorrufen; sie sollen in der Rhetorik der Exzellenzinitiative »eine Leistungsspirale in Gang setzen, die die Ausbildung von Spitzen und die Anhebung der Qualität des Hochschul- und Wissenschaftsstandortes Deutschland in der Breite zum Ziel hat« (ExV 2005, Präambel). Die Ausstattung mit den entsprechenden Ressourcen stabilisiert – für die Dauer der Förderung – die Positionierung als exzellente Graduiertenschule.

Wie die Graduiertenkollegs ermöglichen die Graduiertenschulen die Förderung von Promovierenden allein zum Zwecke der Promotion.[20] Im

---

19 Im Rahmen einer Feldanalyse wurden alle Promotionsprogramme an jenen 88 staatlichen Universitäten, die in der Exzellenzinitiative antragsberechtigt sind, erhoben. Dabei wurden auch die Gründungsjahre der Programme erfasst. Die Längsschnittdaten beinhalten allerdings nicht jene Programme, die zum Zeitpunkt der Erhebung (April 2015) bereits wieder eingestellt worden waren.

20 Die Förderung erfolgt entweder über Stipendien oder über Mitarbeiterstellen (i. d. R. wie bei der DFG üblich 0,65 Stellen). Bei letzteren ist die Qualifizierung nicht mehr eine von mehreren Aufgaben; der »Zweck des Arbeitsverhältnisses [ist] die Promotion«

Unterschied zu den Graduiertenkollegs gelten Graduiertenschulen aber als Programme der Universität zur Ausbildung von exzellentem wissenschaftlichen Nachwuchs. Die Promotion wird so in einem Output transformiert, der der Universität zugeschrieben wird, das heißt sie wird zu einer Ressource, mit der Rangunterscheidungen zwischen Universitäten erzeugt werden können. Dementsprechend gelten die Graduiertenschulen als »ein wesentlicher Beitrag zur Profilierung und Herausbildung wissenschaftlich führender, international wettbewerbsfähiger und exzellenter Standorte in Deutschland«, die »als international sichtbare und integrative Einrichtungen die Identifizierung der beteiligten Promovierenden mit dem jeweiligen Standort [fördern]« (DFG/Wissenschaftsrat 2010: 1). Ebenso wie Graduiertenkollegs ändern die exzellenten Graduiertenschulen nichts an den Bedingungen der Stellenknappheit auf den nächsten Karrierestufen. Im Gegensatz zu den Graduiertenkollegs sind sie aber nicht allein darauf ausgerichtet, die individuellen Karrierechancen zu erhöhen, sondern Exzellenzkarrieren zu produzieren. So wird einerseits der exklusive Charakter der Graduiertenschulen hervorgehoben. Der Zugang zu ihnen ist hochselektiv und wird als Auswahl der Besten inszeniert. Andererseits erfordert dies, dass sich auch tatsächlich die Besten bewerben (vgl. Bloch u. a. 2015), und zwar weltweit. Dementsprechend müssen sich die Graduiertenschulen der Exzellenzinitiative in einem globalen Wettbewerb um Nachwuchswissenschaftler positionieren. In diesem Wettbewerb zählt aber vor allem das Prestige, das der Graduiertenschule primär über ihre Promovierenden und mehr noch ihre Absolventen zugeschrieben wird. In einem hoch stratifizierten Hochschulsektor wie dem US-amerikanischen gelten sowohl die institutionelle Herkunft der Promovierenden als auch die weitere akademische Karriere der Absolventen als Stratifikationsmerkmale, wie Thoenig und Paradeise (2014) in ihrer Untersuchung von zwei amerikanischen Spitzenuniversitäten zeigen: »[A]pplicants considered for junior positions are short-listed to a large extent according to the university and department where they received their doctoral degree. The higher the reputation and the prestige of that institution, the greater the likelihood the applicant will be chosen« (Thoenig/Paradeise 2014: 399). Prestige wird demnach zugeschrieben, wenn andere Universitäten die eigenen Absolventen einstellen. Absolventen etablierter Graduiertenschulen können erwarten, an anderen Spitzenuniversitäten platziert (*placement*) zu werden. Zugleich

---

(Interview, Professor, Scheelheim Graduate School). Es handelt sich somit um wissenschaftliche Mitarbeiter, die keinerlei Funktionsaufgaben mehr übernehmen.

vermehren sie durch ihre weitere akademische Karriere das Prestige der Universität, an der sie promoviert haben. Kurz: Exzellente Graduiertenschulen werden daran gemessen, inwiefern sie Exzellenzkarrieren produzieren.

3. Die Graduiertenschulen der Exzellenzinitiative als Produzenten von Exzellenzkarrieren?

Im sich stratifizierenden neuen Feld der Doktorandenausbildung ist die Verbindung zwischen einer Spitzenposition und entsprechenden Karrierewegen noch nicht fest etabliert. Angesichts eines vergleichsweise kurzen Zeitraums von zehn Jahren seit ihrer Gründung und einer zeitlich nicht klar umrissenen Postdoktorandenphase im akademischen Karrieresystem können die Graduiertenschulen der Exzellenzinitiative nicht daran gemessen werden, wie viele ihrer Absolventen auf eine Professur berufen worden sind. Sie haben allerdings bereits eine hohe Zahl an Absolventen hervorgebracht.[21] Eine Verbleibstudie dieser Kohorten steht noch aus und soll hier auch nicht unternommen werden. Der Fokus liegt vielmehr auf den Graduiertenschulen und der Frage, inwiefern sich diese als Produzenten von potentiellen Exzellenzkarrieren entwerfen. Auf der Grundlage von organisationsbezogenen Fallstudien von zwei Graduiertenschulen der Exzellenzinitiative[22] wird rekonstruiert, wie diese sich auf ihre Absolventen und deren Karrieren beziehen, das heißt inwiefern akademische Karrieren als Effekt der Ausbildung an einer exzellenten Graduiertenschule erscheinen.

An der High Tech Graduate School wird davon ausgegangen, dass es solche Effekte gibt: Exzellente Graduiertenschulen produzieren exzellente Absolventen. »Und es geht ja um Elitenbildung, Elite weiß ich nicht, aber auf jeden Fall sind das Leute, die im Verlauf dann die Kriterien, die man so an Wissenschaft anlegt, doch ziemlich hervorragend erfüllt haben, sprich, schnell ihre Promotion durchziehen, trotzdem hervorragend publizieren und

---

21 2013 gab es rund 6.500 Promovierende in Graduiertenschulen und Exzellenzclustern (von denen aber nur 1.600 über die Exzellenzinitiative finanziert wurden). Bis 2013 wurden 2.499 Promotionen abgeschlossen, davon 1.897 an den Graduiertenschulen (DFG/Wissenschaftsrat 2015: 31, 189).

22 Es handelt sich um eine Graduiertenschule der Naturwissenschaften (High Tech Graduate School) und eine der Sozial- und Geisteswissenschaften (Scheelheim Graduate School). Beide werden seit Beginn der Exzellenzinitiative (2006/07) gefördert.

auch sehr gute Anschlussstellen kriegen.« (Interview, Professor, High Tech Graduate School)

Andere exzellente Graduiertenschulen teilen diese Sichtweise, wenn sie beispielsweise mit »accelerated careers at the world's best academic institutions and in high-technology industries«[23] und »brilliant job prospects«[24] für sich werben. Jenseits dieser allgemeinen Aussagen beziehen sich Graduiertenschulen auf ihre Absolventen, wenn sie Informationen über diese auf ihren Webpages zur Verfügung stellen.

Informationen über Absolventen	Anzahl exzellenter Graduiertenschulen
Keine	8
Name, Promotionsthema, -datum	13
zusätzlich Angaben zur gegenwärtigen Position	12
Insgesamt	33

Tab. 1. Informationen über Absolventen auf den Webpages von exzellenten Graduiertenschulen (N=33) (Quelle: Eigene Erhebung, Stand: September 2015)

Ein Großteil der Graduiertenschulen der Exzellenzinitiative – 33 von derzeit 45 – existiert bereits lange genug, um Absolventen produziert zu haben.[25] Von diesen geben acht gar keine Informationen über ihre Absolventen preis. Weder die konkreten Personen noch ihre folgenden Karrieren werden mit der Graduiertenschule in Beziehung gesetzt. 13 Graduiertenschulen nennen nur Namen, Promotionsthema und -datum. Sie spezifizieren ihren Output in Personen und Forschungsthemen, aber nicht in Karrieren. Zwölf Graduiertenschulen machen auch Angaben zur gegenwärtigen Position ihrer Absolventen. Sie transformieren damit ihre Absolventen in Alumni, die auch jenseits ihrer Promotion weiterhin zur Gemeinschaft der Graduiertenschule gehören. Die Graduiertenschule verbindet sich mit ihnen und ihren Karrieren, so dass diese als Output der Graduiertenschule erscheinen. Diese Ver-

---

23 Karlsruhe School of Optics and Photonics (https://ksop.idschools.kit.edu/mission_and_philosophy.php).

24 International Graduate Centre for the Study of Culture (https://www.uni-giessen.de/faculties/gcsc/gcsc/about-the-gcsc/index_html/a-doctorate-with-prospects).

25 Es handelt sich also um jene Graduiertenschulen, die seit Beginn der Exzellenzinitiave 2006/07 gefördert werden.

bindung variiert, je nachdem, wie viele Informationen über die Absolventen und ihre Karrieren angezeigt werden.

Die Berlin Mathematical School (BMS, siehe Abb. 3) präsentiert aggregierte Daten über ihre Alumni, die keine Informationen über individuelle Positionen enthalten. Auf dieser Grundlage werden keine besonderen Karrierewege von BMS-Absolventen sichtbar: Alle Alumni scheinen entweder als Postdoc weiterhin in der Wissenschaft oder in der Industrie tätig zu sein. Mit der Differenzierung von akademischen Positionen nach Kontinenten wird eine vage Vorstellung von internationaler Mobilität produziert. Im Gegensatz dazu präsentiert die Graduate School of Economic and Social Sciences (GESS, siehe Abb. 4) Daten zu den individuellen Karrierewegen ihrer gesamten Alumni. Es ist zudem die einzige Graduiertenschule, die explizit von »job placements« in Bezug auf ihre Alumni spricht.[26] Die »alumni map« listet alle GESS-Absolventen mit ihrer gegenwärtigen Position und Institution, ihrem Dissertationsthema und Betreuer sowie ihren Kontaktdaten auf, so dass ein weltweites Alumni-Netzwerk sichtbar wird.

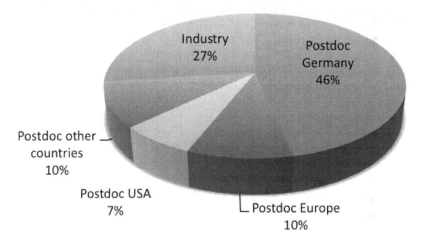

Abb. 3: Berlin Mathematical School, Alumni Statistics
(Quelle: http://www.math-berlin.de/about-bms/alumni-statistics)

---

26 Die Erlangen Graduate School in Advanced Optical Technologies spricht ebenfalls von »placements«, listet aber alle auch alle Angebote an beteiligte Professoren auf, differenziert in angenommene und abgelehnte Rufe (http://www.aot.uni-erlangen.de/saot/awards/offer-faculty-positions-at-universities.html).

Alumni Map

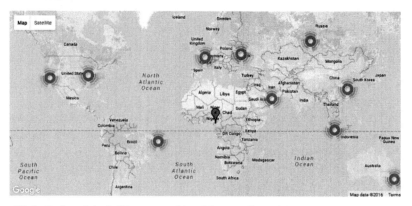

Abb. 4: Graduate School of Economic and Social Sciences, Alumni Map
(Quelle: http://gess.uni-mannheim.de/placements/alumni-map.html)

Diese beiden Beispiele zeigen, wie unterschiedlich sich exzellente Graduiertenschulen auf ihre Absolventen beziehen. Allerdings macht die Mehrheit (N = 21) unter ihnen zumindest in der Außendarstellung aus ihren Absolventen keine Alumni. Diese Graduiertenschulen verknüpfen ihren Output – die erfolgreichen Promovierten – nicht mit den darauffolgenden Karrieren und beziehen sich daher auch nicht auf die Produktion von Exzellenzkarrieren. Sie signalisieren vielmehr, dass ihr Einflussbereich mit der Promotion endet. Wer demgegenüber von Alumni spricht, bezieht sich auf das verbindende Moment der Mitgliedschaft in der Graduiertenschule. Und wer von *placement* spricht, konstruiert die Karrieren von Alumni als Effekte der Graduiertenschule – die qua Prestige ihre Absolventen in Spitzenpositionen platziert und durch die Produktion von Exzellenzkarrieren ihr eigenes Prestige mehrt.[27] Die Rede von *placement* reduziert die Effekte der Graduiertenschule allerdings auf die Positionen und die Arbeitgeber der Absolventen. Unter dem unscharfen Begriff Alumni lässt sich hingegen eine größere Bandbreite von Aktivitäten auf die Graduiertenschule beziehen.

»First, the graduates of 2013 as in all previous years are high-performing. [...] This student has been a very prolific writer. And this student has published in very high-

---

27 Diese Verbindung ist vermutlich in den Wirtschaftswissenschaften ausgeprägter. Wie Maeße (2015) zeigt, sind Graduiertenschulen dieser Fachdisziplin stark auf den Karriereerfolg ihrer Absolventen fokussiert, fließt dieser doch auch in die in diesem Feld sehr einflussreichen internationalen Rankings ein. In anderen Disziplinen gibt es keine vergleichbaren Rankings im Bereich der Doktorandenausbildung.

ranking journals. And this student has moved on and took another position as a postdoc or at an Ivy League University et cetera, et cetera. So the first noteworthy thing I want to say is: Thank you very much for making us very proud.« (Beobachtungsprotokoll, Laudatio auf der Absolventenfeier, High Tech Graduate School)

Die Qualität der Forschungsarbeit, das Publizieren in hochrangigen Zeitschriften, der Karriereerfolg im Allgemeinen und an prestigeträchtigen Universitäten im Besonderen werden als Leistungsmerkmale der Absolventen genannt und auf die Graduiertenschule bezogen: Die High Tech Graduate School steht dafür, jedes Jahr aufs Neue exzellente Absolventen hervorzubringen. Auch die gegenwärtigen Positionen ihrer Absolventen werden auf der Homepage dokumentiert. Unklar ist den Beteiligten aber, wie genau die High Tech Graduate School den weiteren Karriereverlauf ihrer Absolventen beeinflusst.

»I: Mal kurz nachgefragt, das ist ja schon auch so ein Spannungsfeld zwischen den Disziplinen und Interdisziplinarität, wenn es um die spätere Karriere geht. Also, wie weit sich dann die Interdisziplinarität in den Postdoc-Bereich weiterzieht oder ob die Leute nicht dann doch wieder zu ihren Mutterdisziplinen zurückkehren?
B: Ja, das ist eine gute Frage. Das weiß ich nicht, ehrlich gesagt. Das also wirklich, das, das ist eine gute Frage. Das sollten wir uns vielleicht auch mal... das sollten wir uns vielleicht auch ruhig mal anschauen. So in ein paar Jahren vielleicht auch so eine Follow-Up Befragung mal machen. So, du machst jetzt, also sagen wir... du hast jetzt irgendwie drei Jahre Postdoc gemacht, welchen Einfluss hat denn jetzt eigentlich unser interdisziplinäres Ausbildungsprogramm für deine jetzige Karriere oder Forschung gehabt. Hat es überhaupt irgendwie einen nennenswerten Eindruck hinterlassen? Das ist schon... ja stimmt, das ist eine wichtige Frage«. (Interview, Professor, High Tech Graduate School).

Als Durchführende eines Programms zur Ausbildung von wissenschaftlichem Nachwuchs müssten die Professoren davon überzeugt sein, dass dieses Programm Effekte hat. Ansonsten würde das Programm, an dem sie sich beteiligen, seinen Zweck verfehlen. High Tech ist eine interdisziplinäre Graduiertenschule, die akademischen Karrierewege sind aber sehr stark, insbesondere durch ihre Verbindung mit Lehrgebieten, disziplinär geprägt. Interdisziplinarität wird daher auch mit Karrierenachteilen assoziiert,[28] so dass offen ist, inwieweit sie über die Promotion hinaus praktiziert wird. So ist

---

28 Zuber und Hüther (2013) zeigen auf der Grundlage einer Befragung von Professoren, dass interdisziplinäres Arbeiten die Dauer zwischen Promotion und Professur verlängert. Die (negativen) Effekte von Interdisziplinarität auf die Karriere könnten aber noch ausgeprägter sein, da ihre Befragung nur Erfolgreiche, das heißt auf eine Professur Berufene, umfasst (Zuber/Hüther 2013: 73).

denkbar, dass High Tech in der späteren Karriere ihrer Absolventen keinen »nennenswerten Eindruck« hinterlässt. Auch den beteiligten Professoren der ebenfalls interdisziplinären Scheelheim Graduate School fällt es schwer, ihrem Ausbildungsprogramm klare Effekte zuzuordnen.

»I: Was würden Sie denn sagen, jetzt diese ganzen organisatorischen Maßnahmen, die wir gerade diskutiert haben, welcher Mehrwert wird dadurch erzeugt?
B: Hm. Ja, also es ist schwer messbar. Es gibt ja nicht mehr Promotionen, Gott sei Dank, ja, also das wäre eigentlich auch ein falsches Signal, ja, also, wenn sich diese Graduiertenschulen als Promotionsmaschinen… ja, für welchen Arbeitsmarkt? Also das muss man eben immer sehen. Aber dieses wirklich schwer Messbare, das allgemeine Niveau zu heben, ja, das haben wir uns auf die Fahnen geschrieben.« (Interview, Professor, Scheelheim Graduate School).

Die Scheelheim Graduate School legitimiert sich dadurch, die (allgemeine) Qualität der Doktorandenausbildung und damit der Promotionen zu erhöhen, was sich aber nur schwer mit konkreten Effekten in Verbindung bringen lässt. Messbare Relationen wie die Erhöhung der Zahl der Promotionen werden unter Verweis auf fehlende Karriereperspektiven delegitimiert. Stattdessen erlaubt es der abstrakte Programmzweck, eine Reihe von Aktivitäten der Graduiertenschule zuzuschreiben, ohne die Beziehung zwischen Programm und Effekt genauer spezifizieren zu müssen. »Also eine Doktorandin von mir hat gerade einen Preis für die beste Dissertation von der [Fachgesellschaft] bekommen. Aber das ist jetzt nicht das einzige Beispiel. Und das ist natürlich ein Erfolgsindikator.« (Interview, Professor, Scheelheim Graduate School).

Ähnlich wie der Begriff Alumni erlaubt es die Bezugnahme auf eine abstrakte Qualität, Preise, Publikationen oder das Einwerben von Drittmitteln für Forschungsprojekte als »Erfolgsindikatoren« der Graduiertenschule zuzuschreiben. Diese erscheinen als Manifestationen ihrer besonderen Qualität.

»I: Okay. Die Frage nach dem Besonderen, jetzt auch vor dem Hintergrund der Exzellenzinitiative nochmal zugespitzt: Was ist das Exzellente an der High Tech Graduate School? Was macht sie zu einer exzellenten Graduiertenschule?
B: Ich glaube, dass wir exzellente Studenten haben und uns dadurch wirklich auszeichnen. Ich glaube, dass wir auch eine sehr exzellente Faculty haben, was man einfach anhand der… das haben wir sehr systematisch gemacht, bei der Evaluierung, wie viele Preisträger von den besten Preisen, die es gibt, die Leibniz-Preise oder das European Research Council, das ERC. Da haben wir also eine klar überdurchschnittliche Anzahl von Leuten, Publikationen in den allerbesten Journalen, die Anzahl der Publikationen pro Student. Und aber auch jetzt auf der Faculty-Ebene,

neben den Preisen, was wurde sonst noch an Projekten, an Cluster, es gibt einen weiteren [disziplinären] Cluster mit vielen Überlappungen. Es gibt das [wissenschaftliches Zentrum], es gibt die Forschergruppe, es gibt also ganz viele Dinge, die deutlich machen, dass sowohl auf der Studentenebene, wie auch auf der Faculty-Ebene es sich wirklich um eine besondere, ausgezeichnete, exzellente Gruppe von Leuten handelt.« (Interview, Professor, High Tech Graduate School).

An der High Tech Graduate School wird die Aufzählung der erreichten Leistungen auf die beteiligten Professoren erweitert. Die Leistungen werden aber nicht als Effekte der Graduiertenschule dargestellt. Vielmehr wird die besondere Qualität der Graduiertenschule aus der Reputation der beteiligten Professoren abgeleitet. Im Vergleich dazu sind die Leistungen der Absolventen nur sekundär. Die Leistungsbilanz der Graduiertenschule wird auf diese Weise von den Absolventen und ihren Karriereverläufen entkoppelt. »Das Exzellenzkriterium […] liegt eigentlich gar nicht so sehr in den Leuten, sondern in der Schule selber und in dem, wie sie die Professionalisierung von [Personen der Disziplin A] und [Personen der Disziplin B] betreibt.« (Interview, Professor, Scheelheim Graduate School).

Daraus folgt, dass die Produktion von Exzellenzkarrieren vernachlässigbar ist – nicht die Absolventen, sondern die Graduiertenschule ist exzellent. Die Abtrennung von Karrierewegen ermöglicht es Graduiertenschulen, exzellent zu sein oder zu bleiben, ohne Exzellenzkarrieren produzieren zu müssen. Diese Abtrennung ist dabei durchaus im Sinne der Exzellenzinitiative, deren Ziel nicht die Schaffung von Exzellenzkarrieren, sondern von exzellenten Programmen zur Ausbildung von wissenschaftlichem Nachwuchs ist. Sie adressiert die Universität als Organisationen, nicht einzelne Wissenschaftler, und sie strebt danach, »centers of excellence« statt einer akademischen Elite zu etablieren.

4.　Exzellente Graduiertenschulen ohne Exzellenzkarriere

In einem stratifizierten Hochschulsektor hat das Prestige einer Universität einen starken Einfluss auf die Karrieren ihrer Absolventen. In einem sich neu stratifizierenden Hochschulsektor muss dieses Prestige erst noch aufgebaut und stabilisiert werden. Die Produktion von Exzellenzkarrieren ist dabei sowohl Ausgangspunkt als auch Effekt von Stratifikation: Wer Exzellenzkarrieren produziert, kann daraus Superioritätsansprüche ableiten; zugleich sind Exzellenzkarrieren ein Merkmal für die Zuschreibung von Prestige.

Die Produktion von Exzellenzkarrieren wird aber durch die Struktur des akademischen Karrieresystems im deutschen Hochschulsektor erschwert, das über den Zeitpunkt der Promotion hinausgehende Einflussmöglichkeiten der Graduiertenschule stark begrenzt. In diesem System klafft eine strukturelle Lücke nach der Promotion: Promovierte befinden sich nicht auf einem strukturierten Karriereweg hin zur Professur (wie beispielsweise in den angelsächsischen Tenure-Track-Systemen, vgl. Kreckel/Zimmermann 2014), sondern in einer Postdoktorandenphase mit befristeten Beschäftigungsverhältnissen und offenem Ende. Die Karriere ist allein auf das Erlangen einer Professur ausgerichtet (Bloch/Würmann 2013); aufgrund des gesetzlich verankerten Mobilitätszwangs (Hausberufungsverbot) ist das Erreichen des Karriereziels nur an einer anderen Hochschule möglich.[29]

Für die Universitäten ergeben sich daraus zwei Konsequenzen: Erstens ändert die Einführung von Graduiertenschulen nichts an dem Umstand, dass sie für einen externen Arbeitsmarkt ausbilden (Enders 1994: 234, vgl. Musselin 2003: 15), das heißt den Absolventen von Graduiertenschulen kann keine interne Exzellenzkarriere in Aussicht gestellt werden.[30] Zweitens haben sie nur begrenzt Einfluss auf die Besetzung von Mitarbeiterstellen (vgl. Hüther/Krücken 2012). Die wissenschaftlichen Mitarbeiter gelten als Teil der Lehrstuhlausstattung, sind damit auch Bestandteil von Berufungsverhandlungen und werden primär durch die Lehrstuhlinhaber rekrutiert (Kreckel 2013). In einem primär entlang disziplinärer Grenzen und ›Denkschulen‹ strukturierten Feld der Wissenschaft ist das Prestige einer Universität oder ihrer Graduiertenschule nur von untergeordneter Bedeutung für die weitgehend informelle Rekrutierung von wissenschaftlichem Nachwuchs.

Will eine exzellente Graduiertenschule also Exzellenzkarrieren produzieren, ist dies mit erheblichen Risiken verbunden. Wenn die Graduiertenschule ihre Spitzenposition in künftigen Exzellenzwettbewerben verteidigen

---

29 Für Juniorprofessuren sind Hausberufungen auf ordentliche Professuren gesetzlich möglich, jedoch werden sie aufgrund eines fehlenden Tenure-Track-Systems nur selten realisiert. Die häufiger verwendete Tenure-Option erlaubt die Bewerbung auf eine Professur an der eigenen Universität; sie garantiert aber im Gegensatz zum Tenure-Track nicht die Berufung auf diese Professur bei Vorliegen der entsprechenden Leistungen.

30 Die beiden untersuchten Graduiertenschulen bieten ihren besten Absolventen Postdoc-Stipendien mit einer Laufzeit von sechs Monaten. Eine Anbindung an die Graduiertenschule darüber hinaus ist kaum möglich. In Exzellenzclustern mit einer wesentlich größeren Zahl von Postdoktoranden könnten Graduiertenschulen hingegen den benötigten Nachwuchs produzieren. Aber auch in diesem Fall bleibt das Karriereziel Professur nur an einer anderen Hochschule erreichbar.

will, muss sie eine entsprechende Leistungsbilanz aufweisen.[31] Dieser Imperativ transformiert das durch die Exzellenzinitiative verliehene Prestige in ein »reputational risk« (Power u. a. 2009) für die Graduiertenschule. Weil sie extern evaluiert werden, internalisieren exzellente Graduiertenschulen die Sorge, wie ihre Aktivitäten von anderen wahrgenommen werden könnten und passen diese entsprechend an (vgl. ebd.: 309). Angesichts eines strukturell stark begrenzten Einflusses auf die akademische Karriere erscheint es daher für exzellente Graduiertenschulen als rational, explizite Aussagen über Exzellenzkarrieren zu vermeiden. Sie müssen den Eindruck erwecken, die Karrierechancen ihrer Absolventen zu erhöhen, ohne aber die Karrieren ihrer Absolventen zum Gradmesser ihrer Leistung werden zu lassen.[32] Die Fallstudien an den beiden Graduiertenschulen der Exzellenzinitiative zeigen, dass diese sich nicht als Produzenten von Exzellenzkarrieren entwerfen. Es fällt den Befragten schwer, ihrem Ausbildungsprogramm direkte Effekte jenseits der Promotion zuzuschreiben. Der stratifikatorische Anspruch wird aus dem Programm abgeleitet und dadurch von den Karriereeffekten entkoppelt.

Allerdings haben die Graduiertenschulen der Exzellenzinitiative den Wettbewerb zwischen Nachwuchswissenschaftlern verschärft. Zum einen wurde mit ihnen die Zahl der Promovierenden im deutschen Wissenschaftssystem erhöht, ohne aber zugleich die Zahl unbefristeter Positionen zu erhöhen bzw. einen Karriereweg auf diese im Anschluss an die Promotion zu schaffen.[33] Zum anderen implementieren die exzellenten Graduiertenschulen eine Reihe von organisatorischen Maßnahmen, die einen Mehr-

---

31 »Bei der Begutachtung von Fortsetzungsanträgen sind insbesondere die Realisierung der mit den Konzepten verfolgten Zielsetzungen und die erreichten wissenschaftlichen Fortschritte zu beurteilen« (ExV II 2009, § 3(1)). In der zweiten Phase der Exzellenzinitiative (2012–17) wurden 33 Graduiertenschulen weitergefördert, 12 neue ausgewählt und sechs der Exzellenztitel entzogen.

32 Weil die Exzellenzinitiative ein politisches Programm ist, sind die Graduiertenschulen durchaus bereit, konkrete Effekte zu benennen, wenn es um die Erfüllung politischer Vorgaben geht, z. B. die Anteile von Frauen oder internationalen Promovierenden erhöht zu haben. Des Weiteren gilt das Verhältnis zwischen Bewerbern und Ausgewählten als Gradmesser von Selektivität. Allerdings können solche Zahlen durch Marketingmaßnahmen und Auswahlverfahren beeinflusst werden, Karrierewege hingegen nicht oder nur informell.

33 Die Internationale Expertenkommission zur Evaluation der Exzellenzinitiative deutet für einzelne Fächer eine Überproduktion von wissenschaftlichem Nachwuchs an. Die Schaffung zusätzlicher Postdoc-Stellen innerhalb eines unveränderten Karrieresystems habe zudem dazu geführt, dass »das Nadelöhr allenfalls nach hinten verschoben [wurde], also in die falsche Richtung, denn die Weichenstellung für oder gegen eine akademische Karriere sollte früher und nicht später erfolgen« (IEKE 2016: 28).

wert auch für die akademische Karriere generieren sollen, z. B. Mentoring, internationale Konferenzen, Gastprofessuren renommierter Wissenschaftler, Partnerprogramme mit internationalen Spitzenuniversitäten. Exzellente Graduiertenschulen beanspruchen »to provide an excellent environment for doctoral research and education«[34].

»Die Ausbildung, die wir bekommen, bereitet uns schon ziemlich optimal, glaube ich, vor auf den akademischen Markt. Ob man jetzt insgesamt die vielen Graduiertenschulen, die dadurch [die Exzellenzinitiative, r.b.] gegründet worden sind, und die noch stärkere Konkurrenz, die dadurch entsteht, so gut findet, ist halt eine andere Frage. Aber, ich meine, hochgezüchtet werden wir sicher alle hier.« (Interview, Doktorandin, Scheelheim Graduate School).

Sich selbst als exzellentes Umfeld zu definieren, verschiebt die Verantwortung für den Karriereerfolg weg von der Graduiertenschule. Diese nimmt zwar in Anspruch, Promovierende auf eine erfolgreiche akademische Karriere vorzubereiten, aber nicht, für den Karriereerfolg zu sorgen. Die Verantwortung wird vielmehr an die Promovierenden delegiert, so dass Erfolg wie Scheitern individualisiert und nicht der Graduiertenschule zugeschrieben werden. In einer weitgehend ungeregelten, da informellen, Konkurrenz auf dem akademischen Arbeitsmarkt versuchen die Graduiertenschulen der Exzellenzinitiative, neue Unterscheidungen einzuführen und diese zu bedeutsamen künftigen Auswahlkriterien zu machen, um so ihren Absolventen Wettbewerbsvorteile zu verschaffen. Angesichts des geringen Einflusses der Universitäten auf die Personalrekrutierung gibt es aber kaum Anzeichen für den Übergang in ein stratifiziertes Karrieresystem, in dem das Prestige der Herkunftsinstitution die akademische Karriere bestimmte.

Literatur

Bloch, Roland/Gut, Marion/Klebig, Katja/Mitterle, Alexander (2015), Die Auswahl der Besten? Auswahlverfahren an sich stratifizierenden Einrichtungen und Programmen im Hochschulbereich, in: Werner Helsper/Heinz-Hermann Krüger (Hg.), *Auswahl der Bildungsklientel. Zur Herstellung von Selektivität in ›exklusiven‹ Bildungsinstitutionen*, Wiesbaden, S. 185–209.

---

34 Graduate School for Advanced Manufacturing Engineering (GSaME) (http://www.gsame.uni-stuttgart.de/EN/Pages/default.aspx).

Bloch, Roland/Kreckel, Reinhard/Mitterle, Alexander/Stock, Manfred (2014a), Stratifikationen im Bereich der Hochschulbildung in Deutschland, *Zeitschrift für Erziehungswissenschaft*, Jg. 17, Sonderheft 19, S. 243–261.

Bloch, Roland/Lathan, Monique/Mitterle, Alexander/Trümpler, Doreen/Würmann, Carsten (2014b), *Wer lehrt warum? Strukturen und Akteure akademischer Lehre an deutschen Hochschulen*, Leipzig.

Bloch, Roland/Würmann, Carsten (2014), Königswege, Sackgassen, Überholspuren. Übergänge in der Wissenschaft, in: Ulf Banscherus u. a. (Hg.), *Übergänge im Spannungsfeld von Expansion und Exklusion. Eine Analyse der Schnittstellen im deutschen Hochschulsystem*, Bielefeld, S. 137–154.

Bloch, Roland/Würmann, Carsten (2013), Alles oder nichts? Zur Reproduktion von Ungleichheit in der Personalstruktur des deutschen Wissenschaftssystems, in: Frauke Gützkow/ Gunter Quaisser (Hg.), *Jahrbuch Hochschule gestalten*, Bielefeld, S. 65–73.

Bock, Wolfgang (1972), *Strukturgeschichte der Assistentur. Personalgefüge, Wert- und Zielvorstellungen in der deutschen Universität des 19. und 20. Jahrhunderts*, Düsseldorf.

DFG (1993), *Drei Jahre Graduiertenkollegs*. Bericht. Stand 1. Juli 1993, Bonn.

DFG (2000), *Strukturelle Auswirkungen des Programms zur Förderung von Graduiertenkollegs*, Bonn.

DFG (2009), *Promovieren in Graduiertenkollegs. Kommentar des Senats- und Bewilligungsausschusses für die Graduiertenkollegs zur Studie »Neue Ausbildungsformen – andere Werdegänge?*« von Jürgen Enders und Andrea Kottmann, Abrufbar unter: http://www.dfg.de/download/pdf/dfg_im_profil/geschaeftsstelle/publikationen/studie_ausbildungsformen_kommentar.pdf

DFG (2010a), *Hinweise für die Begutachtung von Antragsskizzen für Graduiertenkollegs und Internationale Graduiertenkollegs*, DFG-Vordruck 1.304 – 7/10, Bonn.

DFG (2010b), *Merkblatt mit Leitfaden und Antragsmuster für Anträge auf Einrichtung von Graduiertenkollegs.* DFG-Vordruck 1.30 – 2/10, Bonn.

DFG (2011), *Monitoring des Förderprogramms Graduiertenkollegs*, Bonn.

DFG/Wissenschaftsrat (2010), *Merkblatt Graduiertenschulen*. DFG/W R-Vordruck ExIn201 – 3/10, Abbrufbar unter: http://www.dfg.de/formulare/exin201/exin201.pdf

DFG/Wissenschaftsrat (2015), *Bericht der Gemeinsamen Kommission zur Exzellenzinitiative*, Bonn/Köln.

Enders, Jürgen (1994), ›Akademische Profession‹ und Nachwuchsförderung, *Beiträge zur Hochschulforschung*, Jg. 16, H. 2, S. 227–241.

Enders, Jürgen (1996), *Die wissenschaftlichen Mitarbeiter. Ausbildung, Beschäftigung und Karriere der Nachwuchswissenschaftler und Mittelbauangehörigen an den Universitäten*, Frankfurt/M., New York.

Enders, Jürgen/Kottmann, Andrea (2009), *Neue Ausbildungsformen – andere Werdegänge?: Ausbildungs- und Berufsverläufe von Absolventinnen und Absolventen der Graduiertenkollegs der DFG*, Bonn.

Exzellenzvereinbarung (ExV) (2005), *Bund-Länder-Vereinbarung gemäß Artikel 91 b des Grundgesetzes (Forschungsförderung) über die Exzellenzinitiative des Bundes und der Länder zur Förderung von Wissenschaft und Forschung an deutschen Hochschulen*. Exzellenzvereinbarung (ExV) vom 18. Juli 2005.

Exzellenzvereinbarung II (ExV II) (2009), *Bund-Länder-Vereinbarung gemäß Artikel 91 b des Grundgesetzes (Forschungsförderung) über die Fortsetzung der Exzellenzinitiative des Bundes und der Länder zur Förderung von Wissenschaft und Forschung an deutschen Hochschulen*. Exzellenzvereinbarung II (ExV II) vom 4. Juni 2009.

Hartmann, Michael (2001), Klassenspezifischer Habitus und/oder exklusive Bildungstitel als soziales Selektionskriterium? Die Besetzung von Spitzenpositionen in der Wirtschaft, in: Beate Krais (Hg.), *An der Spitze. Von Eliten und herrschenden Klassen*, Konstanz, S. 157–215.

Hornbostel, Stefan (2009), Promotion im Umbruch – Bologna ante Portas, in: M. Held/G. Kubon-Gilke/R. Sturn (Hg.), *Jahrbuch Normative und institutionelle Grundfragen der Ökonomik*. Band 8, Bildungsökonomie in der Wissensgesellschaft, Marburg, S. 209–234.

Hüther, Otto/Georg Krücken (2012), Hierarchie ohne Macht? Karriere- und Beschäftigungsbedingungen als ›vergessene‹ Grenzen der organisatorischen Umgestaltung der deutschen Universitäten, in: Uwe Wilkesmann/C. J. Schmid (Hg.), *Hochschule als Organisation*, Wiesbaden, S. 27–39.

Internationale Expertenkommission zur Evaluation der Exzellenzinitiative (IEKE) (2016). *Endbericht*. Abrufbar unter; http://www.gwk-bonn.de/fileadmin/Papers/Imboden-Bericht-2016.pdf

Kreckel, Reinhard (2013), Wissenschaftliche Karrieren und wissenschaftliches Arbeiten im Hochschulbereich, in: Max Haller (Hg.), *Wissenschaft als Beruf*, Wien, S. 52–65.

Kreckel, R. (2010), Zwischen Spitzenforschung und Breitenausbildung. Strukturelle Differenzierungen an deutschen Hochschulen im internationalen Vergleich, in Heinz-Hermann Krüger u. a. (Hg.), *Bildungsungleichheit revisited*, Wiesbaden, S. 237–258.

Kreckel, Reinhard/Zimmermann, Karin (2014), *Hasard oder Laufbahn. Akademische Karrierestrukturen im internationalen Vergleich*. Leipzig.

Liu, Amy (2011), Unraveling the myth of meritocracy within the context of US higher education, *Higher Education,* Jg. 62, H. 4, S. 383–397.

Lundgreen, Peter (2009), *Das Personal an den Hochschulen der Bundesrepublik Deutschland 1953–2005. Datenhandbuch zur deutschen Bildungsgeschichte Band X*, Göttingen.

Maeße, Jens (2015), *Eliteökonomen. Wissenschaft im Wandel der Gesellschaft*, Wiesbaden.

Martin, Nathan D. (2012), The Privilege of Ease: Social Class and Campus Life at Highly Selective, Private Universities, *Research in Higher Education*, Jg. 53, H. 4, S. 426–452.

Morley, Louise/Lugg, Rosemary (2009), Mapping Meritocracy: Intersecting Gender, Poverty and Higher Educational Opportunity Structures, *Higher Education Policy*, Jg. 22, H.1, S. 37–60.

Musselin, Christine (2003), Internal Versus External Labour Markets, *Higher Education Management and Policy*, Jg. 15, H. 3, S. 9–23.

Oevermann, Ulrich (2005), Wissenschaft als Beruf. Die Professionalisierung wissenschaftlichen Handelns und die gegenwärtige Universitätsentwicklung, *die hochschule*, Jg. 5, H. 1, S.15–51.

Power, Michael/Scheytt, Tobias/Soin, Kim/Sahlin, Kerstin (2009), Reputational Risk as a Logic of Organizing in Late Modernity, *Organization Studies*, Jg.30, H. 2/3, S. 301–324.

Rivera, Lauren A. (2011), Ivies, extracurriculars, and exclusion: Elite employers' use of educational credentials, *Research in Social Stratification and Mobility*, Jg.29, H. 1, S. 71–90.

Rostan, Michele/Vaira, Massimiliano (2011), Structuring the field of exellence. A comparative view on policies, actors, interests and conflicts in four European countries, in: Dies. (Hg.), *Questioning Excellence in Higher Education: Policies, Experiences and Challenges in National and Comparative Perspective*, Rotterdam, S. 57–74.

Sauder, Michael/Lynn, Freda/Podolny, Joel M. (2012), Status: Insights from Organizational Sociology, *Annual Review of Sociology*, Jg. 38, H. 1, S. 267–283.

Schimank, Uwe/Lange, Stefan (2009), Germany: A Latecomer to New Public Management, in: C. Paradeise (Hg.), *University Governance. Western European Comparative Perspectives*, Luxemburg, S. 51–75.

Simon, Dagmar/Schulz, Patricia/Sondermann, Michael (2010), Abgelehnte Exzellenz. Die Folgen und die Strategien der Akteure, in: Stephan Leibfried (Hg.), *Die Exzellenzinitiative: Zwischenbilanz und Perspektiven*, Frankfurt/M., New York, S. 161–197.

Statistisches Bundesamt (2012), *Promovierende in Deutschland*, Wiesbaden.

Statistisches Bundesamt (2015), *Bildung und Kultur. Personal an Hochschulen 2014*, Fachserie 11, Reihe 4.4, Wiesbaden.

Teichler, Ulrich (2009), Between over-diversification and over-homogenization: Five decades of search for a creative fabric of higher education, in: Barbara Kehm/Björn Stensaker (Hg.), *University rankings, diversity, and the new landscape of higher education*, Rotterdam, S. 155–181.

Thoenig, Jean-Claude/Paradeise, Catherine (2014), Organizational Governance and the Production of Academic Quality: Lessons from Two Top U.S. Research Universities, *Minerva*, Jg. 52, H. 4, S. 381–417.

Trow, Martin (1984), The analysis of status, in: Burtin R. Clark (Hg.), *Perspectives on higher education. Eight disciplinary and comparative views*, Berkeley, S. 132–164.

Waters, Johanna/Brooks, Rachel (2010), Accidental achievers? International higher education, class reproduction and privilege in the experiences of UK students overseas, *British Journal of Sociology of Education*, Jg. 31, H. 2, S. 217–228.

Westdeutsche Rektorenkonferenz (1968): Zur Stellung des wissenschaftlichen Assistenten. Empfehlung der 59. Westdeutschen Rektorenkonferenz, Bad Godesberg, 23.9.1968, in: WRK (1969), *Dokumente zur Hochschulreform IX/1969*, Bad Godesberg, S. 18–19.

Wissenschaftsrat (1967), *Empfehlungen des Wissenschaftsrates zum Ausbau der wissenschaftlichen Hochschulen bis 1970*, Tübingen.

Wissenschaftsrat (1986), *Empfehlungen zur Struktur des Studiums*, Köln.

Wissenschaftsrat (1988), *Empfehlung des Wissenschaftsrates zur Förderung von Graduiertenkollegs*, Köln.

Wissenschaftsrat (2002), *Empfehlungen zur Doktorandenausbildung*, Köln.

Zuber, Stephanie/Hüther, Otto (2013), Interdisziplinarität in der Exzellenzinitiative – auch eine Frage des Geschlechts?, *Beiträge zur Hochschulforschung*, Jg. 35, H. 4, S. 54–81.

Die (Re-)Produktion von Ungleichheiten in der Rekrutierung von Promovierenden

Heike Kahlert

1. Wissenschaftskarrieren in Deutschland – Selektion durch Kooptation

Rund ein Jahrhundert ist es her, dass der Nationalökonom und Soziologe Max Weber im Münchner Steinickesaal am 7. November 1917 eine Rede über *Wissenschaft als Beruf* hielt. Er problematisiert darin unter anderem Selektionsprozessse in der wissenschaftlichen Laufbahn in Deutschland, die er als in großem Maß durch »Zufall« und »Menschlichkeiten« geprägt analysiert: Von der alten Universitätsverfassung gegenüber der um sich greifenden Bürokratisierung

»[g]eblieben aber und wesentlich gesteigert ist ein der Universitäts*laufbahn* eigenes Moment: Ob es einem solchen Privatdozenten, vollends einem Assistenten, jemals gelingt, in die Stelle eines vollen Ordinarius und gar eines Institutsvorstandes einzurücken, ist eine Angelegenheit, die einfach *Hasard* ist. [...] Daß nun der Hasard und nicht die Tüchtigkeit als solche eine so große Rolle spielt, liegt nicht allein und nicht einmal vorzugsweise an den Menschlichkeiten, die natürlich bei dieser Auslese ganz ebenso vorkommen wie bei jeder anderen. [...] das liegt an den Gesetzen menschlichen Zusammenwirkens [...] an sich.« (Weber 1991: 240f., Herv.i.O.)

Webers kritische Ausführungen beziehen sich wesentlich auf die Statuspassage der Berufung auf eine Universitätsprofessur und nehmen lediglich Männer in den Blick, die zu seiner Zeit in allen Statusgruppen die Mehrheit der Studierenden und Lehrenden bildeten. Im Mittelpunkt dieses Beitrags steht hingegen die Analyse der (Re-)Produktion von Ungleichheiten in einer frühen Statuspassage in der wissenschaftlichen Laufbahn, nämlich der Begründung eines Betreuungsverhältnisses zur Promotion, für das die Rekrutierung von Graduierten durch Hochschullehrende eine wesentliche Rolle spielt. Untersucht wird also ein zentrales Element zu Beginn einer postgradualen Karriere im deutschen Wissenschaftssystem, das zugleich eine formale wissenschaftliche Weiterqualifikation in Form des Erwerbs des

Doktorgrads umfasst, als auch oft mit der Aufnahme einer Berufstätigkeit in der Wissenschaft verbunden ist, denn die Promotion erfolgt häufig im Rahmen einer Stelle zur wissenschaftlichen Mitarbeit. Die Promotionsphase besteht demnach oft aus beidem: wissenschaftlicher (Weiter-)Bildung und Berufstätigkeit.

Die Erforschung und Verbesserung der Qualifizierungs- und Beschäftigungsbedingungen von Promovierenden und neuerdings auch von Postdocs ist seit geraumer Zeit im wissenschaftlichen wie bildungs- und wissenschaftspolitischen Fokus (z. b. Bundesministerium für Bildung und Forschung 2008; Konsortium Bundesbericht Wissenschaftlicher Nachwuchs 2013; Wissenschaftsrat 2001, 2002, 2011, 2014). Einen Kristallisationspunkt der Reformbestrebungen bildet die Promotion, denn sie qualifiziert Graduierte formal für eine berufliche Laufbahn als Führungskraft innerhalb und außerhalb der Wissenschaft und stellt für eine Wissenschaftskarriere die in der Regel unhintergehbare Eintrittskarte dar. In struktureller Hinsicht wird die Promotionsphase etwa hinsichtlich der Dauer, Formate und Bewertung kritisiert. Selbst wenn derzeit versucht wird, den gesamten Promotionsprozess durch strukturierte Programme zu formalisieren, ist dies für zentrale Elemente wie etwa die Annahme von Graduierten zur Promotion und deren Betreuung durch einzelne Hochschullehrende nur bedingt möglich. Hier setzt der vorliegende Beitrag an.

Untersucht wird im Folgenden aus der Perspektive von Hochschullehrenden, wie sich die Rekrutierung von Promovierenden vollzieht, inwiefern hierbei Ungleichheiten (re)produziert werden und wie es sich dabei mit den von Weber (1991: 240f.) angesprochenen »Menschlichkeiten« und dem »Zufall« verhält. Die Ergebnisse basieren auf einer qualitativen Studie zur Statuspassage Promotion, in der die Rekrutierung, Betreuung und Förderung des wissenschaftlichen Nachwuchses im Fächer- und Geschlechtervergleich analysiert wurde.[1] Im Folgenden näher untersucht werden Formen

---

1 Das Forschungsprojekt »Statuspassage Promotion: Betreuung und Förderung am Beispiel der Fächer Politikwissenschaft und Chemie« wurde von 2011 bis 2012 aus Mitteln des Bundesministeriums für Bildung und Forschung (BMBF) und des Europäischen Sozialfonds (ESF) der Europäischen Union im Zuge der Richtlinien zur Förderung von Forschungsvorhaben zum Themenschwerpunkt »Frauen an die Spitze« im Rahmen des Förderbereichs »Strategien zur Durchsetzung von Chancengleichheit für Frauen in Bildung und Forschung« mit den Förderkennzeichen 01FP10127 und 01FP10128 gefördert und unter meiner Leitung am Institut für Sozialwissenschaften der Stiftung Universität Hildesheim durchgeführt. Das Vorhaben schließt an das Forschungsprojekt »Wissenschaftskarrieren: Orientierung, Planung und Beratung am Beispiel der Fächer Politik-

(Abschnitt 4) und Kriterien (Abschnitt 5) der Rekrutierung. Zuvor werden das methodische Vorgehen sowie die Datenbasis vorgestellt (Abschnitt 3). Den theoretischen Rahmen der Ausführungen bildet das von Joan Acker (z. B. 2006) entwickelte Konzept der Ungleichheitsregimes, das hier auf Hochschule und Forschung (Abschnitt 2) angewendet wird und auch als Folie zur Diskussion der empirischen Ergebnisse dient (Abschnitt 6).

2.   Ungleichheitsregimes in Hochschule und Forschung

Joan Acker (z. B. 1990, 1998, 2000, 2006) geht davon aus, dass in Organisationen Ungleichheit produziert und reproduziert wird: In allen Organisationen wirken Ungleichheitsregimes. Acker, die mit ihren Arbeiten zur »gendered organisation« bereits in den frühen 1990er Jahren auf große Resonanz in der Organisations- und Geschlechterforschung stieß (vgl. Wilz 2010), entwickelt in ihren neueren Arbeiten einen intersektionellen Blick auf Organisationen: Sie interessiert sich für die Wechselwirkungen und Überkreuzungen von Ungleichheiten wie Klasse, Geschlecht und ›Rasse‹ in Organisationen. Organisationen versteht sie dabei als Prozess, nicht als relativ stabile, rationale und gefesselte Strukturen (Acker 1998: 196).

Nach Acker sind Ungleichheiten tief in Organisationen eingebettet, nicht als klassifizierende Kategorien ihrer Mitglieder, sondern als zugleich soziale Strukturen und soziale Prozesse, als aktive Praktiken, die die alltäglichen sozialen Praxen des Arbeitens und der Organisation von Arbeit strukturieren. Alltägliche Praktiken in Organisationen verknüpfen sich somit untrennbar mit der (Re-)Produktion von Ungleichheiten. Ungleichheit in Organisationen wird in diesem Ansatz als systematische Disparität zwischen Organisationsmitgliedern definiert in Bezug auf Macht über und Kontrolle von Ziele(n), Ressourcen und Ergebnisse(n); Arbeitsplatzentscheidungen, etwa wie Arbeit organisiert wird; Gelegenheiten zur Beförderung und zu interessanter Arbeit; Sicherheit in der Beschäftigung und in Vorteilen; Bezahlung und andere monetäre Belohnungen; Respekt; sowie Freude an der Arbeit und an Arbeitsbeziehungen. Ungleichheitsregimes in Organisationen haben

wissenschaft und Chemie« an, das von 2008 bis 2011 ebenfalls aus Mitteln des BMBF und ESF im genannten Themenschwerpunkt mit den Förderkennzeichen 01FP0806 und 01FP0807 gefördert und unter meiner Leitung am Institut für Soziologie und Demographie der Universität Rostock durchgeführt wurde.

also eine ›harte‹ Seite, etwa in Bezug auf Macht, Aufstieg, Sicherheit und Bezahlung, und eine ›weiche‹ Seite, etwa in Bezug auf Respekt und Arbeitsbeziehungen, wobei beide Seiten eng miteinander verbunden sind.

Acker bezieht ihre Analysen auf die ›großen drei‹ Ungleichheiten: Klasse, Geschlecht und ›Rasse‹, die ihrer Ansicht nach normalerweise in allen Organisationen präsent, wenn auch keineswegs erschöpfend sind (Acker 2000: 205). Dabei verschränkten sich die einzelnen Ungleichheiten eng miteinander: Klasse, Geschlecht und ›Rasse‹ seien komplex aufeinander bezogene Aspekte derselben organisationalen Praktiken anstelle von relativ autonomen sich verknüpfenden Überkreuzungen (Acker 2000: 205). Genau deshalb spricht Acker von Ungleichheitsregimes: Damit meint sie spezifische Konfigurationen von Ungleichheiten in Organisationen, identifizierbare Prozesse also, die zusammen in spezifischen Fällen auftreten und als solche empirisch untersucht werden können. Ungleichheitsregimes versteht sie also als lose zueinander in Beziehung gebrachte Praktiken, Prozesse, Handlungen und Bedeutungen, die in bestimmten Organisationen mindestens aus Klasse, Geschlecht und ›rassischen‹ Ungleichheiten resultieren und diese aufrechterhalten. Soziale Praktiken in Organisationen sind demnach untrennbar mit der (Re-)Produktion von Ungleichheiten verknüpft. Sie werden durch Ungleichheitsregimes strukturiert.

Nach Acker (2000: 205) hat jede Organisation ein spezifisches Ungleichheitsregime, wobei sich die organisationalen Ungleichheitsregimes voneinander unterscheiden. Selbst Organisationen, die explizit egalitäre Ziele hätten, entwickeln Acker (2006: 443) zufolge über die Zeit hinweg Ungleichheitsregimes, die zudem hochgradig variabel sind. Sie tendierten dazu, ungewiss, fließend und sich verändernd zu sein, und sie sind verknüpft mit Ungleichheiten in der die Organisation umgebenden Gesellschaft, ihrer Politik, Geschichte und Kultur (Acker 2006: 443). Darin liegt ihrer Ansicht nach auch ein Grund, warum Ansätze zur Herstellung von mehr Gleichheit in und durch Organisationen nicht immer erfolgreich sind (Acker 2006: 460).

Ich gehe im Folgenden davon aus, dass wissenschaftliche Institutionen und Organisationen Akteure der Herstellung und/oder Blockierung von (Chancen-)Gleichheit sind (vgl. Berger/Kahlert 2005). Im Anschluss an Acker kann zudem angenommen werden, dass die von ihr konzipierten Ungleichheitsregimes auch in Hochschule und Forschung vorhanden sind und dort beispielsweise Bildungs- und Wissenschaftskarrieren strukturieren. Besondere Aufmerksamkeit kommt in diesem Zusammenhang dem Geschehen in der Qualifizierungsphase für eine mögliche wissenschaftliche Laufbahn zu. Im Jahr 2014 wurden laut Statistischem Bundesamt (2016) 45,5 Prozent aller Promotionen an deutschen Hochschulen von Frauen abgelegt, wobei es zwischen den Fächergruppen nach wie vor erhebliche Differenzen gibt. Nie zuvor lag der, seit Jahren steigende, Frauenanteil an den Promotionsabschlüssen so hoch. Rein numerisch betrachtet erwerben demnach zunehmend mehr Frauen die nötige Qualifikation für eine wissenschaftliche Laufbahn. Bisherigen Entwicklungen, Erfahrungen und Forschungsergebnissen zufolge ist jedoch Skepsis angebracht, dass sich aufgrund dessen das Problem der Chancenungleichheit zwischen den Geschlechtern beim Erlangen wissenschaftlicher Spitzenpositionen über die Zeit betrachtet kurz- bis mittelfristig von allein lösen könnte. Ab der Postdocphase zeigt sich nach wie vor eine quantitative männliche Dominanz, und der Wissenschaft gehen noch immer anteilig mehr Frauen als Männer verloren. So waren im Jahr 2014 lediglich 22,0 Prozent aller Professuren von Frauen besetzt (vgl. Statistisches Bundesamt 2016). Forschungen zu diesem Phänomen zeigen, dass es sich beim Frauenschwund auf dem Weg an die Spitze der Wissenschaft um eine Mischung aus Fremd- und Selbstselektion handelt, das auf ein Zusammenspiel von individuellen, institutionellen und strukturellen Faktoren zurückgeführt werden kann (vgl. z.B. Lind 2004, 2006; Kahlert 2013b).

Während die Geschlechterungleichheit in der wissenschaftlichen Laufbahn vergleichsweise gut erforscht ist, wird in der Forschung anderen Ungleichheiten weit weniger Aufmerksamkeit beigemessen. Unterbelichtet sind hier etwa die soziale Herkunft (vgl. aber z.B. Engler 2001; Möller 2015) und der Migrationshintergrund (vgl. z.B. aber Löther 2012). Dementsprechend stellt die empirische Erforschung der Verknüpfung von Ungleichheitsregimes in der Wissenschaft ebenfalls ein Desiderat dar.

Acker zufolge vollzieht sich die (Re-)Produktion von Ungleichheitsregimes in Organisationen in sozialen Praktiken. Die Rekrutierung von Graduierten als Promovierende ist eine soziale Praktik in der Hochschule. Diese Praktik kennzeichnet, dass etablierte Wissenschaftlerinnen und Wissenschaftlern in formalisierten Verfahren wie etwa Auswahlkommissionen, aber auch auf Basis nicht-formalisierter Kommunikationen, wie etwa durch direkte Ansprachen, diejenigen auswählen, die sie für eine Promotion als geeignet bzw. passend ansehen. Sie beeinflussen so die Zugangsmöglichkeiten der Graduierten zur und ihren Verbleib in der Wissenschaft.

Dabei haben sie die Rolle der Gatekeeper inne, da sie Harriet Zuckerman und Robert K. Merton (vgl. 1973: 522) zufolge die fortgesetzte oder zeitweise Bewertung von Wissenschaftlerinnen und Wissenschaftlern auf jeder

Karrierestufe vom Eintritt in die Nachwuchsphase bis zum Ruhestand sowie die Bereitstellung oder Ablehnung des Zugangs zu günstigen Gelegenheiten, wie etwa die Zuteilung von Stellen, Forschungsmitteln und Auszeichnungen, übernehmen. Diese Gatekeeper werden beispielsweise gebeten, die Aussichten und Grenzen von Kandidatinnen und Kandidaten für neue Positionen und etwa postgraduale Qualifikationen zu beurteilen. Sie beeinflussen so die Mobilität von einzelnen (Nachwuchs-)Wissenschaftlerinnen und (Nachwuchs-)Wissenschaftlern und in der Summe auch die Verteilung und Zusammensetzung des Personals im Wissenschaftssystem. Die Rekrutierung von Promovierenden ist demnach ein Bestandteil von Gatekeeping.

Im Gatekeeping-Prozess ist es bedeutsam, wer auswählt, wer zur Wahl steht, wie der Selektionsprozess organisiert ist, welchen Regeln er folgt und welche Kriterien angelegt werden. Mit Blick auf die hier interessierenden Ungleichheitsregimes in der Rekrutierung von Promovierenden kann davon ausgegangen werden, dass dabei zumindest verdeckt, vielleicht sogar unreflektiert auch mentale Modelle und Einstellungen der Auswählenden in Bezug auf Ungleichheitskategorien wie Geschlecht und sozialer Herkunft der Auszuwählenden eine Rolle spielen (vgl. Husu 2004). Mentale Modelle und Einstellungen liegen ebenfalls den von Weber (1991: 241) angesprochenen »Menschlichkeiten« zugrunde, auch wenn er dies nicht analysiert hat.

3. Forschungsdesign, methodisches Vorgehen und Datengrundlage

Die Basis der folgenden Ausführungen bilden 17 leitfadengestützte Einzelinterviews mit Hochschullehrenden an Universitäten. Interessiert an der (Re-)Produktion von (Chancen-)Ungleichheiten beim Übergang in eine Wissenschaftskarriere fokussieren die Interviews die Einstellungen und Erfahrungen der Befragten bezüglich der Rekrutierung, Betreuung und Förderung des wissenschaftlichen Nachwuchses. Zentrale ungleichheitssoziologische Aufmerksamkeit gilt in der Studie der Bedeutung des Geschlechts. Darüber hinaus werden aber auch andere Ungleichheiten in den Blick genommen.

Die Befragten wurden aus forschungsmethodologischen Gründen nach Fachzugehörigkeit und Geschlecht ausgewählt. Der Geschlechtervergleich dient der Exploration möglicher geschlechtstypischer Phänomene, die nur im Kontrast zum anderen Geschlecht identifiziert werden können. Mittels des Verfahrens der theoretischen Samplebildung wurde die nach Fachzugehörigkeit und Geschlecht differenzierte Gruppe der Interviewpersonen um zusätzliche Diversitätskriterien erweitert. Damit soll eine Maximierung der Perspektiven z. B. hinsichtlich des persönlichen, fachlichen und organisationalen Hintergrunds sowie der Erfahrungen in der Betreuung und Förderung des wissenschaftlichen Nachwuchses im jeweiligen Fach erreicht werden. Der Fächervergleich ermöglicht die Identifikation von Mechanismen über fachspezifische Besonderheiten hinaus. Untersucht werden kann so, welche Mechanismen oder Bedingungen, die den Verbleib in oder das Verlassen einer begonnenen wissenschaftlichen Laufbahn begünstigen, sich in beiden Fächern finden und möglicherweise typisch für das deutsche Wissenschaftssystem sind. Zugleich werden durch den Vergleich exemplarische Aussagen über fachkulturell besondere Ausgangslagen für Wissenschaftskarrieren möglich.

Bei den für die Studie ausgewählten Fächern handelt es sich um Politikwissenschaft und Chemie. Damit werden eine Sozial- und eine Naturwissenschaft betrachtet, die sich auch dadurch unterscheiden, dass der Promotion fachspezifisch unterschiedliche Bedeutung zukommt. In der Politikwissenschaft ist die Promotion nur für eine Wissenschaftskarriere erforderlich, während sie außeruniversitär in erster Linie als berufliche Zusatzqualifikation bedeutsam ist. Hier entspricht die Promotionsintensität dem fächerübergreifenden Durchschnitt. Anders sieht es in der Chemie aus: Sie ist in Deutschland das Fach mit der höchsten Promotionsintensität. In vielen Teilbereichen der Chemie stellt die Promotion den ersten berufsqualifizierenden Abschluss, auch für außeruniversitäre Tätigkeiten etwa in der Industrie, dar. Chemiestudierende entscheiden sich mit der Studienfachwahl implizit zumeist bereits für eine Promotion.

Im Fach Politikwissenschaft wurden vier Frauen und fünf Männer interviewt, im Fach Chemie vier Frauen und vier Männer.[2] Die Befragten vertreten jeweils unterschiedliche Teilbereiche bzw. Schwerpunkte ihres Fachs. Alle 17 Gatekeeper sind zum Interviewzeitpunkt an deutschen Universitäten tätig und verfügen über Erfahrungen in der Promotionsbetreuung und Nachwuchsförderung, 16 davon als Hochschullehrende und ein Befragter

---

2 Geplant waren ursprünglich 16 Interviews mit je vier Hochschullehrenden pro Fach und Geschlecht. Im Forschungsprozess ergab sich jedoch die Möglichkeit, einen fünften Professor aus der Politikwissenschaft zu befragen. Auch dieses Interview wurde voll in die Auswertung einbezogen.

als Leiter einer selbstständigen Nachwuchsgruppe. Die Interviewpersonen repräsentieren unterschiedliche (akademische) Altersgruppen: Bei einigen handelt es sich um noch nicht bzw. relativ frisch auf eine Universitätsprofessur Berufene, andere sind zum Interviewzeitpunkt ca. zehn Jahre als Professor oder Professorin tätig, und manche stehen bereits kurz vor dem altersbedingten Ausscheiden aus dem aktiven Hochschuldienst. Je Fach wurden in Anzahl und nach Geschlechtern ausgewogen Hochschullehrende gewonnen, die z. B. in der Leitung von Graduiertenkollegs und Exzellenzclustern, in herausgehobener Position in den beteiligten wissenschaftlichen Fachgesellschaften, durch Gleichstellungsaktivitäten oder anderweitig für die in der Studie interessierenden Fragestellungen ausgewiesen sind, und solche, die bis zum Inteviewzeitpunkt nicht in Bezug auf die Beschäftigung mit derartigen Fragen und/oder durch ein sichtbares Engagement in der Nachwuchs- und/oder Frauenförderung aufgefallen sind. Die Befragten sind darüber hinaus an unterschiedlichen Hochschulorten in den alten und neuen Bundesländern und in unterschiedlichen Hochschultypen (z. B. Volluniversität, Technische Universität, Reformuniversität, Traditionsuniversität) tätig. Sie unterscheiden sich des Weiteren nach den Besoldungs- bzw. Vergütungsgruppen (C3/C4 bzw. C4/W3, TV-L) und nach dem Lebensstil (Partnerschaft, Ehe oder allein stehend bzw. lebend, Kind bzw. Kinder oder kinderlos). Nach Leslie McCall (2005) handelt es sich also um ein intrakategoriales Sample.

Die Fragen des Interviewleitfadens wurden durch eine vorangegangene qualitative Interviewstudie mit 60 Promovierenden und Postdocs der Fächer Politikwissenschaft und Chemie zu ihren Karriereorientierungen und -plänen (vgl. Kahlert 2012; Kahlert et al. 2011)[3] und durch eine Literaturstudie zur Betreuung und Förderung des wissenschaftlichen Nachwuchses vorbereitet. Alle Interviews wurden von mir durchgeführt, um eine Interviewsituation zwischen statusgleichen Hochschullehrenden zu gewährleisten. Die Interviews im Umfang von 65 bis 150 Minuten wurden als Tonaufnahme aufgezeichnet und nach zuvor festgelegten Regeln in anonymisierter Form verschriftlicht. Die Auswertung erfolgt fallweise und fallvergleichend nach inhaltsanalytischen Kriterien (vgl. Mayring 2000, 2008),[4] die aus der eben erwähnten Interviewstudie und der Literaturstudie entwickelt werden und aus den Interviews emergieren.

---

3 Vgl. für nähere Angaben Fußnote 1.

4 Bei der Aufbereitung des Interviewmaterials für die Auswertung wirkten die Projektmitarbeiterinnen Nadine Frei, Sabrina Rutter und insbesondere Danny Otto mit.

Den Grundregeln der qualitativen Sozialforschung entsprechend sind alle im Folgenden erwähnten Namen Pseudonyme, und alle Informationen, die Aufschluss über konkrete Personen geben könnten, sind ebenfalls anonymisiert. Bei den Zitaten wird die gesprochene Sprache beibehalten.[5] Gegenstand der nachstehenden Erörterungen sind die Ausführungen der Interviewpersonen zur Rekrutierung von Promovierenden.

4. Formen der Rekrutierung von Promovierenden

Ein interessanter Befund der Studie ist, dass die formalisierte Rekrutierung von Promovierenden durch Ausschreibungen – von Stellen und/oder Stipendien zur Promotion –, das in wissenschaftlichen Organisationen eigentlich übliche regelgeleitete Verfahren zur Vergabe von Ressourcen, in den Interviews mit den Hochschullehrenden nur eine untergeordnete Rolle spielt. Die Ausschreibung scheint demnach eine keineswegs präferierte Möglichkeit zu sein, um Promovierende zu gewinnen. Sie wird von den Interviewten nur dann aktiv vorangebracht, wenn sie gerade keine geeigneten Personen für Stipendien und/oder Mitarbeiterstellen zur Verfügung haben oder wenn sie durch institutionelle Vorgaben dazu gezwungen sind, z. B. in Graduiertenkollegs, deren Stellen bzw. Stipendien öffentlich ausgeschrieben und durch Kommissionen vergeben werden müssen, gegebenenfalls unter Beteiligung von Beauftragten für die Gleichstellung.

Ein zweites, eng mit dem ersten Befund verbundenes Ergebnis ist, dass insgesamt in der Befragtengruppe auch eine Skepsis gegenüber strukturierten Promotionsprogrammen dominiert: In der Chemie, in der die Forschung qua Fachkultur in Arbeitskreisen bzw. -gruppen erfolgt, die eine fachbezogene Struktur auch zur Einbindung, Betreuung und Qualifizierung des wissenschaftlichen Nachwuchses bilden, werden strukturierte Promotionsprogramme wegen der darin auch vorgehaltenen Angebote zum Erwerb von Schlüsselkompetenzen für überflüssig gehalten. In der Politikwissenschaft wird nach wie vor das mit der Individualpromotion verbundene Muster enger personengebundener Betreuungs- und Förderbeziehungen präferiert,

---

5 In den Interviewzitaten finden sich einige wenige Transkriptionszeichen: ›…‹ steht für eine Sprechpause, ›[…]‹ bedeutet eine Auslassung im Text, und ›-‹ bezeichnet einen Wortabbruch beim Sprechen.

formalisiertere Verfahren werden, beginnend mit Betreuungsvereinbarungen, als Kontrollverlust hinsichtlich der Selektion des wissenschaftlichen Nachwuchses bewertet, überwiegend kritisiert und abgelehnt.

Die Darstellungen der Interviewpersonen, unabhängig von Fach und Geschlecht, lassen keinen Zweifel daran, dass die zumeist nicht formalisierte Ansprache, unabhängig von wem sie ausgeht, entscheidend für den Rekrutierungsprozess von Promovierenden ist. Die befragten Hochschullehrenden ziehen es vor, von potenziellen Promovierenden persönlich als Betreuungsperson angefragt zu werden: »Ich hab eigentlich immer so die Meinung vertreten, ich laufe Leuten nicht hinterher und ich spreche die nicht an. Jemand muss so aus eigenem Interesse kommen«, sagt die Chemikerin Frau Professorin Wysk. Das ist, so beschreiben es einige Gatekeeper, auch ›der Klassiker‹, wie der Politikwissenschaftler Professor Baacke ausführt: »Der häufigste Fall ist, dass, ähm, jemand, in der Regel, äh, in der Regel, sag' ich, nachdem er bei mir eine Magister- oder Diplomarbeit geschrieben hat, mit der Idee, auf mich zukommt, zu promovieren. Äh, das ist so, ich sag' mal, der häufigste Fall.«

Es ist aber keineswegs unüblich, so stellen es einige Befragte dar, dass Hochschullehrende beider Fächer und Geschlechter auch selbst von ihnen für besonders geeignet gehaltene potenzielle Promovierende ansprechen und mit Anreizen an ihren Arbeitsbereich zu binden versuchen. Die Politikwissenschaftlerin Frau Professorin Fröhlich erläutert:

»Also, Begabte versuche ich irgendwie anzubinden, entweder mit längerfristigen Verträgen oder innerhalb von Projekten, wenn es denn mal irgendwas Abgeschlossenes gibt, zu sagen: ›Wollt ihr nicht?‹, ne? […] Also ich hab' ein paar, die hab' ich schon seitdem sie Bachelorstudenten sind mittlerweile. Also das war am Anfang natürlich anders, aber mittlerweile habe ich viele, die ich von Anfang an kenne, ähm, wo ich gesehen habe, die haben sich bewährt. Die sind dann meistens über HiWi-Jobs bei mir an, also, bei uns geblieben und haben sich eng angebunden. Ähm, wo ich genau gesehen hab': ›Was, was könnte deren Gebiet sein?‹, und das hat sich gut in das Gefü-, also, wenn das so war, dann sind die direkt reingerutscht.«

Wichtig ist dabei, dass es sich bei den angesprochenen Studierenden, die an den Arbeitsbereich angebunden werden, um diejenigen handelt, die aus Lehrveranstaltungen und/oder der Betreuung der Examensarbeit bekannt sind *und* einen guten Eindruck hinterlassen haben. So kann besser eingeschätzt werden, wer perspektivisch zur Promotion angenommen wird. In den Worten der Chemikerin Frau Professorin Zörner: »Die kann ich also besser heranziehen, wenn ich die hier intern beobachte und dann, äh, versuche gezielt so früh wie möglich anzusprechen, um sie eben auch hier für unseren Bereich zu interessieren.«

Auch in der Chemie findet sich also die aktive Rekrutierung, wie Herr Professor Rux verdeutlicht:

»Wenn man eine in, in, in den Augen geeignete Person unbedingt behalten möchte, sollte man ihr das auch frühzeitig sagen, ähm, was ich auch eigentlich tue. […] Also wir versuchen sie ja schon so möglichst früh auch mal einzubinden, dass man also auch, ich sag's mal, Personen, wo man sagt, äh, ja, die, die sieht interessant aus, die Person, ähm, egal ob nun Männlein oder Weiblein, ähm, die versuchen wir mal auch an den Arbeitskreis zu binden frühzeitig, äh, indem man eben sie mitarbeiten lässt in, meistens sind es ja Promotionen. Also, wenn man so will, ein, ein wissenschaftliche, eine studentische Hilfskraft oder auch ein, ein Diplomand oder wenn wir jetzt im neuen System, eben Bachelor- und Masterarbeiten, versuche ich eigentlich immer an eine Doktorarbeit anzukoppeln.«

Insbesondere Gatekeeper aus der Chemie verdeutlichen die Konkurrenz um Promovierende. Hier ist die Größe des Arbeitskreises einflussreich für die Arbeitsfähigkeit, aber auch die Positionierung in der Wissenschaftslandschaft und im Ringen um Drittmittel, Patente etc. Die Chemikerin Frau Professorin Urban stellt klar: »Also im Prinzip konkurrieren wir Professoren, Professorinnen immer um die Doktoranden. Wir möchten gerne möglichst gute und auch, wenn wir viele Drittmittel haben, möglichst viele. Also der Mensch ist immer schon Mangelware«. Den Mangel an qualifizierten Menschen für die Anfertigung einer Dissertation in der Chemie und den damit verbundenen Erhalt der Arbeitsfähigkeit des Arbeitskreises spricht auch Herr Doktor Quester, der einzige in meiner Studie nicht-professorale Befragte, an, der Leiter einer selbstständigen Nachwuchsgruppe ist und, anders als alle anderen Befragten, Probleme damit erwähnt, genügend geeignete Promovierende zu rekrutieren:

»Also braucht man vielleicht nicht lange drum herum reden. Ähm, die Wahl ist nicht da. […] Also ich muss in meiner Situation sehen, dass ich bekomme, wen ich auch immer ich kriege. Ähm, vielleicht muss ich aufpassen, dass ich die ganz schlechten, ähm, draußen lasse. Und das ist tatsächlich in, jetzt, in den drei Jahren einmal vorgekommen. Ich hatte also einen Bewerber von außerhalb, den, von dem ich nicht überzeugt war, den ich trotzdem genommen hab, und mit dem ich nach einem Jahr, sozusagen, mich gütlich getrennt habe […]. Ähm, also das heißt, äh, es werden ja auch immer wieder Workshops angeboten, ja?, also ›Wie führt man Personalauswahlgespräche?‹ oder so was. Das ist, ähm, ein netter Ansatz, der sich aber für mich überhaupt nicht stellt, weil, ähm, ich wirklich jedem Bewerber eigentlich auch ein Angebot machen muss. Einfach um die, den Arbeitskreis auf einer, auf einer Größe zu haben, wo ich, wo ich arbeiten kann.«

Auffällig an diesem Zitat ist die Differenzierung zwischen interner und externer Rekrutierung, die sich auch in allen anderen Interviews findet: Während die intern Rekrutierten persönlich bekannt sind und ihre Qualitäten etwa über Examensarbeiten und/oder Hilfskraftstellen unter Beweis stellen können und müssen, ist dies bei externen Anfragen von Graduierten nicht möglich. Gegenüber Promotionswilligen, die ihre wissenschaftliche Ausbildung an anderen Universitäten abgelegt haben, bestehen bei den Gatekeepern diverse Vorbehalte, die ausführlich dargelegt werden. Den vielleicht wichtigsten beschreibt die Politikwissenschaftlerin Frau Professorin Fröhlich wie folgt:

»Das Schwierige ist, dass man die nicht einschätzen kann in der, in der, in der vorherigen Ausbildung. Also die kommen mit ganz anderen Voraussetzungen und mit anderen Ideen darüber, wie sie ihre Doktorarbeit schreiben sollen. Und, ähm, wenn ich dann mit meinen inhaltlichen Vorstellungen von meinem Gebiet komme, ist das manchmal nicht ganz kompatibel. Und dann gibt's welche, die kriegen die Kurve. Also die holen das nach, was wir hier lehren, was, was sie befähigt dazu, das zu tun. Es gibt welche, die, dann funktioniert das nicht. Und dann, meistens wandern die dann zu jemand anderes ab oder gehen ganz raus.«

Externe Graduierte müssen sich komplexeren Auswahlverfahren für die Annahme zur Promotion stellen als interne, etwa über einzureichende Exposés, Seminarteilnahmen, Vorträge und ähnliches, sofern ihre Ansprache von den Hochschullehrenden überhaupt als ernsthaft eingeschätzt wird. In der Politikwissenschaft werden externe Anfragen als üblich dargestellt und nicht generell mit Skepsis belegt. Anders sieht es in der Chemie aus, vor allem wenn die Graduierten zuvor an einer deutschen Universität studiert haben, wie die Chemikerin Frau Professorin Urban deutlich macht:

»Die Mehrheit [der Promovierenden; H.K.] ist aus dem Haus, und dann hat man eigentlich fast täglich auch externe Bewerbungen. Vielleicht im Moment gerade nicht täglich, aber zeitweilig war es so. Ganz viel Asien, Indien, ähm, … ab und an mal was anderes. Hab' ich ein paar Mal probiert. Ähm, mache ich jetzt nicht mehr so. Also ich nehme aus dem Ausland nur noch, wenn es durch persönliche Empfehlung von einem Kollegen, den ich kenne, kommt. […] Ab und an habe ich mal eine Bewerbung von einer anderen deutschen Universität, aber die, ähm, prüfe ich sehr kritisch […] Ähm, äh, bei uns ist es ja nicht so, dass die Leute, äh, bevorzugt zwischen Bachelor und Master oder zwischen Master und Promotion die Universität wechseln, sondern fast immer das ganze Stück, also zumindest in der Chemie, fast immer das ganze Stück an einer Universität bleiben. Und das heißt, wenn jemand wechselt, ist er entweder besonders gut, weil er sagt: ›Ich will woanders noch was lernen‹, ähm, oder er bewirbt sich, weil er dort, wo er ist, kein Angebot bekommen hat.«

Während interne Graduierte zumeist persönlich vorstellig werden, erfolgen externe Ansprachen zumeist per Email. Fast alle Befragten berichten, häufig Anfragen zur Promotionsbetreuung per Email zu bekommen. Beispielsweise schildert der Politikwissenschaftler Herr Professor Dietze:

»Und da gibt es viele Anfragen, wo man schnell sieht: Das hat überhaupt nichts mit einem zu tun, ne? Das ist ja das schöne Internet, das Anfragen kostet heute, heutzutage nichts mehr. Man muss nicht mal einen Briefumschlag in den Briefkasten werfen, sondern kann einfach per Mausklick das machen. [...] Also, wenn, wenn die, äh, wenn das Anschreiben sehr allgemein gehalten ist, äh, dann klicke ich das weg. Äh, wenn die geschickt sind und irgendein Stichwort haben, was irgendwie mit mir zu tun haben könnte, dann gucke ich mir das noch mal an, was sie mir da geschrieben haben, ne?, und wenn ich den Eindruck habe, das ist so richtig ernsthaft, ne? Also wenn ich den Eindruck hab', es ist nicht, nicht so, also, das ist eher nur so eine Streubewerbung, dann melde ich mich da nicht.«

Externe Ansprachen von Graduierten sind, so zeigt die Auswertung, am ehesten erfolgreich, wenn die Anfrage für die potenzielle Betreuungsperson thematisch interessant ist und zu den Forschungsschwerpunkten der bzw. des Lehrenden passt, wenn die Gatekeeper die vorherige Ausbildung bzw. die Zeugnisse qualitativ einschätzen können bzw. Referenzen von Hochschullehrenden vorliegen, die sie kennen, und wenn die Promovierenden nicht auf dem deutschen Karrieremarkt bleiben wollen, der ohnehin für den ›eigenen‹, den internen wissenschaftlichen Nachwuchs als zu eng eingeschätzt wird. Voraussetzung für die Rekrutierung externer Graduierter zur Promotion ist zumeist aber, dass intern niemand zur Verfügung steht und dass sich die externen Promotionswilligen besonders auszeichnen. Manchmal soll aber auch gezielt Diversität in der eigenen Arbeitsgruppe gefördert werden, sodass in diesen Fällen externe Anfragen willkommen sind.

5. Kriterien für die Rekrutierung von Promovierenden

Deutlich geworden ist bereits, dass Promotionswillige es leichter haben, Betreuungspersonen zu finden, wenn sie organisationsintern und den angefragten Hochschullehrenden bereits bekannt sowie positiv aufgefallen sind. Im Idealfall haben sie bereits an der betreffenden Professur Lehrveranstaltungen besucht, als Hilfskraft gearbeitet und ihr Examen abgelegt, sodass es selbstverständlich und unproblematisch erscheint, wenn sie nun auch bei der Professorin bzw. dem Professor promovieren möchten und um Annahme anfragen. Man kennt sich wechselseitig und weiß um jeweilige Interessen, Arbeitsstile und Erwartungen. Genau deshalb scheinen die Gatekeeper überwiegend interne Promotionswillige zu präferieren. Jedenfalls fällt es den Befragten schwer, konkrete Kriterien zu explizieren, die ihre Entscheidung anleiten, Graduierte zur Promotion anzunehmen oder abzulehnen. Dennoch wird im Folgenden anhand zentraler Schlüsselkompetenzen, die generell in Auswahlverfahren herangezogen werden, dargestellt, welche Kriterien die Gatekeeper bei der Rekrutierung von Promovierenden anleiten und wie sie diese gewichten.

Die *Fachkompetenz* der potenziellen Promovierenden wird wesentlich am bisherigen akademischen Lebenslauf und der Beschreibung des Promotionsprojekts in einem Exposé festgemacht, wie die Politikwissenschaftlerin Frau Professorin Haupt ausführt: »Das wäre […] immer, äh, akademischer Record, ne? Ähm, dann wäre das, äh, so au-, die Ausarbeitung des Proposals, wie gut das ist.« Zum Teil wird bezüglich der Feststellung der Fachkompetenz zwischen internen und externen angehenden Promovierenden unterschieden, so beispielsweise von der Politikwissenschaftlerin Frau Professorin Glöde: »Also das, ähm, äh, also ich spreche dann mit denen, aber, ähm, ich sage dann: ›Ich brauche ein Exposé‹, also für, also um, um das Gespräch fortzusetzen. Also anders als, also die Leute, die ich schon aus dem Examen hier kenne, also da begleite ich quasi die Themenfindung.«

Ihr Fachkollege Herr Professor Abend geht noch weiter. Ihm ist auch wichtig, dass die geplante Pomotion »thematisch einschlägig« ist. Er setzt zudem eine Verteidigung des Exposés an, an der auch mindestens eine weitere potenzielle Betreuungsperson teilnimmt: »Wir machen ein Gespräch, ja, ähm, aber es ähnelt jetzt einer Abschlussprüfung auch, weil wir haben, wir haben Verteidigung hier, Verteidigung der Masterarbeit als Abschlussprüfung, und dort geht es dann eben um die Verteidigung des Exposés, ja?«

Der Politologe Herr Professor Dietze legt Wert darauf, dass das Promotionsthema mit erkennbarem Interesse angegangen wird: »Ja, na ja, also, ob, ob sie wirklich das Thema interessant und sich da schon auch ein bisschen mehr mit beschäftigt haben. Und, ähm, auch, wenn jetzt nicht unbedingt die ganz konkrete Fragestellung, aber so der Themenkomplex, dass das auch ein bisschen was mit anderen Aktivitäten von ihnen zu tun hat.«

In der Chemie wird nicht so sehr die fachkompetente Ausarbeitung eines selbst gewählten Promotionsthemas gefordert, denn hier werden Themen zumeist von den Arbeitskreisleitungen vergeben, abhängig von eingeworbenen oder einzuwerbenden Drittmitteln. Stattdessen werden fachliche Passfähigkeit und Qualität für wichtig gehalten. Frau Professorin Zörner entscheidet auf der Basis von Probearbeiten über die Rekrutierung ihrer Promovierenden: »Also ich, äh, beobachte die Leute gerne über solche, äh, Vorgängerarbeiten oder Praktika und, äh, dann, äh, kann man, äh, so ein bisschen besser einschätzen, ob das dann auch passen würde, dass die hier mitarbeiten.«

Die *Methodenkompetenz* der Graduierten ist ebenfalls ausschlaggebend für die Rekrutierung von Promovierenden. In beiden Fächern sind Sprach- bzw. Schreibstil und Kommunikationsfähigkeit von hoher Bedeutung. Der Politikwissenschaftler Herr Professor Eichhoff ist sicher: »Das erste ist, man muss, ähm, … also das ist ein ganz äußerliches. Man muss einen gewissen Sprachstil pflegen können. Also, äh, Leute, die nicht eine gewisse Sprachästhetik haben, sind für den Bereich Theorie nicht geeignet.« Sein Fachkollege Herr Professor Dietze ergänzt: »Und sie müssen gleichzeitig auch die Bereitschaft haben, dass, wenn sie einen Erkenntnisstand erreicht haben, den vielleicht auch mal anderen Leuten mitzuteilen ((Lachen)), um also das Schriftliche, diese Balance. Das ist aber nicht immer so leicht herauszufinden. Und das weiß man halt besser nachher ((Lachen)).«

Auch in der Chemie wird Ausdrucksvermögen als wichtig für die Anfertigung eine Dissertation angesehen, wie Frau Professorin Wysk verdeutlicht:

»Also was auch wichtig ist, ist sich gut ausdrücken zu können. Das ist leider auch, ähm, nicht, nicht immer so, selbst bei Leuten, die eigentlich ganz gut sind sprachlich. Es ist doch immer vieles, was einfach nicht präzise ist. Und, äh, obwohl es jetzt nicht, nicht Literatur, sondern Chemie ist, ist es ja doch ganz wichtig, dass man Dinge auch eindeutig und klar auf den Punkt bringt.«

Für die Chemie schätzen die Befragten des Weiteren Organisationsvermögen hoch. Dieses zeigt sich nicht nur darin, dass jemand selbstständig Experimente planen und durchführen, sondern auch parallele Projekte bearbeiten kann. Für Herrn Professor Sydow ist das eine wichtige Kompetenz von Promovierenden:

»Und ein gutes Organisationsvermögen, eventuell mit einem zweiten Projekt parallel zu beginnen. Äh, ein bisschen, sage ich mal, nicht zu einseitig zu werden oder zu eng sich zu ver-, verkeilen in gewissen Dingen. Dazu gehört auch Organisationsvermögen. Und das ist etwas, was man insbesondere hier lernt während der Promotion auch.«

Zudem müssen angehende Promovierende laut der Chemikerin Frau Professorin Wysk sorgfältig beobachten können: »Also auch dieses beobachten können: Was habe ich denn da eigentlich jetzt auf dem Tisch? Häufig wird auch ganz viel Information übersehen, die in irgendwas drin steckt, ne? Die haben einfach den Blick dafür nicht entwickelt.« Schließlich spielt für ihre Fachkollegin Frau Professorin Voth auch das Arbeitstempo eine Rolle:

»Wenn, wenn jetzt jemand zum Beispiel sehr bedächtig ist, dann hat es auch was Gutes. Aber es kann einfach auch zu langsam sein. Es geht auch um, um ein gewisses Tempo. Ich kann, ich werde einfach in der internationalen Konkurrenzsituation auch überholt, ne? Ich kann nicht alles unendlich bedächtig machen.«

Die ebenfalls für die Rekrutierung angehender Promovierender von den Gatekeepern angeführte hohe *Sozialkompetenz* wird wesentlich am bereits erörterten Kennen festgemacht. So soll man laut dem Politikwissenschaftler Herrn Professor Chrest bereits »gute Diskussionen« und eine »sehr interessante und gute Zusammenarbeit schon auf dieser Seminarebene« gehabt und sich laut seiner Fachkollegin Frau Professorin Fröhlich im Miteinander und in der Zusammenarbeit »bewährt« haben. Der Politologe Herr Professor Eichhoff neigt schließlich »eigentlich dazu, äh, äh, nur mit Leuten, mit Personen zusammen zu arbeiten, von denen ich einen Eindruck habe gewinnen können und, ähm, wo es auch so ist, dass man über die persönliche Begegnung ein Gefühl dafür bekommt, ob von der Leidenschaft her, also von den Voraussetzungen, auch von den sozialen Voraussetzungen her, diese Person in der Lage sein wird, das, äh, dieses Anforderungsprofil einigermaßen, äh, zu bewältigen.«

Passfähigkeit zum Arbeitskreis, Kooperation und Teamfähigkeit werden gerade auch in der Chemie als wichtig dargestellt, wie die Professorin Frau Wysk beschreibt:

»Aber es ist schon so, dass ich da die Leute in die Gruppe schicke und auch daran interessiert bin, zu gucken, wenn die sagen: ›Mensch, ja, der war ja‹, äh, also, wenn da so eine positive Rückmeldung kommt, so, stimmungsmäßig,: dann ist das schon auch hilfreich zu sehen: ›Passt auch rein in die, in die Gruppe‹. Also man will ja auch nicht so eine Gruppe völlig, ähm, zerschießen, hätte ich bald gesagt. Dadurch, dass da irgend so jemand reinkommt, der, der alle nur nervt oder der n-, also, man muss ja auch ne-, einiges beitragen zu den Gemeinschaftsaufgaben.«

Ihre Kollegin Frau Voth ergänzt: »Und dann eben, äh, Arbeit im Team. Und das bedeutet sowohl die Projektentwicklung. Ich muss mal zusammen arbeiten können. Ich muss mal sagen können: ›Ich hab da was raus gefunden, was für uns beide interessant sein könnte‹.«

Schließlich benennen die Befragten *Individualkompetenzen* und Eigenschaften, über die die von ihnen rekrutierten Promovierenden verfügen sollen: (intellektuelle) Selbstständigkeit, hohe eigene Motivation, Leidenschaft, Neugier, Engagement, Ehrlichkeit, Kritikfähigkeit, Hartnäckigkeit und Durchhaltevermögen. Der Politikwissenschaftler Herr Professor Eichhoff stellt seine Anforderungen an Promovierende so dar: »Also diese Form von intellektueller Stimulierbarkeit, Erregbarkeit, Reizbarkeit, das ist, denke ich, ähm, eine ganz, ganz wichtige Voraussetzung, ähm, also jedenfalls eine, die ich als wichtige Voraussetzung für theoretische Arbeiten, äh, empfinde.«

Die Chemikerin Frau Professorin Möwe setzt etwas andere Schwerpunkte:

»Ja, und, und dann gibt es halt Hundert-Prozent-Kriterien. Zum Beispiel Ehrlichkeit. Eigentlich zum Beispiel der Wille, äh, nach Genauigkeit. Äh, also Genauigkeit kann man auch noch entwickeln, aber die darf nicht ((Lachen)) bei 50 Prozent liegen. Das geht dann schon mal gar nicht. Also Ehrlichkeit muss bei 100, äh, Prozent liegen, Genauigkeit muss auch an die 100 Prozent gehen, und viele andere Qualitäten kann man dann entwickeln.«

Als die genannten Kompetenzen ergänzendes Kriterium wird vereinzelt auch die Benotung der Studienleistungen genannt. Für den Chemiker Herrn Doktor Quester ist dies sehr wichtig:

»Und ein … Kriterium, was tatsächlich noch, ähm, noch eins ist, was ich aufrecht erhalte: Ich versuche, Leute von Hochschulen zu nehmen, bei denen ich die Zeugnisse einschätzen kann. Also sprich, ich bekomme natürlich auch, ähm, acht oder zehn Bewerbungen pro Woche irgendwo aus Indien, ähm, die, ähm, nicht mal namentlich adressiert sind, sondern nur, äh, ›Dear Professor‹ lauten. Ähm, darauf reagiere ich nicht. Also das ist sozusagen noch die letzte, äh, das letzte Kriterium, was ich aufrecht halte.«

Gute Leistungen werden jedoch laut den Interviewpersonen nicht nur an Noten festgemacht, sondern auch an einem im Lebenslauf dokumentierten Profil und Engagement, das beispielsweise eine internationale Orientierung und über das eigene Forschungsthema hinausreichende Interessen aufweist.

Insgesamt fällt auf, dass die meisten von den Gatekeepern genannten Rekrutierungskriterien vergleichsweise unkonkret sind und laut den Schilderungen in den Interviews auch häufig unsystematisch angewendet werden, vor allem, wenn es sich um Individualpromotionen handelt. Die Befragten stellen die Eignung von Graduierten für die Promotion überwiegend anhand von nicht-formalisierten Einschätzungen dar. Dabei verschwimmen Sozial- und Fachkompetenzen, denen ein deutliches Übergewicht gegenüber Methoden- und Individualkompetenzen zukommt. Die in den Interviews genannten Kriterien spiegeln die jeweiligen fachspezifischen Vorstellungen einer idealen Forschungspersönlichkeit wider, die den fachlichen Standards bezüglich theoretischen, empirischen und experimentellen Arbeitens entspricht, sich mündlich und schriftlich auszudrücken vermag und wissenschaftliche Werte wie Ehrlichkeit, Sorgfalt und Genauigkeit verinnerlicht hat.

Und doch scheint das Kennen der Graduierten ausschlaggebend für ihre Rekrutierung zu sein, denn bei der Rekrutierung nach Bekanntheitsgrad müssen formale Auswahlkriterien nicht mehr überprüft werden, da dies bereits implizit in vorangegangenen Zusammenarbeitserfahrungen erfolgt ist. In Verbindung mit dem Fehlen klarer formaler Selektionskriterien erklärt dies auch, warum es externe Graduierte gegenüber internen schwerer haben, zur Promotion angenommen zu werden: Da sie nicht bekannt sind, zum Teil gar aus anderen Hochschulsystemen und Ländern kommen, können sie begründet nur anhand von klaren und überprüfbaren Kriterien ausgewählt oder abgelehnt werden. Dies würde nämlich ein formalisiertes Selektionsverfahren mit entsprechend expliziten Kriterien erfordern, genau das also, was die meisten befragten Gatekeeper nicht als Bestandteil ihrer individuellen sozialen Praktiken ansehen.

6.   Ungleichheitsregimes in der Rekrutierung von Promovierenden

Die bisherigen Ausführungen verdeutlichen, dass die *Organisationszugehörigkeit* eine wesentliche Kategorie darstellt, die die Rekrutierung von Promovierenden positiv beeinflusst. Wer »aus dem Haus« kommt und um Betreuung der Promotion anfragt, hat vor allem bei bereits »im Haus« etablierten Hochschullehrenden bessere Chancen, als wenn die Anfrage »von außerhalb« erfolgt. Sofern die Graduierten im Haus positiv aufgefallen oder gar bekannt sind und sich in der Zusammenarbeit und/oder in Prüfungen bewährt haben, scheinen formalisierte Selektionskriterien an Bedeutung zu verlieren. Dass die Organisationszugehörigkeit bei der Rekrutierung von Promovierenden eine solche Rolle spielt, ist angesichts der propagierten Hochschätzung und des Zwangs zur Mobilität des wissenschaftlichen Nachwuchses verwunderlich. Erklärt werden kann dies wohl am ehesten damit, dass die Gatekeeper meinen, so fachlich und menschlich einschätzen zu können, wen sie zur Zusammenarbeit und/oder Betreuung rekrutieren und sich zugleich davon versprechen, diesen Nachwuchs am besten weiter fachlich und gegebenenfalls auch menschlich prägen zu können. Organisationsexterne haben, so der empirisch gestützte Umkehrschluss, die besten Chancen, angenommen zu werden, wenn sie Hochschullehrende anfragen, die selbst neu »im Haus« sind und daher noch keinen eigenen Nachwuchs heranziehen konnten, aber auf Promovierende zum Erhalt der Arbeitsfähigkeit des Arbeitsbereichs angewiesen sind.

Ebenso offen wird in den Interviews eine zweite Ungleichheitskategorie thematisiert: die *nationale Zugehörigkeit*. Wie wichtig das Deutschsein für die Rekrutierung ist, benennen die Gatekeeper negativ: Die nicht-deutsche Herkunft und nationale Zugehörigkeit wird als fachliches Hemmnis für den erwarteten Promotionserfolg und als Problem für den Arbeitsmarkt dargestellt, das in unterschiedlichen Facetten zum Ausdruck kommt. In der Politikwissenschaft werden hier, abhängig vom Teilbereich, bei nicht-muttersprachlich deutschen Graduierten im Fall der Theorie oder bei nicht adäquat englischsprachig Graduierten etwa aus sogenannten Entwicklungsländern im Bereich der Internationalen Beziehungen Hürden bei der erforderlichen Rezeption der einschlägigen Literatur, Darstellung der Forschungsergebnisse und Anschlussfähigkeit an den vermeintlichen Mainstream antizipiert. In der Chemie, deren Arbeitssprache ohnehin das Englische ist und in der Arbeitskreise und -gruppen zumeist international zusammengesetzt sind, besteht zum Teil die Befürchtung einer internen Subgruppenbildung. Beispielsweise vermeidet Herr Professor Sydow daher, »dass zu viele aus einem Land kommen« und führt weiter aus: »Also es gibt Arbeitsgruppen, da sind dann fünf, sechs Leute aus Indien, das führt dann meist zu, sage ich mal, Clusterbildung und Abspaltung. Das mag ich nicht.« Schließlich reflektiert der Politikwissenschaftler Herr Professor Eichhoff den begrenzten wissenschaftlichen Arbeitsmarkt in Deutschland, den er durch die Rekrutierung und Qualifizierung von externen Promovierenden aus dem Ausland nicht noch enger machen möchte:

»Also wir haben im Grunde jetzt einen Umkehrschub, äh, was natürlich die internen Bedingungen noch mal schwieriger macht, so dass ich jetzt sag': ›Ja, also Externe, wenn erkennbar ist, dass sie damit irgendwie dann nichts anfangen wollen, was sie auf den deutschen Karrieremarkt führt‹. Sonst, äh, mache ich das eigentlich nicht.«

Der in den angeführten Beispielen offen zum Ausdruck gebrachte Rassismus gibt Anlass zu der Vermutung, dass die in der Wissenschaftspolitik propagierte Hochschätzung der Internationalisierung von Forschung und Lehre längst noch nicht im organisationalen Alltag im deutschen Wissenschaftssystem angekommen ist. Deutlich wird an den zitierten Beispielen auch, wie sich die Ungleichheitskategorien der Organisationszugehörigkeit und der nationalen Zugehörigkeit in einem spezifischen Ungleichheitsregime verschränken, in dem den bisherigen Analysen zufolge (organisations)interne deutsche Graduierte favorisiert werden.

Abgerundet werden soll das entstehende Bild des in der Rekrutierung von Graduierten vorherrschenden Ungleichheitsregimes mit der Betrachtung von zwei weiteren Ungleichheitskategorien, die bisher in den empirischen Ausführungen noch nicht explizit gemacht wurden: Klasse und Geschlecht. Beide Ungleichheitskategorien verbindet, dass sie in meiner Studie nur von wenigen Interviewpersonen zur Sprache gebracht werden.

Die Bedeutung der *Klassenzugehörigkeit* in der Rekrutierung von Promovierenden bleibt in der Untersuchung verdeckt. Sie scheint allenfalls vermittelt und in wenigen Passagen auf, in denen die Gatekeeper ihre Vorstellungen von den idealen Nachwuchsforschenden umreißen und dabei Erwartungen an (möglichst internationale) Mobilität, internationale Orientierungen und einen adäquaten »akademischen Record« artikulieren, wobei sich die internationale Mobilität explizit in erster Linie auf im Ausland abgelegte Studienabschlüsse und Forschungserfahrungen von »Heimkehrenden« (Deutschen) bezieht. Ein Politikwissenschaftler erwartet zudem »ideengeschichtliche Bildung« und »eine gewisse Sprachästhetik«. Die genannten Aspekte verdeutlichen, dass die Gatekeeper in Bezug auf die von ihnen zu rekrutierenden Promovierenden offensichtlich Personen mit einer sozialen Herkunft aus einem bildungsnahen, gegebenenfalls gar akademischen Milieu vor Augen haben, die dem gewünschten Bildungsprofil und -gang am ehesten entsprechen können. Vermutet werden kann, dass diese Graduierten auch die größten Chancen haben, den Hochschullehrenden bereits im Studium aufzufallen, denn sie können sich zumeist sprachlich gut ausdrücken und beherrschen auch darüber hinaus die wissenschaftlichen Spielregeln, etwa die korrekte Form der Ansprache von Gatekeepern, am besten.

In der Studie noch etwas anders gelagert ist die Art und Weise der Thematisierung von *Geschlecht*, das zwar im Fokus meines den Befragten auch zu Beginn des Interviews bekannten Erkenntnisinteresses steht, im Interviewleitfaden jedoch erst zum Abschluss explizit eingebracht wurde. Von diesen Passagen abgesehen, die ich andernorts ausführlicher analysiert habe (Kahlert 2013a, 2015a), sind die Interviews von einer weitgehenden Dethematisierung von Geschlecht gekennzeichnet. Demnach scheint den Befragten zufolge das Geschlecht bei der Rekrutierung von Graduierten unbedeutend zu sein. Vereinzelt reflektieren die Interviewten, unabhängig von Fach und Geschlecht, jedoch, dass geeignete Personen, insbesondere Frauen, gegebenenfalls »mehr Ermutigung« und gezielte Ansprache benötigen, um eine Promotion aufzunehmen und eine wissenschaftliche Laufbahn einzuschlagen, wie die folgenden Zitate der Chemikerin Frau Professorin Wysk und des Politikwissenschaftlers Herrn Professor Baacke belegen:

»Also ich spreche eigentlich n-, die Leute nicht direkt an, denn ist mir aber auch von den e-, eigenen Mitarbeitern deutlich gemacht worden, dass manche sich dann gar nicht trauen, ja?, und, äh, vielleicht auch gerade die Frauen. Weil sie die Vorstellung haben, das ist natürlich immer eine Frage, wie ist denn so das Nor-, der, was sie als normal empfinden, wenn sie nicht angesprochen werden, dass man sie auch nicht will. Also dass sozusagen das Neutrale schon als Ablehnung aufgefasst wird. Das möchte ich natürlich auch nicht. Und das betrifft eben auch gerade die Phase, wenn jemand bei mir als, äh, Diplomand, Diplomandin ist und die haben so die Idee zu promovieren, dann warten sie offensichtlich auch auf so ein Signal.«

»Äh, eine gewisse, gewissen Stolz, äh, wenn das nicht unangemessen ist, das Wort, habe ich, äh, für die Fälle, die würde ich Ermutigung nennen, also, ähm, ich hab' Gutachten über eine Diplomarbeit geschrieben, und es kommt zu der üblichen Besprechung, äh, was da drin steht und so weiter und, äh, dann von mir aktiv die Frage, äh: ›Haben Sie eigentlich mal darüber nachgedacht zu promovieren?‹, und dann, äh, muss man ja sagen, sind es leider häufig Frauen, die dann ›Nein‹ antworten. Und, äh, zwei sind inzwischen Professorinnen, die das auch selbst zu erkennen, also mir gegenüber, deswegen bin ich auch ein bisschen stolz drauf«.

Demnach stellen die Gatekeeper Frauen, in ihren mentalen Modellen und Einstellungen offensichtlich traditionellen Geschlechterstereotypen folgend, als zurückhaltend und passiv auf Ansprache wartend bzw. auf Ansprache angewiesen dar. In den bisherigen Ausführungen ist deutlich geworden, dass die von Hochschullehrenden präferierte soziale Praktik der Rekrutierung darin besteht, von Graduierten angesprochen werden zu wollen. Sie selbst sprechen ihren Darstellungen zufolge nur diejenigen an, die ihnen positiv auffallen. Als zurückhaltend wahrgenommene Frauen fallen möglicherweise nicht positiv auf und werden nicht be- bzw. gekannt, vor allem dann nicht, wenn sie tatsächlich darauf warten, angesprochen und ermutigt zu werden. Ihr Risiko, im Selektionsprozess durchzufallen, ist demnach strukturell größer als das ihrer männlichen Kollegen (vgl. Kahlert 2015b).

Es zeigt sich, dass und wie sich die Ungleichheitskategorien der Organisationszugehörigkeit, der nationalen Zugehörigkeit, der Klasse bzw. sozialen Herkunft und des Geschlechts in der sozialen Praktik der Rekrutierung von Graduierten zur Promotion zu einem Ungleichheitsregime verschränken, dem zufolge schließlich interne deutsche Graduierte männlichen Geschlechts mit bildungsnaher bzw. akademischer Herkunft favorisiert werden. Diese ungleichheits(re)produzierende Praktik vollzieht sich mit aktivem Zutun von Gatekeepern, die sich dessen in der Regel nicht immer bewusst sind, durch reflektiertes Handeln im herrschenden Ungleichheitsregime dem jedoch auch entgegenwirken und zu Veränderungen beitragen können. Hier kommen also die von Weber (1991: 241) eingangs beschriebenen »Menschlichkeiten« zum Tragen. Die Existenz des analysierten Ungleichheitsregimes schließt freilich nicht aus, dass in Wissenschaftskarrieren auch der von Weber (1991: 240) eingangs beschriebene »Zufall« am Werk ist, die Regel bildet er jedoch nicht.

Literatur

Acker, Joan (1990), Hierarchies, Jobs, Bodies: A Theory of Gendered Organizations, *Gender & Society*, Jg. 4, H. 2, S. 139–158.

Acker, Joan (1998), The Future of »Gender and Organizations«: Connections and Boundaries, *Gender, Work and Organization*, Jg. 5, H. 4, S. 195–206.

Acker, Joan (2000), Revisiting Class: Thinking from Gender, Race, and Organizations, *Social Politics*, Jg. 7, H. 2, S. 192–214.

Acker, Joan (2006), Inequality Regimes: Gender, Class and Race in Organizations, *Gender & Society*, Jg. 20, H. 4, S. 441–464.

Berger, Peter A./Kahlert, Heike (Hg.) (2005), *Institutionalisierte Ungleichheiten. Wie das Bildungswesen Chancen blockiert*, Weinheim, München.

Bundesministerium für Bildung und Forschung (BMBF) (2008), *Bundesbericht zur Förderung des Wissenschaftlichen Nachwuchses (BuWiN)*, Bonn, Berlin.

Engler, Steffani (2001), *»In Einsamkeit und Freiheit«? Zur Konstruktion der wissenschaftlichen Persönlichkeit auf dem Weg zur Professur*, Konstanz.

Husu, Liisa (2004), Gate-Keeping, Gender Equality and Scientific Excellence, in: European Commission: *Gender and Excellence in the Making*. Luxembourg, S. 69–76.

Kahlert, Heike (2012), Was kommt nach der Promotion? Karriereorientierungen und -pläne des wissenschaftlichen Nachwuchses im Fächer- und Geschlechtervergleich, in: Sandra Beaufaÿs, Anita Engels, Heike Kahlert (Hg.), *Einfach Spitze? Neue Geschlechterperspektiven auf Karrieren in der Wissenschaft*, Frankfurt/M., New York, S. 57–86.

Kahlert, Heike (2013a), Geschlechterkonstruktionen von Hochschullehrenden: Gatekeeping für Chancengleichheit in der Wissenschaft?, in: Ute Pascher, Petra

Stein (Hg.), *Akademische Karrieren von Naturwissenschaftlerinnen gestern und heute*, Wiesbaden, S. 193–220.

Kahlert, Heike (2013b), *Riskante Karrieren. Wissenschaftlicher Nachwuchs im Spiegel der Forschung*, Opladen, Berlin, Toronto.

Kahlert, Heike (2015a), Epistemisches und soziales Gatekeeping in der Promotionsphase: (Re-)Produktion von Fach- und Geschlechterkulturen im Vergleich, in: Tanja Paulitz, Barbara Hey, Susanne Kink, Bianca Prietl (Hg.), *Akademische Wissenskulturen und soziale Praxis. Geschlechterforschung zu natur-, technik- und geisteswissenschaftlichen Fächern*, Münster, S. 18–36.

Kahlert, Heike (2015b), Nicht als Gleiche vorgesehen. Über das »akademische Frauensterben« auf dem Weg an die Spitze der Wissenschaft, *Beiträge zur Hochschulforschung*, Jg. 37, H. 2, S. 60–78.

Kahlert, Heike/Gonschior, Marieke/Nieter, Katharina/Sarter, Eva Katharina (2011), Wie wichtig ist Betreuung für die Orientierung auf eine wissenschaftliche Laufbahn? Eine Analyse der Betreuungssituation von Promovierenden in der Chemie und Politikwissenschaft, in: Gisela Boeck, Norbert Lammel (Hg.), *Frauen in der Wissenschaft*. Rostock, S. 109–142.

Konsortium Bundesbericht Wissenschaftlicher Nachwuchs (Hg.) (2013), *Bundesbericht Wissenschaftlicher Nachwuchs 2013. Statistische Daten und Forschungsbefunde zu Promovierenden und Promovierten in Deutschland*, Bielefeld.

Lind, Inken (2004), *Aufstieg oder Ausstieg? Karrierewege von Wissenschaftlerinnen. Ein Forschungsüberblick*, Bielefeld.

Lind, Inken (2006), *Kurzexpertise zum Themenfeld Frauen in Wissenschaft und Forschung. Im Auftrag der Robert-Bosch-Stiftung*. http://www.bosch-stiftung.de/content/language1/downloads/Kurzexpertise.pdf. Zugegriffen: 30. Mai 2016.

Löther, Andrea (2012), Wissenschaftlerinnen und Wissenschaftler mit Migrationshintergrund, *die hochschule*, Jg. 21, H. 1, S. 36–54.

Mayring, Philipp (2000), Qualitative Inhaltsanalyse [28 Absätze], *Forum Qualitative Sozialforschung/Forum Qualitative Social Research*, Jg. 1, H. 2. http://www.qualitative-research.net/index.php/fqs/article/view/1089. Zugegriffen: 30. Mai 2016.

Mayring, Philipp (2008), *Qualitative Inhaltsanalyse. Grundlagen und Techniken*, Weinheim, Basel.

McCall, Leslie (2005), The Complexity of Intersectionality, *Signs. Journal of Women in Culture and Society*, Jg. 30, H. 3, S. 1771–1800.

Möller, Christina (2015), *Herkunft zählt (fast) immer. Soziale Ungleichheiten unter Universitätsprofessorinnen und -professoren*, Weinheim, Basel.

Statistisches Bundesamt (2016), *Frauenanteile – akademische Laufbahn*. https://www.destatis.de/DE/ZahlenFakten/GesellschaftStaat/BildungForschungKultur/Hochschulen/Tabellen/FrauenanteileAkademischeLaufbahn.html. Zugegriffen: 30. Mai 2016.

Weber, Max (1991 [1919]), Wissenschaft als Beruf, in: Max Weber, *Schriften zur Wissenschaftslehre*. Stuttgart, S. 237–273.

Wilz, Sylvia M. (2010), Organisation: Die Debatte um »Gendered Organizations«, in: Ruth Becker, Beate Kortendiek (Hg.), *Handbuch Frauen- und Geschlechterforschung. Theorie, Methoden, Empirie.* 3. erweiterte und durchgesehene Auflage, Wiesbaden, S. 513–519.

Wissenschaftsrat (2001), *Personalstruktur und Qualifizierung: Empfehlungen zur Förderung des wissenschaftlichen Nachwuchses,* Berlin.

Wissenschaftsrat (2002), *Empfehlungen zur Doktorandenausbildung,* Saarbrücken.

Wissenschaftsrat (2011), *Anforderungen an die Qualitätssicherung der Promotion. Positionspapier,* Köln.

Wissenschaftsrat (2014), *Empfehlungen zu Karrierezielen und -wegen an Universitäten,* Dresden.

Zuckermann, Harriet/Merton, Robert K. (1973), Age, Aging, and Age Structure in Science, in: Robert K. Merton, *The Sociology of Science. Theoretical and Empirical Investigations,* Chicago, London, S. 497–559.

Nachwuchssorgen?
Wissenschaftliche Karriere mit Kind oder was die Wissenschaft von anderen Beschäftigungssystemen lernen kann

Julia Reuter und Günther Vedder

Eine aktuelle Ausgabe des Heftes *Forschung und Lehre* bezeichnet wissenschaftliche Karrieren in Anlehnung an Max Weber als »wilden Hazard«[1], also als Glücksspiel mit ungewissem Ausgang, welches durch die rollenden Würfel im Titelbild symbolisiert wird. Im Heft selbst kommen v. a. Nachwuchswissenschaftler_innen zu Wort, die über die schlechte Besoldung und Befristung ihrer Stellen berichten sowie über den steigenden Erwartungsdruck im Hinblick auf die zu erbringenden Forschungsleistungen bei gleichzeitig hoher Lehrbelastung, Planungsunsicherheit und Konkurrenz klagen. Aber auch Professor_innen und Hochschulleitungen sprechen sich für eine Erneuerung des Berufungs- und Karrieresystems, bspw. durch die Einführung eines Tenure-Track-Modells, aus, aber haben dabei weniger die Leiden der jungen Forscher_innen, als vielmehr die (inter)nationale Wettbewerbsfähigkeit der eigenen Hochschule im Hinblick auf die Nachwuchsrekrutierung vor Augen. Der so genannte wissenschaftliche Nachwuchs macht sich Sorgen um seine berufliche Zukunft, die Wissenschafts- und Hochschulpolitik macht sich Sorgen um die Reproduktion des Wissenschaftsstandortes. Was dabei außen vor bleibt, ist eine andere Reproduktionsproblematik, nämlich die des biologischen Nachwuchses des wissenschaftlichen Nachwuchses. Wissenschaftler_innen zählen in Deutschland, einem Land dessen durchschnittliche Kinderrate im Jahr pro Frau bei 1,4 und damit nochmals ein ganzes Stück unter dem ebenfalls niedrigen europäischen Durchschnitt von 1,8 liegt, zu einer der am wenigsten ›reproduktionsfreudigen‹ Gruppen. Kinderlosigkeit ist unter Nachwuchswissenschaftler_innen ein weitverbreitetes Phänomen. So betrug etwa der Kinderlosenanteil über alle Status- und Altersgruppen für alle Universitäten in NRW 2004 hinweg im Durchschnitt 62 Prozent; ausgewählte Hochschulstandorte, wie z. B. die RWTH Aachen, kamen sogar auf einen Kinderlosenanteil von über 70 Prozent unter den

---

1 *Forschung und Lehre* 22. Jg., H. 5/2015.

beschäftigten Wissenschaftler_innen, darunter überwiegend Frauen (vgl. Metz-Göckel et al. 2009: 187).[2] Und auch in einer aktuellen Hochschullehrer_innenbefragung aus den Natur-, Wirtschafts- und Geisteswissenschaften liegt der Anteil der kinderlosen Frauen bei über 70 Prozent.[3] In unserem Beitrag fragen wir daher: Inwiefern ist nicht nur die wissenschaftliche Karriere, sondern auch das Elternsein in unserem gegenwärtigen Wissenschaftssystem ein Hasard? Erste Antworten darauf geben wir u. a. unter Rückgriff auf Interviewdaten von Wissenschaftlern aus einem gemeinsamen Forschungsprojekt zur Vereinbarkeit von Wissenschaft und Familie. Gleichzeitig stellen wir personalpolitische Entwicklungen und Instrumente aus vergleichbaren Beschäftigungssystemen vor, die sich unter dem Sammelbegriff der ›Work-Life-Balance‹ subsumieren lassen, die (Denk)Anstöße für eine geschlechtergerechte wie familiengerechte Erneuerung des Karrieresystems in der Wissenschaft liefern können.

1.   Wissenschaftliche Karriere mit Kind

Wissenschaftliche Karrieren sind riskant, weil sie neben dem Weg nach oben, (fast) nur den Weg nach draußen kennen (Kahlert 2013: 315); man könnte dies auch mit dem Begriff einer »up-or-out-Logik« fassen. Erhöhter Leistungs- und Wettbewerbsdruck in einem »akademischen Kapitalismus« (Münch 2011), in dem befristete Qualifikationsstellen das »Normalarbeitsverhältnis« bilden, sind dabei ein wesentlicher Faktor. Weitere Ausstiegsgefährdungen lauern in räumlichen Mobilitätszwängen, impliziten Altersvorgaben, informellen Netzwerken und Gatekeeper-Strukturen sowie professionellen Handlungsorientierungen und Arbeitsethiken. Dabei nehmen neben sozialen Herkunftseffekten vergeschlechtlichte Alltags-

---

2 In der vom CEWS durchgeführten Studie unter dem Titel »Balancierung von Wissenschaft und Elternschaft« von 2008 waren gut die Hälfte (53 %) der befragten Wissenschaftler_innen kinderlos, gleichwohl hier in Rechnung gestellt werden muss, dass aufgrund der Thematik der Studie sich vermutlich insbesondere Eltern angesprochen gefühlt haben (vgl. z. B. Lind 2008).

3 Die Zahlen spiegeln hier aufgrund der Selektivität der Teilnahme nicht die tatsächliche Kinderzahl der Professor_innen wider. Die Befragung, eine Vollerhebung unter Hochschullehrer_innen der o. a. Fächer an deutschen Universitäten, ist Teil eines Forschungsprojektes zu wissenschaftlichen Karrieren, insbesondere zur Rolle von Vertrauen in der Nachwuchsförderung: Vgl. Berli/Hammann/Reuter/Zinnbauer (2016).

praktiken, Glaubenssätze und Persönlichkeitskonstruktionen eine bedeutsame Rolle ein. Wissenschaftliche Karrieren sind, so könnte man überspitzt formulieren, also vor allem für Personen aus »Arbeiterfamilien«, »mit Migrationshintergrund« und/oder für »Frauen«, insbesondere für »Frauen mit Familienwunsch« riskant.

Neben Arbeiten zur Genese und Reproduktion von sozialen Ungleichheiten in Organisation, Glaube und Kultur ausgewählter Fächer (vgl. Möller 2013; Graf in diesem Band; Beaufaÿs 2003), hat sich in den vergangenen Jahren die interdisziplinäre Arbeits- und Organisationsforschung vor allem mit der Frage beschäftigt, was es für (junge) Frauen und Männer aus verschiedenen Disziplinen im Alltag bedeutet, sich im Wissenschaftsbetrieb zu behaupten, gerade auch dann, wenn sie Mütter und Väter sind. Im Vordergrund stehen hier weniger die wissenschaftliche Praxis in Disziplinen und ihre Glaubens- und Organisationskultur, als vielmehr die alltäglichen Vereinbarkeitsprobleme und -praktiken von Nachwuchswissenschaftler_innen, unabhängig ihrer fachlichen Ausrichtung, also die konkreten Verzahnungen des beruflichen Werdegangs, des Arbeitsalltags sowie der privaten Reproduktions- und Sorgeaufgaben oder auch Freizeitaktivitäten. Insbesondere Arbeiten zur Work-Life-Balance fragen sich angesichts der nach wie vor niedrigen Geburtenrate unter Nachwuchswissenschaftler_innen: Wie lassen sich Beruf und Elternschaft in einem Arbeitskontext vereinbaren, in dem Karrieren als Hasard verlaufen? Wie werden hier unterschiedliche Anforderungen synchronisiert bzw. balanciert?

Auf das Thema *Work-Life-Balance von Wissenschaftler_innen* aufmerksam wurden wir erstmals 2007 durch ein von Biller-Adorno u. a. (2005) zum Thema »Karriere und Kind« herausgegebenes Buch, das 28 Erfahrungsberichte von Wissenschaftlerinnen mit Kindern versammelt, die von ihrem alltäglichen Spagat zwischen Mutterschaft und Wissenschaft berichteten. Auch das wenige Jahre später erschienene Buch »Professorin und Mutter – wie geht das?« (2011), herausgegeben von der Biochemikerin und Professorin Brigit Piechulla, versammelt O-Töne und Lebenswege von Frauen (interessanterweise auch von ihren Männern und Kindern), die Familie und Professur »unter einen Hut« bekommen. Beide Bücher wollen Nachwuchswissenschaftlerinnen darin bestärken, den eigenen Kinderwunsch nicht dem Karrierewunsch zu opfern oder umgekehrt, sondern aufzeigen, dass die Realisierung von beidem möglich ist.

Dennoch ist die konkrete Antwort auf die im Untertitel anklingende Frage »wie geht das?« eher ernüchternd. Denn die dokumentierten Lebensmodelle und Alltagspraktiken der Wissenschaftlerinnen mit Kindern lassen nur eine Schlussfolgerung zu: Wissenschaftlerin und Mutter zu sein ist ein »hartes Geschäft«, das enormen Einsatz an Energie, Disziplin und Effizienz erfordert und hohe Anforderungen an die intellektuellen, emotionalen und sozialen Fähigkeiten aller Beteiligten – inklusive der Kinder – stellt. Im Grunde genommen ist es ein Leben im Modus eines »48-Stunden-Tages« wie es Arlie Hochschild und Anne Machung (1993) einmal formuliert haben. Im Sammelband von Piechulla kommen Mütter zu Wort, die bis zum letzten Tag vor der Entbindung arbeiten, keine oder nur wenige Wochen Elternzeit nehmen, ihre Kinder im Büro stillen oder im Tragetuch mit in den Hörsaal nehmen. Andere nehmen anstrengendes Fernpendeln und den damit häufig verbundenen Zeitmangel für Partnerschaft, Freundschaften oder Hobbies in Kauf und sitzen spätabends und am Wochenende am Schreibtisch. Es sind Frauen, die – wie Michael Meuser (2005) in seinem Nachwort zum Buch »Kind und Karriere« zusammenfasst – eine hochgradig rationalisierte Lebensführung im Beruf und in der Familie praktizieren. Sie es sind nie nur Wissenschaftsmanagerinnen, sondern auch Haushalts- und Familienmanagerinnen. Denn sie organisieren gleichermaßen ihre Arbeit, den Haushalt, die Kinderbetreuung und die Partnerschaft. Was hilft sind Partner, die mit ehrgeizigen Frauen kein Problem haben, die idealerweise selbst Wissenschaftler sind und daher den Berufsethos teilen; Großeltern, die bereit sind, der Familie notfalls hinterherzuziehen/reisen und ausreichende finanzielle Mittel für private Kinderbetreuung. Was hilft sind aber auch pflegeleichte Kinder, die selten krank werden, früh an Fremdbetreuung gewöhnt sind und einen hohen Grad an Selbstständigkeit aufweisen.

Interessant erschien uns damals die Tatsache, dass in der Vereinbarkeitsdiskussion im Kontext von Hochschule und Wissenschaft Männer eigentlich nie zu Wort kommen, obwohl es auch Professoren gibt, die Väter sind – es sind sogar mehr als Frauen – und nicht zuletzt weil Männerstudien behaupten, dass ein neues Ideal, das des »engagierten Vaters« im urbanen akademischen (Selbstverwirklichungs-)Milieu auf dem Vormarsch ist (vgl. Zulehner/Volz 2009).[4] Unsere Frage lautete also: Haben auch Professoren ein Vereinbarkeitsproblem? Und wenn ja, wie empfinden sie den Spagat zwischen Elternschaft und Wissenschaft?

---

4 Eine der wenigen Ausnahmen bildet die Dissertation »Wissenschaftliche Karriere mit Kind« von Brigitte Stiehler (2013), die konsequent Frauen und Männer nach ihrem elterlichen Selbstverständnis und Lebensentwürfen als Professor_innen befragt hat.

2 Professor mit Kind – Empirische Befunde eines Pilotprojekts

Michael Meusers pessimistischem Tenor seines Nachwortes, »dass ein solches Buch wohl nie über Männer geschrieben werden würde«, zum Trotz, starteten wir 2008 gemeinsam mit der schweizerischen Kollegin und Geschlechterforscherin Brigitte Liebig ein Forschungsprojekt, in dem explizit die Männer über ihre Herausforderungen und individuellen Strategien der Balancierung von Wissenschaftlicher Karriere und Elternschaft erzählen sollten. Durch ein gemeinsames Lehrforschungsprojekt zum Thema »Work-Life-Balance« an der Universität Trier konnten wir Studierende der Sozial- und Wirtschaftswissenschaften gewinnen[5], die gemeinsam mit uns Professoren an ihrem Arbeitsplatz aufsuchten und zu ihrem Karriereverlauf mit Kind(ern) mit einer Kombination aus leitfadengestützten und erwerbsbiographischen Interview befragten. Herausgekommen sind Erfahrungsberichte von 20 Professoren aus 16 Disziplinen im Bereich der Geistes-, Sozial- und Naturwissenschaften in Deutschland und der Schweiz, die über ihre wissenschaftlichen Karriere im Kontext ihrer privaten Work-Life-Balance als Vater berichten (vgl. Reuter et al. 2008)[6]. Zum Zeitpunkt der Befragung (2007) befanden sich die Befragten im Alter zwischen 38 und 69 Jahren. Die meisten von ihnen hatten zwei Kinder, eine kleinere Gruppe hatte drei und mehr Kinder. Viele der Partnerinnen der Befragten waren während der Kleinkindphase nicht berufstätig, einige übten jedoch auch dann teilzeitlich und in zwei Fällen vollzeitlich eine Erwerbstätigkeit aus. Männer zum Thema Vereinbarkeit zu befragen, insbesondere Professoren, war aus unserer Sicht sehr lohnenswert. Nicht nur, dass wir ohne Mühen bereitwillige Gesprächspartner fanden; auch die Offenheit der Professoren überraschte uns sehr. Viele waren – im positiven Sinne – ungeübt im Sprechen über ihre privaten Erfahrungen als Vater. Dies hatte den Effekt, dass wir viele intime Einblicke in die »Lebenswelt Hochschule« aus Sicht der dort beschäftigten Männer gewannen.

---

5 Es handelte sich um Thomas Anthon, Volker Heckmanns, Simone Koch, Martin Werner und Jiang Yungang, deren Anbahnungsgeschick, Einfühlungsvermögen und Engagement das Projekt erst ermöglicht hat.

6 Zum besseren Verständnis zitieren wir im Folgenden unter Angabe des Namens aus den im Buch versammelten Berichten der Professoren, ohne jedoch diese im anschließenden Literaturverzeichnis im Einzelnen aufzuführen.

Aus dem umfänglichen Material, das wir zunächst mit Kategorien, die sich aus dem theoretischen Vorwissen und den Forschungsfragen ableiten ließen, und dann mit Hilfe generativer Fragen und einem fortschreitenden Fallvergleich im Sinne der Grounded Theory kodierten und auswerteten, kann an dieser Stelle nur auszugsweise berichtet werden (vgl. hierzu auch Reuter/Liebig 2009)[7]. Während ein Analyseschwerpunkt auf Männlichkeits- und Vaterschaftsmodellen lag[8], soll im Folgenden stärker die Vereinbarkeitspraktiken von Arbeitsalltag, Karrierehandeln und Elternschaft im Vordergrund stehen.

Lehrstuhlinhaber identifizieren sich in hohem Maße mit ihrer Tätigkeit, sie bildet Lebensentwurf und Persönlichkeitsideal in einem. Sie ist nicht nur Beruf, sondern Berufung, nicht Erwerbs-, sondern Lebensform (vgl. hierzu auch Beaufaÿs 2003; Mittelstraß 2006) und wird seitens der Wissenschaftler mit Idealen der Kreativität und der Selbstverwirklichung aufgeladen. Für die Lebensführung bedeutet dies nicht selten eine unbedingte Hingabe an Beruf, dem in zeitlicher Hinsicht alles andere, z. B. Kinderbetreuung, Partnerschaft, Freizeitbeschäftigungen, Hobbys oder Freundschaften, untergeordnet werden. Oder wie es Bernd Hamm, Sozialwissenschaftler und Vater von vier Kindern, ausdrückte:

»Nein, dafür hatte ich nicht nur keine Zeit, sondern auch kein Interesse. Es gab für mich nichts anderes. Der Beruf war mein Hobby. Im Grunde ist immer das, was andere Leute den Beruf nennen, für mich auch ein Hobby gewesen, das hatte immer Priorität. Ich konnte das nicht trennen. Und manchmal bedauere ich das. Ich habe früher mal Musik gemacht, ich habe gemalt, Gedichte geschrieben. Das sind alles solche Sachen, die in der Priorität zurückstanden« (Hamm in Reuter et al. 2008: 43).

Trotz regelmäßiger Überstunden, Wochenend- oder Nachtarbeit betonten die Professoren jedoch die hohen Freiheits- und Flexibilitätsgrade im Hinblick auf ihre Arbeitszeit. So hebt beispielsweise Christian Suter, Professor für Soziologie an der Universität Neuchâtel und Vater von vier Kindern, in seinem Erfahrungsbericht, hervor: »Im Vergleich zur Privatwirtschaft weisen Hochschulen einen gewichtigen Vorteil auf, der auch in meiner persönlichen Erfahrung eine entscheidende Rolle spielt: Die hohe Flexibilität beziehungsweise Autonomie bei der Festsetzung der Arbeitszeiten« (Suter in Reuter et al. 2008: 63).

---

7 Das folgende Kapitel greift in einigen Teilen auf diese Publikation (Reuter/Liebig 2009) zurück.

8 Vgl. hierzu: Ross, Eva (2011): Professoren als Väter: Männlichkeit im Kontext von Wissenschaft und Vaterschaft. Unveröffentlichte Magisterarbeit, Universität Trier.

Überhaupt scheint das Mantra der *flexiblen Arbeitszeiten* ein zentraler Teil der Illusio des wissenschaftlichen Feldes zu sein, die den Glauben an die Freiheit des Wissenschaftlers und eine in zeitlicher Hinsicht entspannte Lebensführung befeuert, aber in der Praxis selten gelebt wird. Denn die Zeitautonomie wird zwar als Privileg bewertet, führt aber nicht dazu, dass weniger gearbeitet oder Freizeit von den Professoren als freie Zeit genutzt würde. Im Gegenteil, die Professoren gönnen sich schon deshalb keine Pausen, weil auch die »Forschung nie schläft«. Es ist, wie Anne Hochschild in ihrer Zeit-Studie (2002) herausgefunden hat: Der moderne Arbeitskraftunternehmer sitzt in der »Zeitfalle«. Er glaubt, dass flexible Arbeitszeiten ihm ein freieres Leben – auch Familienleben – ermöglichen, aber das Gegenteil ist der Fall. Die Lebensführung ist immer stärker auf die Arbeit zentriert, weil Zeit nicht vertrödelt werden darf. Auch in den früher eher ruhigen Phasen, z. B. während der Semesterferien, findet so eine weitere Arbeitsverdichtung statt, wie ein Professor der Betriebswirtschaftslehre und Vater zweier Kinder, der zur Zeit des Interviews zwischen Arbeits- und Familienwohnort fernpendelt, bemerkt:

»Insgesamt ist es schwieriger geworden, Arbeitsleben und Privatleben zu vereinen, denn auch die Zeiten, in denen man in den Semesterferien an der Uni sein muss, nehmen zu. Früher stand die Uni still, Gremiensitzungen fanden nicht statt, Berufungskommissionen waren auf Eis gelegt. All das versucht man jetzt zunehmend auch ein bisschen weiter laufen zu lassen. Und dann ist die Erwartung da, dass man dann verfügbar ist und sich nicht für drei Monate abmeldet in die Forscherklause« (Haunschild in Reuter et al. 2008: 28).

Die Zeitautonomie des Wissenschaftlerberufs gerät so mehr und mehr zum Mythos, da verwaltungsbezogene Aufgaben, Lehrverpflichtungen, Prüfungswesen und Gremienarbeit wachsende Präsenzverpflichtungen bergen. Umgekehrt wird auch außerhalb der Universität die Präsenz von Wissenschaft, vom Durchgängig-Tätigsein gelebt: Ein Ethnologieprofessor berichtet von Familienurlauben, in denen regelmäßig Feldforschung betrieben wird und von wöchentlichen Fußballtrainings mit Kollegen, die nebenbei der Initiierung gemeinsamer Forschungskooperationen dienen; ein Geschichtsprofessor veranstaltet sogar auf den Kindergeburtstagen seiner beiden Söhne archäologische Ausgrabungen, bei denen gemeinsame Fundstücke später den Weg ins Landesmuseum vor Ort finden.

Zeit und Zeitautonomie sind für den Beruf des Wissenschaftlers Fluch und Segen zugleich. Wissenschaftliche Entdeckungen richten sich nicht nach der Uhr. Das bedeutet, dass man gelegentlich »gemeinsam mit dem

Kind frühstücken und sich auch am Nachmittag eine Zeit lang um es kümmern kann«, wie Markus Artz (2008: 164), Vertretungsprofessur der Rechtswissenschaft und Vater eines 6-jährigen Sohnes, einräumt. Aber gleichzeitig gilt das Arbeiten an Wochenenden, in den Ferien oder nachts in wissenschaftlichen Laufbahnen als selbstverständlich: »Einen allgemein anerkannten Feierabend gibt es [in der Wissenschaft] nicht, das Arbeitsmaß ist nicht definiert und der Wettbewerb um Karriereoptionen vermittelt gerade jungen Wissenschaftler_innen das Gefühl, sie müssten noch mehr arbeiten, um ihre Chancen zu erhöhen« (Müller 2014: 162). Immer gibt es aus Sicht der Professoren eine aktuelle Publikation, die man noch lesen möchte, einen Projektantrag, der geschrieben werden muss, eine Tagung, die besucht werden will, eine zu begutachtende Arbeit, die nicht warten kann. Hildegard Matthies (2016) spricht auch von einer ausgeprägten »Verinnerlichung der Beschleunigungslogik« unter Spitzenkräften in der Wissenschaft. In diesem Kontext können sich Kinder durchaus gesundheitsförderlich auswirken, wie ein Interviewpartner, Vater zweier Kinder im Teenageralter, einräumt: »Durch die Kinder kann man klarer argumentieren, dass es auch andere Sachen gibt als nur Wissenschaft. Ich glaube, dass Leute, die keine Kinder haben, in der heutigen Wissenschaftslandschaft, wenn sie erfolgreich sein wollen, stark bedroht sind nur zu arbeiten« (Antweiler in Reuter et al. 2008: 69).

Zeitdruck und mangelnde Freiräume werden von den Wissenschaftlern jedoch weniger im Hinblick auf ihre professionellen Verpflichtungen angeführt, sondern finden immer dann Erwähnung, wenn es um *private* Betreuungsverpflichtungen geht. Nahezu alle stufen die Infrastrukturen zur Vereinbarkeit an Hochschulen als defizitär ein; es fehle an Kinderbetreuungseinrichtungen mit flexiblen Öffnungszeiten, insbesondere auch nach 16 Uhr, auf Konferenzen oder in den Ferien. Teils werden auch die (Grund-) Schulen mit in die kritische Analyse einbezogen:

»Konkret würde ich mir wünschen, dass eine qualifizierte Betreuung in der Schule auf jeden Fall auch nachmittags vorhanden wäre. Ich halte es nicht für hinreichend, dass da irgendjemand ein bisschen Hausaufgabenhilfe leistet. Da müsste schon ein qualifiziertes Programm am Nachmittag stattfinden, was natürlich auch einer sozialverträglichen Abstimmung bedarf« (Artz in Reuter et al. 2008: 169f.).

Selten wird dabei jedoch die Natur der Verknüpfung von Familienfreundlichkeit und Zeitflexibilität reflektiert (vgl. hierzu auch Hochschild 2002: 271). Denn fehlende Betreuungsangebote lassen sich nicht nur auf familienpolitische (Fehl-)Entscheidungen allein zurückführen, sondern hängen auch mit »arbeitskulturellen« Faktoren zusammen: Solange bspw. geografische Mobilität als Qualitätsausweis von wissenschaftlichen Karrieren gilt, führt dies dazu, dass Lebensort und Arbeitsstätte insbesondere in der Phase der Familiengründung auseinanderfallen können und damit die Betreuungsfrage besonders virulent wird; solange aber auch außerwissenschaftliches Engagement für die Anerkennung wissenschaftlicher Leistung, z. B. in Berufungsverfahren, wertlos ist, scheint Familiengründung und Familienzeit als Karriererisiko. Nicht zuletzt fehlt ein offizieller Diskurs – zumal für Männer – an Hochschulen, der es erlaubt, private Verpflichtungen oder auch Vergnügen zu thematisieren.

Wie aber gelingen wissenschaftliche Karrieren mit Kind? Grundsätzlich erscheinen auch für Väter in ihrer wissenschaftlichen Laufbahn ›eiserne Disziplin‹, großes Organisationsgeschick und Ideenreichtum nötig, um die bis heute an den Universitäten individualisierte Vereinbarungsproblematik zu kompensieren. Dabei zeigen sich Vereinbarungsprobleme im Vorfeld der Professur in der Regel mit größerer Härte als später, da der Lehrstuhl endlich errungen und die Kinder bereits im jugendlichen Alter sind. Viele unserer Interviewpartner erlebten insbesondere die Abwesenheit von der Familie während der eigenen akademischer Laufbahnen als entbehrungsreiche Zeit. Gregor Bachmann, Professor für Rechtswissenschaften, heute Vater dreier Kinder, empfand insbesondere die Phase zwischen Privatdozentur oder Lehrstuhlvertretung und Professur als besonders problematisch:

»Ist man einmal Professor, geht es, aber in der Phase dazwischen, als Privatdozent oder Lehrstuhlvertreter, lebt man immer mit der Ungewissheit: Wo bekomme ich eine Vertretung, wo bekomme ich eine befristete Stelle, wann kriege ich irgendwo einen Ruf? Das ist für die Familie schwierig. Während meiner Lehrstuhlvertretung bin ich damals ein Semester von Berlin nach Frankfurt gependelt und habe in Frankfurt übernachtet. Das war für meine Frau nicht ganz einfach, weil sie mit dem Kind und ihrem Beruf in Berlin allein blieb« (Bachmann in Reuter et al. 2008: 114).

Die Lebensläufe der Professoren machen aber auch deutlich, dass der Lebensentwurf Professor mit Kind vor allem durch die Unterstützung der Partnerin möglich war. Ein Professor für Germanistik, Vater zweier Kinder, und zum Zeitpunkt des Interviews Vizepräsident, erinnert sich:

»Ich habe immer die volle Unterstützung meiner Frau bekommen. […] Meine Frau kümmert sich tagsüber um die Kinder. Abends, vor allem am Wochenende wird aber auch viel gemeinsam unternommen. Wenn es Probleme gibt, dann gehen wir das auch gemeinsam an. Häufig treten natürlich Probleme unter der Woche auf, wenn ich nicht da bin, aber die Gespräche werden dann am Wochenende nachgeholt« (Liebert in Reuter et al. 2008: 209).

Die Partnerin galt vielen in der Qualifikations- und Bewährungsphase als ideelle und emotionale, manchmal auch finanzielle Stütze, was die These der Soziologin Elisabeth Beck-Gernsheim (1980) untermauert, dass gesellschaftliche Spitzenpositionen auf den Schultern von mindestens anderthalb Personen ruhen. Eines aber unterscheidet die Erfahrungsberichte der Wissenschaftler von jenen der Wissenschaftlerinnen: Unter Männern, die eine Vaterschaft verbindet, herrscht keineswegs eine familienorientierte Solidarität, wie ein Chemieprofessor und Vater zweier Kinder anmerkt:

»Ich wäre mir komisch vorgekommen, wenn ich gesagt hätte: ›Hört mal Jungs, ich habe jetzt zwei Kinder, ich kann das jetzt nicht machen, das soll jemand anders tun.‹ Ich habe eigentlich immer Beruf und Privates getrennt. Es gibt für mich einfach die Privatseite, die ich organisieren muss und niemandem meiner Kollegen irgendwie zu Last fallen sollte« (Leumann in Reuter et al. 2008: 50).

In stummer Befolgung der an den Universitäten herrschenden informellen Regeln und Tabus halten Väter (vermutlich weitaus häufiger als Mütter) familienbedingte Abwesenheiten und Pflichten oftmals noch ›geheim‹. Kinder sind unter Männern in der Regel kein Thema am Arbeitsplatz, oftmals ist nicht einmal bekannt, dass ein Kollege überhaupt Nachwuchs hat. Bis heute gibt es innerhalb der Hochschulkultur keinen offiziellen Diskurs, der neben Frauen auch Männern erlauben würde, ausdrücklich zu ihren Verpflichtungen – und ihrer Lebensqualität – durch Kinder zu stehen. So gab es in der Regel während der wissenschaftlichen Karriere an ihrer Arbeitsstelle niemanden, dem die Nachwuchswissenschaftler ihre privaten Vereinbarkeitsprobleme anvertrauen konnten.

3. Nachwuchssorgen oder was kann die Wissenschaft von anderen Beschäftigungssystemen lernen?

Aufgrund des ausgeprägten Berufsethos von Wissenschaft als Lebensform sind Vereinbarkeitsprobleme in der Wissenschaft besonders virulent. Häufig fehlen lebbare Vorbilder für Frauen und Männern, die Familie und Wissenschaft vereinen wollen. Erfahrungsberichte in Form populärer Sachbücher sind ein erster Schritt; hier kommen aber vielfach erfolgreiche Mütter und Väter zu Wort, die bereits das Karriereziel Professur erreicht haben und den Eindruck vermitteln, mit genügend Ehrgeiz, Anstrengung und Selbstkasteiung sei eine wissenschaftliche Karriere mit Kindern möglich. Selten wird dabei eine kritische Perspektive auf Karrieren als solches eingezogen oder Alternativen angesprochen, z. B. dass Karrieren in Form von Wiedereinstiegen im höheren Alter auch nach aktiver Familienphase möglich sein sollten oder eine Teilzeiterwerbstätigkeit auf Professuren eine attraktive Alternative darstellen könnte. Auch der wissenschaftliche Nachwuchs, insbesondere Postdocs, die aufgrund des Lebensalters und des beruflichen Settings mit mehreren spezifischen Hürden, konfrontiert sind, oder Akademikerpaare, in denen beide Wissenschaftler_innen sind, und sich die Unwägbarkeiten somit quasi verdoppeln (Müller 2014: 161), fallen womöglich bei einer Konzentration auf »Erfolgsgeschichten« unter den Tisch.

Hochschulen schmücken sich zunehmend mit dem Zertifikat der Familienfreundlichkeit (Audit Familiengerechte Hochschule), ohne dabei systematisch die erwähnten familienunfreundlichen informellen Spielregeln wissenschaftlicher Karrieren mitzureflektieren; so wundert man sich womöglich am Ende, warum Nachwuchswissenschaftler_innen weder Wickelraum, Spielzimmer noch die Ferienbetreuung an Universitäten für Kinder nutzen, weil etwa durch eine erzwungene geographische Mobilität und befristete Stellen ihr Arbeits- und Lebensort auseinanderfallen oder eine Arbeitskultur herrscht, in der private Verpflichtungen einfach kein Thema sind und sein dürfen. Dieser Befund spricht nicht gegen einen weiteren Ausbau der Kinderbetreuungsinfrastruktur an oder im Umfeld von Hochschulen. Schließlich nutzen auch studierende Eltern und Verwaltungsbeschäftigte mit Kind(ern) diese Betreuungsmöglichkeiten. Für Wissenschaftler_innen greift das Angebot allerdings häufig zu kurz und muss durch flankierende Maßnahmen ergänzt werden (vgl. Vedder 2004).

Die Lebensmodelle der befragten Wissenschaftler zeigen aber auch, dass die Vereinbarkeitsfrage in der Wissenschaft über die Vereinbarkeit von Beruf und Familie hinausgeht. Denn nicht nur Familien- und Betreuungsverpflichtungen wie –vergnügen sind im klassischen Bild ›des Wissenschaftlers‹ nicht vorgesehen. Auch Sport, Hobbys, soziale Kontakte oder einfach nur Zeit für Müßiggang und Entspannung scheinen mit der Vorstellung von Wissenschaft als Berufung nicht vereinbar und werden daher in der selbstgesteuerten Zeiteinteilung häufig vernachlässigt (Müller 2014: 157).

Gleichwohl Universitäten einerseits nach wie vor als »spezifische Organisationen« und in Abgrenzung zu Profit-Unternehmen betrachtet werden müssen (Musselin 2007), andererseits das Wissenschaftssystem im Hinblick auf seine Karrierestrukturen einige Besonderheiten aufweist, sind die daraus

resultierenden Herausforderungen für eine Vereinbarkeit von Karriere mit
Kind(ern) oder auch ›nur‹ ein Leben in subjektiv wahrgenommener Balance
keine spezifischen Probleme von Wissenschaftler_innen. Es gibt erstaunliche
Parallelen, vor allem im Hinblick auf die Balancierung von Familie und Beruf, zum (Arbeits-)Leben von Unternehmensberater_innen, IT-Expert_innen,
Broker_innen oder auch Manager_innen. Der berufliche Alltag vieler hoch-
qualifizierter und karriereorientierter Wissensarbeiter_innen zeichnet sich
durch eine hohe zeitliche Belastung, die Gefahr der Selbstausbeutung sowie
die fehlende klare Trennung von Privat- und Arbeitsleben aus. Es gab in den
vergangenen 10 Jahren mehrere Forschungsprojekte, die sich damit beschäftigt
haben, wie eine Work-Life-Balance in diesem Kontext gelingen kann und welche Rolle der jeweilige Arbeitgeber dabei spielt. Was lässt sich für die Wissenschaft aus diesen Branchen lernen? Einige interessante Ansatzpunkte können
aus den folgenden Publikationen und Projekten abgeleitet werden.

3.1   Work-Life-Balance: Erfolgversprechende Konzepte und Instrumente für Extremjobber

Für den Vergleich mit Wissenschaftler_innen sind insbesondere Unterneh-
mensberater_innen interessant, von denen ebenfalls eine hohe Leistungsbereitschaft, eine schnelle Weiterqualifizierung und häufige Abwesenheiten
von Familie und Freunden erwartet werden. In die Branche der Professional Service Firms steigen in der Regel exzellente Hochschulabsolvent_in-
nen und Doktorand_innen für ihre ersten postuniversitären Karriereschritte ein (Lorsch/Tierney 2002: 14). In den ersten Berufsjahren arbeiten die
Top-Absolvent_innen meist mit vollem zeitlichem Einsatz und gehen bzgl.
ihres Privatlebens gerne Kompromisse ein (Rustemeyer/Buchmann 2010:
165). Sie wollen in verschiedenen Tätigkeitsfeldern zu Expert_innen werden
und an die spannenden Beratungsfälle herankommen. Einige verlassen nach
relativ kurzer Zeit wieder das Unternehmen (Karriereprinzip: Up-or-out),
andere bleiben länger und entwickeln im Laufe der Jahre aufgrund verän-
derter Lebensumstände andere Bedürfnisse. In Bewerbungsgesprächen wird
von den Bewerber_innen immer häufiger explizit nach der Vereinbarkeit von
Berufs- und Privatleben gefragt, was vor zehn Jahren noch undenkbar gewesen wäre (Rustemeyer/Buchmann 2010: 166). Im Kampf um die besten
Kandidat_innen aus der Generation Y müssen sich die Arbeitgeber in diesem für sie ungewohnten Feld positionieren. Daher arbeiten immer mehr

Professional Service Firms an Konzepten zur Work-Life-Balance oder zum Work-Life-Choice (Riester/Dern 2010: 155). Diese setzen sich aus diversen Elementen zusammen, von denen hier einige vorgestellt werden sollen (Rustemeyer/Buchmann 2010: 170ff.; Riester/Dern 2010: 156ff.):

- Projekte sollen idealerweise im Umfeld des eigenen Wohnorts durchgeführt werden, um lange Reisezeiten zu vermeiden. Dies setzt eine nachhaltige Personalpolitik voraus, die vorausschauend handelt und die Wünsche der Berater_innen wenn möglich berücksichtigt. Längere Projekte können andererseits auch ganz bewusst in anderen Kulturkreisen angestrebt werden, um den eigenen Horizont (und den der Familie) zu erweitern und neue Kompetenzen zu erwerben.
- 360°-Feedbacks führen dazu, dass die Berater_innen regelmäßig ihre Projektleiter_innen beurteilen können. In diesem Prozess spielt neben einem effektiven Projektmanagement auch die Work-Life-Balance der Mitarbeiter_innen eine besondere Rolle. Regelmäßige Abfragen erfassen zudem, wie alle Projektbeteiligten das Arbeitsvolumen, die Verteilung des Arbeitszeitaufwands und des Klimas einschätzen. Auf dieses Frühwarnsystem der Arbeitsüberlastung kann durch eine veränderte Personaleinsatzplanung reagiert werden.
- Durch immer bessere berufliche Support Services sollen sich die Berater_innen verstärkt auf ihr Kerngeschäft konzentrieren können. Im Backoffice werden IT-Probleme gelöst, aufwendige Recherchen durchgeführt, Grafiken professionell gestaltet und Abschlussberichte aufbereitet (Delegation bzw. arbeitsteilige Organisation von Aufgaben).
- Die Flexibilisierung der Arbeitszeit wird durch den Verzicht auf allgemeine Anwesenheitszeiten, die Sicherstellung der Erreichbarkeit und die Führung von Jahresarbeitszeitkonten (Bandbreite z. B. +250/–120 Stunden) gefördert. Zum 30.9. eines Jahres müssen die Arbeitszeitkonten ausgeglichen sein, wobei die Mitarbeiter_innen und Vorgesetzten eine gemeinsame Verantwortung für den Zeitausgleich tragen, der sich am tatsächlichen Arbeitsanfall orientieren soll.
- Unter *Temporary Career Alternative* versteht A.T. Kearney die Möglichkeit, sich vorübergehend, z. B. in der Familiengründungsphase, aus dem reiseintensiven Beratungsgeschäft zurückzuziehen und eine Stelle im administrativen Bereich (z. B. in der Marketing-Abteilung oder im Information Research Center) zu übernehmen. Dabei werden neue Aufgabenbereiche erschlossen und Kompetenzen erworben, die für eine Karriere in dem Unternehmen von Bedeutung sind. Eine spätere Rückkehr in

das interessante Beratungsgeschäft wird vom Arbeitgeber gewünscht und gefördert.

- Deloitte fördert individualisierte Karrieren, die sich im Verlauf des Berufslebens an sich verändernden Lebenslagen und Bedürfnissen orientieren. Nach einem flexiblen Einstieg (z. B. qualifizierte Teilzeitbeschäftigung im Studium) und dem schnellen Aufstieg in der Hochleistungsphase bis ca. 35 Jahren, folgt häufig ein teil- oder zeitweises Aussteigen, verbunden mit Sabbaticals, Zusatzausbildungen oder einer Familienphase. Der darauf folgende Wiedereinstieg verfolgt das Ziel, eine zweite Karriere in der Organisation zu ermöglichen.

- Unterschiedliche vom Arbeitgeber subventionierte Services (Kinderbetreuung, Pflege, Hilfe im Haushalt) sollen dazu beitragen, dass sich die Mitarbeiter_innen auf ihre Berufstätigkeit konzentrieren können. Beratungs- und Unterstützungsangebote entlasten die Beschäftigten auch bei Ortswechseln, wobei die Leistungen stets von außen zugekauft werden. Mitarbeiter-Concierges schaffen zeitliche Freiräume, indem sie sich um private Aufgaben aus den Bereichen Wäsche, Einkäufe, Reparaturen oder auch Behördengänge kümmern.

Es wird deutlich, dass sich bei den Beratungsunternehmen (zumindest auf dem Papier) ein Umdenken in Sachen Work-Life-Balance ankündigt. Die einst starre Karriereregel »Up-or-out« wird durch individualisierte Karrierewege aufgeweicht, die sich stärker an den Lebensphasen der Beschäftigten orientieren und auch Auszeiten vorsehen. Wenn die High-Potentials aus der Generation Y neue (An-)Forderungen stellen und immer mehr Frauen in die Beratungstätigkeit drängen, dann verändert sich auch das einst so starre Beschäftigungssystem der Professional Service Firms. Die Work-Life-Balance-Angebote werden häufig genutzt, wenn eine ausgeprägte Unterstützung der Vorgesetzten wahrgenommen wird. Dann nehmen insbesondere die Beraterinnen weniger Konflikte zwischen Beruf und Privatleben wahr und zeigen ein stärkeres affektives Commitment zu ihrem Arbeitgeber (Kaiser u. a. 2010: 252). Ansonsten besteht in der leistungsorientierten Branche die Gefahr, dass die Nutzung familienfreundlicher Maßnahmen zu Karrierenachteilen im Sinne von geringeren Gehaltserhöhungen oder späteren Beförderungen führt (ebd.: 255). Mit Blick auf die deutschen Hochschulen ist von Interesse, dass in der Beratung die direkten Vorgesetzten stärker in die Pflicht genommen werden (360°-Beurteilungen, Ausgleich der Arbeitszeitkonten) und dass die hochqualifizierten Nachwuchskräfte durch interne und externe Supportangebote (inhaltliche Recherchen, Aufbereitung von Grafiken, Hilfen bei der Kinderbetreuung, Mitarbeiter-Concierges) eine stärkere Unterstützung erfahren.

Es hängt allerdings viel von der Person und dem konkreten Führungsverhalten der oder des Vorgesetzten ab, ob die Angebote zur Work-Life-Balance als ›fair‹ wahrgenommen werden. Diese Unterstützung lässt sich in einem Top-Down-geführten, privatwirtschaftlichen Beratungsunternehmen leichter einfordern als an einer Universität. Den Professor_innen ist es weitgehend selbst überlassen, inwiefern sie die Vereinbarkeitsbemühungen ihrer qualifizierten Mitarbeiter_innen, die häufig nur relativ kurz bei ihnen arbeiten, fördern möchten. Auf der anderen Seite können die Hochschulleitungen ihre Organisationen nicht »durchregieren«, da die Autonomie der Wissenschaftler_innen nach wie vor von besonderer Bedeutung ist und häufig effektive Sanktionsmöglichkeiten fehlen (Püttmann 2013: 16). Über Zielvereinbarungen und eine leistungsorientierte Mittelvergabe lässt sich ein vereinbarkeitsförderliches Vorgesetztenverhalten allenfalls mittelbar durch entsprechende Anreize und Führungsinstrumente anregen (ebd.: 29).

3.2 Work-Learn-Life-Balance in der Wissensarbeit

Da Hochschulen auch als Prototyp der Organisation wissensintensiver Arbeit gelten (Wilkesmann/Schmid 2012: 9), liegen Parallelen zu anderen Branchen und Berufsgruppen der Wissensarbeit, z. B. zu hochqualifizierten IT-Freelancern in Projekten, nahe. Das Forschungsprojekt ALLWISS (Arbeiten – Lernen – Leben in der Wissensarbeit) beschäftigte sich zwischen 2009 und 2013 mit der Vereinbarkeitsproblematik in der IT-Branche (Antoni u. a. 2014). Die hier beschäftigten, hochqualifizierten Fach- und Führungskräfte arbeiten in einem System permanenter Bewährung, das sehr leistungsorientiert ist und auf der Erreichung von Zielvorgaben beruht. Typische Anforderungen einer arbeitszentrierten und entgrenzten Lebensgestaltung werden dort so lange akzeptiert, wie sich der persönliche Einsatz und Ertrag (Handlungsspielräume, attraktive Arbeitsaufgaben, gute Entwicklungsmöglichkeiten, angenehmes Arbeitsklima) in einem individuell akzeptierten Verhältnis zueinander befinden (Vedder/Haunschild 2012: 117f.). Sehr unterschiedliche Modelle der Vereinbarkeit von Beruf/Karriere und Privatleben fördern daher die Zufriedenheit der IT-Fachkräfte. Es kann daher keine Ideallösung für alle geben, sondern jeder Einzelfall muss gesondert betrachtet werden.

Der Druck auf die Wissensarbeiter_innen wird nicht nur von außen forciert, sondern es sind auch die eigenen Ansprüche und Zeitfallen, die eine Vereinbarkeit verschiedener Lebensbereiche erschweren. Dieser Befund deckt sich größtenteils mit den Erfahrungsberichten der Professoren, in denen sich sowohl die hohen Anforderungen an das Selbstbild des Wissenschaftlers als auch die verinnerlichte Beschleunigungslogik widerspiegeln. Interessant sind in diesem Zusammenhang die individuellen Strategien zur Bewältigung hoher Arbeitsanforderungen, die dazu beitragen, dass die Beschäftigten weniger Stress ausgesetzt sind und die Rollen in den unterschiedlichen Lebensbereichen zufriedenstellend wahrnehmen können (Syrek u. a. 2014: 125ff.). Es lassen sich unterscheiden:

- *Verhaltensbezogene Strategien*, wie z. B. die Nutzung von technischen Hilfsmitteln oder das strikte Priorisieren der Aufgaben.
- *Räumliche Strategien*, wie z. B. konzeptionelle Arbeiten in das Home Office verlegen oder die Arbeitsaufgaben nur im Arbeitszimmer zu erledigen.
- *Kommunikative Strategien,* wie z. B. das Mitteilen von Erwartungen oder das Konfrontieren von Personen bei Missachtung der eigenen Grenzen.
- *Kognitive Strategien,* wie z. B. das bewusste Unterdrücken arbeitsbezogener Gedanken in der Freizeit oder privater Überlegungen am Arbeitsplatz.

Für die Arbeitgeber geht es darum, den organisationalen Rahmen für die Anwendung solcher Strategien zu schaffen und die Beschäftigten zur Reflexion des eigenen Verhaltens anzuregen. Dies kann über Weiterbildungen oder Coaching-Angebote erfolgen, mit dem Ziel, überlastende Fremdanforderungen zu minimieren und Tendenzen zur Selbstausbeutung zu minimieren. Im Rahmen des ALLWISS-Projektes wurden in der IT-Branche drei Instrumente entwickelt und erprobt, mit denen Themen wie Work-Learn-Life-Balance (WLLB) oder die Unvereinbarkeit von Karriere und Familie in Organisationen systematisch aufgegriffen werden können: der WLLB-Unternehmenscheck, die WLLB-Teamanalyse und das WLLB-Mitarbeitergespräch (vgl. Antoni u. a. 2014).[9] Alle drei Instrumente tragen dazu bei, dass die hier interessierenden Themen in der Organisation regelmäßig angesprochen werden:

Mit dem *WLLB-Unternehmenscheck* können Organisationen den Status Quo zur Vereinbarkeit von Arbeiten, beruflichem Lernen und (Privat-)Le-

---

9 Sie stehen online (www.allwiss.de) für alle Nutzer_innen kostenlos zur Verfügung und könnten auch an Hochschulen eingesetzt werden.

ben erheben. Das hinterlegte, standardisierte Erhebungsinstrument deckt mit insgesamt 86 Fragen die Themenfelder WLLB-Status, WLLB-Ursachen und WLLB-Ausstattung ab (Josten u. a. 2014: 242ff.). Die darauf folgende Analyse kann sich auf die gesamte Organisation, einzelne Organisationseinheiten oder ausgewählte Personengruppen (zum Beispiel die Nachwuchswissenschaftler_innen an Hochschulen) beziehen. Diese Analyse des IST-Zustands kann als Basis für eine Diskussion über Veränderungen und zusätzliche Maßnahmen in der Organisation genutzt werden.[10]

Bei der *WLLB-Teamanalyse* handelt es sich um ein beteiligungsorientiertes Instrument zur Verbesserung der Vereinbarkeit von Arbeiten, Lernen und Leben. Es bringt Mitarbeiter_innen einer Arbeitseinheit und deren Leitungspersonen in 3–5 moderierten Sitzungen dazu, innerhalb vereinbarter Rahmenbedingungen über Auswirkungen der Arbeitsteilung und Zusammenarbeit auf die Work-Life-Learn-Balance der Beteiligten zu reflektieren. Angestrebt wird eine vereinbarkeitsförderliche Gestaltung der Arbeitsaufgaben, -inhalte und -abläufe, verbunden mit einer individuellen Belastungsreduktion sowie der Minimierung von Konflikten im Team. An Hochschulen sind solche Teamanalysen noch wenig verbreitet und könnten dabei helfen, Vereinbarkeitsprobleme transparenter zu machen.[11]

Ein strukturiertes, regelmäßig geführtes *WLLB-Mitarbeitergespräch* unterstützt Beschäftigte und Führungskräfte bei der Klärung und Optimierung von beruflichen und privaten Rahmenbedingungen für Qualifizierungsprozesse. Das im Rahmen des Projekts ALLWISS entwickelte Instrument basiert auf einem Katalog von 80 optionalen Fragen zu den Themenblöcken (1) Arbeitsaufgaben, (2) Arbeitsumfeld und -infrastruktur, (3) Zusammenarbeit und Führung sowie (4) Veränderungs- und Entwicklungsperspektiven (Berger u. a. 2014: 260f.). Es identifiziert die kurz-, mittel- und langfristigen Hindernisse für die Weiterentwicklung in der Arbeit und im Privatleben.[12]

Es ist im Hochschulkontext immer wieder auffallend, dass in der Wirtschaft etablierte personalpolitische Instrumente an den Fakultäten und Fachbereichen kaum zum Einsatz kommen. Wer eine bessere Vereinbarkeit von wissenschaftlicher Karriere und privaten Verpflichtungen erreichen möch-

---

10 Im Internet findet sich unter http://www.allwiss.de/instrumente/allwiss_toolbox.htm auch ein Initiatoren-Handbuch inklusive der ausdruckfähigen Version des Fragebogens.

11 Auch zu diesem Instrument gibt es auf www.allwiss.de unterstützende Materialien: ein Handbuch, einen Foliensatz sowie eine Formularsammlung.

12 Ein Handbuch für Führungskräfte mit Fragenkatalog und Formularen für ein WLLB-Mitarbeitergespräch kann von der Homepage www.allwiss.de heruntergeladen werden.

te, muss allerdings einen Weg finden, in regelmäßigen Abständen systematisch mit den Beschäftigten über diese Thematik zu kommunizieren. Mit der WLLB-Teamanalyse und dem WLLB-Mitarbeitergespräch stehen auf unterschiedlichen Ebenen erprobte Verfahren zur Verfügung, die von Professor_innen genutzt und ggf. auf die Situation vor Ort angepasst werden können. Eine Vorgehensweise, die sich bei IT-Expert_innen bewährt hat, ließe sich auch auf Nachwuchswissenschaftler_innen übertragen. An Hochschulen gibt es bereits eine Fülle von Treffen in regelmäßigen Sitzungen, Workshops, Klausurtagungen, Arbeitsgruppen, Ausschüssen und Kommissionen. Professor_innen kommunizieren insgesamt viel, durchaus auch fachlich mit ihren Mitarbeiter_innen. Zu kurz kommen in der Regel die Einzelgespräche mit dem wissenschaftlichen Nachwuchs, bei denen Belastungen und Work-Life-Konflikte offen thematisiert werden können (Püttmann 2013: 28). Wer sich als Vorgesetzte(r) darauf nicht einlassen will, wird häufig auch von niemandem innerhalb der Hochschule dazu gezwungen. Wenn Personalgespräche einmal im Jahr verpflichtend vorgegeben sind, können diese auch mit wenig Engagement ›abgearbeitet‹ werden. Das Argument, im wissenschaftlichen Bereich würde ständig und ausreichend kommuniziert, mag auf das operative Geschäft zutreffen. Doktorand_innen und Post-Docs an Hochschulen beklagen allerdings häufig, dass zu wenig über Entwicklungspotentiale, konkrete Erwartungen oder auch Wertschätzung gesprochen wird (Haller 2010: 40). An einigen Forschungszentren gibt es zumindest systematische Mitarbeitergespräche mit integrierten Leistungsbeurteilungen und optionalen Zielvereinbarungen (ebd.: 37). Damit wäre ein instrumenteller Rahmen abgesteckt, der auch für Themen rund um die Vereinbarkeit von Privatleben und Karriere genutzt werden könnte.

3.3   Karrieremanagement in wissensbasierten Unternehmen

Das Forschungsprojekt MAPCA beschäftigte sich in der Schweiz (Hochschule Luzern, Berner Fachhochschule) mit Karrieremodellen und Anreizsystemen im Kontext wissensbasierter Unternehmen (Kels u. a. 2015). Die Wissenschaftler_innen analysierten die Karriereorientierungen, Laufbahnkonzepte und Problemwahrnehmungen in einem Energieunternehmen, bei einem IT-Dienstleister sowie bei einem großen Transportunternehmen. Zur Überraschung des Projektteams äußerte nur ein kleiner Teil der 45 interviewten, hochqualifizierten Fachkräfte eine klare Aufstiegsorientierung und strebte eine klassische Karriere innerhalb der etablierten Statushierarchie an (Kels u. a. 2015: 68). Weniger als 20 Prozent der Befragten wollten eine lineare verlaufende Führungslaufbahn einschlagen, die zu immer mehr Managementaufgaben, Personalverantwortung, Prestige, Anforderungen an das Coaching der Mitarbeitenden und an die Konfliktlösung im Team führt (ebd.: 72). Der weitaus größere Teil strebte die Tätigkeit als Fachexpert_in an, bei der es auch darum geht, aufgabenbezogene Freiräume nutzen zu können, um sich neue Themenfelder zu erschließen und sowie intern und extern als Spezialist_innen für bestimmte Fragestellungen wahrgenommen zu werden. Es gibt also einen hohen Bedarf an alternativen, aber gleichermaßen attraktiven Laufbahnmodellen jenseits der klassischen Führungskarriere. Der Wunsch, im Laufe des Berufslebens mit anspruchsvollen, abwechslungsreichen Fach- und Projektleitungsaufgaben betraut zu werden, ist unter den hochqualifizierten Beschäftigten stark ausgeprägt (ebd.: 95).

Die Autor_innen schlagen auf dieser Basis vor, neben der klassischen Führungslaufbahn auch Fachlaufbahnen und Projektlaufbahnen als alternative Karrieremodelle zu etablieren (siehe Abbildung 1):

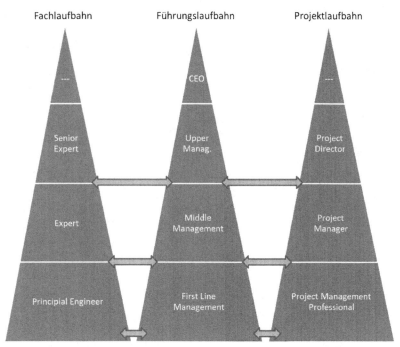

Abb. 1: Fach- und Projektlaufbahnen als Parallelhierarchien (Quelle: Kels u. a. 2015: 99)

Damit soll verhindert werden, dass Expert_innen mit einem umfangreichen Know-How und wenig Managementambitionen die Organisation verlassen. In wissensintensiven Tätigkeitsfeldern (Forschung & Entwicklung, EDV, Recht, Personal…) sind Fachlaufbahnen denkbar, die mit Beförderungen zum Expert oder Senior Expert einhergehen und nicht zu mehr Personalführungs- und Verwaltungsaufgaben führen. Projektlaufbahnen bieten sich überall dort an, wo Aufgabenstellungen in projektorientierten Organisationsformen bearbeitet werden (Engineering, IT, Change-Prozesse, neue Managementkonzepte…). Mit zunehmender Größenordnung, Komplexität und strategischer Bedeutung der Projekte sowie persönlicher Expertise sind Beförderungen zum Project Manager oder Project Director möglich. Solche Projektkarrieren bieten abwechslungsreiche, temporär befristete Problemstellungen in Kombination mit anspruchsvollen Führungsaufgaben jenseits der klassischen Disziplinarbefugnis an, die zu einem systematischen Kompetenzaufbau führen (ebd.: 101). Je nach aktueller Lebenssituation und individuellen Aufstiegsambitionen sollen Wechsel zwischen den verschiedenen Laufbahnen möglich sein. Solche *Portfolio-* oder *Mosaik-Karrieren* sehen nicht nur den vertikalen Aufstieg in der Hierarchie, sondern auch horizontale Veränderungen vor (ebd.: 112). Den Wissensarbeiter_innen geht es häufig nicht um mehr Status, sondern um abwechslungsreiche Arbeitsinhalte, Lern- und Selbstentfaltungspotenziale sowie eine flexiblere Vereinbarkeit unterschiedlicher Rollen. IBM gilt seit einigen Jahren als Pionier im Bereich der Portfolio-Karrieren, mit weltweit standardisierten Laufbahnstrukturen (Fach-, Projekt-, Führungslaufbahn) und einer sehr hohen Durchlässigkeit (ebd.: 118). Das Unternehmen trägt damit dem Wunsch seiner jungen, hochqualifizierten Expert_innen Rechnung, vielfältige Kompetenzen aufzubauen und sehr unterschiedliche Erfahrungen zu sammeln.

Dieser Karriereansatz wäre grundsätzlich auch auf Hochschulen übertragbar. Nicht alle Nachwuchswissenschaftler_innen sehen die mit der Leitung eines größeren Instituts oder einer Fakultät verbundenen Verwaltungs- und Führungsaufgaben als höchstes persönliches Ziel an. Was spricht dagegen, mehr alternative Karrierepfade in Richtung Lehre oder Forschung zu etablieren, die zu vergleichbar entlohnten und angesehenen End-Positionen führen? Im US-amerikanischen Wissenschaftssystem scheint die Diversifizierung und Legitimierung alternativer Karrierewege in weiten Teilen bereits realisiert zu sein. Dort gibt es reine Forschungsprofessuren mit den Entwicklungsstufen Assistant Research Professor, Associate Research Professor und (Full) Research Professor auf der einen und reine Teaching-Stellen als Lecturer auf der anderen Seite. Meistens geht es allerdings um Tenure-track-Positionen, auf denen sowohl gelehrt als auch geforscht wird. Dort gelten eingeworbene Mittel, möglichst hochwertige Publikationen und gute Lehr-Evaluationen als zentrale Kriterien für den nächsten Karriereschritt (vgl. DFG 2006).

Warum existieren im deutschen Hochschulsystem unterhalb der Professur nicht mehr abgestufte Karriereschritte auf Dauerstellen, die erfahrenen promovierten oder habilitierten Expert_innen einen Verbleib im Wissenschaftssystem zu fairen Bedingungen ermöglichen? Gibt es nicht diverse Professor_innen, die nach Jahren des Wissenschaftsmanagements erschöpft sind und sich gerne für eine längere Zeit nur der Forschung widmen würden? Und was spricht aus Sicht der Hochschulen dagegen, einen Wechsel zwischen solchen Karriereoptionen je nach familiären Verpflichtungen mehrfach im Berufsleben zu unterstützen? Damit ließen sich eine wissenschaftliche Karriere mit Kind wesentlich besser organisieren und einige Nachwuchssorgen entkräften.

4.   Fazit

Wissenschaftliche Karrieren sind auch heute noch ein Hasard, und angesichts gestiegener Promovierendenzahlen (Autorengruppe Bildungsbericht 2014) und einer Zunahme an Befristungen von Beschäftigungsverhältnissen im akademischen Mittelbau bei gleichzeitig sinkender Anzahl an Lehrstühlen scheint sich dieser Hasard noch zu verschärfen. Es sind längst nicht nur die von Max Weber angemahnten Frustrationen und Unwägbarkeiten des privat sich alimentierenden Privatdozenten, die eine wissenschaftliche Karriere so riskant machen. Der Hasard betrifft heutzutage im Grunde alle Akteure des wissenschaftlichen Systems, für das kurzzeitig befristete Stellen, vielfach teilzeitige Arbeitsverträge mit anspruchsvollen Aufgaben in Forschung und Lehre und parallelen, oft unstrukturierten Qualifizierungsanforderungen sowie eine einseitige Karrierelogik konstitutiv sind. Selbst Professor_innenstellen werden immer häufiger befristet besetzt und/oder mit Leistungsanforderungen versehen, die den StelleninhaberIn auch auf der höchsten Stufe der Karriereleiter einer permanenten Evaluation und damit beruflichen Unsicherheit aussetzen. In einem solchen System gleicht die wissenschaftliche Karriere mit Kind(ern) einem »halsbrecherischen Drahtseilakt« (Metz-Göckel u. a. 2009).

Die empirischen Befunde zur Work-Life-Balance von Wissenschaftler_innen mit Kind(ern) dokumentieren die Anstrengungen, die ein solcher Lebensentwurf mit sich bringt; die zunehmende Anzahl von Erfahrungsberichten zum Thema zeigen aber auch, dass ein Bedürfnis unter Müttern und Vätern in der Wissenschaft besteht, über die Bedingungen des Elterndaseins und die Rahmenbedingungen für eine wissenschaftliche Karriere mit Kind(ern) zu diskutieren (Stiehler 2013: 151). Erst kürzlich hat die *Junge Akademie* zum Dialog zur Vereinbarkeit von Wissenschaft und Familie auf einem extra hierfür eingerichtete Blog aufgerufen. Auf der Dialogplattform, auf der zwischen dem 15. Juni und 30. September 2015 über 70 Beiträge von Wissenschaftler_innen in eine erste Postingphase eingestellt wurden, werden neben Erfahrungsberichten von Wissenschaftler_innen mit Kind(ern) auch zum Teil sehr konkrete Vorschläge zur besseren Vereinbarkeit diskutiert, wie z. B. die Finanzierung von Kinderbetreuung bei Auslandsaufenthalten und Konferenzreisen oder auch die Auslobung von speziellen Stipendien und Fördermaßnahmen für Menschen, die Sorgearbeit übernehmen.[13]

---

13 Vgl. http://blog.diejungeakademie.de/beitrag/vereinbarkeit-von-familie-ein-wandel-im-wissenschaftssystem-waere-gut/ Anonym 11.8.2015.

Mit Unterstützungsangeboten für Eltern, die unter dem Schlagwort »familiengerechte Hochschule« zusammengefasst werden, ist zwar ein erster Schritt getan, aber dieser reicht bei weitem nicht aus, denn oftmals werden hier alternative Lebens- und Elternschaftsmodelle ebenso wie alternative Karrieremodelle noch nicht ausreichend berücksichtigt. Und auch an als »familienfreundlich« zertifizierten Hochschulen sind Wissenschaftler_innen nicht davor gefeit, dass es nach wie vor Kolleg_innen und Vorgesetzte gibt, die Kinder immer noch als ›privates Problem‹ betrachten und damit auch die Lösung des Vereinbarkeitsproblems an die Betroffenen delegieren.[14] Ein Blick in die stärker arbeits- und betriebswissenschaftliche ausgerichtete Work-Life-Balance-Forschung zu solchen Berufsgruppen und Branchen der ›Wissensarbeit‹, die Parallelen zur wissenschaftlichen Arbeit aufweisen, geben hier interessante Impulse und zum Teil auch sehr konkrete personalpolitische Instrumente zur Balancierung von privaten Bedürfnissen und Verpflichtungen und beruflichen Anforderungen an die Hand; aber auch Ideen für eine Reformulierung wissenschaftlicher Karrierewege und -modelle.

Denn etwas wird in der Diskussion über wissenschaftliche Karrierewege häufig ausgeblendet: Wissenschaftliche Karrieren werden hierzulande von ihrem Endziel – der unbefristeten Professur – her gedacht und erscheinen daher häufig nicht nur als »Einbahnstraße« (Krüger/Schütz 2014; vgl. hierzu auch Berli in diesem Band), sondern in ihrer Genese und Entwicklung auch ›gerichtet‹ bzw. ›organisiert‹; einerseits möchte aber nicht jeder/jede Nachwuchswissenschaftler_in Professor_in werden, andererseits kann das Ziel Professur aber über sehr unterschiedliche, zum Teil auch (Um-)Wege erreicht werden – über volle oder halbe Mitarbeiterstellen oder Projektstellen in Drittmittelprojekten, über kontinuierliche Beschäftigungen ebenso wie über zeitweilige Unterbrechungen (z. B. bedingt durch Befristung, Krankheit, Arbeitslosigkeit oder Erziehungszeiten), über strukturierte Graduiertenschulen oder individuelle Betreuungsverhältnisse, über Monographien oder kumulative Qualifikationsschriften, nach der ersten oder 25. Bewerbung. Und: Oft wird das Ziel auch gar nicht erreicht, eigentlich öfter, als dass es erreicht wird. Dies vorschnell als ›Scheitern‹ zu betrachten, ist unseres Erachtens fahrlässig und wenig hilfreich, denn warum sollte eine Dauerstelle unterhalb der Professur, die sich viele Nachwuchswissenschaftler_innen wünschen, als ›gescheiterte‹ wissenschaftliche Karriere betrachtet werden?

---

14 Vgl. hierzu auch den Erfahrungsbericht einer Wissenschaftlerin und Mutter dreier Kinder an einer als familienfreundlich zertifizierten Hochschule vom 29.9.2015: http://blog.diejungeakademie.de/beitrag/kinder-das-ist-ihr-privates-problem/

Viele Personen, die wir im Rahmen eines aktuellen Forschungsprojektes zu ihren Karrierewegen und -absichten befragen[15], wünschen sich genau das, nämlich attraktive entfristete Dauerstellen für Postdocs, auch weil sie sehen und miterleben, dass eine Professur zu haben, nicht unbedingt mehr Freiheit bedeutet, sondern auch mehr Verwaltungsverpflichtungen und Aufgaben im Bereich der Personalführung mit sich bringen. Insofern ist die hochschulpolitische Gleichsetzung von wissenschaftlicher Arbeit mit wissenschaftlicher Karriere wenig zielführend. Karriere könnte stattdessen auch über einen ›Verbleib im System‹ definiert werden, verbunden mit einer wissenschaftlichen Spezialisierung in Bereichen, die abgedeckt werden müssen, wie zum Beispiel sehr gute Lehrveranstaltungen, Forschungsanträge, Methodenkenntnisse und/oder Publikationsleistungen. Im Laufe der Zeit könnten solche wissenschaftlichen Kompetenzen erweitert werden und die Expert_innen auf Dauerstellen im Mittelbau einen wesentlichen Beitrag zum Erfolg der Fakultät oder des Fachbereichs beitragen bzw. ihr bereits bestehender Beitrag durch entsprechende strukturelle Positionen wertgeschätzt werden. Dies würde sicherlich zunächst einmal eine stärkere Institutionalisierung der Arbeitsteilung im wissenschaftlichen Mittelbau und Transparenz bestimmter Aufgaben, z. B. von zeitintensiven Verwaltungs- und Servicedienstleistungen, bedeuten. Denn häufig ist der wissenschaftliche Nachwuchs aufgrund von Abhängigkeitsverhältnissen zu Vorgesetzten ›inoffiziell‹ in anspruchsvolle und ›dichte‹ Zuarbeiten und verantwortungsvolle Aufgaben eingebunden, die jedoch selten in den ›Workload‹ eingerechnet werden und die nicht Teil der offiziellen wissenschaftlichen Reputationssysteme sind (vgl. hierzu auch Kieserling 2015). Andererseits würde dies in letzter Konsequenz aber auch die Einrichtung neuer Stellenkategorien, insbesondere für Postdocs, unterhalb oder neben der Professur, erfordern, deren Aufgaben aus der Qualifikationsstellen- und damit auch aus der Befristungslogik herausfallen.[16]

Und schließlich: Die Erfahrungsberichte von Wissenschaftler_innen zeigen, dass weder private noch berufliche »Flugbahnen«, um einen Schlüsselbegriff Pierre Bourdieus zur Konzeption wissenschaftlicher Laufbahnen zu

---

15 Näheres zum Projekt unter: www.vertrauenwin.de

16 Interessante Überlegungen zu alternativen Karrierewegen neben der Professur stellt gerade die RWTH Aachen an: http://www.rwth-aachen.de/cms/root/Die-RWTH/Karriere/Karriere-fuer-Wissenschaftlerinnen-und-W/Karrierewege-des-wissenschaftlichen-Nach/~jgfi/Karrierewege-in-der-Wissenschaft/

zitieren[17], in der Regel geradlinig verlaufen. Übrigens auch nicht die von überaus erfolgreichen Wissenschaftler_innen: Selbst Talcott Parsons, einer der einflussreichsten US-amerikanischen Soziologen, sorgte sich während seiner Postdoc-Phase um seine familiären wie finanziellen Verpflichtungen als Vater dreier kleiner Kinder und seinen Statusproblemen auf beruflicher Ebene, weil er neun Jahre lang auf einer Dozentenstelle hängenblieb und desinteressierte Abteilungsleiter hatte, die ihn nicht förderten. Erst nach dieser jahrelangen ›Zwischenstation‹ an zwei unterschiedlichen Departments rückte er auf die Initiative von Kollegen, die alle als ›Außenseiter‹ dem Department of Sociology angehörten, zum Assistent Professor auf. Auch diese Stelle war befristet und es bedurfte des ausdrücklichen Versprechens des Universitätspräsidenten eines »second term« und der Aussicht auf eine daran anschließende ständige Professur, sonst hätte Parsons aus Sorge um seine private wie berufliche Zukunft beinahe ein günstiges Angebot von außerhalb angenommen (Parsons 1975: 9).

Über 80 Jahre später, kämpft der wissenschaftliche Nachwuchs gegen die prekären Beschäftigungsbedingungen in der Wissenschaft und für eine Selbstverpflichtung der Hochschulen, die neben der Einführung von transparenten Auswahl- und Einstellungsverfahren auch Vertretungen und Vertragsverlängerungen in Folge von Mutterschutz, Elternzeit und anderen Betreuungszeiten einplanen, um Diskriminierungsfreiheit und Gleichstellung zu realisieren.[18] Solange unter einer ›wissenschaftlichen Karriere‹ nur der ›Weg an die Spitze‹ verstanden wird, der idealerweise ›ungehindert geradeaus‹ verläuft, kann der Lebensentwurf Elternschaft und Wissenschaft von den Betroffenen nur als ›alltäglicher Spagat‹ empfunden werden, der ja bekanntlich nicht nur äußert schwierig, sondern auch schmerzhaft ist. So verwundert es eigentlich wenig, wenn der Nachwuchs überhaupt keinen Nachwuchs bekommt oder umgekehrt, wenn sich nur ›mutige‹ Frauen und Männer für eine wissenschaftliche Karriere mit Kind(ern) entscheiden, die sich einen »48-Stunden-Tag« (Hochschild/Machung 1993) zutrauen. Kinderlosigkeit scheint in einem System, dass nur eine »Up-or-out«-Karrierelogik kennt, nach wie vor (leider) die rationalste Entscheidung zu sein. So ist auch der Nachwuchs des Nachwuchses ein Hasard – eben ein höchst unwahrscheinlicher (wenn auch glücklicher) Zufall!

---

17 Im Original spricht Bourdieu von »trajectoires«, Reisewege, und bezeichnet damit langfristige und pfadabhängige soziobiographische Verläufe.

18 Vgl. https://www.openpetition.de/petition/online/fuer-gute-arbeit-in-der-wissenschaft

Literatur

Antoni, Conny/Friedrich, Peter/Haunschild, Axel/Josten, Martina/Meyer, Rita (Hg.) (2014), *Work-Learn-Life-Balance in der Wissensarbeit*, Wiesbaden.

Autorengruppe Bildungsberichterstattung: Der 5. Bildungsbericht 2014. *http://www.bildungsbericht.de/daten2014/bb_2014.pdf*

Beaufaÿs, Sandra (2003), *Wie werden Wissenschaftler gemacht? Beobachtungen zur wechselseitigen Konstitution von Geschlecht und Wissenschaft*, Bielefeld.

Beck-Gernsheim, Elisabeth (1980), *Das halbierte Leben. Männerwelt Beruf – Frauenwelt Familie*, Frankfurt/M.

Berger, Ansgar/Apostel, Ella/Friedrich, Peter (2014), Das WLLB-Mitarbeitergespräch, in: Conny Antoni/Peter Friedrich/Axel Haunschild/Martina Josten/Rita Meyer (Hg.), *Work-Learn-Life-Balance in der Wissensarbeit*, Wiesbaden, S. 257–274.

Berli, Oliver/Hammann, Bernd/Reuter, Julia/Zinnbauer, Manuela (2016), *Wissenschaftliche Karrieren und Vertrauen. Eine Befragung deutscher Professor_innen aus geistes-, natur- und wirtschaftswissenschaftlichen Fächern zu ausgewählten Aspekten von Wissenschaftskarrieren unter besonderer Berücksichtigung von Vertrauen als analytischem Konzept*. Abrufbar unter: www.vertrauenwin.de

Biller-Adorno, Nikola/Jakovljević, Anna-Karina/Landfester, Katharina/Lee-Kirsch, Min Ae (Hg.) (2005), *Karriere und Kind. Erfahrungsberichte von Wissenschaftlerinnen*, Frankfurt/M., New York.

DFG (2006), Karrierewege in Wissenschaft und Forschung, Beilage zur *duz – das unabhängige Hochschulmagazin*, Berlin.

Graf, Angela (2016*), Leistung, Zufall oder Herkunft? Die Karrierewege der deutschen Wissenschaftselite* (in diesem Band).

Haller, Reinhold (2010), Mitarbeitergespräche in Wissenschaft und Forschung, *Wissenschaftsmanagement 5*, S. 35–41.

Hochschild, Arlie/Machung, Anne (1993), *Der 48-Studen-Tag. Wege aus dem Dilemma berufstätiger Eltern*, München.

Hochschild, Arlie (2002), *Keine Zeit. Wenn die Firma zum Zuhause wird und zuhause nur noch Arbeit wartet*, Opladen.

Josten, Martina/Thomm, Michael/Thomm, Romy (2014), Der WLLB-Unternehmenscheck, in: Conny Antoni/Peter Friedrich/Axel Haunschild/Martina Josten/Rita Meyer (Hg.), *Work-Learn-Life-Balance in der Wissensarbeit*, Wiesbaden, S. 241–255.

Kahlert, Heike (2013*) Riskante Karrieren. Wissenschaftlicher Nachwuchs im Spiegel der Forschung*, Opladen.

Kels, Peter/Clerc, Isabelle/Artho, Simone (Hg.) (2015), *Karrieremanagement in wissensbasierten Unternehmen*, Wiesbaden.

Kaiser, Stephan/Ringlstetter, Max (Hg.) (2010), *Work-Life-Balance – erfolgversprechende Konzepte und Instrumente für Extremjobber*, Berlin, Heidelberg.

Kaiser, Stephan/Ringlstetter, Max/Reindl, Cornelia/Stolz, Martin (2010), Die Wirkung von Work-Life-Balance Initiativen auf das Mitarbeitercommitment: Eine empirische Untersuchung in der Unternehmensberatungsbranche, *Zeitschrift für Personalforschung 24*, S 231–265.

Kieserling, André (2015), Ungerecht, aber nützlich. Zur Verteilung der wissenschaftlichen Reputation, in: Steffen Mau/Nadine M. Schöneck (Hg.), *(Un-)Gerechte (Un-)Gleichheiten*, Frankfurt/M., S. 54–64.

Kreckel, Reinhard/Zimmermann, Karin (2014*), Hasard oder Laufbahn? Akademische Karrierestrukturen im internationalen Vergleich*, Leipzig.

Krüger, Anne K./Schütz, Anna (2014), Einbahnstraße Professur?! Schlussfolgerungen aus dem Bundesbericht Wissenschaftlicher Nachwuchs zu Beschäftigungsbedingungen und Aufstiegsperspektiven Promovierter auf dem wissenschaftlichen Arbeitsmarkt, in: S. Staack/A. Keller/I. Carqueville (Hg.), *Aufstieg oder Ausstieg? Wissenschaft zwischen Promotion und Professur*, Wiesbaden.

Lind, Inken (2008), Aufgeschobene Kinderwünsche, eingeschränkte Perspektiven? Zur Vereinbarkeit von Wissenschaft und Elternschaft – Ergebnisse einer aktuellen Studie, *Forschung & Lehre*, Jg. 15, H. 11, S. 754–756.

Lorsch, Jay William/Tierney, Thomas (2002*), Aligning the stars – How to succeed when professionals drive results*, Boston.

Metz-Göckel, Sigrid/Möller, Christina/Auferkorte-Michaelis, Nicole (2009), *Wissenschaft als Lebensform – Eltern unerwünscht? Kinderlosigkeit und Beschäftigungsverhältnisse des wissenschaftlichen Personals aller nordrhein-westfälischen Universitäten*, Opladen, Farmington Hills.

Meuser, Michael (2005), »Alles im Griff haben« – Geschlecht, Karriere und Elternschaft, in: Biller-Adorno u. a. (Hg.), *Karriere und Kind. Erfahrungsberichte von Wissenschaftlern*, Frankfurt/M., New York, S. 323–328.

Möller, Christina (2013), Wie offen ist die Universitätsprofessur für soziale Aufsteigerinnen und Aufsteiger?, *Soziale Welt*, Jg. 64, H. 4, S. 341–360.

Münch, Richard (2011), *Akademischer Kapitalismus. Über die politische Ökonomie der Hochschulreform*, Frankfurt/M.

Müller, Mirjam (2014), *Promotion, Postdoc, Professur. Karriereplanung in der Wissenschaft*, Frankfurt/M.

Musselin, Christine (2007), Are Universities specific organizations?, in: Georg Krücken/Anna Kosmützky/Marc Torka (Hg.), *Towards a Multiversity? Universities between Global Trends and National Traditions*, Bielefeld, S. 63–84.

Parsons, Talcott (1975), Die Entstehung der Theorie des sozialen Systems: Ein Bericht zur Person, in: Ders./Edward Shils/Paul F. Lazarsfeld (Hg.), *Soziologie – autobiographisch. Drei kritische Berichte zur Entwicklung einer Wissenschaft*, Stuttgart, S. 1–68.

Piechulla, Birgit (Hg.) (2011), *Professorin und Mutter – wie geht das? 28 Berichte vom alltäglichen Spagat zwischen Familie und akademischer Karriere*, Heidelberg.

Püttmann, Vitus (2013), *Führung in Hochschulen aus der Perspektive von Hochschulleitungen. Arbeitspapier Nr. 173 des Centrums für Hochschulentwicklung*, Gütersloh.

Reuter, Julia/Vedder, Günther/Liebig, Brigitte (2008), *Professor mit Kind. Erfahrungsberichte von Wissenschaftlern*, Frankfurt/M., New York.

Reuter, Julia/Berli, Oliver/Zinnbauer, Manuela (2015), Die Arbeit von Wissenschaftler_innen im Spiegel des wissensbasierten Wandels von Qualifikation, Bildung und Arbeit, *Soziologische Revue*, Jg. 38., H. 1, S. 63–75.

Riester, Bernhard/Dern, Angela (2010), Work-Life Choice bei Pricewaterhouse-Coopers, in: Stephan Kaiser/Max Ringlstetter (Hg.), *Work-Life-Balance – erfolgversprechende Konzepte und Instrumente für Extremjobber*, Berlin, Heidelberg, S. 155–164.

Rustemeyer, Hans/Buchmann, Christoph (2010), Erfolgsfaktor Work-Life-Balance bei der Unternehmensberatung A. T. Kearney, in: Stephan Kaiser/Max Ringlstetter (Hg.), *Work-Life-Balance – erfolgversprechende Konzepte und Instrumente für Extremjobber*, Berlin, Heidelberg, S. 165–179.

Stiehler, Brigitte (2013), *Wissenschaftliche Karriere mit Kind. Elternschaft trotz Professur*, Opladen.

Syrek, Christine/Apostel, Ella/Müller, Julia/Antoni, Conny (2014), Wie Work-Learn-Life-Balance gelingen kann – Handlungsstrategien zur Förderung der Vereinbarkeit, in: Conny Antoni/Peter Friedrich/Axel Haunschild/Martina Josten/Rita Meyer (Hg.), *Work-Learn-Life-Balance in der Wissensarbeit*, Wiesbaden, S. 123–148.

Vedder, Günther (2004), Wie familienorientiert sind deutsche Hochschulen? Dilemmata und Paradoxien der Vereinbarkeit von Studium/Beruf und Elternschaft, *Beiträge zur Hochschulforschung*, Jg. 26, H. 2/2004, S. 102–123.

Vedder, Günther/Haunschild, Axel, (2012), Work-Life-Balance und Entgrenzungstendenzen bei IT-Angestellten, in: Stephan Kaiser/Stefan Süß/Ingrid Josephs (Hg.), *Freelancer als Forschungsgegenstand und Praxisphänomen*, Frankfurt/M., S. 113–134.

Volz, Rainer/Zulehner, Paul M. (2009*), Männer in Bewegung. Zehn Jahre Männerentwicklung in Deutschland*, Baden-Baden.

Weber, Max (1919), *Wissenschaft als Beruf*, Stuttgart.

Wilkesmann, Uwe/Schmid, Christian (2012), Vorwort, in: Dies (Hg.), *Hochschule als Organisation*, Wiesbaden, S. 7–13.

III. Zutrauen, Vertrauen und Wissenschaftskarriere

Karriere in der Wissenschaft.
Ohne Zuversicht geht es nicht

Heiner Minssen

1. Einleitung

Universitäten sind ein spezieller Typus von Organisationen, für die Mintzberg (1983) die Bezeichnung »Profibürokratie« bzw. »Expertenorganisation« geprägt hat. Für diese sind ein starker operativer Kern und eine eher schwache strategische Spitze charakteristisch. Im Falle von Universitäten wird der operative Kern von den Professuren und dem wissenschaftlichen Mittelbau gebildet, während die strategische Spitze aus dem Rektorat bzw. dem Präsidialkollegium und den zentralen Selbstverwaltungsgremien besteht. Diese Leitungsebene ist im Vergleich zu anderen Organisationstypen mit eher geringen Steuerungsmöglichkeiten ausgestattet (Minssen/Wilkesmann 2003: 127). Wie in jeder Expertenorganisation identifizieren die Mitglieder sich stärker mit ihrer Profession und ihrer wissenschaftlichen community als mit der Organisation, der sie angehören (Pellert 1999: 167; Kern 2000: 28).

Aus Perspektive des wissenschaftlichen Nachwuchses bedeutet dies zuallererst, selbst für die eigene Karriere verantwortlich zu sein. Für Nachwuchswissenschaftler und Nachwuchswissenschaftlerinnen[1] ist eine hohe physische und/oder psychische Mobilität (Volmer/Spurk 2011) erforderlich. Sie sind verantwortlich für ihre Beschäftigungsfähigkeit, für die Marktfähig-

---

[1] Diese Bezeichnung hat sich seit langem eingebürgert, ist bei genauerem Hinsehen aber einigermaßen befremdlich. Laut Duden bezeichnet man als Nachwuchs die Kinder einer Familie oder in einem Arbeits- oder Fachgebiet die jüngere Generation, deren Angehörige im Beruf noch nicht etabliert sind oder eine Tätigkeit noch nicht voll ausüben. Wissenschaftlicher Nachwuchs ist man in einer Phase zwischen PostDoc und Professur. Wir reden also von Menschen als Nachwuchs – und infantilisieren sie damit – im Alter zwischen 30 und Anfang 40, die selbstständig Lehrveranstaltungen durchführen, sich mit der Einwerbung von Forschungsprojekten beschäftigten, sich häufig schon in der Phase der Familiengründung befinden und außerhalb der Universität als etabliert gelten würden.

keit ihrer Qualifikationen und für die Verbesserung ihres Sozialkapitals (Collings u. a. 2007).

Doch anders als in der Wirtschaft gibt es – mit Ausnahme einiger Angebote an Universitäten, die freiwillig wahrgenommen werden (oder auch nicht) – keine für den wissenschaftlichen Nachwuchs zuständige Personalentwicklung; es gibt keine Personalplanung, aus der deutlich erkennbar ist, unter welchen Voraussetzungen der nächste Karriereschritt getan werden kann. Universitätsleitungen können daran nur wenig ändern; im Unterschied etwa zu Wirtschaftsorganisationen verfügen sie im Hinblick auf die Karriere ihres Personals über wenig Einfluss. Zwar können sie strukturierte Nachwuchsprogramme anbieten, durch die Nachwuchswissenschaftler[2] erforderliche Zusatzqualifikationen wie etwa das Verfassen von Forschungsanträgen, die Einreichung von Manuskripten bei international renommierten Fachzeitschriften oder auch die für Vorträge erforderlichen Präsentationstechniken erwerben können; sie können Karrieren aber weder anbieten noch verhindern, da sie kaum »Personalmacht« auf den operativen Kern haben (Hüther/Krücken 2011: 315). In Wirtschaftsorganisationen können Leitungen Personalentscheidungen treffen und Karrierepositionen offerieren, in der Wissenschaft hingegen fallen die wesentlichen Karriereentscheidungen auf Lehrstuhl- bzw. Fakultätsebene und darüber hinaus innerhalb der Scientific Community. Die Karriere kann also durch Universitätsleitungen nur wenig befördert werden, der Nachwuchs ist in weiten Teilen auf sich allein gestellt. Dabei ist eine Wissenschaftskarriere in der Regel nach zwölf Jahren an deutschen Universitäten unwiderruflich beendet, sofern man es bis dahin nicht auf eine (Junior-)Professur geschafft hat. Für die Betroffenen bedeutet dies eine völlige Umorientierung und berufliche Neuorientierung; im ungünstigsten Fall stehen sie völlig überqualifiziert dem Arbeitsmarkt zur Verfügung.

Unter diesen Bedingungen ist die Frage naheliegend, aus welchen Gründen eine Wissenschaftskarriere eingeschlagen wird. Dafür gibt es (vgl. weiter unten) eine Reihe von Antworten; an dieser Stelle soll jedoch ein Aspekt beleuchtet werden, der in der Diskussion bisher keine große Rolle gespielt hat: Vertrauen in sich oder auch Vertrauen darauf, dass es – alltagssprachlich ausgedrückt – ›schon irgendwie gut gehen wird‹. Die These ist, dass sich auf »riskante Karrieren« (Kahlert 2013) wie eine Wissenschaftskariere nur der-

---

2 … und selbstverständlich auch Nachwuchswissenschaftlerinnen. Hier und im Folgenden ist die weibliche Bezeichnung immer mit gemeint.

jenige einlässt, der ein blindes Vertrauen in den Gang der Dinge hat. Um dieses zu erläutern, sind zunächst einige Bemerkungen zum Begriff der Karriere, speziell zum Begriff der wissenschaftlichen Karriere erforderlich. Dem folgt eine genauere Ausdifferenzierung, was hier unter Vertrauen verstanden werden soll, bevor einige Ergebnisse aus einem vom BMBF geförderten empirischen Forschungsprojekt vorgetragen werden, die die These stützen. Abgeschlossen wird der Beitrag mit einer Zusammenfassung und einer Skizzierung des weiteren Forschungsbedarfs.

2. Karriere und Vertrauen

Karrieren werden in bzw. zwischen Organisationen und Wissenschaftskarrieren an Universitäten gemacht. Hier sind seit jeher Karrieren üblich, für die sich im angloamerikanischen Sprachraum die Bezeichnung »boundaryless« (Arthur/Rousseau 1996) oder auch »protean« (Hall 2004) eingebürgert hat. Damit sind Karrieren gemeint, die sich u. a. dadurch auszeichnen, dass sie nicht gebunden sind an die Grenzen eines einzelnen Arbeitgebers, dass sie abhängen von externen Netzwerken und dass Hierarchieprinzipien eine vergleichsweise geringe Rolle spielen. Sie werden als das explizite Gegenteil von »organisationsgebundenen« Karrieren verstanden, also von Karrieren, die innerhalb einer Organisation stattfinden wie etwa die »Kaminkarriere«, die in Deutschland lange Zeit das in Wirtschaftsorganisationen vorherrschende Karrieremodell war (Hartmann 2013).

In der Wissenschaft sind entgrenzte[3] Wissenschaftskarrieren seit jeher üblich. Hier waren und sind organisationsgebundene Karrieren durch das übliche Hausberufungsverbot regelrecht ausgeschlossen. Vor dem Hintergrund des Wissenschaftszeitvertragsgesetzes, das jeweils eine Phase von maximal sechs Jahren vom Studienabschluss bis zur Promotion und von der Promotion bis zur (Junior-)Professur erlaubt, sind zeitliche Flexibilität und die Bereitschaft, sich auf befristete Arbeitsverträge einzulassen, in jede Wissenschaftskarriere eingeschrieben. Hinzu kommt der Zwang zur räumlichen Mobilität; aus Gründen der »internationalen Sichtbarkeit« sind Nachwuchs-

---

3 »Entgrenzt« scheint mir eine bessere Bezeichnung für dieses Karrieremodell zu sein, weil auch angeblich »grenzenlose« Karrieren etwa in der Wissenschaft durch institutionelle Anforderungen und Regeln begrenzt sind; vgl. Angervall/Gustafsson (2014), Dany u a. (2011), Dowd/Kaplan (2005).

wissenschaftlern auch längere Aufenthalte an ausländischen Universitäten anzuraten.

Allerdings ist nirgends festgelegt, welche Kriterien erfüllt sein müssen, um den nächsten Karriereschritt gehen zu können. Veröffentlichungen in international anerkannten Zeitschriften können als Bewertungsmaßstab dienen, wobei die konkrete Publikationspraxis von Fach zu Fach nach wie vor stark variiert: In den Naturwissenschaften wird häufig nur noch englischsprachig publiziert, während dies in den Geisteswissenschaften nicht im gleichen Maße der Fall ist. Doch niemand kann sagen, ab wann die in allen Fächern gewünschte »internationale Sichtbarkeit« erreicht ist. Niemand kann sagen, wie viele Publikationen verfasst sein müssen, um bei einer Bewerbung auf eine (Junior-)Professur in die engere Wahl zu kommen oder gar berufen zu werden; man weiß nur, dass es viele sein müssen, und das führt dann zu Publikationen ohne Lektüre, um »mit so wenig wie möglich Lesen so viel wie möglich zu schreiben« (Schimank 2015: 301).[4] Gleiches gilt für die Akquisition von Drittmitteln; auch hier sollte man einiges vorzuweisen haben, ohne dass es irgendeine Grenze gibt, bei deren Überschreiten man sich auf der sicheren Seite wähnen kann.

In dieser Hinsicht erweist sich eine Wissenschaftskarriere als in erheblichem Maße entgrenzte Karriere. Allerdings haben Wissenschaftskarrieren im Vergleich zu Karrieren in anderen Branchen ein deutlich höheres Scheiternsrisiko, denn die Chance auf eine Professur berufen zu werden, ist nicht sehr groß.

---

4 Im besten Fall! Auch wenn man nicht unbedingt der Meinung sein muss, dass das System »dreiste Betrüger belohnt« (Vitzhum 2015), ist es wohl nicht ganz von der Hand zu weisen, dass dieser Publikationsdruck auch Schummeleien bis hin zum Betrug fördert.

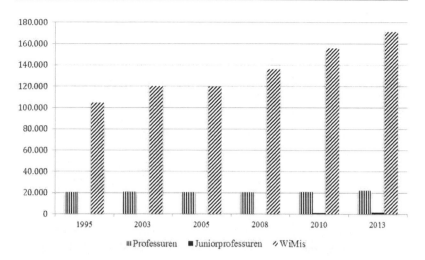

*Abb. 1: Wissenschaftlicher Nachwuchs und Professuren im Zeitverlauf
(Quelle: Rogge 2015; eigene Darstellung)*

Wie die Abbildung 1 zeigt, stehen rund 170.000 wissenschaftlichen Mitarbeitern (WiMis) knapp 24.000 Professuren (inkl. Juniorprofessuren) gegenüber. Auch wenn natürlich nicht jede/r Angehörige des wissenschaftlichen Mittelbaus unbedingt auf eine Professur berufen werden will, zeigt die Bezeichnung dieser Personengruppe als «wissenschaftlicher Nachwuchs» doch recht deutlich, in welche Richtung die Reise gehen soll: Ziel der Hochschulkarriere ist letztendlich die Berufung, denn erst mit einer Professur ist man, um in diesem Sprachgebrauch zu bleiben, »erwachsen«. Eine Managementkarriere in Wirtschaftsorganisationen kann auch dann erfolgreich sein, wenn das individuelle angestrebte Ziel nicht erreicht wird; es muss nicht unbedingt der Posten im Vorstand sein, es kann auch die Abteilungsleitung sein. Karrieren in der Wissenschaft hingegen gelten nur dann als erfolgreich, wenn sie in eine Professur münden (Gross u. a. 2008: 9). Ein Wechsel ins Wissenschaftsmanagement – bei der DFG und bei den diversen Institutionen der Wissenschaftsförderung gibt es viele attraktive Stellen – oder in die Wirtschaft muss bei diesem Begriff von Karriere als Scheitern angesehen werden, was angesichts der in der Wirtschaft angebotenen Positionen, die nicht selten weitaus besser dotiert sind als Stellen von Nachwuchswissenschaftlern oder sogar Professuren, einigermaßen absurd ist.

Angesichts der Zahlen ist die Scheiternswahrscheinlichkeit nicht gering; das Wissenschaftssystem produziert quasi automatisch »Verlierer«, wobei sich die Chancen auf eine erfolgreiche Wissenschaftskarriere in den letzten

20 Jahren zusehends verschlechtert haben; wie die Abbildung 1 auch deutlich macht, ist die Anzahl der wissenschaftlichen Mitarbeiter an Universitäten zwischen 1995 und 2013 um 64 Prozent gestiegen, während die Anzahl der Professuren nur um 16 Prozent, zieht man die Juniorprofessuren ab, sogar nur um 9 Prozent zugenommen hat. Die Schere zwischen Nachwuchs und Professuren ist immer weiter auseinandergegangen.

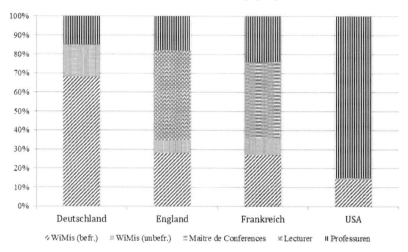

Abb. 2: Wissenschaftliches Personal und Professuren im internationalen Vergleich (Quelle: Burkhardt 2013; eigene Darstellung)

Die Existenz eines zahlenmäßig sehr umfassenden Mittelbaus[5], der überwiegend mit befristeten Arbeitsverträgen ausgestattet ist, stellt ein Spezifikum in Deutschland dar. In Ländern wie England und Frankreich kennt man Gruppen wie die Lecturer oder Maitre de conferences, die oftmals mit unbefristeten Verträgen versehen dauerhafte Aufgaben in der Lehre übernehmen, und in den USA rückt man relativ rasch in die Position eines Assistant Professors ein, die zum überwiegenden Teil mit einem Tenure Track versehen ist, also dem Versprechen auf eine Entfristung des Arbeitsvertrages

---

5 Mit dieser Bezeichnung ist laut Wikipedia das wissenschaftliche (und künstlerische) Personal an Universitäten unterhalb der Ebene einer Professur gemeint. Auch das ist eine im Wissenschaftssystem seit langem eingebürgerte, dennoch befremdliche Bezeichnung; denn wo es einen Mittelbau gibt, müsste es auch einen »Unterbau« geben – aber wer könnte das sein? Technische bzw. Verwaltungsangestellte wohl eher nicht, denn dann würde man ja behaupten, dass diese Gruppe das Fundament einer deutschen Universität darstellt – eine angesichts der Machtverhältnisse in Universitäten als Expertenorganisation eher merkwürdig anmutende Vorstellung.

beim Erreichen recht klar definierter Ziele. Nur in Deutschland ist die Position eines »Wissenschaftsarbeiters« mit einer dauerhaften Anstellung unbekannt; hier wird der Nachwuchs »auf eine lange, unsichere Wanderschaft [...] über mehrere Stationen« geschickt, deren Verlauf und Ausgang »weder für die Wissenschaftler noch für die Fachbereiche planbar« (Baier/Münch 2013: 149) sind.

Angesichts dieser Bedingungen ist die Frage naheliegend, warum überhaupt eine Karriere in der Wissenschaft verfolgt wird. Weber (1995 [1919]) hat in diesem Zusammenhang von Wissenschaft als Berufung gesprochen und die Leidenschaft hervorgehoben, die Voraussetzung für eine akademische Karriere sei. Heute würde man wohl eher auf den Spaß an der Sache verweisen, auf die Neugier, Unbekanntes zu erforschen, oder auch auf die Arbeitsbedingungen, die trotz aller prekärer Rahmenbedingungen eine hohe Autonomie und Flexibilität in der Arbeitsausführung ermöglichen. Es geht also um eine auch im Vergleich zu anderen Berufen hohe intrinsische Motivation, die eine entscheidende Voraussetzung für eine Tätigkeit in der Wissenschaft ist.[6] Das soll alles gar nicht bestritten werden, es kommt aber noch etwas anderes hinzu: das Vertrauen, dass schon alles gut gehen wird.

Bereits Simmel (1992 [1908]) betrachtete Vertrauen als einen mittleren Zustand zwischen Wissen und Nichtwissen und gab damit den Einsatz, Vertrauen als die Lösung eines Informations- und Ungewissheitsproblems zu untersuchen, was in vielen späteren Arbeiten wieder aufgenommen wurde (vgl. nur Funder 1999; Möllering 2006). Angesichts der hohen Ungewissheit einer Wissenschaftskarriere ist die Annahme naheliegend, dass Vertrauen hier von besonderer Bedeutung ist. Denn Vertrauen reduziert Ungewissheit, da der Vertrauensgeber davon ausgehen kann und muss, dass der Vertrauensnehmer sich als vertrauenswürdig erweist, und reduziert dadurch die Komplexität einer Handlungssituation (Bachmann 2000: 111). Auch wenn dies in der Regel stimmen wird, bleibt Vertrauen doch immer eine riskante Vorleistung (Luhmann 2000 [1968]) – der Vertrauensnehmer kann sich prinzipiell immer als vertrauensunwürdig erweisen.

Üblicherweise wird unterschieden zwischen Personenvertrauen und Systemvertrauen. Personenvertrauen basiert auf Vertrautheit infolge einer ge-

---

6 Kieser (2010: 347) hat darauf hingewiesen, dass diese intrinsische Motivation wegen der zunehmenden Kennziffernorientierung und die Quantifizierung von Forschungsleistungen in Gefahr steht, verdrängt zu werden, denn »Wissenschaftler sind nicht mehr bestrebt, neue wichtige Erkenntnisse zu gewinnen und die Entwicklung der Wissenschaft voranzutreiben, sondern sammeln Punkte, indem sie Bewährtes variieren.«

teilten Interaktionsgeschichte zwischen Akteuren, in der Glaubwürdigkeitsbeweise erbracht wurden (Giddens 1995: 107), Systemvertrauen hingegen auf generalisierter Vertrauenswürdigkeit, bei denen symbolische oder Expertensysteme stellvertretend personenungebundene Systeme repräsentieren (ebd.: 107 ff.). In aller Vereinfachung kann eine zunehmende Bedeutung des Systemvertrauens bei gleichzeitiger Abnahme des Personenvertrauens als ein Charakteristikum der Moderne angenommen werden. Allerdings wäre eine strikte Trennung zwischen System- und Personenvertrauen eine Verkürzung; zumindest in organisationalen Kontexten wird Vertrauen über Personen vermittelt (Böhle u. a. 2014: 33). Dabei spielt der Vorgesetzte eine ausschlaggebende Rolle (Neubauer 1997); Vertrauen in den (unmittelbaren) Vorgesetzten stärkt das Vertrauen in die Organisation insgesamt, weil dieser in der Perspektive der Mitarbeiter die Organisation repräsentiert (Shamir/Lapidot 2003: 465). Übertragen auf die Organisation »Universität« ist daraus zu schließen, dass diese Funktion des »Vertrauensvermittlers« dem zuständigen Professor zukommt, und zwar in erheblich höherem Maße als dem Vorgesetzten in einer Wirtschaftsorganisation. Als Teil des technischen Kerns der Expertenorganisation Universität (vgl. oben) wächst ihm an einer Universität mehr Macht und Einfluss als einem Vorgesetzten unterhalb der Leitungsebene in einem Unternehmen zu; entsprechend stärker ist seine Repräsentationsfunktion für die Organisation gegenüber den Mitarbeitern.

Aus der soziologischen Diskussion über Vertrauen soll eine weitere Unterscheidung übernommen werden, nämlich die von Luhmann vorgeschlagene Unterscheidung zwischen Zuversicht *confidence* und Vertrauen *trust*. Beides betrifft Erwartungen, die prinzipiell in Enttäuschung umschlagen können, wobei der Normalfall die Zuversicht ist. Hier ist die Möglichkeit der Enttäuschung kaum präsent, was Luhmann (2001: 148) so charakterisiert: »jeden Morgen verlassen fast alle von uns das Haus ohne Waffe«, weil man voller Zuversicht und ohne weitere Überlegungen davon ausgehen kann, nicht in bewaffnete Auseinandersetzungen verwickelt zu werden; Alternativen für das eigene Handeln werden nicht wirklich in Betracht gezogen (Strasser/Voswinkel 1997: 219). Diese Zuversicht, dieses »es wird schon alles gut gehen«, ist, so ist zu vermuten, eine wichtige Voraussetzung für das Betreiben einer Hochschulkarriere.

3. Wissenschaftliche Karriere und Vertrauen – Empirische Befunde eines Forschungsprojekts

Die im Folgenden präsentierten Befunde stammen aus dem Forschungsprojekt »Vertrauen und Wissenschaftlicher Nachwuchs« (VWiN), das vom Bundesministerium für Bildung und Forschung im Programm »Forschung zu Karrierebedingungen und Karriereentwicklung des Wissenschaftlichen Nachwuchses« von 2013 bis 2016 gefördert wurde.[7] Das Projekt bestand aus zwei Teilprojekten, die an der Ruhr-Universität Bochum bzw. an der Universität zu Köln beheimatet sind. Im Bochumer Teilprojekt haben wir uns auf die Gestaltung und Wirkung von Institutionen und Instrumenten der Nachwuchsförderung konzentriert. Dazu wurden Interviews mit Experten durchgeführt, die unterschiedlichen Institutionen des Wissenschaftssystems angehören; dazu gehörten Experten aus Universitätsleitungen ebenso wie Vertreter außeruniversitärer Forschungsinstitute, Experten aus dem Wissenschaftsmanagement ebenso wie Vertreter von Institutionen der Nachwuchsförderung. Darüber hinaus wurden betreuungserfahrene Professoren befragt und mehrere Gruppendiskussionen mit Nachwuchswissenschaftlern durchgeführt.

Die insgesamt 24 halbstandardisierten Interviews waren als problemzentrierte Interviews angelegt (Witzel 1982; Witzel/Reiter 2012). Die Auswertung erfolgte methodisch gemäß der Grounded Theory nach Strauss (1998) und Strauss/Corbin (1996) unter Verwendung der Datenanalyse-Software MaxQDA. In der Darstellung sind die Interviews z. T. sprachlich geglättet.

3.1 Vertrauen auf Glück

Wissenschaftlicher Nachwuchs ist man in der Statuspassage zwischen Doktorand und Juniorprofessur. Dieser Nachwuchs will – das legt allein schon der Begriff nahe – Karriere machen, und das bedeutet in der Wissenschaft, auf eine Professur berufen werden. Dieser Begriff von wissenschaftlicher Karriere ist unumstritten und selbstverständlich: »Eine wissenschaftliche Karriere ist natürlich, wenn sie an der Uni bleiben und in der Universität Karriere machen, oder natürlich auch so was wie Max-Planck-Gesellschaft« (PK274), so ein von uns interviewter emeritierter Professor. Das Durchschnittsalter

---

7 Förderkennzeichen: 16FWN002

von Promovenden beträgt 33 Jahre (Burkhardt 2013), eine Professur wird im Durchschnitt im Alter von 41 Jahren (Mously o. J.) erreicht. Im Alter zwischen 30 und 40 entscheidet sich also, ob die Karriere erfolgreich ist oder nicht. Angesichts dieser Bedingungen ist, wie erwähnt, ein Karriereerfolg nicht sehr wahrscheinlich, so dass bei der Frage, weswegen dieser Karriereweg eingeschlagen wurde, auch nicht auf einen möglichen Erfolg verwiesen wird, sondern auf die inhaltlichen Aspekte der Tätigkeit:

»Es hat aber Spaß gemacht […]. Ich hatte natürlich Glück mit der Dauerstelle, andere hatten keine Dauerstelle, aber wir haben einfach Forschung gemacht, es hat einfach Spaß gemacht, nie Sorgen um Zukunft gemacht; ich hatte keine Kinder, natürlich, nie Sorgen um die Zukunft gemacht, gedacht, das wird schon irgendwie laufen. Also wenn nicht, dann machst du was anderes« (HSB28).

Dieser Spaß an der Sache, das Brennen für ein Thema ist ein Narrativ, das uns in vielen Interviews begegnet ist; dieses inhaltliche Interesse ist offenbar in der Lage, die mit einer Karriere in der Wissenschaft verbundenen Risiken zu kompensieren: »Für mich war das immer auch die Ungebundenheit, dass ich meine eigenen Themen erfinden konnte, dass ich den Themen nachgehen konnte, dass ich eigene Entwürfe veröffentlichen konnte« (PK274).

Das Interesse an der Arbeit und die weitgehende Unabhängigkeit auf der angestrebten Professur – das sind wesentliche Punkte, die die Tätigkeit an einer Universität erstrebenswert machen. Die Eigenschaften, die erforderlich sind, um dieses Ziel zu erreichen, sind relativ klar: »Also, erst mal braucht er gute Nerven, ziemlichen Optimismus, braucht Ellenbogen, braucht wirklich Zielstrebigkeit, muss leider noch ziemlich viel links und rechts erst mal liegenlassen« (SFF236). Darüber hinaus wird der Zugehörigkeit zu Netzwerken ein hoher Stellenwert eingeräumt. Typisch dafür ist die folgende Interviewpassage: »Aber letztlich würde ich doch sagen, dass die Netzwerke eigentlich mehr zählen – auch wer in den letzten Jahren eben berufen wurde, auf welche Stellen, würde ich das definitiv so sehen« (WS307).

In diesem Networking wird ein wichtiger Unterschied der Karrierestrategie damals und heute gesehen, wie uns eine Professorin im Rückblick auf ihren Berufsverlauf erläuterte:

»In unserer Generation spielte das noch eine ganz starke Rolle: woher kam man, von welchem Lehrstuhl? Was sich jetzt entwickelt, ist, was auch sozial ja ganz interessant ist, diese Netzwerkvorstellung; man braucht viele Kontakte, auch viele internationale, man muss bekannt sein, es muss viele Personen geben die einen kennen. Es heißt nicht mehr, aha, der war bei (Name eines Professors), also ist der gut oder ist er schlecht […]. Sondern es funktioniert eher so, dass man über die Netzwerke eine hohe Zahl von Kontaktstellen hat, die einem dann helfen bei entsprechender Karriere, wo sie sagen, den habe ich mal auf einer Tagung in Vancouver getroffen, da hat er einen guten Vortrag gehalten« (HSA128).

Aber selbst das fleißige Netzwerken sichert noch nicht die Karriere, weil der wissenschaftliche Nachwuchs nur unzureichend über die Wege zur Professur informiert ist:

»Ich fand es, ehrlich gesagt, verdammt schwer, Informationen darüber zu bekommen, wie so ein Bildungsweg, wie so ein Karriereweg aussieht zur Uniprofessur. [...] Man erfährt es nur von den Professoren oder von irgendwelchen PostDocs, die es selber machen, also nur über persönliche Kontakte und deswegen [...] hat es sehr lange gedauert und war sehr schwierig, Informationen zu bekommen« (WG512).

Deswegen schreiben Nachwuchsförderprogramme wie etwa Mentoringprogramme sich auch die Vermittlung von Informationen über wissenschaftliche Karriereverläufe auf die Fahnen, denn »durch ein Mehr an Strukturwissen – wie komme ich gut durch bis zur Habilitation – führt das auch zu einer Entmyotifizierung dieses Karriereziels Habilitation« (BFP910).

Doch selbst wenn – sofern dies angesichts der unklaren Karrierebedingungen überhaupt möglich ist – entsprechende Informationen vorliegen, geht es letztlich nicht ohne Glück: »Ja, also das ist, ich sage auch immer, das ist einfach viel, viel Glück. Also, ich habe eigentlich immer [...] einfach ein wahnsinniges Glück gehabt, aber was ich halt auch dazu sagen muss, ist: man muss halt immer sehen, welche Chancen sich bieten, bereit sein, sie dann tatsächlich auch zu nutzen«(WR109), so ein Juniorprofessor. Diese Meinung wird von vielen im wissenschaftlichen Nachwuchs geteilt; stellvertretend dafür ein Postdoc aus der Geschichtswissenschaft:

»Es ist die einfache Wahrheit, man muss gut sein, das ist wichtig, aber man muss auch die guten Leute kennenlernen. Das Glück, ich sehe das heute während dieses Gesprächs, es ist nicht so einfach, das zu sehen, aber das Glück spielt eine enorme Rolle im Leben. Und es kann manchmal nur eine Sache von zehn Minuten sein. Ich bin da, er ist in demselben Raum, habe ich den Mut, ihn anzusprechen oder nicht« (WM317).

Bei den Experten aus dem Wissenschaftsmanagement sieht das dann schon ein bisschen anders aus; hier wird auch auf das erforderliche Können hingewiesen, wie aus dieser Passage eines Gesprächs mit der Leiterin eines Nachwuchsprogramms an einer Universität hervorgeht:

»Eine Mischung aus allem. Also man muss schon gut sein, das ist schon keine Frage, aber es ist auch immer so, es sind auch die Wegkreuzungen, also zum richtigen Zeitpunkt am richtigen Ort zu sein und, aber besonders ist es eben dass man die Spielregeln kennt und auch die Spielregeln der Vernetzung kennt und auch Leute kennt die einmal sagen komm ich stelle dich mal dem und dem und dem vor« (BFP910).

Wer es aber geschafft hat, wer also Professor geworden ist oder es gar, wie der nachfolgende Interviewpartner, bis zum Präsidenten einer Universität gebracht hat, der rückt das Können in den Vordergrund: »Also, ohne die glücklichen Umstände, die jeder Mensch im Leben braucht, das gilt nicht nur für die Wissenschaft, ist das Können manchmal auch fruchtlos, aber das Können ist das Entscheidende« (HSA128).

Aber selbst in diesem Fall ist klar: Ganz ohne Glück geht es nicht, und Glück heißt nicht nur, dass die richtigen Positionen zum richtigen Zeitpunkt frei werden, sondern auch – Stichwort Networking –, dass man die richtigen Personen kennt. Doch unabhängig davon, was nun das Entscheidende ist, Glück oder Können: Insgesamt lässt sich unter Nachwuchswissenschaftlern eine hohe Ungewissheit hinsichtlich ihres Karriereverlaufs beobachten. Zwar ist das angestrebte Ziel zumindest ab einem bestimmten Zeitpunkt – in der Regel wird dieser Zeitpunkt in der PostDoc-Phase liegen – klar, doch der Weg dorthin ist nur in geringem Maße planbar. Entsprechend wird eine wissenschaftliche Karriere auch nur wenig geplant. Folgt man jedenfalls den in den Interviews geäußerten Verlautbarungen, dann scheint ein wissenschaftlicher Berufsverlauf ohne großen Plan zu erfolgen; jedenfalls wird eine auf das Ziel einer Professur ausgerichtete planvoll betriebene Abfolge oftmals verneint: »und wenn wir jetzt auch etablierte Wissenschaftler fragen, die sagen ihnen alle, nein Karriereplan, nein, habe ich nie gemacht« (BFR110).

Auch wenn diese Planlosigkeit Ausdruck der fehlenden Planbarkeit einer wissenschaftlichen Karriere ist, geht sie manchen so weit, dass sie schon Naivität vermuten: »Und wir haben festgestellt, dass diese Gruppe doch zum Teil erstaunlich naiv war, was die eigene Karriereplanung angeht. Die machen so das Tagesgeschäft, mein Chef wird es schon irgendwie richten, da ist überhaupt kein Konzept da, wie es weitergehen soll« (PJ164).

Ein Beruf in der Wissenschaft ist also aus inhaltlichen Gründen attraktiv, auch wenn der Karriereerfolg höchst ungewiss ist. Die Voraussetzungen für den Erfolg sind, abgesehen von den formalen Voraussetzungen, im wissenschaftlichen Nachwuchs eher undeutlich, so dass ein Plan für die Karriere kaum vorhanden ist.[8] Damit es klappt, ist – neben dem erforderlichen Kön-

---

8 Dies gilt in noch stärkerem Maß für den »Plan B«, also den Plan für den Ausstieg aus der Wissenschaft; den gibt es in der Regel überhaupt nicht.

nen – viel Glück erforderlich. Auf Glück kann man nur vertrauen, man kann es nicht erzwingen.[9] Das Netzwerken ist nur ein eher hilfloser Versuch, auf das Glück Einfluss zu nehmen in der Hoffnung, dass die richtigen Kontakte zum richtigen Zeitpunkt nutzbringend eingesetzt werden können.

3.2 Vertrauen in den Betreuer

Im Vertrauen auf Glück und glückliche Fügungen im Karriereverlauf spielt der Betreuer, also der zuständige Professor, eine entscheidende Rolle. Er ist es, der für die Karriere verantwortlich ist und verantwortlich gemacht wird, er ist es auch, der wesentlich mitentscheidet, ob eine Hochschulkarriere fortgesetzt wird; denn eine unzureichende Betreuung zählt zu den am häufigsten genannten Gründen für den Abbruch einer Promotion (Leitner 2009: 13) und für den Abbruch einer Laufbahn in der Wissenschaft. Dies bestätigen auch unsere Interviewpartner:

»Man muss halt, also wenn man jetzt speziell eine Uni-Professur haben möchte, vor allen Dingen zumindest einen Doktorvater haben, der einen da sieht, der das unterstützt oder zumindest irgendwie andere Professoren (kennt), zu denen man dann gehen kann, dass der einem den Einstieg in das Forschungsnetzwerk ermöglicht« (WD188).

Es sind nicht die Kollegen, die Vertrauen generieren, es ist nicht die Universität, sondern es ist der zuständige Professor. »Vertrauen in die Kollegen war natürlich bei mir auch eigentlich immer da […], aber (gefragt) nach den entscheidenden Punkten, würde ich schon sagen, es […] war halt mehr ein Vertrauen in den Professor als in das Universitätssystem« (WR109).

Denn die Universität ist nicht sehr geeignet, beim wissenschaftlichen Nachwuchs Vertrauen zu erzeugen. Der Grund dafür ist einfach: die aufgrund der zeitlichen Befristung unbefriedigende Vertragsgestaltung:

»Okay, die Promotionsphase, das ist ganz normal, da habe ich einen Dreijahresvertrag oder kriege nochmal eine Verlängerung. […] Wenn ich mich dann für das Post-Doc entscheide, dann weiß ich auch, okay, das ist nochmal eine Zeit, da gibt es eigentlich keine unbefristeten Verträge, aber danach möchte ich so eine Perspektive haben. Jetzt kann ich zumindest, wenn ich möchte, irgendwo länger bleiben, und diese Perspektive gibt es in der Wissenschaft erst mit der Professur. Und das finde ich ein bisschen schade« (BFR110).

---

9 Auch wenn manche Fußballspieler in dieser Hinsicht anderer Meinung sind.

Allerdings sind Dreijahresverträge keineswegs der Normalfall, sondern eher die Ausnahme; oftmals sind die Arbeitsverträge von Doktoranden und Post-Docs deutlich kürzer und werden erst bei entsprechender Leistung verlängert. In der Regel sind längerfristige Arbeitsverträge noch eine Zielvorstellung:

»Das heißt auch, dass man die Arbeitsverträge so anlegt, dass sie nach Möglichkeit nicht zu kurz sind. Wir haben eine interne Richtlinie: nicht weniger als drei Jahre; das wird, wie wir alle wissen, häufig konterkariert durch kürzere Förderzeiten bei Drittmittelprojekten. Das ist ein großes Problem, so dass die Richtlinie natürlich nur bei Haushaltsstellen wirklich durchgehend greift« (HSA128),

so der bereits zitierte Universitätspräsident. Es bleibe aber dahin gestellt, ob eine solche Vertragsgestaltung wirklich eine grundlegende Veränderung bewirkt; auch mehrjährige Arbeitsverträge sind immer noch befristete Arbeitsverträge, deren Anschluss ungewiss ist und von einer Fülle nicht vorhersehbarer Bedingungen, nicht zuletzt des Vorhandenseins entsprechender finanzieller Mittel abhängt. Für die Akquisition dieser Mittel ist nicht die Universität, sondern der zuständige Professor zuständig und dieser ist es auch, der bei der Schaffung von Vertrauen beim wissenschaftlichen Nachwuchs eine zentrale Bedeutung hat. So antwortete einer unserer Interviewpartner auf die Frage, was bei ihm Vertrauen erzeugt hat:

»Dass in solchen Punkten (kritischen Situationen; H.M.) dann auch wirklich der Chef sofort zum Telefon gegriffen hat und einen unterstützt hat. Für mich war immer dieses Bewusstsein da, wenn es wirklich kritisch ist und wenn es Spitz auf Knopf geht, dann war er auch da, trotz seiner vielen anderen Verpflichtungen. Und das hat mich irgendwie in Ruhe und eigenständig forschen lassen, weil ich wusste, irgendwo ist immer noch ein Backup im Hintergrund da« (WR109).

Über das Vertrauen in den zuständigen Professor vermittelt sich Vertrauen – nicht unbedingt in die Universität, aber doch in das Wissenschaftssystem als Vertrauen, dass die Bemühungen von Erfolg gekrönt sein können. Fast noch wichtiger ist die umgekehrte Vertrauensrichtung, also das Vertrauen, das seitens des Betreuers den Doktoranden entgegengebracht wird. Dies macht das folgende Zitat deutlich:

»Also bei mir reichte es aus, wenn mein Chef sagte, naja, Sie werden dann ja später auch mal da und da sein, und dann werden sie das auch gestalten können. Das tat mir unheimlich gut und das ist ja immer sehr unterschiedlich, was man so an Zuspruch braucht; bei mir war das nicht so viel, aber wenn der davon ausging, dass ich irgendwann Ordinarius meines Faches werden würde, das trug dann ein paar Monate« (HSA128).

Zutrauen in die eigene Leistungsfähigkeit entsteht also wesentlich durch das Zutrauen des betreuenden Professors in die Doktoranden. Es ist bereits ein Vertrauensvorschuss, wenn die Betreuung übernommen wird. Dieser Vorschuss ist aber nach einer gewissen Zeit aufgebraucht und bedarf der (vermutlich stetigen) Bestätigung, um die mit der Anfertigung einer Dissertation häufig verbunden Untiefen und Selbstzweifel bewältigen zu können. Die Betreuung von Promotionen hat also nicht nur fachliche Aspekte, sondern ebenso und vielleicht sogar mehr noch soziale Aspekte. So gesehen, hat die landläufige Bezeichnung von Promotionsbetreuenden als Doktorvater und Doktormutter durchaus ihren tieferen Sinn.

Es geht aber nicht nur um die Vermittlung von Vertrauen in die Leistungsfähigkeit von Promovenden, sondern die Betreuungsarbeit ist darüber hinaus ebenso Karriereberatung, wie die Leiterin eines Nachwuchsprogramms mit einer Anekdote verdeutlicht:

»Und manchmal, glaube ich, ist es ihnen (den Professoren; H. M.) auch gar nicht so ganz klar, dass sie auch Karriereberatung machen können. Wir haben in den ersten Jahren mal mit einem Professor gesprochen, der Mentor bei uns war, und ich habe ihn gefragt: ›Was war denn für Sie besonders interessant zu erkennen, zu erfahren, oder was haben sie gelernt?‹ Und dann hat er zu mir gesagt: ›Ich habe erst mal gesehen, wie wenig die jungen Leute überhaupt wissen, und ich habe mir überlegt, also jetzt nicht wissenschaftlich wissen, sondern von all dem Drumherum wissen, und ich habe mir jetzt überlegt, ich mache jetzt mit meinen Doktoranden und Doktorandinnen Karriereberatung.‹ Da habe ich gedacht: super, besser geht es nicht« (BFP910).

Doch ist das wohl eher ein Einzelfall. In Unternehmen sind mittlerweile turnusmäßig durchgeführte Mitarbeitergespräche üblich, in denen Vorgesetzte mit ihren Mitarbeitern die weitere berufliche Entwicklung erörtern. An Universitäten und außeruniversitären Forschungsinstituten ist das noch die Ausnahme, wie uns der Leiter einer Abteilung an einem außeruniversitären Forschungsinstitut erläuterte:

»Ich brauche das nicht, aber für meine Leute ist das zum Teil extrem wichtig, dass man mal dieses Feedback kriegt, dass man sich da auch mal hinsetzt und dass man sich da auch ein bisschen vorbereitet, dass man nicht in einer schlechten Stimmung ist, sondern dass man sozusagen sich darauf einstellt, dass man jetzt hier eine halbe oder eine Stunde sich darauf einlässt, das Feedback anzunehmen« (PJ164).

Doch letztlich ist, so dieser Interviewte weiter, alles eine Frage des guten Willens der Betreuungsperson: »Es gibt keine systematische oder strukturierte Unterstützung. Das ist alles individuell, dezentral. Wenn ich ein netter

Mensch bin, kümmere ich um meine Leute, wenn ich es nicht bin, stehen sie im Wald. Es gibt da nichts« (PJ164). Die Betreuung von Dissertationen ist mithin eine in hohem Maße individualisierte Angelegenheit, deren Güte davon abhängt, dass der Betreuer ein »netter Mensch« ist und sich kümmert. Die dabei entstehende soziale Beziehung ist geprägt von erheblicher Machtasymmetrie; Doktoranden befinden sich in einem persönlichen Abhängigkeitsverhältnis zu ihrem Betreuer, der eine wesentliche Bedeutung nicht nur für den Erfolg des Promotionsverfahrens, sondern auch für die weitere Karriere hat.

Erfolg im Wissenschaftssystem ist also stark personenabhängig, was ganz besonders in Deutschland gilt; hier ist der Betreuer anders als in anderen Ländern (vgl. Sorge 2014) auch der Erstgutachter und oftmals zusätzlich der Dienstvorgesetzte, der Arbeit zuweist und über Arbeitsverträge entscheidet und damit ein nicht unwesentliches Wort bei der Lebensgestaltung des wissenschaftlichen Nachwuchses mitredet.[10] Dies impliziert, dass man an die falsche Person geraten kann – und dann sieht es düster aus:

»In vielen anderen Bereichen im öffentlichen Dienst oder in Industrieunternehmen gibt es immer noch einen nächsten Vorgesetzten, an den man sich wenden kann, wenn irgendwas mal wirklich schief läuft. Aber wo gehe ich denn als Nachwuchswissenschaftlerin in der Geschichtswissenschaft hin, wenn ich mit meinem Chef nicht klar komme, zu wem gehe ich denn dann? Zum Nachbarordinar? Das bestimmt nicht. Zum Personalrat, der irgendwie so weit weg von den Problemen der wissenschaftlichen Mitarbeiter, der Promovierenden ist? An wenden Sie sich, wenn Sie Schwierigkeiten mit Ihrem Chef haben?« (SFS65).

Doch selbst wenn die Konflikte nicht so weit eskalieren, dass sie zu Beschwerden führen, verursacht fehlende Verantwortlichkeit seitens des Professors das Gefühl, allein auf sich gestellt zu sein, was nur wenig vertrauensbildend ist. Dies gilt nicht nur für Promovenden, sondern auch für Habilitanden:

»Ich habe nicht das Gefühl, dass er sich darum kümmert, dass wir gut unterkommen irgendwie, sondern für ihn ist es gut, so was zu haben, weil wir ihm Publikationen verschaffen, ja, und deswegen bezahlt er uns und, ja, da gibt es wenig Vertrauen darin, dass er sich darum kümmert, dass wir unterkommen. Das heißt, da ist man auf sich gestellt« (WM247).

---

10 Dies wird auch durch eine institutionalisierte Nachwuchsförderung, die an vielen Universitäten etwa in Form von Research Schools angeboten wird, im Grundsatz nicht geändert; auch hier bleibt der Betreuer die für die Karriere zunächst entscheidende Person.

3.3   Selbstvertrauen und Zuversicht

In der PostDoc-Phase entscheidet sich, ob die wissenschaftliche Karriere Erfolg hat oder nicht, ob sie weiter verfolgt wird oder der Ausstieg aus der Wissenschaft erfolgt. Sie ist die Zeit der Platzierung auf dem Wissenschaftsmarkt. Wissenschaftliche Meriten müssen erworben werden durch die Einwerbung von Drittmitteln oder – noch besser – durch Publikationen in international angesehenen Journals, die entscheidender Nachweis wissenschaftlicher Produktivität und zwingende Voraussetzung für eine Professur sind (Gross u. a. 2008: 26). Angesichts der Bedingungen an Hochschulen ist es naheliegend, dass der weitere Berufsverlauf durchaus sorgenvoll betrachtet wird, wobei das fächerabhängig allerdings unterschiedlich ist. In der Betriebswirtschaftslehre sind die Zweifel bei manchen nicht sehr groß: »Ich mache mir keine Sorgen um meine berufliche Zukunft. Ich weiß, ich bin da vielleicht optimistisch, vielleicht auch zu optimistisch, aber ich bin mir sehr sicher, dass ich irgendwas Vernünftiges finden würde« (WA99).

Betriebswirte können davon ausgehen, auch außerhalb der Wissenschaft attraktive Stellen zu finden, was im Übrigen auch für Physiker, ein weiteres von uns untersuchtes Fach, gilt; sie könnten mit Aussicht auf Erfolg auch einen Plan B verfolgen, was aber angesichts der im wissenschaftlichen Nachwuchs zu beobachtenden Planlosigkeit im Hinblick auf Karriere allenfalls selten geschieht. In der Geschichtswissenschaft hingegen ist das deutlich anders; hier macht man sich nicht unerhebliche Sorgen, wie wir in einer Gruppendiskussion mit Historikern und Historikerinnen hörten:

»Also, wir kennen auch schon zehn, zwanzig Stück, die dann halt wirklich nach diesen zwei mal sechs Jahren nichts mehr gefunden haben, obwohl sie gute Historiker sind, aber so ist es halt. Ich weiß nicht, was dann. Die gute Strategie ist, nicht darüber nachzudenken, weil das wird dann auch ein bisschen von der Qualifikation, also es wird einem einfach Motivation nehmen« (GDG13).

Wer nicht eine Förderung durch die DFG oder eine hochrangige Stiftung erhält, muss seine Exzellenz individuell beweisen – sofern die eigene Stelle überhaupt finanziert ist; ohne eine solche Finanzierung bleibt nur der Ausstieg aus der Wissenschaft, was vielen aber nicht sehr attraktiv erscheint, »weil man nicht mehr seiner Leidenschaft nachgehen kann« (WA99). Mit der vagen Aussicht auf eine Professur müssen vielfältige Anstrengungen unternommen werden, die in einer Habilitation oder (zunehmend) einer Juniorprofessur gipfeln, die den Zugang zum Markt für Professuren öffnet. Die Bewältigung daraus resultierender, über lange Jahre andauernder Ungewissheiten erfordert ein hohes Maß an mehr oder minder »blinder« Zuversicht, dass alles schon irgendwie klappen wird. Wenn wir in den Interviews nach der Bedeutung von Vertrauen gefragt haben, dann wurde oftmals auf diese Grundzuversicht rekurriert – oftmals bezeichnet als Selbstvertrauen:

»Und was ich auch eigentlich habe, ist das Vertrauen in mich, dass [...] ich mir eigentlich ziemlich sicher bin, dass ich immer irgendwo ein Plätzchen für mich da finden werde, wo auch immer. Also das, ich habe mir, glaube ich, in meinem Leben – vielleicht ist das naiv – noch nie wirklich Sorgen darum gemacht, dass ich nicht irgendwo einen Job kriege, an dem ich auch Spaß habe« (WR109).

»Wenn du es mit dem Begriff Vertrauen sagen willst, ist es am ehesten Selbstvertrauen. Ja, ich würde es als Selbstwirksamkeit bezeichnen« (WM247). Dieses Selbstvertrauen bzw. die Erwartung der Selbstwirksamkeit resultiert – womit wir wieder bei dem eingangs erwähnten »Spaß an der Sache« wären – aus der Überzeugung, dass die eigenen Themen wichtig sind und dass man die Fähigkeit hat, diese Themen auch zukunftsweisend zu bearbeiten: »Was mich treibt, ist in erster Linie ein Vertrauen in meine Themen und ein Vertrauen in mein Potential« (WF237). Dieses Selbstvertrauen ist aber durchaus fragil und kann bei nächster Gelegenheit destabilisiert werden, wie derselbe Interviewpartner gleich anschließend erläutert: »Das (Vertrauen) kann aber auch beim nächsten Mal, wenn der Beitrag abgelehnt wird, auch wieder erschüttert werden und dann muss das wieder aufgebaut werden« (WF237).

Da die Ablehnung von Publikationen und Anträgen zum Alltag (nicht nur) des wissenschaftlichen Nachwuchses gehört, kann wohl davon ausgegangen werden, dass ein stabiles Selbstvertrauen keine Grundkonstante einer wissenschaftlichen Karriere ist – ganz abgesehen davon, dass ein publizierter Text in der Fachwelt, sofern er überhaupt zur Kenntnis genommen wird, in der Regel nicht nur auf Zustimmung, sondern auf Kritik stößt, was dem Selbstvertrauen auch wiederum nicht unbedingt zuträglich ist. Selbstvertrauen muss also quasi kontrafaktisch bewahrt werden, wobei das Zutrauen des zuständigen Professors, wie gesehen, eine große Hilfe sein kann (oder eben auch nicht). Doch all das funktioniert nicht ohne Vertrauen, dass alles schon irgendwie gutgehen wird.

Vertrauen ist »eine Lösung für spezifische Risikoprobleme« (Luhmann 2001: 144). Doch Risikoabwägung unterstellt die Reflektion oder wenigstens das Bewusstsein von Risiken. Eigene Beobachtungen (und Erfahrungen) sowie unsere Untersuchungsergebnisse legen jedoch den Schluss nahe, dass bei vielen Nachwuchswissenschaftlern die intrinsische Motivation die Risikoreflektion in den Hintergrund drängt; nicht umsonst wird der Ausstieg aus der Wissenschaft kaum ins Auge gefasst. Deswegen dürfte es sich bei dem für eine Hochschulkarriere erforderlichen Vertrauen im strengen Sinne nicht um Vertrauen, sondern im Sinne von (ebd.) um Zuversicht handeln, also die »grundlegende Reaktion auf die vorhandenen Unsicherheiten in sozialen Interaktionen«, die sich »erst dann in eine Situation des Vertrauens (verwandelt), wenn ein Akteur die Situation auch als riskant wahrnimmt und sich dadurch einer Möglichkeit der Vermeidung bewusst wird« (Gilbert 2010: 177). Fehlende Sicherheit wird durch Zuversicht ersetzt, Ungewissheit wird bewältigt durch die implizite Erwartung und Hoffnung, dass die eigenen Wünsche nicht (allzu sehr) enttäuscht werden.[11]

Vertrauen ist Voraussetzung für jede Karriere, da jede Karriere zumindest anfangs ungewiss ist. Insofern ist Vertrauen auch Voraussetzung einer wissenschaftlichen Karriere. Diese ist angesichts der Umstände jedoch einigermaßen riskanter als eine »normale« Karriere, so dass Vertrauen im Sinne einer Lösung für Risiken ergänzt und überlagert werden muss durch Zuversicht, die auf der weitgehenden Verdrängung möglicher Probleme und Risiken beruht. Ohne eine solche Zuversicht ist eine Laufbahn in der Wissenschaft kaum möglich.

4. Zusammenfassung und Ausblick

Karrieren in der Wissenschaft haben viele Analogien zu als neu apostrophierten Karrieremodellen in der Wirtschaft wie etwa der »boundaryless career«. Sie sind nicht organisations- und ortsgebunden, unterscheiden sich aber in der Hinsicht, dass eine Karriere in der Wissenschaft abrupt beendet sein kann, wenn die PostDoc-Phase nicht in eine Professur mündet. Deswegen ist eine wissenschaftliche Karriere mit noch mehr Risiken verbunden als »normale« entgrenzte Karrieren. Vor diesem Hintergrund wurde danach gefragt, unter welchen Voraussetzungen junge Menschen bereit sind, sich auf ein derart unsicheres Unterfangen einzulassen. Sicherlich spielt das inhaltliche Interesse, der »Spaß an der Sache« eine wichtige Rolle, aber dieses allein erklärt nicht die Bereitschaft, die mit einer Karriere in der Wissenschaft ver-

---

11 So, wenn auch in einem anderen Zusammenhang mit Bezug auf Kooperationsbeziehungen von Unternehmen, Semlinger (2003: 69).

bunden Risiken einzugehen. Deswegen wurde auf das Konzept des Vertrauens zurückgegriffen.

Vertrauen ist für eine wissenschaftliche Karriere deswegen von Bedeutung, weil diese angesichts der unklaren Karrierebedingungen ein mehr oder minder »blindes« Vertrauen erfordert, dass »es schon irgendwie gut gehen wird«. Entsprechend der Unterscheidung zwischen *trust* und *confidence* (Luhmann 2001) handelt es sich bei dem für eine wissenschaftliche Karriere grundlegend erforderlichen Vertrauen um Vertrauen im Sinne von Zuversicht, bei dem Alternativen nicht wirklich in Betracht gezogen werden. Diese Zuversicht kann von Universitäten gestärkt werden. Dies kann durch institutionalisierte Nachwuchsförderung geschehen, oder durch Informationen über mögliche Karriereschritte und die für eine Wissenschaftskarriere erforderlichen *soft skills*; doch letztlich entscheidend ist der zuständige Professor, dem aufgrund der besonderen Organisation Universität als »Expertenorganisation« (Mintzberg 1983) eine besondere Bedeutung als Vertrauensbildner zuwächst. Systemvertrauen in die Universität bzw. das Wissenschaftssystem insgesamt vermittelt sich als personales Vertrauen in den Professor. Und sein Zutrauen wiederum in die Leistungsfähigkeit des Nachwuchswissenschaftlers vermag dessen Selbstvertrauen zu stärken: ohne Zutrauen des Professors kein Selbstvertrauen.

Wir können aus diesen Befunden folgern, dass der Person des zuständigen Professors nicht nur in fachlicher Hinsicht eine zentrale Rolle für die Karriere des wissenschaftlichen Nachwuchs zukommt, sondern auch in sozialer Hinsicht als Vertrauensnehmer und – mehr noch – als Vertrauensgeber. Doch Grundlage all dessen ist die Zuversicht, das blinde Vertrauen, das Nachwuchswissenschaftler haben müssen, um sich auf eine Wissenschaftskarriere einzulassen; ohne dieses Vertrauen geht es nicht. Das wirft weitere Fragen auf. Mittlerweile ist vielfach belegt, dass bei dem Selektionsprozess für die Spitzenpositionen im Universitätssystem Frauen benachteiligt sind – nicht nur in Deutschland (Beaufaÿs 2015; Hüttges/Fay 2013; Kahlert 2015; Rusconi 2013), sondern auch bspw. in den Niederlanden (van den Brink/Benschop 2011). Aber auch die soziale Herkunft ist von Bedeutung. Das beginnt bereits bei der Promotion, die von Hochschulabsolventen aus akademischen Elternhäusern deutlich häufiger begonnen wird als von Master-Absolventen nicht-akademischer Herkunft (Jakeztat 2014: 298) bzw. aus bildungsfernen Schichten (Kahlert 2013: 107). Und dies endet bei der Besetzung von Professuren, bei der Bewerber aus der höchsten sozialen Herkunftsgruppe überdurchschnittlich häufig zum Zuge kommen (Möller

2013: 341). Besonders deutlich tritt dies bei der Positionselite und der Prestigeelite der deutschen Wissenschaftslandschaft zutage (Graf 2015: 60); hier finden sich vor allem Nachkommen aus dem Großbürgertum und aus Professorenfamilien. Als Erklärung bietet Graf (ebd.: 259) die durch die familiäre Situation bedingte Absicherung an, die »auch risikoreichere Strategien« gefahrlos möglich macht. Und sicherlich wird eine wissenschaftliche Laufbahn vor allem von Angehörigen aus Milieus eingeschlagen, für deren Arbeits- und Lebensweise Leistung und Eigenverantwortung besonders wichtig sind und deswegen das wissenschaftliche Feld besonders reizvoll ist (Lange-Vester/Teiwes-Kügler 2013: 205). Doch vor dem Hintergrund des Gesagten erscheint ein weiterer Aspekt bedeutsam. Hartmann (1995) hat bei seinen Untersuchungen der Rekrutierungspraxis für Spitzenpositionen in der Wirtschaft unter Rückgriff auf Bourdieu auf den Habitus verwiesen, der dafür »verantwortlich« ist, dass für solche Positionen überdurchschnittlich häufig Abkömmlinge des Großbürgertums ausgewählt werden. Derartige Mechanismen scheinen auch bei der Berufung auf Professuren einen Rolle zu spielen. Um überhaupt für eine solche Berufung in Frage zu kommen, muss eine lange Zeit der Unsicherheit und Ungewissheit überbrückt werden, in der Alternativen kaum ins Kalkül gezogen werden. Dafür ist Zuversicht unabdingbar, die habituell bei Angehörigen aus höheren sozialen Schichten vielleicht stärker verankert ist als bei Angehörigen aus niedrigeren sozialen Schichten. In höheren sozialen Schichten wächst man, so könnt vermutet werden, eher mit der Zuversicht auf, dass sich schon alles fügen wird, so dass die Überrepräsentanz von Nachkommen aus den »besseren Kreisen« in den hohen Positionen des Wissenschaftssystems nicht nur mit der höheren Bildungsaffinität in diesen Schichten zu erklären ist, sondern auch mit einer in der familiären Sozialisation erworbenen Zuversicht, die ein höherer sozialer Background vermittelt[12]. Wer vergleichsweise sorgenfrei aufwachsen durfte, geht mit höherer Selbstverständlichkeit davon aus, dass sich alles zum Guten wenden wird, als derjenige, dem dieses glückliche Schicksal nicht beschieden war.

Doch die Klärung dieser Frage muss weiterer Forschung vorbehalten werden. Dies gilt auch für eine andere Frage. Wir haben keine Informationen, wann und wodurch die für eine Wissenschaftskarriere erforderliche

---

12 Vielleicht könnte mit dem Hinweis auf Zuversicht als Voraussetzung einer Wissenschaftskarriere auch der Erklärung der Geschlechterungleichheit bei der Besetzung von Spitzenpositionen in der Wissenschaft ein weiteres Mosaiksteinchen zugefügt werden; denn wer Geschlechterstereotypen nicht scheut, könnte auf eine Presseerklärung der Universität Hohenheim (2008) verweisen, der zufolge »Zuversicht männlich« ist.

Zuversicht so nachhaltig gestört ist, dass die Universität verlassen und eine Karriere außerhalb des Wissenschaftssystems eingeschlagen wird. Es ist naheliegend, dass dafür ein Vertrauensverlust in die Karrieremöglichkeiten in der Wissenschaft eine nicht unerhebliche Rolle spielt. Doch dies wird man erst wissen, wenn ehemalige Nachwuchswissenschaftler in die Untersuchung einbezogen werden, die einen Plan B realisiert haben.

Literatur

Angervall, Petra/Gustafsson, Jan (2014), The Making of Careers in Academia: Split Career Movements in Education Science, *European Educational Research Journal*, Jg. 13, H. 6, S. 601–615.

Arthur, Michael B./Rousseau, Denise M. (Hg.) (1996), *The Boundaryless Career. A New Employment for a New Organizational Era*, New York, NY.

Bachmann, Reinhard (2000), Die Koordination und Steuerung interorganisationaler Netzwerkbeziehungen über Vertrauen und Macht, in: Jörg Sydow/Arnold Windeler (Hg.), *Steuerung von Netzwerken – Konzepte und Praktiken*, Opladen/Wiesbaden, S. 107–125.

Baier, Christian/Münch, Richard (2013), Institutioneller Wettbewerb und Karrierechancen von Nachwuchswissenschaftlern in der Chemie, *Kölner Zeitschrift für Soziologie und Sozialpsychologie*, Jg. 65, H. 1, S. 129–155.

Beaufaÿs, Sandra (2015), Die Freiheit arbeiten zu dürfen. Akademische Laufbahn und legitime Lebenspraxis, *Beiträge zur Hochschulforschung*, Jg. 37, H. 3, S. 40–59.

Böhle, Fritz/Bolte, Annegret/Huchler, Norbert/Neumer, Judith/Porschen-Hueck, Stephanie/Sauer, Stefan (2014), *Vertrauen und Vertrauenswürdigkeit. Arbeitsorganisation und Arbeitspolitik jenseits formaler Regulierung*, Wiesbaden.

Burkhardt, Anke (2013), *Bundesbericht wissenschaftlicher Nachwuchs 2013. Statistische Daten und Forschungsbefunde zu Promovierenden und Promovierten in Deutschland*, Bielefeld.

Collings, David G./Scullion, Hugh/Morley, Michael J. (2007), Changing Patterns of Global Staffing in the Multinational Enterprise: Challenges to the Conventional Expatriate Assignment and Emerging Alternatives, *Journal of World Business*, Jg. 42, H. 2, S. 198–213.

Dany, Francoise/Louvel, Severine/Valette, Annick (2011), Academic Careers: The Limits of the ›Boundaryless Approach‹ and the Power of Promotion Scripts, *Human Relations*, Jg. 64, H. 7, S. 971–996.

Dowd, Karen O./Kaplan, David M. (2005), The Career Life of Academics: Boundaried or Boundaryless?, *Human Relations*, Jg. 58, H. 6, S. 699–721.

Funder, Maria (1999), Vertrauen: Die Wiederentdeckung eines soziologischen Begriffs, *Österreichische Zeitschrift für Soziologie*, Jg. 24, H. 3, S. 76–97.

Giddens, Anthony (1995), *Konsequenzen der Moderne*, Frankfurt/M.

Gilbert, Dirk Ulrich (2010), Entwicklungslinien der ökonomischen Vertrauensforschung, in: Matthias Maring, (Hg.), *Vertrauen. Zwischen sozialem Kitt und der Senkung von Transaktionskosten*, Karlsruhe, S. 169–197.

Graf, Angela (2015), *Die Wissenschaftselite Deutschlands. Sozialprofil und Werdegänge zwischen 1945 und 2013*, Frankfurt/M.

Gross, Christiane/Jungbauer-Gans, Monika/Kriwy, Peter (2008), Die Bedeutung meritokratischer und sozialer Kriterien für wissenschaftliche Karrieren – Ergebnisse von Expertengesprächen in ausgewählten Disziplinen, *Bayerisches Staatsinstitut für Hochschulforschung und Hochschulplanung (Hg.), Beiträge zur Hochschulforschung*, Jg. 30, H. 4, S. 8–32.

Hall, Douglas T. (2004), The Protean Career: A Quarter-Century Journey, *Journal of Vocational Behavior*, Jg. 65, H. 1, S. 1–13.

Hartmann, Michael (1995), Deutsche Topmanager: Klassenspezifischer Habitus als Karrierebasis, *Soziale Welt*, Jg. 46, H. 4, S. 440–468.

Hartmann, Michael (2013), Managementkarrieren, in: Hartmut Hirsch-Kreinsen/Heiner Minssen (Hg.), *Lexikon der Arbeits- und Industriesoziologie*, Berlin, S. 324–328.

Hüther, Otto/Krücken, Georg (2011), Wissenschaftliche Karriere und Beschäftigungsbedingungen. Organisationssoziologische Überlegungen zu den Grenzen neuer Steuerungsmodelle an deutschen Hochschulen, *Soziale Welt*, Jg. 62, H. 3, S. 305–325.

Hüttges, Annett/Fay, Doris (2013), Karrierebedingungen weiblicher und männlicher Postdocs in der außerhochschulischen Forschung, *Arbeit*, Jg. 22, H. 3, S. 224–235.

Jaksztat, Steffen (2014), Bildungsherkunft und Promotionen: Wie beeinflusst das elterliche Bildungsniveau den Übergang in die Promotionsphase?, *Zeitschrift für Soziologie*, Jg. 43, H. 4, S. 286–301.

Kahlert, Heike (2013), *Riskante Karrieren. Wissenschaftlicher Nachwuchs im Spiegel der Forschung*, Opladen/Berlin/Toronto.

Kahlert, Heike (2015), Nicht als Gleiche vorgesehen. Über das »akademische Frauensterben« auf dem Weg an die Spitze der Wissenschaft, Bayerisches Staatsinstitut für Hochschulforschung und Hochschulplanung (Hg.): *Beiträge zur Hochschulforschung*, Jg. 37, H. 3, S. 60–78.

Kern, Horst (2000), Rückgekoppelte Autonomie – Steuerungselemente in lose gekoppelten Systemen, in: Anke Hanft (Hg.), *Hochschulen managen? Zur Reformierbarkeit der Hochschulen nach Managementprinzipien*, Neuwied, S. 25–38.

Kieser, Alfred (2010), Unternehmen Wissenschaft, *Leviathan*, Jg. 38, H. 3, S. 347–367.

Lange-Vester, Andrea/Teiwes-Kügler, Christel (2013), *Zwischen W 3 und Hartz IV. Arbeitssituation und Perspektiven wissenschaftlicher Mitarbeiterinnen und Mitarbeiter*, Opladen, Berlin, Toronto.

Leitner, Martin (2009), 35 Jahre Absolventenstudien in Deutschland – eine Bilanz, Bayerisches Staatsinstitut für Hochschulforschung und Hochschulplanung (Hg.), *Beiträge zur Hochschulforschung*, Jg. 31, H. 3, S. 8–20.

Luhmann, Niklas (2000 [1968]), *Vertrauen. Ein Mechanismus der Reduktion sozialer Komplexität*, 4. Aufl., Stuttgart.

Luhmann, Niklas (2001), Vertrautheit, Zuversicht, Vertrauen: Probleme und Alternativen, in: Martin Hartmann/Claus Offe (Hg.), *Vertrauen. Die Grundlage des sozialen Zusammenhalts*, Frankfurt/M., S. 143–160.

Minssen, Heiner/Wilkesmann, Uwe (2003), Lassen Hochschulen sich steuern?, *Soziale Welt*, Jg. 54, H. 2, S. 123–143.

Mintzberg, H. (1983), *Power in and Around Organizations*, Englewood Cliffs, NJ.

Möller, Christina (2013), Wie offen ist die Universitätsprofessur für soziale Aufsteigerinnen und Aufsteiger? Explorative Analyse zur sozialen Herkunft der Professorinnen und Professoren an den nordrhein-westfälischen Universitäten, *Soziale Welt*, Jg. 64, H. 4, S. 341–360.

Möllering, Guido (2006), *Das Aufheben von Ungewissheit als Kern des Vertrauens. Just do it?*, MPIfG working paper, Köln: Max-Planck-Institut für Gesellschaftsforschung.

Mously, Sara (o. J.), Wege zur Professur: Die Habilitation und ihre Alternativen, *www.academics.de/wissenschaft/wege_zur_professur_36377.html*, überprüft am 21.04.2016.

Neubauer, Walter (1997), Interpersonales Vertrauen als Management-Aufgabe in Organisationen, in: Martin Schweer (Hg.), *Interpersonales Vertrauen. Theorien und empirische Befunde*, Opladen/Wiesbaden, S. 105–120.

Pellert, Ada (1999), *Die Universität als Organisation. Die Kunst, Experten zu managen*, Wien.

Rogge, Jan-Christoph (2015), The winner takes it all? Die Zukunftsperspektiven des wissenschaftlichen Mittelbaus auf dem akademischen Quasi-Markt, *Kölner Zeitschrift für Soziologie und Sozialpsychologie*, Jg. 67, H. 4, S. 685–707.

Rusconi, Alessandra (2013), Karriereentwicklung in der Wissenschaft im Kontext von Akademikerpartnerschaften, Bayerisches Staatsinstitut für Hochschulforschung und Hochschulplanung (Hg.), *Beiträge zur Hochschulforschung*, Jg. 35, H. 1, S. 78–97.

Schimank, Uwe (2015), Zu viele lose Fäden – und ein paar Schlingen um den Hals. Randnotizen zum Wissensstand der Organisationssoziologie, in: Maja Apelt/Uwe Wilkesmann (Hg.), *Zur Zukunft der Organisationssoziologie*, Wiesbaden, S. 293–306.

Semlinger, Klaus (2003), Vertrauen als Kooperationshemmnis – Kooperationsprobleme von kleinen und mittleren Unternehmen und Auswege aus der Vertrauensfalle, in: Hartmut Hirsch-Kreinsen/Manfred Wannöffel (Hg.), *Netzwerke kleiner Unternehmen. Praktiken und Besonderheiten internationaler Zusammenarbeit*, Berlin, S. 61–87.

Shamir, Boas/Lapidot, Yael (2003), Trust in Organizational Superiors: Systemic and Collective Considerations, *Organization Studies*, Jg. 24, H. 3, S. 463–491.

Simmel, Georg (1992 [1908]), *Soziologie. Untersuchungen über die Formen der Vergesellschaftung*, Frankfurt/M.

Sorge, Arndt (2014), Promotionsverfahren in sechs europäischen Ländern. Aufschlüsse aus teilnehmender Beobachtung, *Soziologie*, Jg. 43, H. 1, S. 43–50.

Strasser, Hermann/Voswinkel Stephan (1997), Vertrauen im gesellschaftlichen Wandel, in: Martin Schweer (Hg.), *Interpersonales Vertrauen. Theorien und empirische Befunde*, Opladen/Wiesbaden, S. 217–236.

Strauss, Anselm L. (1998), *Grundlagen qualitativer Sozialforschung. Datenanalyse und Theoriebildung in der empirischen soziologischen Forschung*, Konstanz.

Strauss, Anselm L./Corbin, Juliet M. (1996), *Grounded Theory. Grundlagen qualitativer Sozialforschung*, Weinheim.

Universität Hohenheim (2008), Zuversichts-Studie: Die Zuversicht ist männlich, *https://www.uni-hohenheim.de/uploads/tx_newspmfe/pm_Zuversichtstudie_2008–06–03_status_6.pdf*, überprüft am 25.03.2016.

van den Brink, Marieke/Benschop, Yvonne (2011), Gender Practices in the Construction of Academic Excellence: Sheep With Five Legs, *Organization*, Jg. 19, H. 4, S. 507–524.

Vitzthum, Thomas (2015), Unser Wissenschaftssystem belohnt dreiste Betrüger, *Die Welt* 19.05.2015, überprüft am 25.03.2016.

Volmer, Judith/Daniel, Spurk (2011), Protean and Boundaryless Career Attitudes: Relationships with Subjective and Objective Career Success, *Zeitschrift für Arbeitsmarkt Forschung*, Jg. 43, H. 3, S. 207–218.

Weber, Max (1995 [1919]), *Wissenschaft als Beruf. Mit einem Nachwort von Friedrich Tenbruck*, Stuttgart.

Witzel, Andreas (1982), *Verfahren der qualitativen Sozialforschung. Überblick und Alternativen*, Frankfurt/M.

Witzel, Andreas/Reiter, Herwig (2012), *The Problem-Centred Interview*, London.

Vertrauen als Ressource im Umgang mit Unsicherheiten auf dem wissenschaftlichen Karriereweg

Manuela Tischler

1. Einleitung

Bislang finden Vertrauenstheorien wie auch Vertrauenssemantiken vorwiegend in der Arbeits- und Organisationssoziologie sowie der Personal- und Managementforschung, etwa für die Untersuchung von Handeln unter unsicheren Bedingungen, Anwendung. Im gleichen Maße gewinnbringend können sie auch für die Analyse von wissenschaftlichen Karrieren genutzt werden. Denn Karrieren in der Wissenschaft sind ein *Hasard* wie schon Max Weber (1919) es formulierte. Sie sind unsicher, nicht planbar und es gibt keine Erfolgsgarantie. Nach Baier und Münch (2013) lassen sich diese Bedingungen als Spezifika des deutschen Wissenschafts- und Karrieresystems charakterisieren, das sich durch seine im Vergleich zu den USA (noch) relativ hohe Autonomie von externen Einflüssen auszeichnet. Diese Autonomie wird ermöglicht durch den schwachen institutionellen Wettbewerb, eine egalitäre Hochschulpolitik, deutliche Machtunterschiede zwischen den Positionen im Feld (Professor_in versus Wissenschaftliche Mitarbeiter_in), sowie einen stufenweisen Aufstieg, der mit einer langen Phase der Unsicherheit bis zur Erstberufung verbunden ist (Baier/Münch 2013: 149f.). Dadurch müssen Nachwuchswissenschaftler_innen sich erst über mehrere Stationen auf einer *Wanderschaft* von peripheren zu dominanten Positionen im Feld hocharbeiten (Baier/Münch 2013: 150). Dieses Hocharbeiten funktioniert über die Akkumulation von feldinternem wissenschaftlichem Kapital. Dabei zählen feldspezifische Leistungskriterien sowie der »Sinn für das Spiel« (Baier/Münch 2013: 150). Was man als Nachwuchswissenschaftler_in mitbringen muss, ist die Bereitschaft sich auf diesen langen, unsicheren Weg, den *peregrinatio academica* (Irrgang 2002), einzulassen. Vor diesem Hintergrund scheint es plausibel, dass man einen Blick auf die Ressourcen wirft, die dem Wissenschaftsnachwuchs helfen, mit dieser Unsicherheit umzugehen. Vertrauen ist eine solche Ressource. Denn Vertrauen, so Piotr Sztompka, dient als Mechanismus, um Handeln unter unsicheren und komplexen Bedingungen zu ermöglichen (Sztompka 1995: 256).

Ein Problem für die wissenschaftliche Analyse ist, dass »Vertrauensverhältnisse zumeist so nah [sind], dass sie sich einer distanzierten Analyse zu entziehen scheinen« (Endreß 2012: 83). Ziel des vorliegenden Beitrags ist es, Vertrauensverhältnisse auf dem wissenschaftlichen Karriereweg in den Blick zu nehmen und soziologische Vertrauenstheorien für die Analyse wissenschaftlicher Karrieren fruchtbar zu machen. Dabei werden wissenschaftliche Karrieren im Sinne der Feldanalytik Pierre Bourdieus aufgefasst. Nach einer theoretischen Annäherung an das Phänomen Vertrauen und seine Bedeutung für den wissenschaftlichen Karriereweg, folgt eine empirische Auseinandersetzung mit der Thematik mittels eines Fallporträts einer Nachwuchswissenschaftlerin. Abgerundet wird der Artikel durch ein kurzes Fazit.

2. »Homo Academicus«: Zur Konstruktion von Wissenschaftler_innen im Feld

Sandra Beaufaÿs hat darauf hingewiesen, dass in der Wissenschaftsforschung lange kaum thematisiert wurde, wie das wissenschaftliche Feld überhaupt zu seinen Akteuren kommt und aus Promovierenden *wissenschaftlicher Nachwuchs* wird (Beaufaÿs 2003: 18). Sie versteht diesen Prozess als »[a]lltäglich sich vollziehende praktische Auseinandersetzung sowohl mit Forschungsgegenständen und -material als auch mit Kollegen und Kolleginnen sowie mit den sozialen Organisationsstrukturen, Prüfungsverfahren an Universitäten und dem Anerkennungssystem einer jeweiligen ›scientific community‹« (Beaufaÿs 2004: 7). Auf diese Weise inkorporieren die Akteure die Funktionsweisen und den Glauben des Feldes. Die etablierten Spieler_innen im Feld entscheiden, ob den neu Hinzukommenden auch Zugang zum Feld gewährt wird. Denn sie haben nicht nur »habituell verankerte Vorstellungen davon, was gute wissenschaftliche Arbeit ist, sondern auch davon, wer als Mitspieler anerkannt werden kann und wer nicht« (Beaufaÿs 2004: 3). Die Anerkennung durch andere Akteure im wissenschaftlichen Feld ist hierbei der wichtigste Mechanismus bei der Generierung der wissenschaftlichen Persönlichkeit, wie Engler (2001) und Beaufaÿs (2004) betonen. Erst in einer gemeinsamen sozialen Praxis mit anderen Wissenschaftler_innen werden wissenschaftliche Persönlichkeiten hervorgebracht. Leistungsfähige Individuen und ihre Leistungen werden erst durch die beteiligten Akteure sozial konstruiert und existieren nicht unabhängig davon (Beaufaÿs 2003: 19)[1]. Sowohl Engler als auch Beaufaÿs beziehen sich in ihren Analysen auf Pierre Bourdieus Feldkonzept.

2.1 Wissenschaft als soziales Feld

Wissenschaftliche Persönlichkeiten werden nicht unabhängig von den Strukturen hervorgebracht, in denen sie sich bewegen. Pierre Bourdieus Konzept der sozialen Felder ermöglicht es, den Blick auf beides zu richten: die Funktionsweise des Feldes, als auch die Akteure darin. Für Bourdieu ist es

»[d]er häufig als ›Berufung‹ beschriebene langwierige dialektische Prozess durch den man ›sich zu dem macht‹, durch das man gemacht wird, ›wählt‹, was einen wählt und an dessen Ende die verschiedenen Felder genau zu den Handelnden kommen, die mit dem für das reibungslose Funktionieren dieser Felder erforderlichen Habitus ausgestattet sind.« (Bourdieu, 1998: 124).

Bourdieu forscht nicht nach einem »Wechselspiel von Handlung und Struktur« (Kuhlmann/Mathies 2001: 33), denn mit seinem Konzept der sozialen Felder betrachtet er Handlung und Struktur nicht getrennt voneinander. Stattdessen strebt er nach der Überwindung dieser Dichotomie, indem er den Blick auf die soziale Praxis wirft, wie sie von den Akteuren verkörpert wird.

»Analytisch gesprochen wäre ein Feld als ein Netz oder eine Konfiguration von objektiven Relationen zwischen Positionen zu definieren. Diese Positionen sind [...] objektiv definiert durch ihre aktuelle und potentielle Situation (situs) in der Struktur der Distribution der verschiedenen Arten von Macht (oder Kapital), deren Besitz über den Zugang zu den in diesem Feld auf dem Spiel stehenden spezifischen Profiten entscheidet, und damit auch durch ihre objektiven Relationen zu anderen Positionen (herrschend, abhängig, homolog usw.)« (Bourdieu 1996: 127).

---

1 Erst Wissenschaftler_innen, wie Karin Knorr-Cetina (1984) betrachten den Prozess der Erkenntnisproduktion als soziales Handeln von Akteuren. Als Vertreterin der empirisch-konstruktivistischen Strömung der Wissenschaftssoziologie nimmt Knorr-Cetina den Standpunkt ein, dass nicht nur Erkenntnisobjekte im wissenschaftlichen Erkenntnisprozess hervorgebracht werden. Auch die beteiligten wissenschaftlichen Persönlichkeiten werden erst in der sozialen Praxis konstruiert und können nicht einfach vorausgesetzt werden.

Ein Feld ist daher kein konfliktfreier Raum, denn die darin agierenden Akteure setzen sich in Konkurrenz zueinander und streben danach, die im jeweiligen Feld wirksame Kapitalart zu erlangen. Um dies zu erreichen und Macht auszuüben, hilft ihnen wiederum ihr bereits vorhandenes Kapital (Wacquant 1996: 37f.). Ziel der Kämpfe kann es sein, die bestehende Ordnung aufrecht zu erhalten, oder aber das Feld zu seinen Gunsten zu verändern (Bourdieu 1985: 74). Ein zentraler umkämpfter Bereich ist die Definitionsmacht über die Grenzen eines Feldes. Legitime Kriterien zur Abgrenzung eines Feldes oder Regelungen bezüglich des Rechts auf Zugang zu einem Feld sind wichtiger Gegenstand der Kämpfe. So gibt es nach Bourdieu in allen Feldern »Zugangssperren« (Bourdieu 1996: 131), jedoch sind diese meist nicht institutionalisiert oder in Form von rechtlichen Bestimmungen festgehalten, wie zum Beispiel in Form eines numerus clausus. Die Vergabe des Eintrittsrechts wird durch den »Besitz einer besonderen Konfiguration von Eigenschaften legitimiert. […] [Diese sind] Formen von spezifischem Kapital« (Bourdieu 1996: 139). Im wissenschaftlichen Feld verleiht die Verfügung über eine große Menge wissenschaftlichen Kapitals Macht über das Feld und über die Kontrolle des Zugangs zu demselben (Barlösius 2012: 127).

Dabei lassen sich zwei Typen von wissenschaftlichem Kapital differenzieren. Zum einen das reine wissenschaftliche Kapital, welches man akkumulieren kann, indem man in bedeutendem Maße zum wissenschaftlichen Fortschritt beiträgt, indem man Neues entdeckt oder erfindet und dies in Form von Publikationen dokumentiert (Barlösius 2012: 127f.). Die zweite Art ist das institutionelle wissenschaftliche Kapital. Dies erwirbt man »klassisch durch Kooptation und zwar in der Regel erst nachdem man wissenschaftliche Reputation erworben hat« (Barlösius 2012: 128). Institutionelles wissenschaftliches Kapital »erhält und behält, wer Positionen innehat, mit denen sich andere Positionen und deren Inhaber beherrschen lassen« (Bourdieu 1992: 149).

2.2 Die »illusio«: Zugehörigkeitskriterium des wissenschaftlichen Feldes

Bourdieu sieht nicht etwa ein bestimmtes formales Kriterium als zentral für die Feldzugehörigkeit an, sondern den Glauben.

»Der praktische Glaube ist das Eintrittsgeld, das alle Felder stillschweigend nicht nur fordern, indem sie Spielverderber bestrafen und ausschließen, sondern auch indem sie praktisch so tun, als könnte durch die Operation der Auswahl und der Ausbildung Neueingetretener (Initiationsriten, Prüfungen usw.) erreicht werden, daß diese den Grundvoraussetzungen des Feldes die unbestrittene, unreflektierte, naive, eingeborene Anerkennung zollen, die die doxa als Urglaube definiert« (Bourdieu 1987: 124f.).

Engler weist darauf hin, dass die von Bourdieu verwendete Metapher des Spiels herausstreicht, »dass die Akteur_innen agieren ohne zu überlegen, welcher Sinn denn aus dieser und jener Handlung, dieser und jener Äußerung gezogen werden könnte. [...] Es ist der in Spielerfahrungen entwickelte praktische Sinn, der sie leitet« (Engler 2001: 150). Die illusio ist dieser praktische Sinn, der den Akteuren ermöglicht sich im Feld zu orientieren aber auch von anderen als Teil des Feldes wahrgenommen zu werden (Beaufaÿs 2003: 2). Auch unterscheidet sich die illusio je nach Feld und bestimmt die Art und Weise des Engagements der Akteure im Spiel (Bourdieu 1999: 360). Für Bourdieu umschreibt die illusio »die Tatsache, daß man einem sozialen Spiel zugesteht, daß es wichtig ist, daß, was in ihm geschieht, denen wichtig ist, die in ihm engagiert sind, mit von der Partie sind« (Bourdieu 1998: 141). Dabei ist die illusio jedoch nicht nur Voraussetzung für die Spielteilnahme, sondern teilweise auch das Ergebnis des Engagements im Spiel (Bourdieu 1999: 360). Bei den Nachwuchswissenschaftler_innen muss die illusio aber erst durch Einübung der Feldregeln entstehen. Erst dadurch entwickeln sich bei den neu Hinzukommenden der feldspezifische Glaube und die Bereitschaft, die nötigen Einsätze im Spiel zu erbringen (Fröhlich/Rehbein 2009: 100).

Welche Kriterien von den etablierten Spielteilnehmer_innen angelegt werden, um den wissenschaftlichen Nachwuchs als zukünftige wissenschaftliche Persönlichkeit zu erkennen und anzuerkennen, ist eine empirische Frage. Die feldspezifische illusio spielt dabei eine wichtige Rolle und führt dazu, dass zwischen feldinternen und feldexternen Merkmalen unterschieden wird. In Englers Analysen wird deutlich, dass die Professor_innen sich durchaus darin unterscheiden, welche Merkmale sie als kennzeichnend für eine wissenschaftliche Persönlichkeit ansehen. Gemeinsam haben sie jedoch, dass sie »alle daran glauben, dass wissenschaftliche Arbeiten bestimmten Maßstäben entsprechen müssen. Jeder und jede hat eine Vorstellung generiert, wie die Arbeit und Leistung auszusehen hat, damit er oder sie diese als wissenschaftlich anerkennt« (Engler 2001: 444 f.). Um sichtbar zu werden und Anerkennung zu bekommen, muss man als wissenschaftlicher Nachwuchs hart arbeiten und Leistung bringen. »Die dabei erfolgende Anerkennung der anderen verläuft nicht einfach darüber, dass man deren Arbeit zur

Kenntnis nimmt und als wissenschaftliche Leistung würdigt, sondern wird vermittelt über Zuschreibungsprozesse. In diesen Prozessen wird Eigenes und Neues ebenso wie Originelles zugeschrieben und hervorgebracht« (Engler 2001: 447). Neben der erbrachten Leistung sind aber auch andere Kriterien relevant. Diese Einsicht der Professor_innen tangiert die *illusio* aber nicht, denn als bedeutsam werden nur jene Kriterien angesehen, die feldintern, also im wissenschaftlichen Feld generiert wurden (Engler 2001: 453). Dazu gehören Netzwerke der Doktoreltern oder auch gewisse Seilschaften. Diese werden nicht als Verletzung des Glaubens an das meritokratische Prinzip wahrgenommen, da sie feldintern von allen Wissenschaftler_innen generierbar sind. Netzwerke werden von den Professor_innen darüberhinaus als wichtige Karrierefaktoren angesehen, die maßgeblich zur Integration in der wissenschaftlichen community beitragen (Engler 2001: 453). Soziale Netzwerke stören die illusio, die eine Vorstellung der Freiheit der Wissenschaft von sozialen Einflüssen beinhaltet nicht. Anders verhält es sich mit der sozialen Herkunft. Diese wird als feldexternes Merkmal angesehen, das nicht im wissenschaftlichen Feld selbst erzeugt wurde. Aufgrund dessen tangiert es die wissenschaftliche illusio und wird als sozialer Einfluss von außen bewertet und ist daher für die Professor_innen zur Charakterisierung der wissenschaftlichen Persönlichkeit irrelevant (Engler 2001: 452f.). Eine andere zentrale Eigenschaft zur Beschreibung der wissenschaftlichen Persönlichkeit ist ihr Geschlecht. So bleibt nach Engler in der sozialen wissenschaftlichen Praxis für Frauen, anders als für Männer, die Anerkennung ihrer Leistung aus (Engler 2001: 458). Dies kann aber nicht darauf zurückgeführt werden, dass sie tatsächlich nicht wissenschaftlich arbeiten. Die Leistung wird ihnen im Wissenschaftsspiel nur nicht zugeschrieben und sie wird, ihres Geschlechts wegen, nicht anerkannt. Denn »die Zuschreibung von Neuem, Originellem, Schöpferischem […] [ist] Männern vorbehalten und wird, wenn, dann ihnen zuteil« (Engler 2001: 460f.). Anders als die soziale Herkunft ist das Geschlecht aber nicht als feldexterne Einflussgröße anzusehen. Denn erst in der sozialen wissenschaftlichen Praxis werden die Zuschreibungen nach Geschlecht vorgenommen und so die wissenschaftliche Persönlichkeit hervorgebracht (Engler 2001: 461f.). Die Überrepräsentanz von männlichen Professoren irritiert den Glauben an das feldinterne Leistungsprinzip daher nicht.

3. Die Rolle von Vertrauen auf dem wissenschaftlichen Karriereweg

Im vorausgehenden Abschnitt wurde der Blick auf die notwendige Arbeit zur Konstruktion wissenschaftlicher Persönlichkeiten gerichtet. Ein bisher nur am Rande bezüglich dessen thematisierter Aspekt, der einerseits Einfluss auf die Gewährung von Zugang zum wissenschaftlichen Feld nimmt, andererseits den Nachwuchswissenschaftler_innen in der unsicheren Phase der Anwartschaft auf die Zugehörigkeit als Ressource dient, wird nun in den Fokus gerückt. *Vertrauen* scheint ein bedeutender Faktor zu sein, der dazu führen kann, dass man als Nachwuchswissenschaftler_in sowohl Zutritt zum wissenschaftlichen Feld bekommt und auch Teil des Feldes sein möchte. So kann die Vertrauenswürdigkeit des Wissenschaftsnachwuchses als ein Indikator für seine Förderungswürdigkeit gedeutet werden. Denjenigen, denen Vertrauenswürdigkeit zugeschrieben wird, wird eher Förderung zuteil. Wenn wissenschaftlicher Nachwuchs Vertrauenswürdigkeit zugeschrieben bekommt, ist dies sein symbolisches Kapital. Jedoch ist Vertrauen kein einseitiges Phänomen, sondern ein wechselseitiges. So müssen Förderer nicht nur darauf vertrauen, dass sich ihre Investition in die Nachwuchswissenschaftler_innen lohnt. Gleichermaßen müssen die Geförderten auch dem Wissenschaftssystem und den Akteuren darin ihr Vertrauen schenken, so dass sie überhaupt bereit sind sich auf dieses unsichere Spiel einzulassen. Auch Nachwuchsforscher_innen suchen nach Hinweisen darauf, ob sie dem wissenschaftlichen Karriereweg und ihren Chancen auf Erfolg im System vertrauen können. Erfahrenere Wissenschaftler_innen dienen dabei als wichtige Referenzpunkte.

3.1 Vertrauen als soziales Zuschreibungsphänomen

Bei Vertrauen handelt es sich nicht um eine individuelle Eigenschaft, sondern um ein soziales Zuschreibungsphänomen. So ist »Vertrauen als (implizite oder explizite) reziproke Orientierung von (mindestens zwei) Akteuren zu fassen, die auf einem (impliziten oder expliziten) gemeinsam geteilten Situationsverständnis beruht und in dadurch strukturierten Verhaltensweisen und Handlungen zum Ausdruck kommt« (Endreß 2002: 71). Je nach Bezugsebene des Vertrauens sind verschiedene Wege des Vertrauensaufbaus zu unterscheiden. Martin Endreß unterscheidet zwischen einem Vertrauensaufbau, der aus einer gemeinsamen Interaktionsgeschichte resultiert, und einem, der auf persönlichen Eigenschaften einer Person gründet, wobei als Indikatoren bspw. die familiäre oder ethnische Herkunft fungieren (Endreß 2002: 67). Die dritte Variante des Vertrauensaufbaus erfolgt über die institutionelle Einbettung. Bildungszertifikate, »gewährte Kredite, subkulturelle Mitgliedschaften oder professionelle Zugehörigkeiten« (Endreß 2002: 67f.) sind hierfür Beispiele. Vertrauen kann also nicht nur zwischen zwei bzw. mehreren Personen entstehen (interpersonales/persönliches Vertrauen); auch symbolischen Zeichen, professionellen Kompetenzen oder abstrakten Systemen wird Vertrauen geschenkt (vgl. Simmel 1989; Endreß 2002; Sztompka 1995, 1999).[2]

Vertrauen bzw. die Zuschreibung von Vertrauenswürdigkeit stellt auch einen wichtigen Bedingungsfaktor für wissenschaftliche Karrieren dar. Denn wenn Betreuende ihre Nachwuchswissenschaftler_innen als vertrauenswürdig ansehen – so die These-, wird ihnen auch mehr Förderung durch diese zuteil. So wurde in mehreren empirischen Studien darauf verwiesen, dass Förderbeziehungen den Erfolg wissenschaftlicher Karrieren in bedeutendem Maße bedingen (vgl. Schliesselberger/Strasser 1998; Schultz 1991; Geenen 1994). Um auf die Vertrauenswürdigkeit und somit Förderungswürdigkeit des wissenschaftlichen Nachwuchses zu schließen, ziehen Betreuende und Vorgesetzte unterschiedliche Indikatoren heran.

Zum einen können bestimmte Persönlichkeitsprofile als Hinweis für die Vertrauenswürdigkeit dienen. Dazu zählen eine große Frustrationstoleranz, Ausdauer, Belastbarkeit, Leistungs- und Einsatzbereitschaft sowie Disziplin. Diese Eigenschaften werden von den Professor_innen und Förderern zur Vorhersage der zukünftig erwartbaren Leistung herangezogen (Beaufaÿs 2004: 7). Beaufaÿs weist darauf hin, dass diese Eigenschaften jedoch nicht beiden Geschlechtern gleichermaßen zugeschrieben werden. So wird Frauen häufiger ein größeres Misstrauen entgegengebracht, »ob sie den Anstrengungen und Widrigkeiten, aber auch Herausforderungen einer wissenschaftlichen Karriere überhaupt gewachsen sind« (Beaufaÿs 2004: 7). Neben dem Persönlichkeitsprofil, wird auch das Handeln der Nachwuchswissenschaftler_innen als Indiz gesehen. Um mit den Worten von Steffani Engler zu sprechen: »Die harte Arbeit ist der Einsatz, der geleistet werden muss, um von anderen Akeur_innen wahrgenommen und anerkannt zu werden« (Engler 2001:

---

2 Aufgrund der raumzeitlichen Abstandsvergrößerungen in der Moderne nimmt Anthony Giddens an, dass gerade das Vertrauen in symbolische Zeichen (z. B. Geld) bzw. das Systemvertrauen, v. a. in Expertensysteme, an Bedeutung gewinnt (Giddens 1995: 80ff.).

447). Man muss also als wissenschaftlicher Nachwuchs Leistung bringen, welche wiederum anerkannt werden muss, um von den Inhaber_innen von Machtpositionen im wissenschaftlichen Feld als Potenzialträger_in wahrgenommen zu werden. Auch die Erlangung von formalen Zugangsvoraussetzungen im Rahmen der wissenschaftlichen Ausbildung, wie das Anfertigen einer exzellenten Dissertation, stellt ein Signal für die Vertrauenswürdigkeit und die zukünftig zu erwartende Performanz des Wissenschaftsnachwuchses dar (vgl. Bourdieu 2001: 70). Weiterhin fungiert eine bestimmte Arbeitsmoral als Signal. Wird die wissenschaftliche Tätigkeit nicht nur als Beruf, sondern als Lebensform, als Berufung gesehen, der man sich vollkommen hingibt, was sich in einer uneingeschränkten Anwesenheit äußert, wird dies als »Zeichen dafür gewertet, ob der Nachwuchs als hoffnungsvoll einzustufen ist oder nicht« (Beaufaÿs 2003: 243). Ein von Steffani Engler (2001) in ihrer Studie interviewter Professor, der seine eigenen Erfahrungen als Promovend schildert, sieht die »gnadenlos vielen Stunden« (Engler 2001: 173) auch als die Leistung, die Karriereinvestition, die man als Doktorand_in seiner- bzw. ihrerseits bringen muss und die wesentlich für das Entstehen eines Vertrauensverhältnisses zwischen Promovierenden und Betreuenden sind. Dadurch signalisiere der Wissenschaftsnachwuchs seine Bereitschaft »an jenem Spiel teilzunehmen, das jenseits aller Tarifverträge funktioniert« (Engler 2001: 173). Der Professor enttäuscht das Vertrauen seines Doktoranden nicht und erwidert das Vertrauen, indem er das Vorwärtskommen unterstützt. Das Vertrauensverhältnis ist ein wechselseitiges, dennoch ein ungleiches, denn der Promovierende hat deutlich mehr zu verlieren, als der Professor, der bereits eine Erfolgsposition im Feld innehat. Die Asymmetrie wird jedoch dadurch verdeckt, dass die Vertrauensbeziehung in einer Phase, die mit großer Unsicherheit bezüglich der zukünftigen Karrierechancen einhergeht, dem Wissenschaftsnachwuchs Halt gibt und dabei hilft mit der unklaren Situation umzugehen (vgl. Engler 2001: 173). Um als wissenschaftlicher Nachwuchs Vertrauenswürdigkeit zugeschrieben zu bekommen muss man darüber hinaus zeigen, dass man bereit ist die feldinternen Glaubenssätze anzuerkennen und zu den eigenen zu machen. Erst die wachsende Vertrautheit mit dem Wissenschaftssystem im Karriereverlauf trägt zur Entwicklung der illusio bei (Engler 2001: 150) und kann sowohl als Voraussetzung aber auch teils als Ergebnis der Teilnahme am Spiel gesehen werden (Bourdieu 1999: 360).

3.2 Vertrauen als symbolisches Kapital

Professor_innen in der Funktion von Gatekeepern besitzen institutionelles wissenschaftliches Kapital und entscheiden darüber, wen sie fördern und Zugang zum wissenschaftlichen Feld gewähren. Wenn Nachwuchswissenschaftler_innen erreichen, dass ihnen von den Gatekeepern Vertrauenswürdigkeit zugeschrieben wird, ist dies ihr *symbolisches Kapital*. Symbolisches Kapital funktioniert »wie ein Kredit, indem man dem Träger etwas zuschreibt, das er nicht unter Beweis gestellt hat« (Fröhlich/Rehbein 2009: 138). Dies ist von besonderer Relevanz, da Vertrauensgabe und Vertrauenserwiderung zumeist nicht zeitgleich erfolgen. Der oder die primär Vertrauen Schenkende muss zunächst eine riskante Vorleistung erbringen. Georg Simmel spricht hier auch von dem im Vertrauen innenwohnenden impliziten Versprechen (Simmel 1989: 214). Er stellt die Wechselseitigkeit als auch den Zukunftsbezug des Phänomens heraus, nämlich dass dem oder der primär Vertrauen Schenkenden in Zukunft auch das Versprechen, das ihm oder ihr gegeben wurde zu erfüllen ist. Auch Sztompka verweist auf die Verpflichtungen und Erwartungen, die im Vertrauen innewohnen. Es werde erwartet, dass man verantwortungsbewusst seine Pflichten erfüllt, aber ebenso, dass es zu einer Erwiderung des Vertrauens kommt (vgl. Sztompka 1999: 27f.). So müssen Professor_innen vor allem wenn sie nur wenige Indikatoren heranziehen können, um die Vertrauenswürdigkeit des wissenschaftlichen Nachwuchses einzuschätzen, diesem zunächst einen Vertrauensvorschuss gewähren. Unter Inkaufnahme der Ungewissheit der Vertrauenserwiderung und potenziellen Missbrauchs des Vertrauens, schenken sie aufgrund der positiven Erwartung, die sie in Bezug auf den Nachwuchs haben, ihr Vertrauen (vgl. Möllering 2007). Diese positive Erwartung kann sich darin ausdrücken, dass der bzw. die Nachwuchswissenschaftler_in eine exzellente Qualifikationsschrift abliefert und so zur positiven Reputation des Förderers beiträgt. Aber auch die Annahme, dass der bzw. die Mitarbeiter_in neben seiner bzw. ihrer Weiterqualifikation seinen Vorgesetzten auch tatkräftig bei anfallenden Aufgaben am Lehrstuhl oder in Projekten unterstützt.

3.3 Die Wechselseitigkeit von Vertrauen
und die Rolle von Vertrauensintermediären

Bisher wurde primär eine Perspektive und zwar die der Professor_innen als Vertrauensgebende beleuchtet. Wie jedoch bereits erwähnt, ist eine weitere Eigenschaft von Vertrauen seine Wechselseitigkeit. Denn auch die Nachwuchswissenschaftler_innen müssen den Professor_innen ihr Vertrauen schenken. Hier deutet sich an, dass Professor_innen nicht nur als Gatekeeper fungieren, sondern auch die Rolle von *Vertrauensintermediären* für die Nachwuchswissenschaftler_innen einnehmen. Neben dem Aufbau von persönlichem Vertrauen zwischen den beiden Parteien, stellen die Professor_innen gleichzeitig Repräsentanten für das Wissenschaftssystem dar. Vertrauen in das Wissenschaftssystem ist aufgrund der Unplanbarkeit und Unsicherheit wissenschaftlicher Karrieren elementar. Die »Existenz sog. Vertrauensintermediäre, d. h. institutionalisierter Vertrauensrahmungen bzw. -muster« (Endreß 2002: 43) ist dabei zentral um das Risiko für die Nachwuchswissenschaftler_innen zu reduzieren und akzeptabel zu machen. Martin Hartmann stellt heraus, dass solche Vertrauensintermediäre die Fähigkeit besitzen »das abstrakte Vertrauen zu ›vermenschlichen‹, indem ›Zugangspunkte‹ geschaffen werden, an denen ›gesichtsabhängige und gesichtsunabhängige Bindungen miteinander in Berührung kommen‹. An diesen Punkten [, z. B. im Betreuungsverhältnis] werden uns Menschen präsentiert, die in den anonymen Systemen und Institutionen arbeiten und für sie einstehen und genau dadurch an ihren anthropologischen Zusammenhang erinnern« (Hartmann 2011: 284). Professor_innen stellen Berührungspunkte der Nachwuchswissenschaftler_innen zum Wissenschaftssystem bzw. zur Scientific Community dar. Sie haben eine Mittlerfunktion inne und werden vom Wissenschaftsnachwuchs als Hinweispunkte für die Vertrauenswürdigkeit des Systems und ihrer Karrierechancen gesehen. Dadurch beeinflussen sie die Entscheidung der Nachwuchswissenschaftler_innen im System zu verweilen und tragen dazu bei (oder auch nicht), dass bei den Nachwuchswissenschaftler_innen Systemvertrauen entstehen kann.[3] Nicht nur die Gatekeeper des Wissenschaftssystems wählen, wen sie in das System aufnehmen wollen, auch die Nachwuchswissenschaftler_innen wählen, ob sie Teil dieses Systems sein möchten. Als Hinweise für ihr Handeln dienen ihnen dabei die Vertrauenswürdigkeit der bereits etablierten Akteure in diesem System, als auch die über diese und über andere Indizien vermittelte Vertrauenswürdigkeit des Wissenschaftssystems an sich. Denn das jeweilige Feld kommt nur durch

---

3 Sicherlich sind sie nicht die einzigen Berührungspunkte der Nachwuchswissenschaftler_innen zum Wissenschaftssystem, denn auch die im Peer-Review-Prozess erfolgte Annahme bzw. Ablehnung von Publikationen oder Tagungsbeiträgen, um nur ein Beispiel zu nennen, bilden Kontaktstellen zum Wissenschaftssystem und der scientific community.

den »langwierige[n] dialektische[n] Prozeß, durch den man ›sich zu dem macht‹, durch das man gemacht wird, ›wählt‹, was einen wählt« (Bourdieu, 1998: 124) zu seinen Akteuren.

4. »Ich vertraue ihm, dass er an mich glaubt«[4]: Fallporträt einer Nachwuchswissenschaftlerin

Um die Rolle von Vertrauen auf dem wissenschaftlichen Karriereweg zu veranschaulichen, wird im Folgenden ein exemplarisches Fallporträt einer sich kurz vor der Fertigstellung der Habilitation befindenden Betriebswirtschaftlerin mit dem Berufsziel Professorin vorgestellt. Das Interview wurde als eines von 29 bildungs- und erwerbsbiographischen Interviews mit Nachwuchswissenschaftler_innen verschiedener Qualifizierungsstufen der Fächer BWL, Geschichte und Physik im Rahmen des BMBF-Projektes *Vertrauen und wissenschaftlicher Nachwuchs*[5] erhoben. Die Darstellung eines Einzelfalls deckt selbstredend nicht das gesamte Spektrum der Ergebnisse ab, sondern konzentriert sich auf einige zentrale Befunde, die bereits im vorangehenden Kapitel theoretisch aufgegriffen wurden.

4.1 Die Entscheidung für den wissenschaftlichen Karriereweg

Hanna Betriebswirt[6,7] ist Habilitandin der BWL an einer Universität in einer Großstadt in Deutschland. Sie ist verheiratet und hat zwei Kinder (Grundschul- und Kindergartenalter). Ihr bisheriger Karriereverlauf verlief

---

4 (H. B.: 982)

5 Die Studie führen wir gemeinsam mit Kolleg_innen der Ruhr-Universität Bochum als Verbundprojekt unter dem Titel »Vertrauen und Wissenschaftlicher Nachwuchs (VWiN): Einfluss von Vertrauen auf Karrierebedingungen, Karriereentwicklungen und Karriereverläufen von Wissenschaftlichem Nachwuchs innerhalb der Hochschule« (Laufzeit 2013–2016) mit Unterstützung des BMBF durch (FKZ: 16FWN002/003). Für weitere Informationen zum Projekt siehe www.vertrauenwin.de.

6 Vorname und Name wurden anonymisiert. Dies gilt gleichermaßen für alle von Hanna Betriebswirt genannten Personen, wie auch Orte und weitere Hinweise, die eindeutige Rückschlüsse auf ihre Identität zulassen würden.

7 Anmerkung: Hanna Betriebswirt ist sicherlich ein sehr positiver Fall. In ihrem Leben existieren mehrere stabile Vertrauensbeziehungen, private sowie berufliche. Natürlich

im Vergleich sehr linear: Sie ist seit Abschluss des Studiums bis zum Interviewzeitpunkt an derselben Universität geblieben. Ihr Vorgesetzter und Habilitationsbetreuer Herr Trust, der auch ihr Doktorvater ist, hat sie über den ganzen Weg hinweg – bisher elf Jahre – begleitet. Für Hanna Betriebswirt »hat sich immer das Eine ins Andere ergeben« (H. B.: 50) und dass sie auch zukünftig an der Universität arbeiten wolle, sei ihr immer schon klar gewesen. Als sie nach Studienabschluss das Angebot von Herrn Trust bekommt, bei ihm am Lehrstuhl anzufangen, habe sie nicht lange gezögert, trotz gleichzeitig alternativer Optionen: »Ja ich habe die Entscheidung wirklich bewusst getroffen, insofern als dass ich zwar andere Angebote hatte, eben ganz klassisch in die Wirtschaft zu gehen« (H. B.: 115). Nach der Promotion fragt sich Hanna Betriebswirt erneut ob sie vielleicht doch ihren Plan B verfolgen und die Wissenschaft verlassen solle. Aber auch in dieser Phase ermutigt sie ihr Chef wieder zu bleiben: »Ich hatte einen Plan B im Hinterkopf. Es ist allerdings wirklich dadurch, dass sehr früh mein Chef wieder gesagt hat, bleiben Sie doch und ich kurz in mich rein gehorcht habe und gesagt habe, ja ich will eigentlich bleiben, es ist meins« (H. B.: 498). An zwei wichtigen Stellen auf dem wissenschaftlichen Karriereweg, beim Übergang vom Studium zur Promotion und beim Übergang von der Promotion in die Postdoc-Phase, signalisiert Herr Trust Hanna Betriebswirt deutlich: Er möchte, dass sie bleibt und einen wissenschaftlichen Karriereweg weiterverfolgt. Diese *klare Ansage* scheint ihr zu helfen, über die Unsicherheiten, die Fragen und Zweifel, die ihr durch den Kopf gehen, hinwegzukommen und die Entscheidung zu treffen, an der Universität zu bleiben. Warum sie zu dem Schluss kommt, dass die wissenschaftliche Karriere *ihres* ist, begründet sie folgendermaßen: »und ich glaube daran und ich mag diese Institution Universität und es ist so ein bisschen, auch so ein ideologisches Ding, dass ich sage ja ist meins« (H. B.: 501). Aus diesen Formulierungen ist zu erkennen, dass Hanna Betriebswirt den Glauben »an den Sinn und den Wert der Aktivitäten im Feld (Bourdieu 1987: 122; 2001: 19ff.)«, die illusio des wissenschaftlichen Feldes bereits verinnerlicht hat bzw. dies glaubhaft darzustellen vermag. Durch die illusio kommt zum Ausdruck, dass Hanna Betriebswirt den »Nutzen [des Spiels] anerkennt und den von ihm geforderten Einsatz leisten möchte (vgl. 1999: 278f.)« (Fröhlich/Rehbein 2009: 129). Sie begreift die Wissenschaft nicht als Beruf, sondern als Lebensform, die auch das Wochenende nicht aussspart:

---

sind nicht alle Beziehungen, die uns von den Interviewees geschildert wurden, gleichermaßen positiv. Auch gegenteilige Fälle sind in unserem Sample vorzufinden.

»[D]as sind die Samstage die man hier sitzt, das sind die Sonntage die man dann nochmal sitzt, weil das Paper fertig werden muss und man das Paper auch fertig kriegen will [...] da muss man schon eine gewisse Leidenschaft für mitbringen« (H. B.: 595). Leidenschaft wird von Hanna Betriebswirt im Gespräch immer wieder als zentrales Merkmal wissenschaftlicher Tätigkeit akzentuiert, die Bereitschaft, sich der Wissenschaft hinzugeben: »Man muss schon ein bisschen gewisser Weise brennen dafür, dass man das macht ansonsten macht das keinen Sinn« (H. B.: 600). In ihrer Begeisterung drückt sich das aus, was Bourdieu als die notwendige Identifikation mit dem Spiel, den Glauben an das Spiel betrachtet (vgl. Bourdieu 1999: 360). Denn ohne diese Identifikation mit dem Spiel, dem Brennen dafür, so folgert Hanna Betriebswirt, mache es keinen Sinn, in der Wissenschaft zu verweilen (und nach einer Erfolgsposition darin zu streben).

4.2   Die Wechselseitigkeit interpersonalen Vertrauens

Seit Beginn der Promotionsphase befördern wechselseitige Vertrauensbeweise die Entscheidung von Hanna Betriebswirt auf dem wissenschaftlichen Karriereweg zu verweilen. Herr Trust bietet faire, langfristige Arbeitsverträge, Hanna Betriebswirt erhält zu Beginn der Promotion einen 6-Jahresvertrag für eine volle Mitarbeiterstelle. Sie beschreibt dies als übliche Praktik von Herrn Trust. »[M]ein Chef [achtet] wirklich darauf, dass realistische Arbeitsverhältnisse geschaffen werden. [...] Also ich habe immer die Situation gehabt, dass ich ausreichend Zeit hatte vom Horizont her meine Qualifikationsstufe zu durchlaufen« (H. B.: 841). Hieran wird die Asynchronizität von Vertrauensgabe und -nahme sehr deutlich. Hanna Betriebswirt startet mit einem Vertrauensvorschuss ihres Chefs – in Form der langen Vertragslaufzeit –, trotz der spärlichen Informationslage, die ihr Chef zu ihrer Person und Arbeitsweise zu diesem Zeitpunkt hat. Er erbringt also eine riskante Vorleistung. Denn, so Hanna Betriebswirt: »er kannte mich ja dann ein bisschen, kannte mich im wissenschaftlichen Arbeiten nicht wirklich, nur mit dem was ich dann eben so gemacht hatte und hat mir schon das Vertrauen entgegengebracht« (H. B.: 204). Dieser Vertrauensvorschuss seitens ihres Chefs ist auch eine wichtige Voraussetzung für Hanna Betriebswirt, um überhaupt in der Wissenschaft zu verweilen. »[I]ch bin nie von einem halben Jahr zum nächsten halben Jahr, zur Jahrbefristung gehüpft. [...] Wenn ich das erfahren hätte, hätte ich nach der Promotion gesagt vergesst es Leute, lasse ich mich nicht darauf ein, hätte ich auf keinen Fall gemacht« (H. B.: 841). Auch die Wechselseitigkeit des Phänomens zeigt sich hier. Denn fast im selben Atemzug betont Hanna Betriebswirt: »ich habe die Zeit nicht ausgenutzt, bin schneller fertig geworden« (H. B.: 190). Sie hat den Vertrauensvorschuss ihres Chefs nicht missbraucht. Sie stellt ihre Vertrauenswürdigkeit unter Beweis, indem sie noch vor Ende der Vertragslaufzeit die Promotion abschließt.

Doch auch Hanna Betriebswirt erbringt eine riskante Vorleistung, indem sie sich auf die Promotion und damit auf den wissenschaftlichen Karriereweg einlässt.

»So, generell ist natürlich so, wenn man so eine Promotion startet ist man ja, weiß man noch nicht so richtig was auf einen zukommt, […] ich habe so ein bisschen wirklich darauf, darauf vertraut eigentlich, wenn man das so sagen kann das, ja dass ich das mitkriege und daran ausgebildet werde was ich brauche um dann diese Stelle zu erfüllen und meine Promotion zu beenden« (H. B.: 204).

Zu Beginn ihrer wissenschaftlichen Karriere weiß Hanna Betriebswirt noch nicht, mit welchen Aufgaben und Pflichten die Promotionsstelle verbunden ist. Rückblickend schildert sie, dass sie diese Unklarheiten ausgehalten und darauf vertraut habe, dass sie im Laufe der Zeit die notwendigen Kompetenzen vermittelt bekommt, um einerseits die Tätigkeiten als wissenschaftliche Mitarbeiterin erfüllen zu können und andererseits auch in ihrer eigenen Weiterqualifikation erfolgreich zu sein. Weiterhin konkretisiert sie, wem und worin genau sie dabei vertraut hat. Vertrauen hat sie Herrn Trust, ihrem Chef und Betreuenden, entgegengebracht: »Und ich habe ihm auch ein Stück weit vertraut, dass er mich an die Hand nimmt und mir die Dinge beibringt die ich brauche um diesen wissenschaftlichen Teil eben auch erfüllen zu können« (H. B.: 206). An dieser sehr an eine Vater-Tochter-Beziehung anmutenden Formulierung, wird der Wunsch oder die Erwartung ersichtlich, durch ihren Doktorvater angeleitet zu werden. Sie spielt darauf an, dass sie sich zwar von der Lehre im Rahmen ihres Studiums schon ein Bild habe machen können, nicht aber von der *Forschungsseite*, dem wissenschaftlichen Anteil ihres Aufgabenbereichs. Um eine Karriere in der Wissenschaft machen zu können, brauche man aber beides, das sei auch ihr schon früh bewusst gewesen. Hanna Betriebswirt befindet sich noch in einer unsicheren Situation, in der sie noch nicht weiß, ob sie eine Professur erreichen wird. Die wechselseitige Vertrauensbeziehung, die sie und Herrn Trust verbindet, dient ihr dabei als Stütze auf dem unsicheren Weg. »Ein Stück weit Vertrauen aber, wenn ich das ein bisschen weicher fasse ist auf jeden Fall in meinen Habilvater, ich vertraue ihm dass er an mich glaubt in dem Sinne, dass er mich fördert und das macht er auch und er vertraut auch auf mich« (H. B.: 982). Jedoch schenkt Hanna Betriebswirt Herrn Trust nicht unspezifisches Vertrauen, sondern vertraut auf etwas ganz Bestimmtes. Nämlich, dass er an sie glaubt, sein Vertrauen unter Beweis stellt und sie daher fördert. Scheinbar gibt es gute Indizien für Hanna Betriebswirt dafür, dass Herr Trust ihr Vertrauen entgegenbringt, u. a. dass ihr in der Vergangenheit bereits eine beständige Förderung und Betreuung durch ihren Chef zuteil wurde, wie Hanna Betriebswirt an einem Beispiel verdeutlicht:

»Da habe ich das Glück gehabt, dass mein Chef damals eben das sehr schnell erkannt hat, selber auch im Forschungsfreisemester war und in Amerika ganz viel von dem mitkriegen konnte was ich dann brauchte für meine Dissertation. Er hat mich auch schnell mitgenommen auf Konferenzen, damit ich mich im Austausch mit anderen eben an so ein verändertes Niveau anpassen konnte« (H. B.: 304).

Herr Trust ist selbst noch in der Forschung aktiv und gibt wahrgenommene Veränderungen im fachlichen Forschungsumfeld auch während des Forschungsfreisemesters an Hanna Betriebswirt weiter. Darüber hinaus stellt Hanna Betriebswirt heraus, dass ihr Chef es ihr bereits zu einem frühen Zeitpunkt ermöglicht habe, eigene Kontakte auf Konferenzen zu knüpfen und im Diskurs mit anderen Forscher_innen über veränderte Ansprüche im Fach zu reflektieren. Diese Darstellung von Hanna Betriebswirt erweckt den Eindruck, dass Herr Trust ihr dadurch auch die Möglichkeit eröffnet, ein Stück weit Unabhängigkeit zu gewinnen, sich eine eigene Position in der Scientific Community zu schaffen und eigene Netzwerke aufzubauen. Gleichzeitig merkt sie an, dass auch sie ihren Teil zum Aufbau dieses Vertrauensverhältnisses beigetragen habe: »Ich habe die Orientierungspunkte gekriegt durch meinen Doktorvater der mich dann mit reingenommen hat. Ich glaube ich habe das selber, ich habe sehr viel dann selber in die Hand genommen und selber daran gearbeitet, habe es dann auch wirklich geschafft eine Dissertation zu schreiben die auch von ihren Ansprüchen her auch wirklich so war, dass ich einen Teil davon auch international publizieren konnte« (H. B.: 304). Herr Trust fungiert für Hanna Betriebswirt als Repräsentant des Wissenschaftssystems, als Vertrauensintermediär, aber auch als Gatekeeper, der ihr die Tür öffnet und ihr einen Vertrauensvorschuss gewährt. Gleichzeitig zeigt sie ihm, dass sie sein Vertrauen verdient und ihn nicht enttäuscht, indem sie hart arbeitet und Leistung bringt in Form der zentralen Währung im wissenschaftlichen Feld: Sie publiziert und baut somit »reines« wissenschaftliches Kapital auf. Und »[w]issenschaftliches Kapital funktioniert wie ein Kredit, der Vertrauen und Glauben in diejenigen setzt, denen es gewährt wird« (Barlösius 2012: 127). Zudem publiziert sie international und zeigt so, dass sie auf internationalem Niveau mithalten kann, also der Erwartung ihres Doktorvaters gerecht wird. Durch die Integration in die Scientific Community kann Hanna Betriebswirt auch ein Gefühl dafür entwickeln, in was sie selbst noch investieren muss, was sie noch braucht für den wissenschaftlichen Karriereweg: »[J]a also habe ich schon Glück gehabt oder einfach, vielleicht ein Gespür dafür gehabt, dann festzustellen was ich selber mir dann noch beibringen muss, damit dies, das eben auch so ist« (H. B.: 304). Der Publikationserfolg kommt nicht von ungefähr. Sie habe daran gearbeitet und ein Gespür dafür entwickelt, was es neben dem, was ihr Doktorvater ihr vermittelt hat, bedarf, um Erfolg in der Wissenschaft zu haben. Hanna Betriebswirt scheint es nicht an Zutrauen in die eigenen wissenschaftlichen Fähigkeiten zu mangeln, was Frauen häufig in ihrer Selbstdarstellung attestiert wird (Wetterer 1988: 284). Sie inszeniert sich als Person, die *das Steuer in der Hand hält* und ihrem *Glück auf die Sprünge hilft*, denn – so stellt sie heraus – über ihre Karriere habe sie bisher am meisten selbst bestimmt: »[D]as ist meine eigene Leistung. Ich muss die Paper schreiben ich muss die Paper publiziert kriegen, da kann der Habilvater vielleicht nochmal mit aufs Ticket und ein bisschen mitschreiben, aber das ist meins, ist ganz alleine meins« (H. B.: 568). Zwar erwähnt sie, dass sie immer auch ausreichend Rückhalt durch ihren Chef, der ihr Vertrauen entgegenbringt, bekommen habe. Dennoch legt sie in ihrer Selbstdarstellung Wert darauf, dass sie primär durch ihre eigene Leistung von der scientific community Anerkennung bekommen habe, unabhängig von ihrem Vorgesetzten.

4.3   Gestörtes Vertrauen durch mangelnde Unterstützung
       und die in Vertrauensbeziehungen liegende Bindungskraft

Hinsichtlich des Verhältnisses zwischen der Unterstützung und Anerkennung sowie des entgegengebrachten Vertrauens in sie, das sie in ihrem Karriereverlauf bekommen hat und perspektivisch zu erwarten hat, differenziert Hanna Betriebswirt klar zwischen ihrem Chef und der Fakultät: Die Beziehung zu Herrn Trust in seiner Rolle als Vertrauensintermediär ist für sie umso wichtiger, als dass sie wenig Unterstützung durch die Fakultät erfahre, insbesondere in einer Zeit, in der sich die Doktorandenausbildung im eigenen Fach fühlbar verändere, etwa dadurch, dass alte monografische Publikationsformate von Qualifikationsarbeiten durch neue, kumulative ergänzt bzw. ersetzt würden: »[W]as bei mir schwierig war, war eigentlich die Sache dass ich von der Fakultät eigentlich damals sehr wenig Unterstützung gekriegt habe mich zu qualifizieren auf das was ich machen muss […] Doktorandenstudium damals gab es bei uns überhaupt nicht, das heißt ich habe null Ausbildung gekriegt von der Fakultät« (H. B.: 304). Auch in Bezug auf die Beschäftigungsperspektive an der Universität hat Hanna Betriebswirt nichts Positives über die Fakultät zu berichten. Bisher habe Herr Trust zwar immer dafür gesorgt, dass sie faire, langfristige Verträge bekomme, jedoch liege es nun nicht mehr in seiner Macht, ihr eine längerfristige Perspektive zu bieten und ihre Stelle zu entfristen. Dies könne nur ihr Arbeitgeber, die Universität, tun, was aber nicht geschehe, wie Hanna Betriebswirt beanstandet:

»Im Moment empfinde ich diese, diese Befristung schon als, schon als belastend oder schon, ich bin genervt davon muss ich ganz klar sagen, weil ich es auch als ein Stück weit als nicht Wertschätzung und Anerkennung hier so meiner Leistung empfinde, weil die Fakultät mir eigentlich ganz klar signalisiert, sieh zu dass du fertig wirst oder aber du musst raus hier. So ist es! Und die mir keine Möglichkeit bietet, zu sagen Mensch, du machst eigentlich einen tollen Job hier, überleg doch mal, ob du nicht bleiben möchtest, wir bieten dir das an« (H. B.: 841).

Für Hanna Betriebswirt scheint ganz klar: Sie muss nach Vertragsende die Universität verlassen, egal wie viel Leistung sie erbringt. Dies empfindet sie als empfindlichen Vertrauensbruch und als fehlende Anerkennung seitens der Fakultät, da diese ihr keinen Entscheidungsspielraum lasse. Denn Vertrauen ist Anerkennung (vgl. Reuter 2014), und diese Anerkennung beansprucht Hanna Betriebswirt zum jetzigen Zeitpunkt ihrer wissenschaftlichen Karriere. Trotzdem erwägt sie nicht, den wissenschaftlichen Karriereweg zu verlassen und führt dies selbst auf die konstante Unterstützung ihres Vorgesetzten zurück, der die Enttäuschungen kompensiert, die Hanna Betriebswirt durch die Fakultät erfährt:

»Er hat mir auf der einen Seite die Freiheit gelassen wirklich das Thema zu finden, die Theorie zu finden, die Methode zu finden die mir liegt, mich aber darin begleitet das wirklich auch gut auszuführen. Also ich habe da unglaublich Glück gehabt eigentlich, dass er gleichzeitig sich aber auch schon gut auskannte in dem Bereich oder sich auch darauf eingelassen hat sich selber da einzuarbeiten und mich da auch wirklich zu begleiten. Das war mein großes Glück letztendlich und ich glaube wenn ich die Konstellation so nicht gehabt hätte, hätte ich auch nicht weitergemacht« (H. B.: 417).

Hanna Betriebswirt hebt hervor, dass Herr Trust ihr einerseits den nötigen Freiraum in der Findungsphase gegeben, andererseits bei der Umsetzung begleitet habe. Das Beispiel zeigt die Relationalität von Vertrauen, das Martin Endreß als richtiges Maß aus Nähe und Distanz definiert:»Kooperationen wie Vertrauensverhältnisse [müssen] eine sehr spezifische Balance halten, um als solche zu ›funktionieren‹. Diese Balance ist eine des kontinuierlichen Spannungsausgleichs zwischen Nähe und Distanz. Vertrauen ist beides: eine Kultur der Nähe unter Achtung der Distanz, die der Respekt der Nähe erfordert« (Endreß 2012: 99). Herr Trust, nicht die Fakultät, ist die zentrale Referenz für Hanna Betriebswirts Vertrauen in das Wissenschaftssystem und ihrer Absicht, weiterhin eine wissenschaftliche Karriere zu verfolgen.

5.   Fazit

Interpersonaler Vertrauen ist eine wichtige Ressource, um mit den Unsicherheiten auf dem wissenschaftlichen Karriereweg umzugehen. Vertrauensbeziehungen brauchen Zeit, um sich aufzubauen und zwar in einem wechselseitigen, nicht einseitigen Prozess. Sieht man Professor_innen nur als Gatekeeper, vernachlässigt man diese Wechselseitigkeit. Denn nicht nur die Nachwuchswissenschaftler_innen werden von den Professor_innen gewählt, auch sie wählen, ob sie sich auf das »Spiel« einlassen. Bei diesem wechselseitigen Vorgang, bei dem man »wählt, was einen wählt« (Bourdieu, 1998: 124), fungieren Professor_innen als Vertrauensintermediäre für das Wissenschaftssystem. Sie schaffen Berührungspunkte, an denen »gesichtsabhängige und gesichtsunabhängige Bindungen miteinander in Berührung kommen« (Giddens 1995: 107). Vertrauensintermediäre tragen dazu bei, dass der wissenschaftliche Nachwuchs in der Wissenschaft verbleiben möchte und nicht aufgrund mangelnden Vertrauens in das Wissenschaftssystem bzw. in dessen Repräsentant_innen, der Wissenschaft den Rücken kehrt. Daher ist es bedeutsam, dass bei den Professor_innen ein Bewusstsein über Ihre Schlüsselrolle in diesem Prozess geschaffen wird. Mit anderen Worten: Professor_innen sind in ihrer professionellen Rolle, aber auch durch ihre Person, wichtige Referenzpunkte für Nachwuchswissenschaftler_innen, für ihr Vertrauen in das Wissenschaftssystem und ihre Verweilabsichten. Gleichwohl können sich längerfristige Vertrauensverhältnisse nur etablieren, wenn die Rahmenbedingungen wissenschaftlichen Arbeitens dies z. B. aufgrund längerer Vertragslaufzeiten und/oder zahlreicher Dauerstellen im Wissenschaftssystem zulassen.

Denn auch die beste Vertrauensbeziehung zwischen Professor_in und wissenschaftlichem Nachwuchs, wie im Beispiel von Hanna Betriebswirt, kann bei fehlender Arbeitsplatzsicherheit und Beschäftigungsperspektive zu Unzufriedenheit und womöglich auch Exitintentionen führen. Das Beispiel zeigt aber auch, dass gerade angesichts unsicherer und unklarer Rahmenbedingungen wissenschaftlichen Arbeitens Betreuungspersonen und Vorgesetzte umso mehr zu wichtigen Ankerpunkten werden, denen der wissenschaftliche Nachwuchs Vertrauen schenken möchte. Rein regulative Maßnahmen zur Vertrauensbildung, wie die Strukturierung der Nachwuchsausbildung, z. B. durch die Etablierung von Graduiertenschulen, werden dabei nicht ausreichen, um den wissenschaftlichen Nachwuchs nachhaltig ins System einzubinden. Es braucht Intermediäre. Möglicherweise wäre die Aufstockung von Professor_innenstellen und anderen Dauerstellen neben der Professur, sowie die Wertschätzung und Honorierung des Engagements ihres Personals seitens der Hochschulen hier die bessere Investition in den wissenschaftlichen Nachwuchs, anstatt die permanente Neuauflage exzellenter Graduiertenprogramme voranzutreiben.

Literatur

Barlösius, Eva (2012), Wissenschaft als Feld. in: Maasen u. a. (Hg.), *Handbuch Wissenschaftssoziologie*, Wiesbaden.

Baier, Christian/Münch, Richard (2013), Institutioneller Wettbewerb und Karrierechancen von Nachwuchswissenschaftlern in der Chemie, *Kölner Zeitschrift für Soziologie und Sozialpsychologie 65*, S. 129–155.

Beaufaÿs, Sandra (2003), *Wie werden Wissenschaftler gemacht? Beobachtungen zur wechselseitigen Konstitution von Geschlecht und Wissenschaft*, Bielefeld.

Beaufaÿs, Sandra (2004), Wissenschaftler und ihre alltägliche Praxis: Ein Einblick in die Geschlechterordnung des wissenschaftlichen Feldes, *Forum Qualitative Sozialforschung*, Volume 5, No. 2, Art. 10.

Bourdieu, Pierre (1985), *Sozialer Raum und ›Klassen‹. Lecon sur la lecon. Zwei Vorlesungen*, übersetzt von Bernd Schwibs, Frankfurt/M.

Bourdieu, Pierre (1987), *Sozialer Sinn. Kritik der theoretischen Vernunft*, Frankfurt/M.

Bourdieu, Pierre (1992), *Homo academicus*, Frankfurt/M.

Bourdieu, Pierre (1996), Die Ziele der reflexiven Soziologie. in: Ders. Loïc J. D. Wacquant, *Reflexive Anthropologie*, Frankfurt/M., S. 95–249.

Bourdieu, Pierre (1998), *Sozialer Sinn. Kritik der theoretischen Vernunft*, Frankfurt/M.

Bourdieu, Pierre (1999), *Die Regeln der Kunst. Genese und Struktur des literarischen Feldes*, Frankfurt/M.

Bourdieu, Pierre (2001), *Science de la science et réflexivité. Paris: editions raison dàgir.* (Engl.: Bourdieu, Pierre [2004]: Science of Science and Reflexivity. Chicago.

Endreß, Martin (2002), *Vertrauen*, Bielefeld.

Endreß, Martin (2012), Vertrauen und Misstrauen – Soziologische Überlegungen, in: C. Schilcher/M. Will-Zocholl/M. Ziegler (Hg.), *Vertrauen und Kooperation in der Arbeitswelt*, Wiesbaden, S. 81–102.

Engler, Steffani (2001), *»In Einsamkeit und Freiheit«? Zur Konstruktion der wissenschaftlichen Persönlichkeit auf dem Weg zur Professur*, Konstanz.

Fröhlich, Gerhard /Rehbein, Boike (2009), *Bourdieu Handbuch. Leben-Werk-Wirkung*, Weimar.

Giddens, Anthony (1995), *Konsequenzen der Moderne*, Frankfurt/M.

Geenen, Elke M. (1994), *Blockierte Karrieren. Frauen in der Hochschule*, Opladen.

Hartmann, Martin (2011), Die Praxis des Vertrauens, Frankfurt/M.

Irrgang, Stephanie (2002), *Peregrinatio academica. Wanderungen und Karrieren von gelehrten der Universitäten Rostock, Greifswald, Trier und Mainz im 15. Jahrhundert*, Stuttgart.

Knorr-Cetina, Karin (1984), *Die Fabrikation von Erkenntnis. Zur Anthropologie der Naturwissenschaft*, Frankfurt/M.

Kuhlmann, Ellen/Matthies, Hildegard (2001), »Geschlechterasymmetrie im Wissenschaftsbetrieb. Eine vergleichende Fallstudie in außeruniversitären Forschungsinstituten«, *Berliner Journal für Soziologie* Jg. 11, H.1, S. 31–50.

Möllering, Guido (2007), *Grundlagen des Vertrauens: Wissenschaftliche Fundierung eines Alltagsproblems*, Forschungsbericht 2007, Max-Planck-Institut für Gesellschaftsforschung.

Reuter, Julia (2014), »Vertrauen ist Anerkennung. Worauf sich der wissenschaftliche Nachwuchs noch verlassen kann«, *DUZ, Deutsche Universitätszeitung*, Ausgabe 4/14 vom 21.3.2014.

Schliesselberger, Eva/Sabine, Strasser (1998), *In den Fußstapfen der Pallas Athene? Möglichkeiten und Grenzen des Mentoring von unterrepräsentierten Gruppen im universitären Feld*, Wien.

Schultz, Dagmar (1991), *Das Geschlecht läuft immer mit. Die Arbeitswelt von Professorinnen und Professoren*, Pfaffenweiler.

Simmel, Georg (1989), Philosophie des Geldes, in: David P. Frisby/Klaus Christian Köhnke (Hg.), Ders., Gesamtausgabe Bd. 6, Frankfurt/M.

Sztompka, Piotr (1995), Vertrauen: Die fehlende Ressource in der postkommunistischen Gesellschaft, in: *Kölner Zeitschrift für Soziologie und Sozialpsychologie*-Sonderheft 35, S. 254–276.

Sztompka, Piotr (1999), *Trust. A Sociological Theory*. Cambridge.

Weber, Max (1988 [1919]), Wissenschaft als Beruf, in: Ders.: *Gesammelte Aufsätze zur Wissenschaftslehre*, Tübingen, S. 582–613.

Wetterer, Angelika (1988), »Man marschiert als Frau auf Neuland« – Über den schwierigen Weg der Frauen in die Wissenschaft, in: Uta Gerhardt/Yvonne Schütze (Hg.), *Frauensituationen. Veränderungen in den letzten zwanzig Jahren*, Frankfurt/M., S. 273–291.

Wacquant, Loïc J. D. (1996), Auf dem Weg zu einer Sozialpraxeologie. Struktur und Logik der Soziologie Pierre Bourdieus, in: Ders. Loïc J. D Wacquant, *Reflexive Anthropologie*. Frankfurt/M., S. 17–93.

Nicht mit- und nicht ohneeinander: Professor_innen, Spezialist_innen und die institutionalisierte Ambiguität der Nachwuchsförderung

Caroline Richter und Christina Reul

1. Einleitung

Als Max Weber im Jahr 1919 seine Rede zum Gegenstand *Wissenschaft als Beruf* hielt, war akademische Nachwuchsförderung eine Obliegenheit der Professoren. Konstitutiv für eine Berufung war das Zutrauen eines Professors in den vielversprechenden Kandidaten, alles andere bedeutete Zweifel und damit Chancenlosigkeit. »Persönlich habe ich – um das zu sagen – den Grundsatz befolgt: daß ein bei mir promovierter Gelehrter sich bei einem a n d e r n als mir und anderswo legitimieren und habilitieren müsse. Aber das Resultat war: daß einer meiner tüchtigsten Schüler anderwärts abgewiesen wurde, weil niemand ihm *glaubte*, daß dies der Grund sei.« (Weber 2012 [1919]: 32).

Die Auswahl der Kandidaten vollzöge sich, so konstatierte Weber, in ähnlicher Weise wie Papstwahlen oder amerikanische Parteikonventen: als Kompromiss, der oft die besten Köpfe ausschließe. Die Zahl der richtigen Besetzungen sei zwar sehr bedeutend, wenn aber junge Gelehrte zu ihm kämen und um Rat über die Entscheidung zur Habilitation fragten, sei die Verantwortung des Zuredens fast nicht zu tragen, zu groß sei der *Hasard*.

Seitdem ist nicht nur im Bereich der Nachwuchsförderung viel passiert: Durch Bologna, Exzellenzinitiative und den Wandel zur managerialen Universität haben sich zahlreiche Rahmenbedingungen verändert. Neue Qualitäten entwickeln sich seither zu relevanten Variablen im Wissenschaftssystem (Nickel 2008; Pasternack 2011). Diesen Wandel markieren die Schlagworte *Autonomie* und *New Public Management*. Die Auseinandersetzung mit Universitäten, ihrem Wandel und den Folgen des Wandels erfährt schon länger eine besondere Konjunktur in der Wissenschafts-, Hochschul- und Organisationsforschung (Kehm 2008, 2012; Knorr-Cetina 1982; Kreckel 2011; Meier 2009; Pellert 1999; Wilkesmann/Schmid 2012). Als eines der Kernprobleme gilt dabei die Gestaltung des Verhältnisses zwischen der zentralen Ebene der Rektorate/Präsidien/Verwaltung und der dezentralen Ebene der Fakultäten/Fachbereiche/Dekanate (Nickel/Zechlin 2005). Damit verbunden ist die Kritik daran, dass die individuelle Autonomie der Wissenschaftler_innen zugunsten der Autonomie der Hochschule und ihrer Interessen schwindet (Hüther 2010; Hüther/Krücken 2016).

Die Personal- bzw. Nachwuchsentwicklung an Hochschulen kann als eine der Arenen betrachtet werden, in denen sich die Auseinandersetzung um den Eingriff in die individuelle Autonomie manifestiert. Dass die Situation von Wissenschaftlichem Nachwuchs »an deutschen Universitäten durch gravierende Unstimmigkeiten gekennzeichnet« ist (Kauhaus 2013: 5), ist auch ein Ergebnis des Transformationsprozesses im Wissenschaftssystem. Für Anwärter_innen auf wissenschaftliche (Leitungs-)Positionen liegen zwar mehr denn je transparente Regelungen über Erfolgsbedingungen vor: Einzuwerbende Drittmittel und Stipendien, einschlägige Projekt- und Forschungserfahrungen, internationale Forschungsaufenthalte sowie Publikationen in Fachzeitschriften mit hohem impact factor sind als mess- und objektivierbare Voraussetzungen innerhalb vieler Fachdisziplinen[1] für eine wissenschaftliche Karriere weitgehend bekannt. Doch den vermeintlich transparenten Formalia stehen weiterhin nicht formalisierte, implizite Laufbahnbedingungen gegenüber, die über den wissenschaftlichen Auf- oder Ausstieg entscheiden. Hierbei scheint die Bedeutung der Meister-Schüler-Dyade und die damit einhergehende Abhängigkeit von professoraler Nachwuchsförderung nahezu unverändert.

Doch die von Weber hervorgehobene Verantwortung des Zuredens oder Abratens wird einhundert Jahre später nicht mehr von Professor_innen allein getragen. Neben der *professoralen* Förderung stellen universitäts*externe* Förder- und Forschungsträgerorganisationen[2] einflussreiche Mitentschei-

---

1 In den Fachdisziplinen sind graduelle Unterschiede zu identifizieren, auf die mit dem Fokus dieses Aufsatzes nicht näher eingegangen werden kann. Zu nennen wären beispielsweise die divergente Bedeutungsbeimessung von Habilitationen oder unterschiedliche Anforderungen zur Höhe des impact factors für karrieredienliche Publikationen.

2 Als *Förderorganisationen* werden hier Organisationen wie die Deutsche Forschungsgemeinschaft (DFG) bezeichnet, die als Instrumente staatlicher Forschungsförderung Finanzmittel direkt an Wissenschaftler_innen oder forschende Unternehmen übertragen können; sie fördern entweder die Person des/der Forschenden oder eine Forschungsidee/einen thematischen Gegenstand (=Personen- oder Projektförderung) und selektieren meist durch Auswahlverfahren, bei denen die eingereichten Forschungsprojekte von externen Gutachter_innen bewertet werden. Als *Forschungsträgerorganisationen* werden

der über die Entwicklung des wissenschaftlichen Personals dar. Ihre Gewährung von personen- oder projektbezogener Forschungsförderung hat im Wandel der Universitäten als Laufbahnbedingung für den Weg durch die Qualifikationsstufen an Bedeutung gewonnen. Neben der monetären Förderung beinhalten ihre Förderprogramme vielfach eine flankierende, ideelle, auf Personalentwicklung abzielende Förderung. Zudem hat im deutschen Wissenschaftssystem Anfang der 2000er Jahre eine explizite Auseinandersetzung mit der Förderung von Wissenschaftsnachwuchs begonnen. Daraufhin wurde universitätsintern eine systematische und professionalisierte Personalentwicklung – im Folgenden als *spezialisierte Nachwuchsförderung* bezeichnet – institutionalisiert. Spezialisierte Nachwuchsförderung – universitätsintern und universitätsextern erbracht – soll durch vielfältige Angebote, Maßnahmen und Programme Forschung ermöglichen, Orientierung über Karrierebedingungen und -anforderungen geben, Informationen über Fördermöglichkeiten vermitteln, Vernetzung schaffen und (Selbst-)Managementkompetenzen stärken (Rohrhirsch 2004). Somit liegt der Auftrag, Nachwuchs zu fördern, nun bei zwei Kollektivakteuren[3] der Professorenschaft im Rahmen klassisch-dyadischer Förderung und der spezialisierten Nachwuchsförderung im Rahmen vielseitiger Angebotsformen.

Aus organisationssoziologischer Perspektive ist die Konstellation dieser beiden Kollektivakteure innerhalb der institutionalisierten Nachwuchsförderung zueinander näher zu betrachten, denn sie ist in den Wandel einer Expertenorganisation (Mintzberg 1979) eingebunden, in der die Professorenschaft bislang autonom agierte und auf deren Handeln die zentral oder

---

im Folgenden Stiftungen bezeichnet, die Forschung vorwiegend mit Projektmitteln, Stipendien, Preisen fördern, beispielhaft sind die Volkswagen- oder die Humboldt-Stiftung zu nennen. Ebenfalls werden unter den Begriff der Forschungsträgerorganisationen Organisationen subsummiert, die in kompetitiven Verfahren besonders vielversprechend begutachteten Nachwuchs in eigenen Forschungseinrichtungen fördern, wie beispielsweise in Max-Planck-Instituten oder Zentren der Helmholtz-Gemeinschaft.

3 Für die hier eingenommene Forschungsperspektive der Organisationssoziologie und das Interesse an der Konstellation von Professorenschaft und spezialisierter Förderung werden sie analytisch in zwei sich potentiell unterscheidende kollektive Akteure differenziert (vgl. Schimank 2000, 2007). Beide Akteure bearbeiten die Nachwuchsförderung als kollektives Handlungsfeld (insofern wäre die institutionalisierte Nachwuchsförderung insgesamt als *ein* kollektiver Akteur zu verstehen), verfolgen aber – so die hier zu prüfende Annahme – graduell unterschiedliche Interessen und Ziele (so dass sie für das hier verfolgte Interesse und zur besseren Beschreibbarkeit als *zwei* kollektive Akteure zu untersuchen sind). Inwieweit beide auch Anteile eines korporativen und individuellen Akteurs aufweisen, wäre Gegenstand einer eigenen Auseinandersetzung.

extern verankerten Institutionen kaum Einfluss nehmen konnten. Wie unter den Bedingungen eines ungleichen Machtgefälles miteinander kooperiert, aneinander kritisiert und aufeinander verwiesen wird, steht im Mittelpunkt dieses Aufsatzes. Dazu werden empirische Befunde aus einem Forschungsprojekt[4] zu Karrierebedingungen des Wissenschaftlichen Nachwuchses einbezogen.

2. Nachwuchsförderung in der Expertenorganisation Universität

Die Belange des Wissenschaftlichen Nachwuchses und der Auftrag einer professionalisierten Personalentwicklung geraten zunehmend in den Fokus der wissenschaftlichen Reflexion (Baier 2005; Briedis u. a. 2013; Florack/ Mesner 2006; Pellert/Widmann 2008; Weisweiler u. a. 2011). Vor diesem Hintergrund wird das Thema der Nachwuchsförderung an Universitäten eng im Zusammenhang mit der Professionalisierung des Wissenschaftsbetriebes und deren Auswirkung auf die Anforderungen an Wissenschaftler_innen gebracht (Pellert/Widmann 2008). Die Förderung von Nachwuchs kann grundsätzlich zwei Zielrichtungen verfolgen: Zum einen die Ausbildung für einen internen[5] Verbleib im Wissenschaftssystem; dies ist meist mit der Zielsetzung verbunden, den Nachwuchs auf eine Leitungsposition in Form einer Professur vorzubereiten. Zum anderen wird Nachwuchs für den Weg in andere, außerwissenschaftliche Tätigkeitsfelder, ausgebildet. In beiden Fällen stellt die Karriereförderung eine Laufbahnbedingung und Erfolgsvariable dar.

---

4 »Organisation von Vertrauen«, BMBF-Förderkennzeichen 16FKZ002, Teilprojekt im Verbund »Vertrauen und Wissenschaftlicher Nachwuchs«, www.vertrauenwin.de.

5 Die Zuordnung des »internen« Verbleibs bezieht sich auf das dezentrale Wissenschaftssystem, die Scientific Community. Durch das Hausberufungsverbot ist eine Berufung von intern bereits beschäftigten Wissenschaftler_innen nur eingeschränkt möglich. Damit wird Nachwuchs weniger für den eigenen »Betrieb« ausgebildet, sondern vielmehr für andere Universitäten – es geht in der wissenschaftlichen Nachwuchsförderung eher um einen Branchenverbleib denn um einen Wettbewerbsvorteil einzelner Universitäten durch Personalentwicklung. Wo Positionen in der Verwaltung der Universität oder im Wissenschaftsmanagement zu verorten wären, ist eine andere Frage.

Um den vielfältigen Rollenanforderungen auf dem Weg zur wissenschaftlichen Karriere gerecht werden zu können, soll die *spezialisierte* Nachwuchsförderung dazu dienen, eine Kompetenzerweiterung und Professionalisierung über die fach- und forschungsfokussierte Qualifizierung der *professoralen* Förderung hinaus zu gewährleisten (Weisweiler u. a. 2011). An dieser Förderung ist vieles bemerkenswert: ihre organisationale Historie, die Heterogenität der unter ihrem Namen firmierenden Programme, Angebote und Maßnahmen oder die Konstellation der unter ihrem Namen versammelten Akteure. In ihrer Zusammenarbeit prägen die an der Nachwuchsförderung beteiligten Akteure und ihre (neuen) institutionellen Arrangements die angehenden Generationen von Professor_innen und gestalten damit die zukünftige Universität mit.

Reflexionen zum Gegenstand finden sich bislang zu den Karrierebedingungen des Nachwuchses, der Führungsrolle der Professor_innen oder über einzelne Programme und Instrumente der Personalentwicklung (Krell/Weiskopf 2004; Petersen 2015; Schmidt 2007; Schmidt 2009). Die Konstellationen der fördernden Akteure untereinander, also die institutionell geschaffenen oder wirksamen Arrangements der Kooperation, werden dabei bislang kaum thematisiert. Dabei ist institutionalisierte Nachwuchsförderung für unterschiedliche Interessengruppen relevant: für diejenigen, die sich mit dem Teilsystem *Nachwuchs* und seinen Bedingungen befassen, aber auch für diejenigen, die sich mit dem Gesamtsystem *Universität* und seinen Politiken und Praxen auseinandersetzen. Denn vor dem Hintergrund des hochschulischen Wandels werden Rollen und Relationen sowohl zwischen zentralen und dezentralen Einheiten der Universitäten als auch zwischen Universitäten und Förder- bzw. Forschungsträgerorganisationen in Frage gestellt und neu justiert.

2.1 Nachwuchsförderung als professionelle Indoktrination

Der Berufsstand der Professor_innen ist traditionell gewohnt, weitgehend interessensautonom – im Humboldtschen Sinne von »in Einsamkeit und Freiheit« – ihrer Forschungs- und Lehrtätigkeit nachzugehen. Seit sich Universitäten im oben skizzierten Wandel befinden, wird die Autonomie der Professorenschaft zwar brüchiger, sie ist aber weiterhin ausgeprägt und kennzeichnendes Merkmal der Organisationsform der Expertenorganisation bzw.

»professional bureaucracy« (Mintzberg 1979).[6] Deren Charakteristikum ist ihr dezentraler, aber starker Kern und ihre zentrale, aber schwache Steuerung (Mintzberg 1979: 189).

Im dezentralen Kern von Universitäten, vorrangig bestimmt von Professor_innen, stehen Forschung und Lehre, seine Produkte sind Wissen und Wissensvermittlung. Die Professorenschaft lässt sich ungern von außen führen, sie verfügt über die interne Koordination und Gestaltungsmacht, Leitungsaufgaben übt sie in weitgehender Selbstverwaltung aus. Der einzelne Experte identifiziert sich »weniger mit der Organisation, in der er arbeitet, sondern stärker mit seiner Profession, der er angehört« (Grossmann u. a. 1997: 26). Die Autonomie ermöglicht den Teilsystemen (Fakultäten, Lehrstühle etc.) innerhalb des Gesamtsystems (der Universität) das Bewahren paralleler und unterschiedlicher Norm- und Wertesysteme (Mintzberg 1979: 194). Für die professoral erbrachte Förderung können vor diesem Hintergrund kaum generalisierte Vorgaben oder professionalisierte Standards existieren.

Dem dezentral-professoralen Kern steht ein schwaches zentrales Management gegenüber, es gibt kaum externe Kontrolle und ein nur schwaches Qualitäts- und Risikomanagement. Innovationsresistenz und geringe Prozess- und Strukturinnovationen sind die immanenten Schwächen der Expertenorganisation. Die Funktion der dezentralen Verwaltung ist jedoch für das Aufrechterhalten der Arbeitsbedingungen für die Expert_innen keineswegs marginal. Die Gestaltungs- und Definitionsmacht der zentralen Verwaltung ist zwar deutlich geringer als die der Expert_innen, allerdings dient sie der Sicherung von Autonomie und der Unterstützung der Expert_innen (Mintzberg 1983: 199). Sie ermöglicht die für den Selbsterhalt der Expertenorganisation unverzichtbaren Rahmenbedingungen, unter anderem in Bezug auf Personalrekrutierung und Personalentwicklung. Denn hierzu herrscht in Expertenorganisationen eine akzeptierte Unsicherheit vor; Ausbildung und Förderung erfolgen nicht durch professionell strukturierte, systematisch reflektierte Programme, sondern durch Prägung, von Mintzberg (1979) als »professionelle Indoktrination« zugespitzt. Eine explizierte Reflexion der Nutzungsmethodik von Indoktrinations- oder Prägungsroutinen ist in der Expertenorganisation nicht vorgesehen, so dass die dyadische Konstel-

---

6 Weitere Organisationen des Typus Expertenorganisation sind zum Beispiel Schulen, Krankenhäuser und andere Gesundheitseinrichtungen, soziale Dienstleister, Rechtsanwaltskanzleien und Beratungsunternehmen.

lation weitgehend autonom und von der Gestaltung durch die Professor_innen abhängig bleibt.

In der Expertenorganisation ist die Professorenschaft als akademische Vorgesetzte bzw. Betreuende dafür verantwortlich, ihren Nachwuchs bzw. ihr Personal im Rahmen enger dyadischer Konstellationen zu unterstützen. Durch hierarchisch geprägte Strukturen innerhalb der Lehrstühle, Arbeitsbereiche oder Projektverbünde haben Professor_innen eine Position der personalen Autorität und Macht inne. Hinzu kommt die häufige Kombination der Betreuungs- und der Vorgesetztenfunktion. Professor_innen werden allerdings als »Führungskräfte für die Aufgabe ›Mitarbeiterführung‹ in der Regel nicht – zumindest nicht systematisch – aus- oder weitergebildet« (Haller 2007: 10). Zudem verfügen sie selten über explizite und spezialisierte Fachkompetenzen im Bereich Führung und Personalentwicklung, haben aber durch das eigene Durchlaufen einer akademischen Laufbahn biografische Erfahrungen sammeln können. Diese geben sie in verschiedensten Formen und Intensitäten an den eigenen akademischen Nachwuchs weiter.

2.2 Nachwuchsförderung als spezialisierte Förderung

Neben den Professor_innen, die ihre Führungsaufgabe nach eigenem Ermessen ausüben, unterstützt als zweiter kollektiver Akteur die *spezialisierte Nachwuchsförderung* Nachwuchswissenschaftler_innen auf ihrem Karriereweg. Sie orientiert sich im Rahmen des New Public Managements an Instrumenten und Zielsetzungen der professionell erbrachten Förderung[7] (Kreckel 2011; Pellert/Widmann 2008). Sie ergänzt die für die Expertenorganisation spezifischen professoralen Prägungsroutinen, indem sie Nachwuchs über die Strukturen im Wissenschaftssystem informiert, hochschuldidaktische Qualifizierung anbietet oder Nachwuchs mit Professor_innen außerhalb der dyadischen Meister-Schüler-Konstellation vernetzt, z. B. durch Mentoring, Coaching oder Supervision, und darüber hinaus monetäre Förderung anbietet.

---

7 Unter systematischer Nachwuchsförderung wird in Unternehmen und Behörden die Rekrutierung von leistungsbereiten Potenzialträger_innen aus den eigenen Reihen verstanden. Intern rekrutierte Beschäftigte oder Auszubildende werden systematisch durch Fort- und Weiterbildung unterstützt, erhalten Trainingsmaßnahmen und unternehmensrelevante Praxisaufgaben, um sich für eine Fach, Projekt- oder Führungsverantwortung zu qualifizieren. Ziel ist die Verbindung von bedarfsgerechter und strategieorientierter Personal- und Nachfolgeplanung mit der individuellen Karriereplanung.

Damit ermöglicht sie dem Wissenschaftsnachwuchs, Einblicke in die besonderen Bedingungen zu gewinnen, die das Fortbestehen von Webers »Hasard« für Wissenschaftskarrieren begünstigen. Spezialisierte Nachwuchsförderung umfasst somit ein breites und hinsichtlich der Verortung, Durchführung, Zielstellung und -gruppe nur schwer zu systematisierendes Spektrum von Angeboten, Instrumenten und Programmen (Pellert/Widmann 2008: 32f.). Es ist dabei festzuhalten, dass die spezialisierte Förderung im Vergleich zur professoralen, in der Regel unprofessionalisiert-intuitiv erbrachten Personalentwicklung weniger dem akademischen Ethos folgt. Dies ist nicht unproblematisch, denn so wirken auf den zu fördernden Nachwuchs zwei ungleiche Leitkulturen der Prägung: das in der professoralen Meister-Schüler-Dyade vermittelte Ethos von akademischer »Einsamkeit und Freiheit« und das von der spezialisierten Förderung vermittelte strategisch-unternehmerische Selbstmanagement.

Die spezialisierte Nachwuchsförderung kann heuristisch in *flankierende Breitenförderung* und *forschungszentrierte Spitzenförderung* differenziert werden[8]. Maßnahmen der forschungsflankierenden Breitenförderung werden in der Regel universitätsintern angeboten, zum Beispiel in speziellen Graduiertenschulen oder von zentralen Einrichtungen der Fortbildung, wie z. B. von Research Schools oder Weiterbildungszentren. Durchgeführt werden sie vorrangig von Spezialist_innen (z. B. Coaches für Personalentwicklung), können aber auch Kooperationen mit Professor_innen (zum Beispiel in der Funktion als Mentor_innen) beinhalten. Maßnahmen der forschungszentrierten Spitzenförderung hingegen werden in verschiedenen Konstellationen erbracht: erstens universitätsintern (zum Beispiel über Weitergabe von Mitteln der Exzellenzförderung in spezifischen Programmen, unter anderem in von Professor_innen verantworteten Graduiertenkollegs oder anderen universitätsinternen Förderausschreibungen), zweitens universitätsextern durch Förderorganisationen (zum Beispiel im Rahmen des Emmy-Noether-Programms oder der Eigenen Stelle durch die DFG) oder

---

8 Als flankierende Breitenförderung lassen sich niederschwellig zugängliche, vorwiegend forschungsflankierende Qualifizierungen zusammenfassen, zum Beispiel Weiterbildungs-, Mentoring- und Coachingangebote.
Unter dem Begriff forschungszentrierte Spitzenförderung lassen sich alle hochschwelligen, durch kompetitive, in der Regel nach begutachteten Verfahren vergebenen Forschungsförderungen bezeichnen, die eher auf Selektion und Bestenauslese ausgerichtet sind (z. B. Förderungen der DFG oder vieler Stiftungen und Forschungszentren. Diese Förderungen werden vorrangig als monetäre Unterstützung gewährt, aber auch als Zugang zu Forschungsgeräten etc.

drittens in Kooperation mit bzw. bei Forschungsträgerorganisationen (zum Beispiel durch die Finanzierung einer universitären Professur über eine Humboldt-Professur oder die Möglichkeit zur Forschung innerhalb eines Max-Planck-Instituts).

Insgesamt ist die spezialisierte Nachwuchsförderung auf die Kooperation mit der Professorenschaft im Rahmen von Mentoring, Begutachtung oder Netzwerkkontakt angewiesen, letzteres insbesondere, um Nachwuchs auf spezialisierte Angebote aufmerksam zu machen oder die Teilnahme an Programmen und Angeboten zu legitimieren. Die enge Kooperation ist aber auch erforderlich, wenn mit den Finanzmitteln einer Förder- oder Forschungsträgerorganisation eine universitätsinterne Nachwuchsgruppenleitung oder Professur implementiert werden kann. Dann benötigt der geförderte Nachwuchs die Befürwortung des Rektors, der Fakultät und des Fachbereichs oder des Dekanats, um seine Förderung auch tatsächlich erhalten und seine Laufbahn weiterentwickeln zu können. Die Priorität liegt dabei weiterhin auf der akademischen Leitkultur: »So legen Hochschulen ihren Schwerpunkt auf die Erhöhung ihrer Lehr- und Forschungsqualität, während einer umfassenden Persönlichkeitsentwicklung etwas weniger Bedeutung beigemessen wird« (Briedis u. a. 2013: 72).

Abb. 1: Strukturierung der Nachwuchsförderung und Fokus der Untersuchung (eigene Darstellung)

3.   Die Konstellation der Nachwuchsförderung:
      Befunde eines Forschungsprojekts

Bereits Mintzbergs oben skizzierte organisationstheoretische Grundlegungen zur Expertenorganisation lassen die strukturell asymmetrische Konstellation der professoralen und der spezialisierten Nachwuchsförderung als Akteure der institutionalisierten Förderung erkennbar werden. Denn die Kollektivakteure – professorale und spezialisierte Förderung – verfügen in der Expertenorganisation Universität über höchst ungleiche Ressourcen an Autonomie und Macht. Das Über- bzw. Unterordnungsverhältnis von professoralen und spezialisierten kollektiven Akteuren und das damit einhergehende Konfliktpotenzial werfen aus einer organisationstheoretischen Perspektive die Frage auf, inwiefern die Konstellation der professoralen Expert_innen und der spezialisierten Förderung als Arena der institutionalisierten Ambiguität zwischen zwei kollektiven Akteure verstanden werden kann. Um die Bedeutung und das (konfliktive) Zusammenspiel von Nachwuchsförderung in Bezug auf ihre konstitutiven Akteure herauszuarbeiten, greifen wir im Folgenden auf empirische Befunde eines Forschungsprojekts zu *Organisation von Vertrauen* zurück. Das Projekt, das als Teilprojekt im Verbund *Vertrauen und Wissenschaftlicher Nachwuchs* an der Universität Bochum angesiedelt ist, untersuchte zwischen 2013 und 2016 Institutionen und Instrumente der Nachwuchsförderung, vorrangig unter folgenden Fragestellungen:

- Lässt sich Vertrauen in der Expertenorganisation Universität durch institutionalisierte Nachwuchsförderung organisieren?
- Wie wirken Institutionen und Instrumente der institutionalisierten Nachwuchsförderung auf Vertrauen und Karriere des Nachwuchses?

Das Gesamtsample umfasst 24 Einzelinterviews, (a) mit Organisationsexpert_innen, v. a. (Vize-)Präsident_innen, (b) Akteuren der Breiten- und Spitzenförderung, (c) mit berufungserfahrenen/berufenden Professor_innen und (d) mit Wissenschaftsnachwuchs aller Qualifikationsstufen der Disziplinen Physik, Geschichte und BWL, der über Erfahrungen mit Instrumenten der Nachwuchsförderung verfügt. Die halbstandardisierten Interviews wurden als problemzentrierte Interviews (Witzel 1982; Witzel/Reiter 2012) durchgeführt und orientiert an der Methodologie der Grounded Theory nach Strauss (1998[1991]) und Strauss/Corbin (1996[1990]) ausgewertet. Die Interviewten der Gruppen a) bis c) wurden im Sinne Pfadenhauers (2007) als Expert_innen mit organisationaler Gestaltungsmacht verstanden, die Interviewees der Gruppe d) wurden als Spezialist_innen ihrer akademischen Karriere ohne organisationale Gestaltungsmacht verortet und adressiert.

3.1 Bedingungen für Nachwuchsförderung in der Wissenschaft

Trotz der Unterscheidung in professorale und spezialisierte, Breiten- und Spitzenförderung, interne und externe Förderung zeigt die hier zugrundeliegende Empirie[9] ein weitgehend einheitliches Bild. Sowohl Nachwuchswissenschaftler_innen als auch professorale und spezialisierte Förderer beschreiben die dyadische Professor_in-Nachwuchs-Relation als ausschlaggebend über Erfolge oder Misserfolge wissenschaftlicher Laufbahnen. Sie kann einerseits als eine zentrale Ressource für den Wissenschaftsnachwuchs verstanden werden. Ein gutes Verhältnis zur/m Vorgesetzten verschafft angesichts der ausgeprägten Personendominanz innerhalb der wissenschaftlichen Community die nötige Orientierung und Motivation für eine wissenschaftliche Laufbahn trotz Unsicherheit. Andererseits kann aus dieser strukturellen Abhängigkeit auch ein kritisches Vakuum entstehen: »Es gibt keine systematische oder organisations-, also sagen wir mal strukturierte Unterstützung. Das ist alles individuell, dezentral. Wenn ich ein netter Mensch bin, kümmere ich mich um meine Leute, ja, wenn ich es nicht bin, stehen sie im Wald.« (PJ164, Spitzenförderung/Professor_in)

Professor_innen sind sich selbst steuernde Individuen, die über die zentrale Gestaltungsmacht in einer dezentralen Umgebung verfügen. Nachwuchs zu unterstützen bedeutet, sich als Professor_in persönlich um die eigenen Leute, den eigenen Nachwuchs zu sorgen und sich für ihn zu engagieren. Als Professor_in ein »netter Mensch« zu sein, legt den Fokus auf persönliche Merkmale und ist damit unabhängig von der fachlichen Expertise. Damit tritt eine personengebundene Sozialdimension anstelle der Sachdimension in den Vordergrund. Es zählt in erster Linie nicht ein/e gute/r Fachverständige zu sein oder nach fachlicher Abwägung als besonders qualifiziert geltenden Nachwuchs zu fördern. Wird diese zentrale, persönliche Unterstützung nicht gewährt oder ist eine fürsorgende Haltung nicht in der professoralen Person abrufbar, dann »stehen [die Nachwuchswissenschaftler_innen]

---

9 Die Zitate wurden zur besseren Lesbarkeit sprachlich geglättet und um Satzzeichen ergänzt.

im Wald«. Diese metaphorische Aussage hebt die besondere Bedeutung der persönlichen Orientierung und Zugang zur »professionellen Indoktrination» in einer riskanten Umgebung hervor, die entscheidend für die Karriere des Nachwuchses ist und gleichzeitig stark von der Freiwilligkeit und dem personenabhängigen Zutrauen der Professor_innen geprägt ist. Professionalisierte Routinen sind dabei eher Ausnahme denn Regel:

»Der Punkt ist halt, dass es diese Ausbildung zur Professorin ja eigentlich nicht gibt, aber es doch irgendwie gibt und ganz viel im Nachahmen letztendlich beruht. Das sind so unausgesprochene, das ist so tacit knowledge, was einen dann einschätzen lässt. Also das ist bei mir auch so, wenn ich überlege die bei mir promovieren, wer sollte weitermachen, das denke ich schon, das sind nicht viele denen ich das [zutraue].« (PP196, Professor_in)

Eine eindeutige Definition der professoralen Förderung als Dienstleistung sowie spezifische Gütekriterien sind kaum zu formulieren, weil ihre (Selektions-)Prinzipien unausgesprochen, intransparent und vor allem hochgradig subjektiv sind. Indem die Fördersituation nicht systematisiert wird und vieles unausgesprochen bleibt, entsteht eine strukturelle Deutungsoffenheit bezüglich der Frage, wer und was als förderungswürdig gilt und wie die Förderung praktiziert wird. An dieser Aussage zeigt sich aber auch, dass dem eigenen, subjektiven Urteil vertraut wird und die professorale Aufgabe Nachwuchs zu selektieren, trotz vager und kritisierter Kriterien ausgeübt wird. Diese Unklarheit ermöglicht jedoch nicht nur Freiräume für individualisierte Praktiken. Die Meister-Schüler-Dyade und die Rolle als Gatekeeper zur Scientific Community kann auch für Professor_innen eine Belastung sein, insbesondere die innewohnende Verantwortung, bei der sie wenig Unterstützung beschreiben: »Klar, aber es ist für viele auch eine Verantwortung. Viele Kollegen schlafen auch schlecht deswegen.« (PP196, Professor-in)

Offene Kriterien für die Gestaltung der Dyade stehen der Tatsache gegenüber, dass Nachwuchs für die Karriere der Professor_innen selbst ebenfalls einen veritablen Wert darstellt: Die Reputation der Professor_innen speist sich auch aus der Anzahl von Beschäftigten und den Berufungserfolgen des ehemaligen Personals im Mittelbau:

»Ich denke, das ist halt ein Grundproblem, solange unser, die Ausstattung von Stellen über die Mitarbeiterstellen läuft, und das die Zuweisung von Prestige über die Mitarbeiterstellen läuft wird sich das ganz schwer ändern lassen. Weil das einfach eine Währung ist. Das ist eine Währung, genau ja. Ja. Damit kann ich ja auch Einfluss über meine Lebenszeit hinaus ausüben. Und bin bedeutsam, solange sich das nicht ändert. Es ist ganz schwer das System zu verändern. Und da geht halt auch niemand wirklich dran, weil das sind natürlich das ist wie Berufungsverhandlungen laufen. Das heißt, es läuft über Ausstattung, und Ausstattung heißt Stellen primär auch Geld, Haushaltsstellen, Dauerstellen.« (PP196, Professor_in)

Nachwuchs gelangt so in zweifacher Hinsicht in eine strukturelle Unklarheit, über die ihn die spezialisierte Nachwuchsförderung zur Reflexion auffordert: Seine Förderung hängt von den persönlichen Gegebenheiten in der Meister-Schüler-Dyade ab, während es ihm aus dieser Position heraus kaum möglich ist, objektiv einzuschätzen, inwiefern er eine *Währung* für den/die Vorgesetzte/n darstellt.

Während die spezialisierte Förderung auf eine pragmatische Auseinandersetzung der Nachwuchswissenschaftler_innen mit ihrer Laufbahn abzielt, verdeutlicht die professorale Perspektive, dass vielmehr ein geteilter wissenschaftlicher Arbeitsethos diejenigen kennzeichnet, die in der dyadischen Beziehung als förderwürdig eingeschätzt werden. Wissenschaftler_in-Sein wird zur Lebensform erklärt, die trotz Ungewissheiten mit »Begeisterung« ausgeübt werden sollte:

»Also ich glaube, man muss schon ein gewisses Opfer mit sich, Opferbereitschaft mitbringen und gewisse Risikobereitschaft […] viel leisten zu müssen für einen zunächst einmal nicht ganz sicheren Ausgang und die Begeisterung, dass die Arbeits- und Lebensform, in der man seine Wissenschaft macht, eine für einen adäquate ist.« (HSA128, Präsidium/Professor_in)

Die fördernde Professorenschaft unterstellt, dass der Nachwuchs die Adäquatheit seiner Berufswahl reflektiert hat. Dennoch bleibt durch die individuelle Ausgestaltung der Betreuungsverhältnisse ungesichert, inwiefern es sich jeweils um eine bewusste Laufbahnentscheidung handelt. Aus der Dyade als Erfolgsbedingung, ihrer Unumgänglichkeit und der intuitiv-individualisierten Gestaltung generiert die spezialisierte Förderung einen zentralen Anteil ihrer Legitimation und ihrer Ziele.

3.2 Aufgaben und Ziele der spezialisierten Nachwuchsförderung

Ein Hauptanliegen der spezialisierten Nachwuchsförderung lautet, Nachwuchs auf seinem Weg beratend zu unterstützen. Sie versteht ihre Rolle als individuelle Informationsvermittlerin und strategische Partnerin des Nachwuchses. Sowohl Breiten- als auch Spitzenförderung zielt also nicht nur darauf ab, vermeintliche soft skills zu trainieren oder finanzielle Unterstützung zu leisten, sondern auch strategische Reflexionen und Karriereberatung anzubieten. Dabei werden diejenigen Informationen als karriererelevant betrachtet, die abgesehen von quantitativen Formalia (wie Publikationen und Auslandsaufenthalten) das informelle Sozialgefüge der jeweiligen Scientific Community konstituieren. Transparenzherstellung durch Reflexion der Arbeitsbedingungen ist nach Aussage der spezialisierten Förderung ihre zentrale Aufgabe. Sie reflektiert gemeinsam mit dem Nachwuchs über die jeweilige professorale Förderung und nimmt so innerhalb dieser klassischen Förderungskonstellation eine emanzipatorische Rolle ein. »Man sollte sich nochmal mit dem realistischen Berufsfeld eines Professors beschäftigen, sollte sich überlegen, wie viel Leidenschaft in dem Forschungssubjekt wirklich steckt, denn oftmals sind die Nachwuchswissenschaftler dazu gekommen wie die Jungfrau zum Kinde.« (BFJ204, interne spezialisierte Breitenförderung)

Die Lebensform *Wissenschaft* scheint keiner Karrierestrategie zu bedürfen. Diese Haltung wird von der spezialisierten Förderung an Nachwuchswissenschaftler_innen und auch an Professor_innen kritisiert. Rationale, strategische und damit nüchterne berufliche Planung wird als Gegenstand herausgestellt, zugänglich gemacht und angemahnt – entgegen der Legitimitätsregeln im Wissenschaftsfeld, fernab von Leidenschaft und damit nahezu unvereinbar mit dem Ethos der Forschung.

»[Nachwuchs] muss eben auch überlegen, was ist so der nächste Schritt, welche Fragen muss ich stellen, an wen, wie kann ich ein Netzwerk bekommen, was fehlt mir. Das sind Fragen, die ja einem keiner irgendwie aktiv beantwortet, aber ja, das ist für Wissenschaftler sehr ungewohnt auch immer noch, ne, so diese Fragen zu stellen oder solche Programme in Anspruch zu nehmen.« (SFD74, externe spezialisierte Spitzenförderung)

Mit ihrem »ungewohnten« Relevanzsystem und ihrer strategischen Logik begründet die spezialisierte Förderung ihre Existenz anhand einer strukturellen Leerstelle, nämlich der personenabhängigen professoralen Förderung. Sie speist sich aus der Informationslücke und Passivitätsvermutung, die befürchtet wird, wenn professorale Vorgesetzte karrierestrategische Aspekte ihres Nachwuchses nicht im Blick haben oder blockieren, wie etwa die Ausbildung von sogenannten soft skills. Eine Wirkung auf Karriereentwicklung und Unabhängigkeit wird seitens der Professorenschaft kaum gesehen oder aber geleugnet. Demgegenüber beschreibt sich die spezialisierte Nachwuchsförderung nicht nur als karriererelevante Personalentwicklung, sondern als Teil der Organisationsentwicklung. Ihr Selbstbild changiert zwischen unterschiedlich stark normativ aufgeladenen Rollen, von der unabhängigen Dritten über die vermittelnde Informantin bis hin zur parteilichen Anwältin, die den Nachwuchs zur systemkritischen Reflexion der Strukturen und der eigenen Position auffordert. Dabei ist eine ausgeprägte emanzipatorische Intention zu entdecken, die den Nachwuchs in seinem Selbstbewusstsein zu stärken und hinsichtlich der Art der Förderung, die er einfordern kann, aufzuklären sucht.

»Ich hatte schon das Gefühl, dass ich manchen die Augen geöffnet habe, und die mir dann auch gespiegelt haben, ich habe noch nie ein Feedback in diese Richtung bekommen, das fand ich fast schon tragisch, weil das irgendwie auch zeigte, dass sie gar nicht so weit entwickelt waren nach einem Feedback in die Richtung zu fragen. Also seinen Betreuer, Betreuerin zu fragen, siehst du eigentlich eine Perspektive für mich in der Wissenschaft oder bis zu welchem Punkt sollte ich gehen und mich nur auf das Steckenpferd Wissenschaft zu besinnen.« (BJ204, interne spezialisierte Breitenförderung)

Die Kritik, in der professoralen Förderung liege eine mangelnde Kommunikation beziehungsweise eine fehlende Feedbackkultur vor, ist dabei konstitutiv für die Fremd- und Selbstverortung der spezialisierten Förderung. Dass sie durch ihre Tätigkeit den Wissenschaftsnachwuchs nicht nur irritiert, sondern potentiell Selbstselektionen und damit Ausstiege aus dem Wissenschaftssystem auslöst, ist weitgehend intendiert und wird von den Interviewten als legitimes Ergebnis von Förderung verstanden. Wissenschaftlicher Nachwuchs soll möglichst seiner selbst bewusst und selbstverantwortlich handeln und seine Position klären, so die Aussage der spezialisierten Förderung. Sie möchte aber auch in die Professorenschaft hineinwirken und für den Bedarf und Instrumente der Personalentwicklung sensibilisieren:

»Wir haben in den ersten Jahren mal mit einem Professor gesprochen der Mentor bei uns war und ich habe ihn gefragt was war denn für sie besonders interessant zu erkennen, zu erfahren oder was haben sie gelernt und dann hat er zu mir gesagt, ich habe erst mal gesehen wie wenig die jungen Leute überhaupt wissen und ich habe mir überlegt, also jetzt nicht wissenschaftlich Wissen sondern von all dem Drumherum wissen und ich habe mir jetzt überlegt ich mache jetzt mit meinen Doktoranden und Doktorandinnen Karriereberatung. Da habe ich gedacht super, besser geht es nicht.« (BFP910, interne spezialisierte Breitenförderung)

Mit der Nachwuchsförderung ist nicht nur die unmittelbare Personalentwicklung der Potenzialträger_innen intendiert, sondern über die mittelbare Personalentwicklung der Professor_innen auch die Veränderung des Gesamtsystems der Universität(-slandschaft). Also bemüht sie sich um Einfluss, indem sie Kooperationen mit den Mächtigen des Systems – den

Professor_innen sucht. Diese für Förderpraktiken zu sensibilisieren, sie als Fürsprechende und Zuarbeitende, quasi als Doppelagent_innen im Expertensystem zu gewinnen, wird angestrebt und als Erfolg bewertet.

3.3   Professorenschaft und spezialisierte Nachwuchsförderung als Kooperationspartner

Strukturelle Unsicherheit und Informalität gehören zu den Bedingungen, unter denen wissenschaftliche Karrieren stattfinden. Sie gehen einher mit einer wissenschaftlichen Logik, die teilweise explizit der organisational-managerialen Logik konträr gegenübersteht: Wissenschaft wird als Ethos der Professorenschaft zur Lebensform erklärt, deren äußerst unsichere und intrasparente Arbeitsbedingungen möglichst wenig hinterfragt werden können. Diesem Ethos folgend agieren Professor_innen auch, wenn sie Personalentwicklung betreiben. Die Haltung, Wissenschaft als Lebensform zu betrachten, ist jedoch nicht unbedingt kompatibel mit den organisationalen Zielen einer Universität:

»Immer wenn ich in der Beiratssitzung ■ [≡: einer Organisation außerhalb des Universitätssystems] bin und die uns erzählen, was sie gerade im Personalentwicklungsbereich machen denke ich oh Mann, verdammt noch mal, wir sind Steinzeit dagegen. Also nun sind Universitäten auch komplizierter. […] Bei den wissenschaftlichen Karrieren ist das ja nicht ganz so einfach und trotzdem versuchen wir das, indem wir beispielsweise, wir haben so ein ■ [≡: Nachwuchsförderungs-]Programm, was auch Führungskräftetraining einschließt. Und das halte ich für eine ganz wichtige Komponente. Also der Witz ist ja immer, wenn sie Hochschullehrer fragen, ob sie sich als Führungskraft sehen, sagen erstaunlich viele nein, sehe ich mich gar nicht.« (HSA 128, Präsidium/Professor_in)

Die präsidiale Perspektive weist ein Problembewusstsein auf, einhergehend mit dem Wunsch die »steinzeitliche« Organisation verändern zu wollen, indem beispielsweise neue Personalentwicklungsinstrumente nicht nur für Wissenschaftsnachwuchs eingeführt werden. Aus dieser Perspektive scheint es vor dem Hintergrund des universitären Wandels klar: Einzelkämpfer_innen, die leidenschaftlich ihre wissenschaftliche Arbeit verfolgen, benötigen Fertigkeiten als Führungskraft, nicht zuletzt aufgrund des professoralen Alltags, der viele Managementaufgaben beinhaltet. Doch Führung ist für die Expert_innen der Expertenorganisation eine autonom-individualisierte Aufgabe, die sich auf das Führen seines Selbst, weniger auf das Führen Anderer konzentriert. In Kooperationen untereinander und mit anderen – zum Beispiel der spezialisierten Förderung – agieren Professor_innen im Modus des Einzelkämpfertums, die gleichsam als Professorenschaft einen geschlossenen Verbund darstellen: »Ich habe mal gelesen Professoren sind eine Herde Katzen, hat mir total eingeleuchtet.[…] Klar, jeder ist da, jeder macht sein Ding […] Und alle sind wahnsinnig tendenziell egozentrisch und mit dem muss man [als Kolleg_in] arbeiten wollen oder sich dem aussetzen wollen.« (PP196, Professor_in)

Dieses Bild vom Berufsstand der Professor_innen als eine »Herde Katzen« verweist darauf, dass auch unter Bedingungen des skizzierten Wandels der Universitäten auf organisationaler Ebene vielmehr Individualpräferenzen statt universitärer Systeminteressen im Vordergrund stehen. Dass sich wissenschaftliche Karriere in der Expertenorganisation in einer Community und kaum in Anbindung zur Universität als Organisation vollzieht, ist einer der Gründe dafür. Die hierarchische Position der deutschen Professur und die durch besondere Konkurrenzsituationen gekennzeichnete Sozialisation auf dem Weg dorthin tradieren die in Bezug auf systematische Personalentwicklung »steinzeitlichen« Strukturen und Prozesse, ohne dass Professionalisierung und/oder Kooperation in diesem Bereich wirksam angeordnet werden kann. Vielmehr bestimmen auf organisationaler Ebene kompetitive Elemente die Zusammenarbeit der »Herde Katzen«.

Die spezialisierte Förderung soll innerhalb einer Organisation, die erst allmählich ihrer selbst bewusst wird, die Rolle der systematischen, an strategischen Zielen der Universität orientierten Personalentwicklung einnehmen. Dies tut sie im Wissen um die strukturellen Schwierigkeiten, die sich aus dem Einzelkämpfertum der kapriziösen »Katzen« ergeben:

»Die Organisation als Ganzes ist eben dann doch mehr als die einzelnen Partikularinteressen, und der Trend und Druck auf Wissenschaftsorganisationen geht schon dahin, sich auch intern stärker zu verständigen und nicht einfach, jeder macht seinen Stiefel und der Direktor spricht ab und an ein Grußwort oder so. So funktioniert es nicht mehr.« (SFD74, externe spezialisierte Spitzenförderung)

Die spezialisierte Förderung gibt an, nicht nur Ziele auf der unmittelbaren Ebene des Nachwuchses zu verfolgen, sondern auch im Wissen um Organisationsbelange in managerialer Logik zu agieren. Dieses formulierte Ziel wird in diesem Beispiel bewusst als reformatorisch-progressives Differenzmerkmal gegenüber der traditionellen Orientierung auf professorale Förderung konstruiert:

»Dieses Thema systematische Personalentwicklung, das halten wir ja schon für einen Schlüssel. Also nicht diese klassische Personalentwicklung, wir machen so ein paar Weiterbildungsangebote und ein paar Skills, sondern wirklich zu sagen, welche Leute brauchen wir eigentlich in der Zukunft. Für welche Positionen, wen bilden wir aus, mit welchem Auftrag. Wie muss die Organisation von den Experten her aufgestellt sein, um das gut erfüllen zu können. […] wie mache ich die Leute dafür fit, überhaupt diese Fragen stellen zu können. Das denke ich ist nicht so das Übliche.« (SFD74, externe spezialisierte Spitzenförderung)

Dass diese Einstellung »nicht so das Übliche« ist, markiert erneut den reformatorisch-emanzipatorischen Wandel, mit dem wissenschaftliche Personalförderung verknüpft ist. Dazu ist eine Kooperation mit Professor_innen unerlässlich. Doch die Zusammenarbeit auf organisatorischer Ebene erweist sich oft in ihrer Umsetzung als schwierig. Vor allem wenn außeruniversitäre Nachwuchsförderer ihren eigenen Wissenschaftlichen Nachwuchs in die Universität integrieren wollen.

»Statt zu sagen, Mensch da kommt jemand mit eineinhalb Millionen Euro Fördergeld, ja dem Exzellenzprogramm mit 120 Prozent Bewährungsquote sich durchgesetzt, du kannst doch die Hände reiben dass so ein exzellenter Wissenschaftler zu uns kommt. Nein, dann ist der, der Argwohn das jemand einem da reinredet, vielleicht auch die Eifersucht, dass da jemand so viel Geld bekommt ist häufig größer.« (SFS66, externe spezialisierte Spitzenförderung)

Durch die Personenabhängigkeit des Systems und die besondere Autonomie der Professor_innen bleibt es externen Akteuren trotz größerer Anreize häufig verwehrt, personalpolitische Entscheidungen zu bestimmen.

»Da tun sich manche Unis ausgesprochen schwer nach wie vor, diese gemeinsamen Juniorprofessuren auf Zeit zum Beispiel zu berufen. Zum Beispiel die Unileitung sagt, ja kein Problem, machen wir natürlich und die Fakultät schüttelt gleichzeitig den Kopf und sagt, das ist immer noch unsere Sache, ob wir hier jemand in die Fakultät als Professor auch auf Zeit aufnehmen oder nicht.« (SFD74, externe spezialisierte Spitzenförderung)

Auszudifferenzieren ist hier, dass derartige Spitzenförderung im Gegensatz zur Breitenförderung auch machtpolitische Interessen verfolgt, der von universitätsinternen, an Autonomie gewöhnte Expert_innen misstrauisch oder gar ablehnend begegnet wird. Aber sowohl für Breiten- als auch Spitzenförderung gilt, dass ihre Arbeit stark von der Professorenschaft beeinflusst wird, sodass auch sie – wie Wissenschaftlicher Nachwuchs – von persönlichen Kontakten abhängig ist: »Weil da wirklich zu viel Unwägbarkeiten sind, weil zu viel von einzelnen Personen abhängt, weil eben da zu wenig wirklich verlässliche Strukturen da sind. Die immer vorgegeben werden, dass es sie gibt. Aber glaube ich nicht, dass sie verlässlich und belastbar wären.« (SFF236, externe spezialisierte Spitzenförderung)

Dieser Mangel an verlässlichen Strukturen bringt die spezialisierte Förderung in eine mehrdeutige Situation: Sie versucht strategische Karriereberatung und Personalentwicklung für Wissenschaftlichen Nachwuchs anzubieten, während sie um »nicht belastbare« Strukturen im Wissenschaftssystem weiß. Gleichsam muss sie glaubwürdig und orientierend auftreten, ohne durch ein Zuviel an Aufklärung und Orientierung ausschließlich abzuschrecken. Voraussetzung für ihre Handlungsfähigkeit sind Kooperationen mit der Professorenschaft, die sie als Unterstützende für ihre Aufgaben involviert:

»Also tatsächlich das Auswahlgremium ist besetzt über alle Fakultäten hinaus. Ist so, dass wir auch möglichst auch Expertise mit am Tisch haben oder möglichst Fachmann mit am Tisch haben, füllen das auch auf durch Unterstützung aus der Professorenschaft, wenn wir eben die Fachnähe nicht herstellen können [...] aber da wird schon sehr stark darauf vertraut, dass möglichst fachnahe Leute dabeisitzen.« (BFJ204, interne spezialisierte Breitenförderung).

Grundsätzlich erhebt die spezialisierte Förderung den Anspruch an ihre Arbeit, Wissenschaftlichkeit und Fachnähe in ausreichendem Maße aufzubringen. Ergänzend werden Professor_innen einbezogen, wenn eigene Ressourcen als nicht ausreichend bewertet werden. Wie und auf welcher Basis diese Einschätzung erfolgt, bleibt offen und ist damit vergleichbar undurchsichtig wie die Gestaltung der dyadischen Meister-Schüler-Dyade. So kann für einige Akteure der spezialisierten Förderung angenommen werden, dass sie in ihrem Versuch, eigenständig und damit weitgehend unabhängig von der Professorenschaft zu agieren, die als wenig verlässlich kritisierten Strukturen im Wissenschaftssystem, selbst nutzen. Somit arbeiten sie mit Mitteln, gegen die sie eigentlich vorzugehen versuchen.

3.4   Zusammenfassung

Wissenschaftliche Nachwuchsförderung ist ein heterogenes Feld, eine Arena der Auseinandersetzung, auf der mehrere Akteure miteinander, nebeneinander, aber auch gegeneinander agieren. Aus organisationssoziologischer Perspektive ist daher die Ausgestaltung der Kooperation zwischen diesen Akteuren fraglich, denn sie stellen keine gemeinsame, institutionalisierte Einheit dar, die im gemeinsamen Sinne der Organisation Universität oder dem

Wissenschaftssystem dient. Im vorliegenden Beitrag wurden zwei institutionalisierte Hauptakteure der Nachwuchsförderung unterschieden: die professorale und die spezialisierte Förderung. Beide erfüllen derzeit denselben Auftrag, nämlich Wissenschaftlichen Nachwuchs auf seinem Weg innerhalb der Wissenschaft zu begleiten und zu fördern. Allerdings stehen sie sich dabei uneindeutig gegenüber. Eine klare Arbeitsteilung und Verantwortlichkeit liegt nicht vor. Um auf eine strukturelle Ambiguität der Nachwuchsförderung aufmerksam zu machen, wurde zunächst auf die Merkmale der Expertenorganisation Universität eingegangen, in der sich die professorale Prägung seit Jahrzehnten als die wichtigste Förderung herausgestellt hat. Dann würde eine Heuristik zur Verortung der spezialisierten Förderung vorgeschlagen und gezeigt, dass sie vielfältig gestaltet und als Forschungsgegenstand wenig thematisiert ist. Die empirischen Befunde erlauben Konkretisierungen hinsichtlich der Verantwortlichkeiten und Kooperationen der beiden Akteure anhand der Aussagen sowohl von spezialisierten Förderern als auch Professor_innen zu Förderbedingungen, Förderzielen, allgemeinen Diskrepanzen und Kooperationsbeispielen.

Die Herausforderungen, vor denen Professor_innen im Zusammenhang mit Nachwuchsförderung stehen, werden von der spezialisierten Förderung in ihren Förderprogrammen selbst aufgegriffen, kompensiert und vor allem auch gegenüber dem Wissenschaftlichen Nachwuchs thematisiert.

Die Qualität der professoralen Nachwuchsbetreuung ist vor dem Hintergrund der skizzierten Rahmenbedingungen kaum evaluierbar – ob sie gut oder schlecht erbracht wird, ist für Professor_innen weitgehend unerheblich, da ihr für eine Schlechtleistung keine Sanktionen drohen oder sie im Fall der guten Erbringung nur geringe wissenschaftsrelevante Renditen verspricht. Sie kann den Auftrag der Förderung unbeachtet lassen oder ihn an Dritte, beispielsweise an die spezialisierte Nachwuchsförderung, delegieren, ohne dafür kritisiert werden.

4.   Neue Arrangements für Kooperation

Innerhalb der Expertenorganisation wird die Herausforderung »Nachwuchsförderung« nunmehr verschoben – aktuell in Richtung der spezialisierten Förderung, die sich damit weitergehend befassen muss, und darf, um so ihre eigene Existenz aufrechtzuerhalten, *Spezialisierte, flankierend qualifi-*

zierende Breitenförderung will durch personale Kompetenzentwicklung des Nachwuchses den Organisationswandel der Universitäten unterstützen, aber auch Exit-Entscheidungen des Nachwuchses versteht sie als emanzipatorischen Erfolg ihrer Arbeit. *Spezialisierte forschungszentrierte Spitzenförderung* will durch Förderung die zukünftigen Expert_innen der Expertenorganisation selektieren, verfolgt also ebenfalls mit der Personalentwicklung Interessen der Organisationsentwicklung. *Beide* Formen der spezialisierten Nachwuchsförderung wollen dazu beitragen, Defizite und Lücken zu explizieren – vorrangig, um Wissenschaftsnachwuchs zu expertisieren und handlungsfähig zu machen, sein Vertrauen in das Wissenschaftssystem zu stärken und über personenzentrierte Interaktionen mit den professoralen Vorgesetzten hinaus Karrieren zu forcieren. Dabei beschreibt sie sich als Kooperationspartnerin der Professorenschaft und damit als ein unterstützender Teil innerhalb ein- und desselben Expertsystems. Gleichsam beschreibt sie sich als nachrangiges Angebot, das von Professor_innen zu wenig gesehen und einbezogen wird. Dies verweist darauf, dass sich die Förderung als ein anderes und zum Teil konfligierendes (Experten-) System innerhalb der Universität verortet. Eine Unterstützungsfunktion für die Expert_innen kann ihr nicht reichen, sie muss, um handlungsfähig zu sein und damit sich selbst zu erhalten, ein Mitsprache- und Mitentscheidungsrecht beanspruchen.

Es entstehen neue kooperative Arrangements zwischen spezialisierter und professoraler Nachwuchsförderung. Dies zeigen zwei Beispiele: (1) Als *Mentor_innen* sind Professor_innen dazu aufgerufen, ihren Mentees explizit für forschungsflankierende Themen beratend zu Seite zu stehen. Obwohl sie dabei keinen Vorgesetzten- und/oder Betreuerstatus innehaben, sind hier ihre Kompetenzen als Personalentwickelnde umso mehr gefragt; gleichsam erhalten sie durch die Fragen und Themen ihrer Mentees potentiell Einblick in gelingende und scheiternde Praxis der Vorgesetzten- und/oder Betreuerarbeit, die durch ihre Kolleg_innen stattfindet. Dieser Einblick sensibilisiert für das eigene Führungshandeln, schärft aber auch einen kritischen Blick auf andere Professor_innen und die Bedingungen des Wissenschaftssystems. (2) Als *Gutachter_innen* wirken Professor_innen u. a. an den kompetitiven Auswahlverfahren der Spitzenförderung mit. Sie setzen sich dabei mit Anträgen, Ideen und Personen auseinander, bewerten und selektieren. Ihre Gutachten münden ein in die Auswahlentscheidung über Förderung und damit über die Chance auf einen akademischen Karriereweg. Die damit verbundene Verantwortung unterscheidet sich zwar nicht von der Verantwortung im Rahmen von Habilitations- oder Berufungsverfahren. Was sich aber unterscheiden kann, ist die Erfahrung der Infragestellung des eigenen Gutachtens, die aus der Zusammenarbeit mit spezialisierter Förderung hervorgehen kann.

Der Konstellation der beiden Akteure innerhalb der institutionalisierten Förderung mit weiteren Studien nachzugehen und dabei den zeitlichen Verlauf der Wandlungsprozesse im Wissenschaftssystem zu fokussieren scheint ebenso nötig wie sinnvoll. Denn die Aufdeckung von organisationalen Konfliktpotenzialen kann konstruktiv genutzt werden, um die Effizienz von Nachwuchsförderung insgesamt zu sichern. Dies kann nur gelingen, wenn alle Akteure gemeinsam agieren und sich nicht gegenseitig im Weg stehen. Auf diese Weise könnte auch mehr Transparenz über Wissenschaftsverläufe und -karrieren sichergestellt werden. Daher wäre für zukünftige Studien lohnenswert, auch die Perspektive von Wissenschaftsnachwuchs aus Nutzer-, Auftraggeber- und Beteiligtenperspektive zu berücksichtigen.

Literatur

Baier, Stefan (2005), Universitäre Personalarbeit im Umbruch. Eine Analyse aus dem Blickwinkel der organisationalen Praxis, in: Heike Welte/Manfred Auer/Claudia Meister-Scheytt (Hg.), *Management von Universitäten: Zwischen Tradition und (Post-)Moderne*, München/Mering, S. 305–316.

Briedis, Kolja/Jaksztat, Steffen/Schneider, Julia/Schwarzer, Anke/Winde, Mathias (2013), *Personalentwicklung für den wissenschaftlichen Nachwuchs. Bedarf, Angebote und Perspektiven – eine empirische Bestandsaufnahme.* Hannover.

Enders, Jürgen (2008), Hochschulreform als Organisationsreform, in: Barbara Kehm (Hg.), *Hochschule im Wandel. Die Universität als Forschungsgegenstand.* Frankfurt/M., S. 231–241.

Engler, Steffanie (2001), *»In Einsamkeit und Freiheit?«. Zur Konstruktion der wissenschaftlichen Persönlichkeit auf dem Weg zur Professur*, Konstanz.

Florack, Arndt/Messner, Claude (2006), Führungsstrategien und Personalentwicklung in der Hochschule, in: *Zeitschrift für Hochschulentwicklung*, Jg. 1, H.1, S. 1–15.

Hüther, Otto (2010), *Von der Kollegialität zur Hierarchie? Eine Analyse des New Managerialism in den Landeshochschulgesetzen*, Wiesbaden.

Hüther, Otto/Krücken, Georg (2016), *Hochschulen – Fragestellungen, Ergebnisse und Perspektiven der sozialwissenschaftlichen Hochschulforschung*, Wiesbaden.

Kauhaus, Hanna (Hg.) (2013), *Das deutsche Wissenschaftssystem und seine Postdocs. Perspektiven für die Gestaltung der Qualifizierungsphase nach der Promotion,* Bielefeld.

Kehm, Barbara M. (Hg.) (2008), *Hochschule im Wandel. Die Universität als Forschungsgegenstand,* Frankfurt/M.

Kehm, Barbara M. (2012), Hochschulen als besondere und unvollständige Organisationen? – Neue Theorien zur ›Organisation Hochschule‹, in: Uwe Wilkesmann/ Christian J. Schmid, (Hg.), *Hochschule als Organisation,* Wiesbaden, S. 17–25.

Knorr-Cetina, Karin D. (1982), Scientific Communities or Transepistemic Arenas of Research? A Critique of Quasi-Economic Models of Science, *Social Studies of Science,* 12, 1982, 1, S. 101–130.

Kreckel, Reinhard (2011), Universitäre Karrierestruktur als deutscher Sonderweg, in: Klemens Himpele/Andreas Keller/Alexandra Ortmann (Hg.), *Traumjob Wissenschaft? Karrierewege in Hochschule und Forschung,* Bielefeld, GEW Materialien aus Hochschule und Forschung, Bd. 117, S. 47–60.

Krell, Gertraude/Weiskopf, Richard (2004), Mitarbeiterführung (im wissenschaftlichen Bereich), in: Anke Hanft (Hg.), *Grundbegriffe des Hochschulmanagements,* Kriftel/Neuwied, S. 286–291.

Meier, Frank (2009), *Die Universität als Akteur. Zum institutionellen Wandel der Hochschulorganisation,* Wiesbaden.

Mintzberg, Henry (1979), *The Structuring of Organizations,* Englewood Cliffs.

Mintzberg, Henry (1983), *Power In and Around Organizations,* Englewood Cliffs.

Mintzberg, Henry (1992), Die Mintzberg-Struktur: Organisationen effektiver gestalten, Landsberg/Lech.

Nickel, Sigrun/Zechlin, Lothar (2005), Die Suche nach der optimalen Organisationsstruktur. Zur Reform der dezentralen Ebene in Universitäten, in: Heike Welte/Manfred Auer/Claudia Meister-Scheytt (Hg.), *Management von Universitäten. Zwischen Tradition und (Post-)Moderne. Stephan Laske zum 60. Geburtstag,* München/Mering, S. 199–214.

Nickel, Sigrun (2008), Qualitätsmanagementsysteme an Universitäten und Fachhochschulen: Ein kritischer Überblick, *Beiträge zur Hochschulforschung,* 30(1), S. 16–39.

Pasternack, Peer (2011), Bis dass das Leben euch scheidet: Die Hochschulen und ihr wissenschaftliches Personal, in: Österreichische Qualitätssicherheitsagentur (Hg.), *Personalmanagement als Schlüssel zur nachhaltigen Hochschulentwicklung,* Wien, S. 41–46.

Pellert, Ada (1999), *Die Universität als Organisation. Die Kunst, Experten zu managen,* Wien.

Pellert, Ada/Widmann, Andrea (2008), *Personalmanagement in Hochschule und Wissenschaft,* Münster.

Petersen, Renate (2015), MediMent hat mich gestärkt, motiviert und die Habilitation entmystifiziert. Mentoring für PostDocs an der Medizinischen Fakultät der

Universität Duisburg-Essen, in: Angelika Hoffer-Pober (Hg.), *Mentoring in der Universitätsmedizin*, Wien.

Pfadenhauer, Michaela (2007), Das Experteninterview: ein Gespräch auf gleicher Augenhöhe, in: Renate Buber/Hartmut Holzmüller (Hg.), *Qualitative Marktforschung. Konzepte – Methoden – Analysen*, Wiesbaden, S. 449–461.

Przyborski, Aglaja/Wohlrab-Sahr, Monika (2014[2008]), *Qualitative Sozialforschung: Ein Arbeitsbuch*, München.

Rohrhirsch, Ferdinand (2004), Wer wissenschaftlich führen will, verhindert Führung konsequent: Ein Plädoyer für mehr Ethik und weniger Technik, in: Christina Reinhardt (Hg.), *Verborgene Bilder – große Wirkung: Was Personalentwicklung an Hochschulen bewegt*, Bielefeld, S. 44–53.

Schimank, U. (2000), *Handeln und Strukturen. Einführung in die akteurstheoretische Soziologie*, 2. Aufl. 2004, Weinheim/München.

Schimank, U. (2007), Organisationstheorien, in: A. Benz/U. Schimank/S. Lütz (Hg.), *Handbuch Governance*, Wiesbaden, S 200–211.

Schmidt, Boris (2007), 100 Stunden pro Jahr – Kompetenzentwicklung am »Arbeitsplatz Hochschule« aus der Sicht junger wissenschaftlicher Mitarbeiter/-innen, *Zeitschrift für Hochschulentwicklung*, 2 (3), S. 21–40.

Schmidt, Boris (2009), Professor, Prüfer, Projektleiter, Promotionsbetreuer – und Manager? Subjektive und objektive Aspekte des Rollenwandels, in: Wolff Dietrich Webler (Hg.), *Universitäten am Scheideweg?! Ergebnisse des Hochschulforums Sylt 2008*, Bielefeld, S. 113–124.

Strauss, Anselm L. (1998[1991]), *Grundlagen qualitativer Sozialforschung. Datenanalyse und Theoriebildung in der empirischen und soziologischen Forschung*, Konstanz.

Strauss, Anselm L. /Corbin, Juliet M. (1996[1990]), *Grounded Theory: Grundlagen qualitativer Sozialforschung*, Weinheim.

Weber, Max (2012[1919]), *Max Webers vollständige Schriften zu wissenschaftlichen und politischen Berufen*. Herausgegeben und mit einer Einleitung von John Dreijmanis, Bremen.

Weisweiler, Silke/Peter, Tanja/Peus, Claudia/Frey, Dieter (2011), Personalentwicklung für Wissenschaftler_innen: Professionalisierung von Selbst-, Führungs- und Lehrkompetenzen, *Zeitschrift für Hochschulentwicklung ZFHE*, Jg. 6, H. 3, S. 325–340.

Wilkesmann, Uwe/Schmid, Christian J. (Hg.) (2012), *Hochschule als Organisation*, Wiesbaden.

Witzel, Andreas (1982), *Verfahren der qualitativen Sozialforschung*, Frankfurt/M.

Witzel, Andreas/Reiter, Herwig (2012), *The Problem-centred Interview*, London.

Subjektive Möglichkeitshorizonte und die Genese von Karriereambitionen. Zur empirischen Problematisierung exemplarischer Theorien wissenschaftlicher Karrieren

Oliver Berli

1. Einleitung

Die Karrieren von Wissenschaftlerinnen und Wissenschaftlern sowie die damit verbundenen Risiken und Unwägbarkeiten sind gegenwärtig ein Thema, das in vielfältigen Arenen verhandelt und bearbeitet wird. Im Hinblick auf die grundsätzlichen Befunde herrscht weitgehend Einigkeit. So zeichnen sich wissenschaftliche Karrieren in Deutschland immer schon durch langwierige Qualifizierungsverläufe, ausgeprägte Hierarchien, hohe Selektivität und berufliche Unsicherheit aus (Weber 1988 [1919]; Schmeiser 1994). Hinzu kommen als stabiler Befund die mannigfaltigen geschlechtsspezifischen Ungleichheiten im wissenschaftlichen Feld (bspw. Beaufaÿs u. a. 2012; Kahlert 2013). Zugleich muss in Rechnung gestellt werden, dass das wissenschaftliche Feld einige Transformationen durchlebt hat – zu denken wäre beispielsweise an die Hochschulexpansion der 1960er und 1970er Jahre, die zunehmende Projektförmigkeit der Forschung als auch die Exzellenzinitiative und deren Auswirkungen auf die deutsche Hochschullandschaft. Diesen Entwicklungen zum Trotz – oder vielleicht auch umso mehr – sind wissenschaftliche Karrieren riskant. Denn eine Kernproblematik des deutschen wissenschaftlichen Felds ist nach wie vor, dass (beinah) kein dauerhafter Verbleib an Universitäten oder Forschungseinrichtungen unterhalb der unbefristeten Professur vorgesehen ist.

Den vielfältigen empirischen Befunden zu Wissenschaftskarrieren steht eine relativ geringe Zahl konzeptioneller Studien gegenüber (bspw. Hermanowicz 2007). Die vorliegenden Arbeiten mit dezidiert theoriegenerierender Absicht weisen gleichwohl ein beträchtliches analytisches Potenzial auf, gehen sie doch über den Modus der Berichterstattung hinaus. Der vorliegende Beitrag kann als ein Plädoyer für eine empirische Irritation ausgewählter

Annahmen exemplarischer Karrieremodelle verstanden werden und schließt damit an diese an. Die folgenden Kapitel sollen dafür die notwendigen Anhaltspunkte liefern. Am Beginn steht ein komprimierter Einblick in zentrale Literatur zu wissenschaftlichen Erwerbsbiografien bzw. Karrieren. Dabei werden zwei Schwerpunkte gesetzt: Zunächst erfolgt ein kurzer Rekurs auf konzeptionelle Vorschläge zu Wissenschaftskarrieren sowie auf exemplarische feldanalytische Studien zur Konstruktion wissenschaftlicher Persönlichkeiten. Das dritte Kapitel führt in die methodische Anlage des Projekts ein, in dessen Zusammenhang der vorliegende Beitrag entstanden ist, und gibt Hinweise zu dessen methodischer Umsetzung. Daran schließt das vierte Kapitel an, das drei exemplarische Karriereverläufe von NachwuchswissenschaftlerInnen aus den untersuchten Disziplinen BWL, Geschichte und Physik näher beleuchtet. Diese wurden aufgrund der ihnen innewohnenden Varianz ausgewählt, um den Blick für die Heterogenität von Karriereverläufen und deren biografische Deutung durch die »Betroffenen« zu öffnen. Ziel dieses Kapitels ist es, für die fachübergreifende Vielgestaltigkeit von Karriereverläufen zu sensibilisieren. Auf diese fallorientierte Darstellung folgen Überlegungen, die sich stärker vom Einzelfall lösen und in komparativer Perspektive empirisch motivierte Anfragen zur Konzeptualisierung von Wissenschaftskarrieren formulieren. Der Beitrag schließt mit einer Zusammenfassung und knappen Hinweisen auf weitere offene Fragen.

2.　Wissenschaftskarrieren und Wissenschaftssubjekte *in the making*

Klassische Karrierekonzepte und -theorien wie beispielsweise Karl Mannheims »Amtskarriere« (1964 [1930]) sind ebenso wenig wie Common Sense-Konstruktionen für die Analyse wissenschaftlicher Karrieren anwendbar. Denn zum einen muss ein soziologischer Karrierebegriff offen sein für Auf- wie auch Abwärtsmobilität. Letztere kann beispielsweise in Form von Armutskarrieren untersucht werden. So verlaufen denn auch wissenschaftliche Karrieren selten als reine Aufstiegskarrieren, auch wenn die gängige Hierarchisierung dies im deutschen Bildungssystem mit der unbefristeten Professur als einzig möglicher Krönung der Karriere als unhinterfragte Norm vorgibt. Zum anderen sind die Schritte bzw. Karrierephasen auf dem Weg zur Professur im Vergleich zu einer Amtskarriere keineswegs klar definiert. Zusätzliche Komplikationen ergeben sich in der Gemengelage von Hochschulpolitik und -berichterstattung auf der einen wie Wissenschafts- und Hochschulforschung auf der anderen Seite, die schwierige Kategorien wie den sogenannten wissenschaftlichen Nachwuchs hervorbringt.[1]

2.1 Exemplarische konzeptionelle Perspektiven auf Wissenschaftskarrieren

Gegenwärtige Studien verwenden häufig den Begriff der wissenschaftlichen Karriere, allerdings in unterschiedlich theoretisch elaborierter Form. Entsprechend deutlich fällt Heike Kahlerts Kritik an der vorliegenden Forschung zu Wissenschaftskarrieren aus: »Ein Karrierebegriff, der die Komplexität einer Wissenschaftskarriere abbildet und dabei ihre vielfältigen Facetten systematisch begreift, steht aus« (Kahlert 2013: 20). Kahlert selbst optiert in *Riskante Karrieren* (2013) für ein triadisches Karrieremodell, das von drei »Basisfaktoren« und deren wechselseitigen Beziehungen ausgeht, die für eine gehaltvolle Konzeptualisierung von Wissenschaftskarrieren berücksichtig werden müssen: (a) Person, (b) Profession und (c) Funktion (Kahlert 2013: 20ff.). Die den genannten Elementen wiederum logisch untergeordneten »Faktoren zweiter Ordnung« sowie deren Merkmale nutzt sie in ihrer Überblicksstudie zur Strukturierung der vorliegenden Befunde zu Wissenschaftskarrieren. Als wesentlichen analytischen Mehrwert dieser Begriffsstrategie formuliert Kahlert: »Auf der Grundlage des triadischen Karrierebegriffs können Wissenschaftskarrieren als systematische Verknüpfung von individuellem (Karriere-)Handeln, professionellen Besonderheiten und funktionalen Charakteristika in den Organisationen Hochschule und Forschung ausgehend vom Einzelfall betrachtet beziehungsweise analysiert werden.« (Kahlert 2013: 27) Eine alternative Konzeptualisierung schlagen Laudel und Gläser (2008) vor. Sie schließen an Überlegungen zu professionellen Karrieren an und verstehen akademische Karrieren als Bündel von drei wechselseitig verknüpften aber zugleich relativ unabhängigen Karrieren: (a) einer kognitiven Karriere (*cognitive career*); die im Wesentlichen durch die individuelle Forschungsbiografie abbildbar ist; (b) einer Community-Karriere (*community career*), welche die Position innerhalb der jeweiligen Scientific Community umfasst;

---

1 Vor diesem Hintergrund wäre eine gesonderte Auseinandersetzung mit der schwierigen Kategorie »wissenschaftlicher Nachwuchs« dringend geboten. Versammelt doch diese Residualkategorie alle diejenigen, die es (noch) nicht auf eine Professur geschafft haben.

sowie (c) einer Organisationskarriere (*organisational career*), die sich wesentlich aus den Arbeitspositionen an Forschungseinrichtungen und Universitäten rekonstruieren lässt (vgl. Laudel/Gläser 2008: 390f.). Die analytischen Potentiale ihres Ansatzes verdeutlichen Laudel und Gläser an einer Studie zu australischen »Early Career Researchers«, denen die Transformation zu wissenschaftlicher Unabhängigkeit als wesentliches Handlungsproblem während dieser Karrierephase bevorsteht. Ein dritter Vorschlag liegt mit den Arbeiten von Joseph C. Hermanowicz (1998, 2007) vor, in denen er Anschluss an die Karriereforschung der Chicago School of Sociology – insbesondere in Gestalt der Arbeiten von Everett Hughes und anderen – sucht. Er charakterisiert seinen Vorschlag als personenzentrierte Perspektive auf »careers in context« (Hermanowicz 2007: 626). Als zentral erachtet er dabei die Erforschung der Erfahrung sich entwickelnder Selbstidentitäten in Arbeitskontexten (Hermanowicz 2007: 626). Die analytischen Hauptdimensionen sind dabei der institutionelle Kontext (*communitarian, elite, pluralist*), in dem die Forschenden arbeiten als auch die Karrierephase (*early, middle, late career*), in der sie sich befinden. So zeigt Hermanowicz beispielsweise typische Wandlungsprozesse in der Fokussierung auf Forschung und Lehre im Karriereverlauf von Wissenschaftler_innen auf (bspw. 2007: 635).[2]

Den beiden erstgenannten Konzeptualisierungen für Wissenschaftskarrieren ist gemein, dass sie zwar Anregungen aus der Forschung zu nichtwissenschaftlichen Karrieren aufnehmen, aber dennoch mehr oder weniger implizit von der Einzigartigkeit von Wissenschaftskarrieren ausgehen.[3] Eine unterschiedliche Position nehmen diese beiden Vorschläge zur wechselseitigen Verschränkung von Arbeit und Leben im wissenschaftlichen Feld ein. Während Kahlert explizit darauf hinweist, dass die Analyse von Wissenschaftskarrieren unweigerlich vor der Aufgabe steht, das Verhältnis von Arbeit und Leben mitzudenken, positionieren sich Laudel und Gläser im genannten Aufsatz in dieser Hinsicht nicht. Hermanowicz wiederum verbindet einen recht weitreichenden Anspruch mit seinem Modell, welcher

---

2 Eine weitere Möglichkeit der analytischen Durchdringung von Wissenschaftskarrieren, die im Rahmen des vorliegenden Beitrags nicht weiter verfolgt wird, liegt in der Unterscheidung von unterschiedlichen Karrieretypen wie beispielsweise Lehr- oder Exzellenzkarrieren (vgl. Bloch/Würmann 2014).

3 Die Studie *Vertrackte Karrieren* (Funken et al. 2015) untersucht Gemeinsamkeiten und Unterschiede von Karrieren in Wirtschaft und Wissenschaft in komparativer Absicht. Zeitdiagnostisch ist dabei die Annahme leitend, dass das gegenwärtige Nebeneinander von alten und neuen Strukturen in beiden Feldern zu widersprüchlichen Karriereanforderungen führe (Funken et al. 2015: 12).

die Übertragbarkeit der analytischen Perspektive auf andere Berufsfelder miteinschließt. Hinzu kommt als Erbe der Chicago School, Karriere als Grundbegriff der Soziologie zu verstehen, der auch außerhalb von Arbeitskontexten seine Berechtigung hat (klassisch: Hughes 1937; siehe auch Barley 1989).

2.2 Exemplarische konzeptionelle Perspektiven auf die Konstruktion von Wissenschaftssubjekten

Eine zweite Form der Beschäftigung mit der Genese wissenschaftlicher Karrieren fokussiert die Konstruktion der Akteure der Wissenschaft. Ein zentrales Beispiel für diese Erkenntnisstrategie stellt die Studie *In Einsamkeit und Freiheit* (2001) von Stefanie Engler dar. Engler untersucht in Anlehnung an die Arbeiten Pierre Bourdieus die Konstruktion wissenschaftlicher Persönlichkeiten als Effekt von wissenschaftlichen Karrieren. Dabei macht sie deutlich, dass innerhalb des wissenschaftlichen Feldes die Vorstellung von Persönlichkeit eng mit dem Glauben an wissenschaftliche Leistung verbunden ist. Denn nach »gängigen Vorstellungen wird herausragende wissenschaftliche Leistung von Persönlichkeiten erbracht. Es ist die von ihnen hervorgebrachte Arbeit, die sie zu dem macht, was sie sind: große wissenschaftliche Persönlichkeiten« (Engler 2001: 445). Basierend auf narrativen Interviews mit ProfessorInnen arbeitet sie in feldanalytischer Perspektivierung zentrale Merkmale der illusio des wissenschaftlichen Feldes heraus. Anders als die Professoren der Generation, die Martin Schmeiser (1994) untersucht, deuten die befragten WissenschaftlerInnen ihre Befähigung nicht als Naturgabe, sondern schildern den Weg zur Professur als arbeitsreichen und kontingenten Prozess, der sie erst zu dem gemacht hat, was sie sind. Die professoralen Wahrnehmungs- und Bewertungsschemata verweisen auf die vielfältigen Abhängigkeits- und Machtverhältnisse des Wissenschaftsfelds und die Bedeutung von Anerkennung und Erfolg, die paradoxerweise durch die KonkurrentInnen um die wenigen Erfolgspositionen gewährt werden. Gemeinsam ist den ProfessorInnen in Englers Studie, dass sie zwar nicht an allgemeingültige Maßstäbe für die Qualität wissenschaftlicher Arbeit, aber gleichwohl an die Feststellbarkeit dieser Qualität – anhand evaluativer Kriterien mit begrenzter Reichweite – glauben (vgl. Engler 2001: 444). Diese Maßstäbe oder Kriterien sind, so Engler, wiederum als das Ergebnis sozialer Praktiken anzusehen (Engler 2001: 231). Die heterogenen Verlaufsbahnen, welche zur Professur führen, drücken sich letztlich auch in der Heterogenität wissenschaftlicher Persönlichkeiten aus.

Mit ihrem ethnografischen Zugang ist die Studie *Wie werden Wissenschaftler gemacht?* (2003) von Sandra Beaufaÿs ebenfalls im Feld der praxistheoretischen Studien zur Konstruktion von wissenschaftlichen Akteuren zu zählen. Im Mittelpunkt dieser Untersuchung steht damit anders als in klassischen Laborstudien (bspw. Knorr-Cetina 1984; Latour/Woolgar 1986 [1979]) nicht die Konstruktion wissenschaftlicher Erkenntnisobjekte, sondern vielmehr die Konstruktion wissenschaftlicher Erkenntnissubjekte (vgl. Beaufaÿs 2003: 19). Auf der Grundlage und im Vergleich der Fachkulturen von Biochemie und Geschichte zeigt Beaufaÿs auf, dass das vermeintlich »neutrale« wissenschaftliche Feld als vergeschlechtlichtes Feld zu verstehen ist. Symbolische Praktiken, die zu einer glaubhaften Darstellung von Wissenschaft als Lebensform gehören, sind entscheidend für die Anerkennung als »Auserwählte« (Beaufaÿs 2003: 242ff.). Ein zentrales Ergebnis ist, dass scheinbar geschlechtsneutrale Leistungsindikatoren ungleich zugeschrieben werden, so dass junge Wissenschaftler eher als junge Wissenschaftlerinnen als leistungsfähig bewertet werden (vgl. Beaufaÿs 2003: 248). Diese Praxis ist jedoch eine implizite. Denn nicht »das Geschlecht ist per se der ausschlaggebende Faktor, ob einer Person im wissenschaftlichen Feld Leistungsfähigkeit zugeschrieben wird oder nicht, sondern das, was mit dem Geschlecht an sozialen Bezügen einhergeht.« (Beaufaÿs 2003: 249) Gerade die sich selbst als autonom verstehenden Wissenschaftsakteure erscheinen in dieser Perspektive als besonders gut eingebettet in die Scientific Community, auch wenn sie die sozialen Bedingungen ihrer wissenschaftlichen Autonomie zu vergessen gelernt haben.

Sowohl Englers wie auch Beaufaÿs' Studie lassen sich dahingehend interpretieren, dass Wissenschaftskarrieren eng mit der Genese einer wissenschaftlichen Persönlichkeit verbunden sind. Vor dem Hintergrund der Literatur zu Wissenschaftskarrieren wie auch zur Konstruktion wissenschaftlicher Akteure erscheint folglich eine Analyse der biografischen Bedeutung und Bewältigung von Karrierebedingungen und Karriereverläufen empirisch wie konzeptionell ertragsversprechend.

3. Methodische Zugänge und Überlegungen

Im Rahmen des Verbundprojekts *Vertrauen und Wissenschaftlicher Nachwuchs* (VWiN), das Karriereverläufe von NachwuchswissenschaftlerInnen in den Fächern Betriebswirtschaftslehre, Geschichtswissenschaft und Physik untersucht, wird in methodischer Hinsicht eine Kombination unterschiedlicher Verfahren verfolgt, wobei erwerbsbiografischen Interviews im Folgenden eine besondere Relevanz zukommt.[4] Die genannten Disziplinen wurden ausgewählt, da sie – so unsere Annahme auf Basis der vorliegenden Forschungsliteratur (Burren 2010; Hermanowicz 1998, 2009; Knorr-Cetina 1984; Weber 1984) – hinreichend Unterschiede in Bezug auf ihre Karrierekulturen erwarten lassen. Diese Annahme hat sich in explorativen Gruppendiskussionen in allen drei Fächern bestätigt.

Nach der Exploration fachspezifischer Karrierekulturen wurden erwerbsbiografische Interviews mit NachwuchswissenschaftlerInnen in unterschiedlichen Qualifizierungsphasen und Beschäftigungsgruppen durchgeführt. Innerhalb der bereits erwähnten Disziplinen BWL, Geschichte und Physik liegen 29 Interviews mit DoktorandInnen, Postdocs sowie JuniorprofessorInnen vor. Der Vorteil des narrativen Verfahrens liegt vor allem darin, konkrete Erfahrungen, Thematisierungen und Beurteilungen der Ausbildungs- und Erwerbsbiografie zu erlangen (vgl. Hermanns 1981). Die Konstruktion des Erhebungsinstruments und die Gestaltung der konkreten Interviewsituation orientierten sich an den Vorschlägen zu narrativen Interviews. Der Interviewleitfaden für exmanente Nachfragen deckte folgende thematische Bereiche ab: eigener Karriereverlauf, vertrauensrelevante Situationen im Karriereverlauf, Perspektiven und Planungen und Karrierebedingungen im Fach. Die Auswertung der Interviews folgt den Verfahrensvorschlägen der Grounded Theory in der Tradition von Anselm Strauss (vgl. Strauss 1987; Strübing 2014).

---

4 Es handelt sich um eine Studie, die wir gemeinsam mit KollegInnen der Ruhr-Universität Bochum als Verbundprojekt zum Thema *Vertrauen und Wissenschaftlicher Nachwuchs (WiN): Einfluss von Vertrauen auf Karrierebedingungen, Karriereentwicklungen und Karriereverläufen von Wissenschaftlichem Nachwuchs innerhalb der Hochschule* (Laufzeit 2013–2016) mit Unterstützung des BMBF durchführen (FKZ: 16FWN002/003).

4. Wissenschaftskarrieren – Exemplarische Portraits aus drei Disziplinen

Aktuelle Überblicke wie der *Bundesbericht Wissenschaftlicher Nachwuchs* (Konsortium Bundesbericht Wissenschaftlicher Nachwuchs 2013) oder Kahlerts *Riskante Karrieren* (2013) arbeiten heraus, wie prekär und brüchig Teile des wissenschaftlichen Nachwuchses in Deutschland arbeiten. Die Betonung dieser Aspekte wissenschaftlicher Karrieren ist wichtig, birgt aber zugleich die Gefahr, die Diversität individueller Verlaufsmuster und deren subjektive Verarbeitung zu vernachlässigen. Nimmt man zudem Englers Befund ernst, dass innerhalb der Professorenschaft eine nicht zu vernachlässigende Heterogenität der Wege zur Professur und der Ausprägungen wissenschaftlicher Persönlichkeit herrscht (Engler 2001: 149), so liegt die These nahe, dass dies auf den Positionen unterhalb der Professur umso mehr gilt. Die analytische Durchdringung dieser Diversität ist eine drängende Aufgabe für konzeptionelle wie materiale Studien.

4.1 Portrait 1: »das war relativer Zufall, allerdings auch unterfüttert durch zweimal summa«

Als einer der ersten Interviewpartner im Forschungsprojekt wurde Herr Maier interviewt. Zum Zeitpunkt unseres Gesprächs ist er 49 Jahre alt, promoviert in Betriebswirtschaftslehre und hat eine unbefristete Stelle im Mittelbau einer deutschen Universität inne. Das Interview fand in seinem Büro statt, dauerte ziemlich genau zwei Stunden und begann mit der Aufforderung den bisherigen wissenschaftlichen Werdegang zu erzählen.

Sein Studium beginnt Herr Maier Ende der 1980er Jahre im Anschluss an seinen Zivildienst und eine kaufmännische Lehre mit dem erklärten Ziel, wieder in die freie Wirtschaft zurückzukehren: »Und da ich aus einer Familie komme, wo auch vorher niemand studiert hat, war für mich klar, so eine Kombination aus einer kaufmännischen Lehre und BWL-Studium und dann wieder zurück irgendwie in das Unternehmen« (BWL_Maier: 10).[5] Die kaufmännische Lehre hat ihm bereits ein erstes Orientierungswissen über

---

5 Die Verweise bei Interviewzitaten beziehen sich auf eine Absatznummerierung der Transkripte. Diese Darstellung wurde gewählt, da die Interviews mithilfe von Max-QDA analysiert werden. Weiterhin wurden für den vorliegenden Beitrag behutsam sprachliche Glättungen vorgenommen. Kürzungen werden durchgängig durch Auslas-

die Inhalte der BWL verschafft und eine Rückkehr in das ehemalige Ausbildungsunternehmen gehört zu seinem damaligen subjektiven Möglichkeitshorizont. Vor Beginn des Studiums heiratet Herr Maier, was seine Studienortwahl entscheidend mitbeeinflusst:

»[…] dann mussten wir einen Ort finden, wo sie Psychologie studieren kann und ich BWL […] Das war noch zu ZVS-Zeiten und dann wurde sie […] nach ■ [≡ Stadt in D] verschickt und ich konnte dort über ■ [≡ Fach] quasi einsteigen. Das heißt also, ich war erst mal als ■ [≡ Fach] eingeschrieben und konnte […] dann auch nach zwei oder drei Semestern in die BWL rein wechseln.« (BWL_Maier: 10)

Inhaltlich beschäftigt sich Herr Maier vornehmlich mit Themen aus dem Bereich Personal, einem Themenfeld, in dem er einerseits sein Interesse an einer »verhaltenswissenschaftlich« orientierten Perspektive verwirklichen kann, aber anderseits auch Konkurrenz aus angrenzenden Fächern erfährt bzw. erfahren wird: »[…] diese Personalökonomen haben im Moment ganz viele Chancen, weil da so ein bisschen der Boom ist, und die Verhaltenswissenschaftler tun sich eher schwer« (BWL_Maier: 10). Auf diese Schwierigkeiten wird zurückzukommen sein.

Am Studienstandort lernt Herr Maier auch seinen zukünftigen Doktorvater kennen. In unserem Gespräch wird er sich immer wieder auf diese für ihn zentrale Figur beziehen. Denn er war sein »Hauptprofessur« im Studium und verkörpert für ihn zugleich die alte »Professorentradition«: »[…] wenn man sich seine Karriere angeguckt hat, dann ganz lang Doktorand, ganz lang Habilitand, dann irgendwie mit Anfang Mitte 40 eine Professur erhalten, immer mal wieder Bücher publiziert, relativ wenig in irgendwelchen Journals sich getummelt, also so, wie das früher halt war, aber ganz spannender Mann […]« (BWL_Maier: 10).

Nach Tätigkeiten als studentische Hilfskraft und Abschluss der Diplomarbeit wird Herr Maier von besagtem Professor eine halbe Mitarbeiterstelle in einem Projekt angeboten. Da an der Professur zu diesem Zeitpunkt keine reguläre Haushaltsstelle frei ist, arbeitet Herr Maier die kommenden Jahre zunächst in aufeinanderfolgenden Drittmittelprojekten, die, wie er sagt, inhaltlich nichts mit seinem Promotionsinteresse zu tun haben. Im Anschluss an die drittmittelfinanzierten Projekte wechselt er auf eine freie Haushaltsstelle und ist zunächst mit einer Menge Studierender in der Lehre und der für ihn ungewohnten Betreuung von Abschlussarbeiten konfrontiert. Unter

sungszeichen angezeigt. Die vorgenommenen Schwärzungen dienen der Anonymisierung der Interviews.

diesen Bedingungen ist eine schnelle Bearbeitung des Dissertationsthemas nur bedingt möglich. Positiv erwähnt er, dass ihm eine gute Endphase für die Promotion ermöglicht wurde: »[…] dann zum Schluss halt diese Zeit des Schreibens, da ist er mir sehr entgegengekommen« (BWL_Maier: 10). Informell wird Herr Maier durch seinen Hauptbetreuer freigestellt und kann sich um den Abschluss seiner Dissertationsschrift kümmern.

Nach Abschluss der Promotion – Herr Maier ist zu diesem Zeitpunkt Anfang 30 – kann er sich immer noch den Wechsel in die freie Wirtschaft vorstellen. Allerdings wird zu dieser Zeit auch eine Assistentenstelle (C1) an der Professur seines Doktorvaters frei, die er angeboten bekommt und auch annimmt. Mit Assistentenstelle und Promotionsergebnis im Rücken gewinnt der Gedanke an eine Wissenschaftskarriere an zusätzlicher Realität: »Also, das war relativer Zufall, allerdings auch unterfüttert durch zweimal summa, die es auf die Dissertation gab […] das war so ein Moment, wo ich dachte, ach, also die Wissenschaftskarriere, jetzt könnte sie so richtig starten.« (BWL_Maier: 10) Mit einer klaren Zeitperspektive ausgestattet, erarbeitet Herr Maier sich ein Habilitationsthema, das zum damaligen Zeitpunkt im Kommen begriffen, aber noch nicht durch viele Publikationen belegt war: »[…] sehr geschickte Wahl bis heute, so ein bisschen, also da habe ich einmal so ein bisschen strategisch gedacht« (BWL_Maier: 10). In der anschließenden Phase arbeitet er intensiv an diesem Thema, publiziert und erhebt Daten im Ausland. Für ihn unerwartet stößt er nach der Rückkehr nach Deutschland auf Publikationshürden – »die Zeitschriften haben mir die Artikel quasi zurück geschickt« (BWL_Maier: 10) –, die er rückblickend mit seiner theoretischen wie methodischen Ausrichtung erklärt. Zudem setzen sich parallel standardisierte Befragungen zu seinem Forschungsthema in den Zeitschriften durch. Die Veränderung der Spielregeln im Feld verknüpft Herrn Maier mit Zweifel an seiner persönlichen Eignung:

»Und da bin ich auch zum ersten Mal selbst ins Zweifeln gekommen, ob ich da glücklich werde, in dem Umfeld, ob ich das liefern kann, was die Szene so will. Gleichzeitig gab es auch so ein Paradigmenwechsel, dass ja die Art wie mein Chef groß geworden ist, das würde heute gar nicht mehr zählen. Also es gab da auf einmal Menschen, die waren Anfang 30 und hatten fertig habilitiert und ich war Anfang 40 und hätte noch an meiner Habil, nämlich an diesem Buch gesessen, und […] [die] kumulative Habilitation kam dann auf einmal ins Spiel.« (BWL_Maier: 10)

Unter Verweis auf das »Talent« anderer Leute und Erfahrung der »eigenen Grenzen« legitimiert Herr Maier eine Anpassung seines Aspirationsniveaus nach unten. Er zielt nun nicht mehr auf eine Professur, sondern auf eine

»Dauerstelle« im Mittelbau. Hinzu kommt für ihn die sinkende Attraktivität von Professuren aufgrund des von ihm wahrgenommenen gestiegenen Anteils von Verwaltungsaufgaben: »[…] vieles, was so ein Prof zu machen hat, erscheint mir bis heute sehr unattraktiv zu sein.« (BWL_Maier: 10)

Nachdem er sich von seinen Habilitationsplänen verabschiedet hat, bewirbt er sich an einer anderen Universität auf eine Dauerstelle, die mit der Geschäftsführung des Fachs betraut ist und wird eingestellt. Die neue Stelle empfindet er als »richtig anstrengend«, umgeben von jung berufenen Professoren und unter der Bedingung eines universitätsinternen Bedeutungsverlustes der BWL im Zuge der naturwissenschaftlichen Bemühungen um Exzellenzförderung.

»Die Profs waren immer noch ganz stolz, wenn sie irgendwie ›ah, ich habe wieder ein paar Millionen gekriegt von der Stiftung Industrieforschung‹ und dann sagte der Präsident ›also wenn das keine DFG- oder BMBF-Mittel sind, dann zählt das überhaupt nichts mehr‹. Oder dann kam einer, und hatte Geld von der Hans-Böckler-Stiftung, dann sagte der Präsident das gleiche, also das war für das Fach auch sehr schwierig gewesen.« (BWL_Maier: 10)

Die konfliktreiche Zeit an diesem Institut gehört mit zu den Einflussfaktoren, die Herrn Maier wieder an seine ehemalige Hochschule auf eine befristete Projektstelle zurückkehren lassen. Neben den Arbeitsbedingungen führt er familiäre Gründe für diese Entscheidung an. In der Zwischenzeit wurde die Professur seines mittlerweile emeritierten Doktorvaters neu besetzt. Herr Maier tritt seine Stelle bei dessen Nachfolger an und wird ihm wenige Jahre später an eine andere Universität folgen, um nach annähernd 20 Jahren im Wissenschaftsbetrieb eine unbefristete Mitarbeiterstelle einzunehmen. Insgesamt fällt Herr Maier im Rückblick ein positives Fazit.

4.2 Portrait 2: »Also ich bin so mitten im Gefecht«

Herr Albrecht ist Historiker, zum Zeitpunkt unseres Treffens 41 Jahre alt und wartet nach Einreichung seiner Habilitationsschrift auf den Fortgang des Habilitationsverfahrens. Unser Gespräch kann nicht in seinem Büro stattfinden, da er es mit mehreren Personen teilt, so dass wir einen alternativen Ort an seiner Universität vereinbaren müssen. Das Interview wird annähernd zwei Stunden dauern.

Der Historiker Albrecht hat zu Beginn der 1990er Jahre sein Magisterstudium mit Hauptfach Geschichte und zwei Nebenfächern an einer deutschen

Universität aufgenommen. Seine Studienortwahl begründet er im Interview u. a. mit den Auslandskontakten der gewählten Universität, da er ein Jahr im europäischen Ausland studieren möchte. Im Studium lernt er seinen zukünftigen Doktorvater kennen, der ihn auch bei der Abschlussarbeit betreut und ihn das Thema frei wählen lässt.

Nach Abschluss seines Studiums folgt er diesem Professor an eine Universität im europäischen Ausland: »[ich] bin dann auch relativ bald nach ■ [≡ Stadt im europäischen Ausland] umgesiedelt, als sich da abgezeichnet hat dass ich da vielleicht einen Job haben könnte und so« (GeWi_Albrecht: 12). Dort beginnt er sein Promotionsstudium, das er Anfang der 2000er Jahre abschließt. Mit der Aufnahme einer Promotion reagiert er auf die Anregungen durch besagten Professor, der auch seine Magisterarbeit betreut hat: »und [ich] hab dann einfach auch auf sein Vorschlag reagiert das in methodischer Erweiterung noch umfassender zu bearbeiten.« (GeWi_Albrecht: 12) Im ersten Jahr finanziert er sich durch Mitarbeit in einem Editionsprojekt, bevor er eine halbe Stelle an der Universität antreten kann. Die Beziehung zu seinem Doktorvater resümiert er aus heutiger Sicht folgendermaßen:

»Also ich habe eben im Studium schon Seminare bei ihm gemacht und Vorlesungen gehört und aus meiner Sicht ist das auch jemand der bereit ist und interessantes Arbeitsfeld hat und betreibt und insofern auch da einem recht viele Möglichkeiten gegeben hat. Das ist dann im Grunde auch bestehen geblieben so das Verhältnis, aus meiner Sicht heute auch noch sehr gut.« (GeWi_Albrecht: 18)

Nach Abschluss der Promotion arbeitet Herr Albrecht wieder an einem anderen Standort, diesmal wieder in Deutschland: »dann war ich drei Jahre in ■ [≡ Stadt in D] an der ■ [≡ Universität] für so ein Editionsprojekt. Das sind alles Dinge die sich mehr oder weniger zwanglos ergeben haben, aber natürlich ist es nicht vom Nachteil, wenn man da einfach ein bisschen die Augen offen hält und hinterher ist« (GeWi_Albrecht: 10). Die Arbeit im Editionsprojekt wertet er insgesamt positiv, wobei er zugesteht, dass Editionsprojekte nicht immer den besten Ruf in seiner Disziplin haben (GeWi_Albrecht: 20). Hinzu kommt, dass sie sehr arbeitsintensiv sind und unter »dem Druck der laufenden Editionen« stehen (GeWi_Albrecht: 20). Folglich kommt er zu der Einschätzung, dass wer eine Karriere planen will, bei Editionsprojekten vorsichtig sein sollte (GeWi_Albrecht: 20). Nach Ablauf der Projektfinanzierung kommt es für den Interviewten zu einer ungewollten, mehrmonatigen Phase der Arbeitslosigkeit, in der er und seine Kollegen weiter am Abschluss des Editionsprojekts arbeiten:

»[…] aber wir mussten schon, also wir die Bearbeiter dieses Editionsprojektes eben so ein bisschen selbst schauen dass wir da, dass wir da zurechtkommen und auch eben dass wir im Anschluss irgendwie irgendwo anders einen Job bekommen. Also das ist eben so ein bisschen schwierige Phase dann auch gewesen im Abschluss dieses Projekts, weil es ein sehr umfangreiches Projekt war und dadurch das ■ [≡ Prof. Name] dann emeritiert worden ist eben auch nicht so recht abzusehen war wie dann eine berufliche Zukunft überhaupt aussehen könnte« (GeWi_Albrecht: 10).

Diese Phase der Arbeitslosigkeit endet mit einer erfolgreichen Bewerbung, die ihn ins Ausland führt: »Glück gehabt« (GeWi_Albrecht: 10). Dort lernt er seine zukünftige Vorgesetzte kennen. Unter ihrer Leitung bearbeitet er – wieder an einer deutschen Universität beschäftigt – ein drittmittelgefördertes Forschungsprojekt, das er noch während seiner Auslandzeit beantragt hat. Die Übergangszeit bis zum Start des Projekts wird ihm durch ein Stipendium erleichtert. »Und ja dann war es eben schon auch ein gewisser Schritt wieder zurückzugehen nach Deutschland, aber ich hatte das Glück dass mir das erleichtert wurde eben durch ein Stipendium […] so dass ich da also ideale Voraussetzungen hatte um wieder hier so ein bisschen mich umzusehen und ja.« (GeWi_Albrecht: 10)

Seine Wanderjahre bis zum aktuellen Projekt reflektiert er folgendermaßen: »Also […] die Schwerpunkte konnte ich so ein bisschen beibehalten vom Studium her, aber natürlich ist, gibt es viele, viele Phasen wo große Unklarheit herrscht, wo auch die Zuständigkeiten sehr unklar sind und letztendlich, ja vieles auch von Kontingenzen und von persönlichen Kontakten abhängt.« (GeWi_Albrecht: 10) Die aktuelle Zeitperspektive von Herrn Albrecht ist relativ klar. Die kommenden zwei Jahre sind noch durch das Drittmittelprojekt abgedeckt. »Ich habe auch kleinere Zeiteinheiten inzwischen schätzen gelernt so im Laufe dieses befristeten Managements immer. Also zwei Jahre sind ja schon eine relativ komfortable Perspektive um an einem Thema konzentriert arbeiten zu können.« (GeWi_Albrecht: 80). Zudem hat Herr Albrecht, wie bereits oben angedeutet, zum Zeitpunkt des Interviews seine Habilitationsschrift eingereicht und wartet auf den Verlauf des Verfahrens. Da die Habilitation in der Geschichtswissenschaft weiterhin (fast) ohne Alternative ist, hängt vom erfolgreichen Ausgang des Verfahrens viel ab. Innerlich bereitet sich Herr Albrecht auf ein »Zeitfenster« für Bewerbungen auf Dauerstellen vor, das sich mit Abschluss der Habilitation öffnen wird.

4.3   Portrait 3: »Wenn ich ehrlich bin, sage ich ja ist fast das Diplom schwerer wie die Promotion«

Das Interview mit Frau Schmid, einer 31-jährigen promovierten Physikerin, findet an einer deutschen Universität, im Büro der Befragten statt. Das Gespräch dauert knapp über eineinhalb Stunden. Frau Schmid hat an einer deutschen Universität in den 2000er Jahren Physik studiert und mit Diplom abgeschlossen. Aufgrund der positiven Erfahrungen im Studium beschließt sie zu promovieren. In den darauffolgenden Jahren arbeitet sie an derselben Universität, genauer gesagt innerhalb derselben Abteilung, auf einer halben Stelle als wissenschaftliche Mitarbeiterin und sammelt in dieser Zeit auch erste Lehrerfahrung. An derselben deutschen Universität schließt sie auch ihre Promotion ab. Gegenwärtig ist die kumulative Dissertation im Fach Physik eine etablierte Alternative zur klassischen Dissertation. Frau Schmid schreibt noch eine klassische Doktorarbeit, die jedoch in großen Teilen auf bereits publizierten Aufsätzen aufbaut:

»[…] in der Physik ist es praktisch ja unheimlich wichtig dass man eben in so Zeitschriften veröffentlicht, […] ich hatte dann am Ende […] sechs Veröffentlichungen und meine Doktorarbeit bestand natürlich dann zu großem Teil aus diesen Veröffentlichungen. Das heißt, ich habe da praktisch einen großen Teil übernommen und halt noch mehr drum rum geschrieben. Also es war eine richtige Doktorarbeit aber aufgebaut auf mehrere Artikel« (Physik_Schmid: 82).

Gegen Ende ihrer Promotionsphase fällt sie laut eigenem Bekunden, die Entscheidung eine wissenschaftliche Karriere zu verfolgen: »[…] Da habe ich mir überlegt was will ich machen, habe auch damals mit meinem Doktorvater geredet was er denn davon hält, ob er glaubt ich hätte eine Chance in der Wissenschaft und habe mich da dann entschieden und […] jetzt versuch ichs noch in der Wissenschaft« (Physik_Schmid: 46). Wenige Monate nach Verteidigung ihrer Dissertation geht Frau Schmid für ein Jahr in das außereuropäische Ausland. Diesen Schritt begründet sie retrospektiv mit zwei Argumenten: zum einen will sie damit ihre bisherige Ortsgebundenheit ausgleichen und zum zweiten verweist sie auf Förderprogramme, die einen Auslandslandsaufenthalt als Förderbedingung ausweisen.[6] Die Entscheidung für einen konkreten Standort – sie bemüht sich an mehreren Stellen – ist auch den Kontakten und Empfehlungen ihres Doktorvaters ge-

---

6 Beispiele hierfür wären das Emmy-Noether-Programm der DFG, sowie die Lichtenberg-Professuren oder Freigeist-Fellowships der Volkswagenstiftung.

schuldet: »und da war es halt so dass wir praktisch schon Verbindungen zur ■ [≡ Universität im außereuropäischen Ausland] hatten und ich sozusagen den Professor schon auf Konferenzen kennengelernt hatte und ja dadurch bin ich dann eben dahin. Das ist auch, praktisch auch mein Doktorvater hat praktisch das empfohlen da hinzugehen, das sei sehr gut.« (Physik_ Schmid: 62) Ihr erstes Postdoc-Jahr nutzt sie zur Orientierung und inhaltlichen Weiterbildung: »[…] ich habe da in sehr viele verschiedene Projekte reingeschnuppert oder so, habe da praktisch sozusagen jetzt nicht großartig Führungsaufgaben wahrgenommen hab halt so viele neue Sachen gelernt […]« (Physik_Schmid: 18). Nach anfänglichen Schwierigkeiten kann Frau Schmid auch zwei Veröffentlichungen realisieren, so dass ihr Fazit insgesamt positiv ausfällt: »viele Sachen die ich da gelernt habe, wo meine Ideen angefangen haben, die konnte ich jetzt praktisch mitnehmen hierher und da haben wir dann teilweise jetzt praktisch ein Projekt raus gestartet. Also war halt, ja weiß ich nicht, wie so eine nochmalige Lernphase für mich.« (Physik_Schmid: 62)

Frau Schmid bewirbt sich während dieser Auslandsphase auf eine Ausschreibung in Deutschland. Was sie zunächst nicht weiß, ist, dass diese eher pro forma ausgeschrieben ist: »Das war eigentlich ganz, ganz lustig« (Physik_Schmid: 120). Auf Basis ihrer elektronischen Bewerbung und eines Telefoninterviews wird sie dennoch für zunächst vier Monate eingestellt. Der Plan über Frauenfördermittel oder uniinterne Projektanschubfinanzierungen eine solidere Finanzierungsbasis zu realisieren, scheitert mehrfach. Deshalb wird Frau Schmid aus diversen Projektmitteln zwischenfinanziert und der gemeinsam mit dem neuen Vorgesetzten geplante Drittmittel-Antrag wird schneller als geplant eingereicht (Physik_Schmid: 120). Den kurzen Vertragslaufzeiten ist es auch geschuldet, dass Frau Schmid in der Stadt, in der sie arbeitet, nicht wirklich ankommt. Nachdem sie zunächst ein möbliertes Zimmer angemietet hat, lebt sie nun in einer Einliegerwohnung, aus der sie »ohne großen Vorlauf« wieder ausziehen könne (Physik_Schmid: 118). Die Wochenenden verbringt sie mit ihrem Partner, mit dem sie in einer Pendelkonstellation lebt.

»[…] es ist so gewesen dass die Stelle sehr unsicher war. Also ich habe jetzt sehr häufig praktisch Dreimonatsverträge, Viermonatsverträge oder sowas und jetzt seitdem ich sozusagen dieses das Forschungsprojekt ist angenommen worden und über das Forschungsprojekt werde ich jetzt bezahlt, das ist dann ein Zweijahresvertrag.« (Physik_Schmid: 26)

Gegenwärtig ist sie in zwei Abteilungen parallel eingebunden und unterrichtet neben ihrer Forschung. Des Weiteren betreut sie nun auch Promovierende mit und wirbt erfolgreich Drittmittel ein: »jetzt letztens nochmal haben wir jetzt Forschungsantrag an die DFG geschrieben, da habe ich praktisch dann sehr viel, also mit dem Hauptteil sozusagen geschrieben.« (Physik_Schmid: 18) Auf die Frage nach ihren Habilitationsplänen weiß Frau Schmid noch nichts Konkretes zu benennen.

5. Der Wandel subjektiver Möglichkeitshorizonte und seine Relevanz für wissenschaftliche Karrieren

Auf Basis der vorangehenden drei Fallskizzen und weiterer Fälle aus dem Gesamtsample soll nun in konzeptioneller Absicht gefragt werden, welche Elemente ein analytisches Modell wissenschaftlicher Karrieren berücksichtigen sollte und wo der Anfang von ebendiesen zu suchen ist. Das empirisch gegebene Irritationspotenzial soll hier exemplarisch anhand von drei Problematisierungen aufgezeigt werden: (a) Wann beginnen wissenschaftliche Karrieren? (b) Wie verändern sich subjektive Möglichkeitshorizonte im Studium? (c) Welche Relevanz haben kleine und große Erfolge für die dauerhafte Verfolgung einer wissenschaftlichen Karriere?

5.1 Der Beginn wissenschaftlicher Karrieren

Über den Endpunkt wissenschaftlicher Karrieren im deutschen Wissenschaftsfeld herrscht gewissermaßen Einigkeit. Aufgrund der zahlenmäßig rar gesäten unbefristeten Stellen unterhalb der Professur sieht der »Normalverlauf« in Deutschland einen mal mehr, mal weniger gradlinigen Aufstieg bis hin zur Berufung auf Lebenszeit vor. Deutlich unklarer ist hingegen die Antwort auf die Frage, wann und wie wissenschaftliche Karrieren beginnen. Max Weber setzt den Beginn der wissenschaftlichen Laufbahn mit der Privatdozentur in eins (Weber 1988 [1919]: 582). Diese Sichtweise ist heute sicherlich nicht mehr mehrheitsfähig, allein schon deshalb, weil der Privatdozentur in Gestalt von Juniorprofessur und Nachwuchsgruppenleitung alternative Wege der Qualifikation für eine Professur an die Seite gestellt wurden. Die TeilnehmerInnen an unseren Gruppendiskussionen verorten den Beginn von wissenschaftlichen Karrieren relativ einhellig in der Phase nach Abschluss der Promotion. Ein differenzierteres Bild wiederum zeigt sich in den erwerbsbiografischen Einzelinterviews. Hier wird deutlich, dass karriererelevante Handlungen und Weichenstellungen auf frühere Phasen, wie das Studium oder die Promotionsphase, verweisen. Explizite Entscheidungen für eine Wissenschaftskarriere werden zwar typischerweise mit der Postdoc-Phase verknüpft, allerdings haben sie alle eine »Vorgeschichte«. So haben die Interviewees typischerweise schon seit Jahren in ihre Karriere investiert, indem sie beispielsweise gering bezahlte Tätigkeiten als studentische Hilfskräfte übernommen haben oder den BetreuerInnen ihrer Abschlussarbeit an andere Universität gefolgt sind. In den individuellen biografischen Erzählungen werden gleichwohl Kontinuitäten hergestellt und Unterbrechungen – wie ungewollte Arbeitslosigkeit – sowie Ortswechsel nach Möglichkeit in eine sinnhafte Gesamterzählung integriert.[7]

Nimmt man eine personenzentrierte Perspektive auf Wissenschaftskarrieren ein, sollte die Genese der Motivation bzw. Entscheidung für eine solche Karriere mit Gegenstand der Analyse sein. Die Genese von *Karriereambitionen mit in den Blick zu nehmen*, ist nicht neu. In seinem Stufenmodell ärztlicher Karrieren definiert Oswald Hall (1948) die Entwicklung von Karrierestreben (*generating an ambition*) als erste Karrierestufe. Diese »alte« Einsicht lässt sich produktiv für die Analyse der oben angeführten exemplarischen Verläufe aufnehmen. Engler (2001) zufolge ist die Konstruktion wissenschaftlicher Persönlichkeiten ein langwieriger Prozess, weshalb es naheliegend erscheint, die langfristige Entwicklung subjektiver Möglichkeitshorizonte bei der Untersuchung wissenschaftlicher Karrieren mit in den Blick zu nehmen.

5.2 Die Veränderung subjektiver Möglichkeitshorizonte im Studium

Für eine solche Perspektive spricht auch die Rolle des Studiums für die Genese von Karriereambitionen. Erhebungsinstrumente, wie bildungs- und er-

---

7 In den Gruppendiskussionen dokumentiert sich das Wissen darüber, dass nur ein Bruchteil der Promovierenden dauerhaft im Wissenschaftsfeld verbleibt. Folglich scheint in den Gruppendiskussionen eher auf, wann Andere zu »relevanten« KollegInnen und KonkurrentInnen werden, während in der individuellen biografischen Narration auch die »Vorgeschichte« dieser Positionsnahme im wissenschaftlichen Feld in den Blick gerät.

werbsbiografische Interviews ermöglichen einen Einblick in diese Prozesse.[8] So sind Erfahrungen als studentische Hilfskraft oder TutorIn typisch für viele unserer Befragten und können den subjektiven Möglichkeitshorizont nachhaltig verändern. Erinnert sei hier an Herrn Maier, dem promovierten Betriebswirt, der sich mit dem Ziel, nach dem Studium in die Wirtschaft zurückzukehren, für ein Studium der Betriebswirtschaftslehre entscheidet. Als erster Akademiker in seiner Kernfamilie ist das eine naheliegende Wahl im Bourdieuschen Sinne. Zum Auftakt des Studiums ist ein Verbleib an der Universität nicht Teil seines subjektiven Möglichkeitshorizontes. Das hat Herr Maier mit vielen unserer Interviewten gemein. Die Frage ist dann, was im konkreten Fall den subjektiven Möglichkeitshorizont verändert. Engler (2001: 172f.) weist in einer ihrer Fallanalysen das Verhältnis von Hilfskraft und Vorgesetzten als ein wechselseitiges Investitions- und Vertrauensverhältnis aus und deutet damit einen der Mechanismen an, der für die Transformation von Zukunftsplänen und Relevanzen von Studierenden als zentral erachtet werden kann. Die investierbaren Ressourcen sind in diesem Verhältnis ungleich verteilt, was aber der grundsätzlichen Wechselseitigkeit der Gabe von Zeit usw. nicht entgegensteht.

Was sich in den drei oben präsentierten Einzelfällen und auch in anderen Interviews deutlich dokumentiert, ist die zentrale Rolle von Professorinnen und Professoren für die Veränderung subjektiver Möglichkeitshorizonte. Frau Schmid, die oben eingeführte promovierte Physikerin, führt ihren Doktorvater in Zusammenhang mit der Entscheidung für eine wissenschaftliche Karriere an. Wie sie berichtet, nutzt sie seine Einschätzung ihrer Eignung für eine Wissenschaftskarriere für ihren Entscheidungsprozess. Andere erfahren Betreuung und Ermutigung beispielsweise im Rahmen der Bewerbung für eine Promotion an einer englischsprachigen Eliteuniversität, wie im folgenden Beispiel:

»[…] ich glaube ich hätte es auch nicht gemacht, wenn mich nicht damals die, die Frau die meine Betreuerin im Master war sozusagen, wenn die mich nicht angesprochen hätte und gesagt hätte geh promovier doch ja, einfach weil ich es mir nicht zugetraut hätte, weil ich auch nicht aus einem Haushalt komme wo das so üblich gewesen oder wo irgendjemand promoviert hätte, geschweige denn […] Irgendetwas in die Richtung gemacht hätte, genau und deshalb habe ich mich dafür entschieden sozusagen, aber nach Ermutigung […]« (GeWi_Becker: 2–4).

---

8 In vermindertem Maße sind die impliziten, vor-sprachlichen Elemente der Konstruktions- und Selektionsprozesse auf dem Weg zur Professur zugänglich. Eine Ergänzung durch ethnografische Forschungsstrategien erscheint vor diesem Hintergrund sinnvoll.

Außer der Ermutigung bekommt die Interviewpartnerin auch konkrete Hinweise, auf welche Universitäten sie sich bewerben soll. Darunter befindet sich auch eine prestigeträchtige Universität, die sie zuvor nicht in Betracht zog, an der sie aber schließlich promovieren wird. Gleichwohl, so muss hier angemerkt werden, können unterschiedliche Akteursgruppen und nicht nur die ProfessorInnen die genannte Funktion übernehmen. So berichten einzelne Interviewte auch über VertreterInnen des akademischen Mittelbaus, die ihnen geholfen und sie ermutigt haben.

5.3 Kleine und große Erfolge und die Teilnahme am Spiel

Die subjektiven Möglichkeitshorizonte der angehenden WissenschaftlerInnen werden schließlich durch Prozesse des Wertens und Bewertens beeinflusst. Wie Merton gezeigt hat, sind diese Prozesse zentrale Elemente des wissenschaftlichen Feldes: »Kontinuierliche Bewertung von geleisteter Arbeit und Anerkennung von guter Arbeit bilden einen der Mechanismen, die die Welt der Wissenschaft zusammenhalten« (Merton 1985 [1963]: 132). Das damit verbundene Streben nach Anerkennung durch die KollegInnen weist die Besonderheit auf, dass nur die Anerkennung geben können, die zugleich potentielle KonkurrentInnen sind (vgl. Engler 2001: 152). Allerdings sollte gefragt werden, inwiefern für die Einsätze im sozialen Spiel um Anerkennung und Reputation in der Wissenschaft für den wissenschaftlichen Nachwuchs dieselben Regeln gelten wie für ProfessorInnen. Typische Einsätze, um in der jeweiligen Scientific Community bekannt zu werden, sind Vorträge und Publikationen. Hier erfahren NachwuchswissenschaftlerInnen erste Erfolge. Herr Kostanzer, promovierter Wirtschaftsinformatiker, führt relativ zu Beginn des Interviews seinen ersten Erfolg an: »Und ja dann noch die ersten Publikationserfolge, also mal hier was eingereicht auf einer Konferenz, war dann gleich angenommen.« (BWL_Kostanzer: 2) Manche Interviewees nutzen eine andere Semantik, die nicht weniger aufschlussreich ist, wenn sie beispielsweise von Rezensionen als »Einstiegsdroge« (GeWi_Schindler: 120) sprechen. In Bourdieuscher Perspektive ist die Voraussetzung für die Teilnahme an den sozialen Spielen im wissenschaftlichen Feld und zugleich teilweise auch Effekt derselben, eine feldspezifische illusio:

»Jedes Feld erzeugt seine eigene Form von *illusio* im Sinne eines Sich-Investierens, Sich-Einbringens in das Spiel, das die Akteure der Gleichgültigkeit entreißt und sich dazu bewegt und disponiert, die von der Logik des Feldes aus gesehen relevanten

Unterscheidungen zu treffen [...]. Aber es ist genauso wahr, daß eine gewisse Form der Identifikation mit dem Spiel, des Glaubens an das Spiel und an das, was auf dem Spiel steht und dessen Wert das Spiel erst spielenswert macht, dem Funktionieren des Spiels vorausgeht [...]« (Bourdieu 1999: 360).

Die Anerkennung für Konferenzbeiträge oder auch die Einstiegsdroge Rezension sind aus dieser Perspektive nicht nur Einsätze im Spiel, sondern auch Elemente einer sich ausbildenden illusio. Und umso gewichtiger die Einsätze, desto größer die Folgen möchte man beinahe anfügen. Die Erfahrung positiver Bewertungen in den institutionalisierten Formen der Akkreditierung kulturellen Kapitels – hier besonders im Kontext der Promotion – kann dazu führen, dass Handlungsentwürfe angepasst werden. Deutlich wird dies beispielsweise im Fall von Herrn Maier, dem Betriebswirt, der durch die einhellig positive Bewertung seiner Gutachter (»zweimal summa«) – die ihm angebotene Assistentenstelle dürfte auch dazu beigetragen haben – seinen Plan, in die Wirtschaft zurückzukehren, aufgibt und sich stattdessen auf die Suche nach einem Habilitationsthema begibt. Einerseits sind formale Qualifikationen notwendige Hürden, um dauerhaft am ernsten Spiel der Wissenschaft teilzunehmen. Andererseits können Promotion und Habilitation auch als Initiation interpretiert werden:

»Selbstverständlich gelten für das Feld der Wissenschaft formale Eintrittskriterien wie beispielsweise der Doktortitel oder die Habilitation. Bedenkt man jedoch, auf welche Weise die Probanden zu diesen formalen Voraussetzungen gelangen – wie viel Zeit und Arbeit sie investieren, wie viel Geduld und Frustrationsvermögen sie aufbringen – wird schnell deutlich, dass es sich bei ihnen um initiatorische Akte handelt. Wer durch sie hindurchgegangen ist, fällt entweder vom Glauben ab oder ist von ihm durchdrungen.« (Beaufaÿs 2003: 247)

Dieser Aspekt wird gerne übersehen. Wenn NachwuchswissenschaftlerInnen die Phase nach der Promotion anders wahrnehmen und bewerten als ihre Promotionsphase, so muss das nicht zwangsläufig an den objektiven Bedingungen des wissenschaftlichen Felds liegen, sondern vielleicht auch an der Initiation, die Ernst und Sinn für das Spiel prägt. Die Rolle von Doktorvater oder -mutter sollte für das Erlernen dieser impliziten Regeln und des notwendigen Investitionssinns nicht unterschätzt werden. Denn »Professorinnen und Professoren sind gleichzeitig *gatekeeper* und Eingangspforte für den Nachwuchs. Jeder dieser Akteure verkörpert den Glauben des Feldes auf seine Weise, die sich nicht nur in seiner Position, sondern auch darin widerspiegelt, wie er auf diese Position gelangt ist und welchen Einflüssen er dabei unterlag und weiterhin unterliegt.« (Beaufaÿs 2003: 21, Hervorhebung im Original) Konsequenterweise müsste nun davon ausgegangen werden, dass die ProfessorInnen zumindest partiell ihre Wahrnehmungs- und Bewertungsschemata im Alltag der wissenschaftlichen Praxis auf ihren wissenschaftlichen Nachwuchs übertragen bzw. dieser sich diese aktiv zu eigen macht. Damit treten NachwuchswissenschaftlerInnen ein Erbe an, dessen Wert sie erst später im Karriereverlauf einschätzen können.[9] Als Ausgangspunkt kann hier wieder Herr Maier dienen. Wie wir gehört haben, verkörpert sein Doktorvater die »alte Professorentradition«, die er im Interview zugleich als positiv aber auch überholt wertet. Die angeeigneten Ansprüche an eine Habilitationsschrift stellen sich in seiner Perspektive als hinderlich dar, da sich die Merkmale wissenschaftlicher Qualität verschieben. Anders liegt der Fall bei Frau Stoiber, ebenfalls promovierte Betriebswirtin. Ihr Doktorvater orientiert sich stark an der internationalen Entwicklung seines Fachs und verschafft seiner Doktorandin damit einen komparativen Vorteil.

»[...] Es fing aber schon sehr stark an dass eben die Ansprüche an Methode unglaublich sich gewandelt haben, auch die Ideen eher eben vom Wissenschaftsprinzip her weg, von diesem deutschen, state of the art Denken hin zum amerikanischen schnell auf den Punkt. Also das hatte sich ja damals schon sehr stark gewandelt. Da habe ich das Glück gehabt dass mein Chef damals eben das sehr schnell erkannt hat, selber auch im Forschungsfreisemester war und in Amerika ganz viel von dem mitkriegen konnte was ich dann brauchte für meine Dissertation [...] ja also habe ich schon Glück gehabt oder einfach, vielleicht ein Gespür dafür gehabt, dann festzustellen was ich selber mir dann noch beibringen muss, damit dies, das eben auch so ist.« (BWL_Stoiber: 82–88)

Frau Stoiber orientiert sich im Promotionsprozess stärker als Herr Maier an den Strömungen ihres Fachs, die mittelfristig den Mainstream bilden werden – diese Perspektive wird nicht einfach gewählt, sondern von den ProfessorInnen vorgelebt. Zum Zeitpunkt der jeweiligen Qualifikationsarbeiten ist aber durch beide nicht abzusehen, in welche Richtung sich das Feld entwickeln wird. Denn die Regeln des Spiels sind stets umkämpft und ständig in Bewegung, auch dann, wenn sich keine revolutionären Umwälzungen oder Paradigmenwechsel abzeichnen.

---

9 Bourdieu und Passeron beziehen sich auf die Möglichkeit das »kulturelle Erbe«, das Bildungserfolge begünstigt, zu verschwenden (Bourdieu/Passeron 1985/2007: 38). Grundsätzlich müsste es denn auch möglich sein, Teile des »wissenschaftlichen« Erbes zu verschwenden. Die Frage ist dann, um welche Teile bzw. Aspekte des Erbes es gehen könnte.

6.   Zusammenfassung und offene Fragen

Nimmt man die Anzahl der vorliegenden Untersuchungen zu wissenschaftlichen Karrieren in Deutschland als Ausgangspunkt, so liegt der Befund nahe, dass in den vergangenen Jahren viel zur empirischen Aufklärung von Karriereverläufen und Selektionsmechanismen geleistet wurde und aktuell geleistet wird. Die vorliegenden Untersuchungen weisen dabei zum Teil recht unterschiedliche thematische Fokussierungen auf, so dass weiterhin auf verschiedene, nicht unbedeutende Desiderate hingewiesen werden kann. Allein der letzte *Bundesbericht Wissenschaftlicher Nachwuchs* (2013) benennt sechs Themenfelder, die für weiterführende Forschungsvorhaben von Belang sind. Folgt man weniger der Funktion der Bildungsberichterstattung, kommen zusätzliche empirische wie konzeptionelle Desiderate in den Blick. Die Entwicklung eines analytisch tragfähigen und empirisch anschlussfähigen Konzepts von wissenschaftlichen Karriereverläufen gehört sicherlich dazu. Werden Theorien als beobachtungsleitende Annahmen verstanden, die zudem auch systematisch durch Empirie herausgefordert werden sollen, stellt sich zunächst die Frage, mit welchen Annahmen über Wissenschaftskarrieren wir als Forschende gegenwärtig operieren. In einem zweiten Schritt sollten dann diese Annahmen einer empirischen Befremdung geöffnet werden.

Wissenschaftskarrieren und die Konstruktion wissenschaftlicher Persönlichkeiten werden häufig vom Endpunkt her rekonstruiert, was zunächst methodisch erklärbar ist, da diejenigen Akteure, welche das Feld wechseln, nur schwer zu erreichen sind, also typischerweise nicht zu den Befragten gehören und zudem typischerweise Personen in Erfolgspositionen befragt werden. Vor diesem Hintergrund spricht einiges dafür, in früheren Karrierephasen anzusetzen, um den kontingenten und hoch selektiven Karriereverläufen in Deutschland auf die Spur zu kommen. So spricht beispielsweise Kahlert von der Postdoc-Phase als einer »black box« (2013: 321). Im Rahmen des vorliegenden Beitrags wurden zunächst drei kontrastive Fallportraits präsentiert, die angetan sind, den Blick für die Heterogenität von Karriereverläufen des wissenschaftlichen Nachwuchses zu öffnen und damit die »black box« ein Stück weit zu öffnen. Auf den darauf folgenden Seiten wurden, in Auseinandersetzung mit qualitativen Daten, drei Problematisierungen formuliert, die eine Öffnung gängiger konzeptioneller Perspektiven angebracht erscheinen lassen: (a) Wann beginnen wissenschaftliche Karrieren? (b) Wie verändern sich subjektive Möglichkeitshorizonte im Studium? (c) Welche Relevanz haben kleine und große Erfolge für die dauerhafte Verfolgung einer wissenschaftlichen Karriere? Anhand dieser drei eng miteinander verknüpften Problematisierungen lässt sich argumentieren, dass viele Modelle den Beginn von Wissenschaftskarrieren entweder zu »spät« ansetzen oder aber die Genese von Karriereambitionen nicht angemessen berücksichtigen. Weiterhin erscheint die konsequente Miteinbeziehung von Bewertungspraktiken im Hinblick auf die Entwicklung des subjektiven Möglichkeitshorizonts ein vielversprechender Ansatzpunkt, welcher Mertons Annahme, dass die Bewertung von geleisteter Arbeit einer der zentralen Mechanismen von Wissenschaft ist (Merton 1985 [1963]: 132), in konstruktiver Weise aufnimmt. Mittels Einbeziehung dieser und verwandter Problematisierungen ist, so die hier vertretene These, ein konzeptioneller Fortschritt auf dem Wege einer Integration der Erkenntnisse aus feld- wie auch karriereanalytischen Vorarbeiten erreichbar.

Literatur

Barley, Stephen R. (1989), Careers, Identities, and Institutions: The Legacy of the Chicago School of Sociology, in: Michael B. Arthur/Douglas T. Hall/Barbara S. Lawrence (Hg.), *Handbook of Career Theory*, Cambridge, S. 41–65.

Beaufaÿs, Sandra (2003), *Wie werden Wissenschaftler gemacht? Beobachtungen zur wechselseitigen Konstitution von Geschlecht und Wissenschaft*, Bielefeld.

Beaufaÿs, Sandra/Engels, Anita/Kahlert, Heike (Hg.) (2012), *Einfach Spitze? Neue Geschlechterperspektiven auf Karrieren in der Wissenschaft*, Frankfurt/M., New York.

Bloch, Roland/Würmann, Carsten (2014), Königswege, Sackgassen, Überholspuren. Übergänge in der Wissenschaft, in: Ulf Banscherus/Margret Bülow-Schramm/Klemens Himpele/Sonja Staack/Sarah Winter (Hg.), *Übergänge im Spannungsfeld von Expansion und Exklusion. Eine Analyse der Schnittstellen im deutschen Hochschulsystem*, Bielefeld, S. 137–154.

Bourdieu, Pierre (1999), *Die Regeln der Kunst. Genese und Struktur des literarischen Feldes*, Frankfurt/M.

Bourdieu, Pierre/Passeron, Jean-Claude (2007 [1985]), *Die Erben. Studenten, Bildung und Kultur*, Konstanz.

Burren, Susanne (2010), *Die Wissenskultur der Betriebswirtschaftslehre. Aufstieg und Dilemma einer hybriden Disziplin*, Bielefeld.

Engler, Steffani (2001), *»In Einsamkeit und Freiheit?« Zur Konstruktion der wissenschaftlichen Persönlichkeit auf dem Weg zur Professur*, Konstanz.

Funken, Christiane/Rogge, Jan-Christoph/Hörlin, Sinje (2015), *Vertrackte Karrieren. Zum Wandel der Arbeitswelten in Wirtschaft und Wissenschaft*, Frankfurt/M., New York.

Hall, Oswald (1948), The stages of a medical career, *American journal of sociology*, Jg. 53, H. 5, S. 327–336.

Hermanowicz, Joseph C. (1998), *The Stars Are Not Enough: Scientists – Their Passions and Professions*, Chicago.

Hermanowicz, Joseph C. (2007), Argument and Outline for the Sociology of Scientific (and Other) Careers, *Social Studies of Science*, Jg. 37, H. 4, S. 625–646.

Hermanowicz, Joseph C. (2009), *Lives in Science: How Institutions Affect Academic Careers*, Chicago.

Hermanns, Harry (1981), *Das narrative Interview in berufsbiografisch orientierten Untersuchungen*, Arbeitspapiere des wissenschaftlichen Zentrums für Berufs- und Hochschulforschung an der Gesamthochschule Kassel 9. Kassel.

Hughes, Everett C. (1937), Institutional office and the person, *American journal of sociology*, Jg. 43, H. 3, S. 404–413.

Kahlert, Heike (2013), *Riskante Karrieren. Wissenschaftlicher Nachwuchs im Spiegel der Forschung*, Opladen u. a.

Knorr-Cetina, Karin (1984), *Die Fabrikation von Erkenntnis. Zur Anthropologie der Naturwissenschaft*, Frankfurt/M.

Konsortium Bundesbericht Wissenschaftlicher Nachwuchs (2013), *Bundesbericht Wissenschaftlicher Nachwuchs 2013. Statistische Daten und Forschungsbefunde zu Promovierenden und Promovierten in Deutschland*, Bielefeld.

Latour, Bruno/Woolgar, Steve (1986 [1979]), *Laboratory Life. The Construction of Scientific Facts*, Princeton.

Laudel, Grit/Gläser, Jochen (2008), From apprentice to colleague. The metamorphis of Early Career Researchers, *Higher Education*, Jg. 55, H. 3, S. 387–406.

Mannheim, Karl (1964 [1930]), Über das Wesen und die Bedeutung des wirtschaftlichen Erfolgsstrebens: ein Beitrag zur Wirtschaftssoziologie, in: Ders., *Wissenssoziologie*, Berlin u. a., S. 625–687.

Merton, Robert K. (1985 [1963]), Die Ambivalenz des Wissenschaftlers, in: Ders.: *Entwicklung und Wandel von Forschungsinteressen. Aufsätze zur Wissenschaftssoziologie*. Frankfurt/M., S. 117–146.

Schmeiser, Martin (1994), *Akademischer Hasard. Das Berufsschicksal des Professors und das Schicksal der deutschen Universität 1870–1920*, Stuttgart.

Strauss, Anselm L. (1987), *Qualitative analysis for social scientists*, Cambridge u. a.

Strübing, Jörg (2014), *Grounded Theory. Zur sozialtheoretischen und epistemologischen Fundierung eines pragmatistischen Forschungsstils*, Wiesbaden.

Weber, Max (1988 [1919]), Wissenschaft als Beruf, in: Ders.: *Gesammelte Aufsätze zur Wissenschaftslehre*, Tübingen, S. 582–613.

Weber, Wolfgang (1984), *Priester der Clio. Historisch-sozialwissenschaftliche Studien zur Herkunft und Karriere deutscher Historiker und zur Geschichte der Geschichtswissenschaft 1800–1970*. Frankfurt/M. u. a.

Autorinnen und Autoren

Lars Alberth, Dr. rer. soc., ist wissenschaftlicher Mitarbeiter im Arbeitsbereich Arbeits- und Organisationssoziologie an der Leibniz Universität Hannover. Arbeitsschwerpunkte: Folgen formalisierter Leistungsbewertung an Hochschulen; Professionen und generationale Ordnung im Kinderschutz; Räumlichkeit, Körper und Gefühlsmanagement in Umkleiden von Fitnessstudios; Fabrikation sozialer Sichtbarkeit. Aktuelle Publikationen: *Die Fabrikation europäischer Kultur. Zur diskursiven Sichtbarkeit von Herrschaft in Europa*, Bielefeld 2013; *Kulinarisches Kino. Interdisziplinäre Perspektiven auf Essen und Trinken im Film*, Bielefeld 2013 (mit Daniel Kofahl und Gerrit Fröhlich); *Kinderschutz. Wie kindzentriert sind Programme, Praktiken, Perspektiven?*, Weinheim und Basel 2014 (mit Doris Bühler-Niederberger und Steffen Eisentraut).

Eva Barlösius (*1959), Dr. phil., ist Professorin für Makrosoziologie an der Leibniz Universität Hannover. Davor war sie Professorin an der Universität Hohenheim und der Universität Duisburg-Essen. Arbeits- und Forschungsschwerpunkte: Wissenschaftssoziologie, Soziologie des Essens, Ungleichheitssoziologie. Zentrale Publikationen: *Dicksein, Wenn der Körper das Verhältnis zur Gesellschaft bestimmt.* Frankfurt/M. 2014, *Pierre Bourdieu – eine Einführung.* 2. Auflage. Frankfurt/M. 2011, *Soziologie des Essens. Eine sozial- und kulturwissenschaftliche Einführung in die Ernährungsforschung.* 2., völlig überarbeitete und erweiterte Auflage. Weinheim 2011.

Oliver Berli, Dr. phil., ist wissenschaftlicher Mitarbeiter der Professur für Erziehungs- und Kultursoziologie an der Universität zu Köln. Arbeits- und Forschungsschwerpunkte: Kultursoziologie, Wissens- und Wissenschaftssoziologie, Soziologie des Wertens und Bewertens, Methoden der Qualitativen Sozialforschung. Zentrale Publikationen: *Wissen und soziale Ungleichheit*, Weinheim 2013 (mit Martin Endreß); *Grenzenlos guter Geschmack. Die feinen Unterschiede des Musikhörens*, Bielefeld 2014; *Dinge befremden. Essays zu materieller Kultur*, Wiesbaden 2016 (mit Julia Reuter).

Nadja Bieletzki (*1980), Dr. des., ist wissenschaftliche Mitarbeiterin am Institut für Soziologie und Koordinatorin des Leibniz Forschungszentrums Wissenschaft und Gesellschaft an der Leibniz Universität Hannover. Sie ist Trägerin des Ulrich-Teichler-Preises für hervorragende Dissertationen in der Hochschulforschung. Arbeits- und Forschungsschwerpunkte: Hochschul- und Wissenschaftsforschung. Zentrale Publikationen: ›Möglichst keine Konflikte in der Universität‹ – Qualitative Studien zu Reformprojekten aus Sicht von Universitätspräsidenten, in: Uwe Wilkesmann/Christian J. Schmidt (Hg.), *Hochschule als Organisation*, Wiesbaden 2012, S. 155–164; The Power of Collegiality – A qualitative analysis of university presidents' leadership in Germany (noch unveröffentlichte Dissertation an der Leibniz Universität Hannover).

Roland Bloch (*1975), Dr. rer. pol., ist wissenschaftlicher Mitarbeiter am Institut für Soziologie der Martin-Luther-Universität Halle-Wittenberg und Mitglied der DFG-Forschergruppe »Mechanismen der Elitebildung im deutschen Bildungssystem«. Arbeits- und Forschungsschwerpunkte: Elitesoziologie, insbesondere Stratifikationen im Feld der Hochschulbildung, Hochschulforschung/-soziologie, insbesondere die Struktur und Organisation der akademischen Lehre und Karriere. Zentrale Publikationen: *Flexible Studierende. Studienreform und studentische Praxis*, Leipzig 2009; *Making Excellence. Grundlagen, Praxis und Konsequenzen der Exzellenzinitiative*, Bielefeld 2008 (mit Andreas Keller, André Lottmann und Carsten Würmann); *Wer lehrt warum? Strukturen und Akteure akademischer Lehre an deutschen Hochschulen*, Leipzig 2014 (mit Monique Lathan, Alexander Mitterle, Doreen Trümpler und Carsten Würmann).

Hannah Burger (*1981), Soziologin, ist wissenschaftliche Mitarbeiterin an der Universität Augsburg. Ihre Arbeits- und Interessensschwerpunkte liegen im Bereich der qualitativen Forschung zu Bildung, Migration und Ungleichheit, insbesondere im Kontext von Hochschule und Wissenschaft. Aktuelle Publikation: *Organisierte Karrieren. Zur multimethodisch-multiperspektivischen Untersuchung akademischer Trajektorien* (mit Julia Elven, Jörg Schwarz und Franziska Teichmann), in: Michael Göhlich, Michael/Susanne Maria Weber/Andreas Schröer/Michael Schemmann (Hg.), *Organisation und Methode. Beiträge der Kommission Organisationspädagogik*, Wiesbaden 2016.

Julia Elven (*1979), Dipl.-Soz., ist stellvertretende Projektleiterin des Forschungsprojekts »Trajektorien im akademischen Feld – Habitus als Ermöglichungsstruktur wissenschaftlicher Nachwuchskarrieren« (Universität Augsburg). Forschungsschwerpunkte: Arbeits- und Organisationssoziologie, Bildungssoziologie, Fragestellungen der Laufbahnforschung, sowie der Erforschung sozialen Wandels. Zentrale Publikationen: Entrepreneurial Diversity oder unternehmerische Ungleichheit? *Der pädagogische Blick* 2010, (18), H.2, S. 95–105; Organisation, Lernen, Wandel: Konturierung einer praxeologischen Organisationspädagogik, in: Andreas Schröer (u.a.), *Organisation und Theorie*, Wiesbaden 2016 (mit Jörg Schwarz). Praxeologische Reflexivität und beraterische Reflexivität, in: Susanne Weber/Julia Elven, *Beratung in symbolischen Ordnungen*, Wiesbaden, i.V.

Angela Graf (*1981), Dr. phil., ist seit 2015 wissenschaftliche Mitarbeiterin am Lehrstuhl für Wissenschaftssoziologie an der TU München. Arbeits- und Forschungsschwerpunkte: Wissenschaftssoziologie, Elitesoziologie, Soziale Ungleichheit/Sozialstrukturanalyse, Macht- und Herrschaftsstrukturen, Bildungssoziologie/Hochschulforschung. Aktuelle Publikationen: *Die Wissenschaftselite Deutschlands. Sozialprofil und Werdegänge zwischen 1945 und 2013*, Frankfurt/M. 2015; *Bildung – Macht – Eliten. Zur Reproduktion sozialer Ungleichheit*, Frankfurt/M. 2015 (mit Christina Möller).

Matthias Hahn ist wissenschaftlicher Mitarbeiter im Arbeitsbereich Arbeits- und Organisationssoziologie an der Leibniz Universität Hannover. Arbeitsschwerpunkte: Organisationssoziologie, Dokumentarische Organisationsforschung, Praxistheorien. Aktuelle Publikationen: *Scheitern – Organisations- und wirtschaftssoziologische Analysen*, Wiesbaden 2014 (mit Jens Bergmann, Antonia Langhof und Gabriele Wagner).

Heike Kahlert, Dr. rer. soc. habil., ist seit 2014 Universitätsprofessorin für Soziologie/Soziale Ungleichheit und Geschlecht an der Ruhr-Universität Bochum und seit 2012 assoziiertes Mitglied des Center for Feminist Social Studies (CFS) der Universität Örebro in Schweden. Arbeitsschwerpunkte: Transformationen des Wissens in der Moderne, Geschlechterverhältnisse und sozialer Wandel im Wohlfahrtsstaat, Institutionalisierte Ungleichheiten im Bildungswesen, gleichstellungsbezogene Organisationsentwicklung im Public-Profit-Bereich. Zentrale Buchpublikationen: *Weibliche Subjektivität. Geschlechterdifferenz und Demokratie in der Diskussion*. Frankfurt/M., New York 1996; *Gender Mainstreaming an Hochschulen. Anleitung zum qualitätsbewussten Handeln*, Opladen 2003; *Riskante Karrieren. Wissenschaftlicher Nachwuchs im Spiegel der Forschung*. Opladen, Berlin, Toronto 2013.

Hildegard Matthies (*1952), Dr. rer. pol., ist wissenschaftliche Mitarbeiterin am Wissenschaftszentrum Berlin für Sozialforschung, Forschungsgruppe Wissenschaftspolitik. Ihre Forschungsschwerpunkte sind Berufsbiographien, Identitäten und Karrieren in der Wissenschaft. Ausgewählte Publikationen: *Erfolg, Konstellationen und Paradoxien einer gesellschaftlichen Leitorientierung. Leviathan* Sonderband 29, Baden-Baden 2014 (mit Denis Hänzi und Dagmar Simon); *Die Responsivität der Wissenschaft. Wissenschaftliches Handeln in Zeiten neuer Wissenschaftspolitik*, Bielefeld 2015 (mit Dagmar Simon und Marc Torka); Ignorieren – Anpassen – Widersetzen. Wie Wissenschaftler_innen auf die Anrufungen der neuen Governance antworten, *Feministische Studien* Jg. 34., H. 1, 2016, S. 23–38 (mit Stella Rehbein).

Sigrid Metz-Göckel, Prof. Dr. (i.R.), war von 1976 bis 2005 Hochschullehrerin und Leiterin des Hochschuldidaktischen Zentrums sowie der Frauenstudien der Universität Dortmund. Forschungsschwerpunkte: Wissenschaftspolitik und Nachwuchsförderung, Bildungs- und Hochschulforschung (Koedukations- und Fachkulturforschung, Bildungs- und Wissenschaftskarrieren in geschlechterdifferenzierender Perspektive) sowie Frauen- und Geschlechterforschung (Implementation des Gender Mainstreaming, Eliten und Frauen, wissenschaftliche Karrieren und Elternschaft). Zentrale Publikation: *Karrierefaktor Kind. Zur generativen Diskriminierung im Hochschulsystem*, Opladen 2014 (mit Kirsten Heusgen, Christina Möller, Ramona Schürmann und Petra Selent).

Heiner Minssen (*1951), Dr. rer. soc., ist seit 1994 Professor für Arbeitsorganisation und Arbeitsgestaltung an der Ruhr-Universität Bochum. Arbeits- und Forschungsschwerpunkte: Arbeits- und Industriesoziologie, Organisationssoziologie, Managementsoziologie. Zentrale Publikationen: *Von der Hierarchie zum Diskurs? Die Zumutungen der Selbstregulation*, München und Mering 1999; *Bindung und Entgrenzung. Eine Soziologie international täti-

ger Manager, München und Mering 2009; *Arbeit in der modernen Gesellschaft,* Wiesbaden 2012; *Lexikon der Arbeits- und Industriesoziologie,* Berlin 2013 (mit Hartmut Hirsch-Kreinsen).

Christina Reul (*1985), Magistra Kommunikationswissenschaft und Germanistik, ist seit 2014 im Projekt »Vertrauen und Wissenschaftlicher Nachwuchs« am Lehrstuhl für Arbeitsorganisation und Arbeitsgestaltung, Institut für Arbeitswissenschaft der Ruhr-Universität Bochum, zunächst als wissenschaftliche Hilfskraft danach als Mitarbeiterin tätig. Arbeits- und Forschungsschwerpunkte: Hochschulforschung, Bildungs- und Organisationssoziologie.

Julia Reuter (*1975), Dr. phil., ist seit 2012 Professorin für Erziehungs- und Kultursoziologie an der Universität zu Köln. Arbeits- und Forschungsschwerpunkte: Soziologische (Kultur-)Theorien, Postcolonial Studies, Migrationssoziologie, Körper- und Geschlechtersoziologie, ausgewählte Fragen der Bildungs- und Wissenschaftssoziologie. Zentrale Publikationen: *Ordnungen des Anderen. Zum Problem des Eigenen in der Soziologie des Fremden,* Bielefeld 2002; *Professor mit Kind. Erfahrungsberichte von Wissenschaftlern,* Frankfurt/M. 2008 (mit Günther Vedder und Brigitte Liebig); *Geschlecht und Körper. Studien zur Materialität und Inszenierung gesellschaftlicher Wirklichkeit,* Bielefeld 2011.

Caroline Richter (*1978), diplomierte Sozialarbeiterin und Sozialpädagogin mit Master in Beratung und Sozialem Recht, ist seit 2009 als wissenschaftliche Mitarbeiterin am Lehrstuhl für Arbeitsorganisation und Arbeitsgestaltung, Institut für Arbeitswissenschaft der Ruhr-Universität Bochum tätig. Arbeits- und Forschungsschwerpunkte: Vertrauenssoziologie, Organisationssoziologie und -beratung, Diversity und Diversität. Zentrale Publikationen: »Black-Box« Hochschulpersonal: Plädoyer für die Einbindung einer kaum beachteten Zielgruppe, in: *Hochschule und Diversity: Theoretische Zugänge und empirische Bestandsaufnahme,* Weinheim/Basel 2012; Welche Chance auf eine Professur hat Wissenschaftsnachwuchs mit Behinderung? Selektivität und Exklusion in der Wissenschaft, *Beiträge zur Hochschulforschung* 2016.

Manuela Tischler ist wissenschaftliche Mitarbeiterin an der Professur Erziehungs- und Kultursoziologie an der Universität zu Köln. Ihre Arbeits- und Forschungsschwerpunkte liegen in den Bereichen Wissenschaftssoziologie und Hochschulforschung sowie Methoden der empirischen Sozialforschung. Promotionsvorhaben zu »Vertrauen und wissenschaftlichem Nachwuchs«. Aktuelle Publikation: Die Arbeit von Wissenschaftler_innen im Spiegel des wissensbasierten Wandels von Qualifikation, Bildung und Arbeit, *Soziologische Revue,* Jg. 38, H. 1, 2015, S. 63–75 (mit Julia Reuter und Oliver Berli).

Günther Vedder (*1965), Dr. rer. pol., Diplom-Kaufmann und Diplom-Soziologe, ist wissenschaftlicher Mitarbeiter am Institut für interdisziplinäre Arbeitswissenschaft der Leibniz Universität Hannover. Arbeits- und Forschungsschwerpunkte: Zeitknappheit in Organisationen, Familienorientierte Personalpolitik, Diversity Management, Zukunft der Arbeit,

Boreout im Beruf. Aktuelle Publikationen: Günther Vedder/Florian Krause (Hg.) (2016), *Personal und Diversität*, München/Mering; Günther Vedder/Ella Korinth, Wenn die Unterforderung am Arbeitsplatz krank macht ..., in: Johanne Pundt/Viviane Scherenberg (Hg.), *Gesundheit im Unternehmen – zwischen Kulturwandel und Profitkultur*, Bremen 2015, S. 313–334.

Gabriele Wagner, Dr. habil., ist Professorin für Arbeits- und Organisationssoziologie am Institut für Soziologie der Leibniz Universität Hannover. Arbeits- und Forschungsschwerpunkte: Arbeits- und Organisationssoziologie, Soziologie der Anerkennung. Zentrale Publikationen: Die Organisation des Erfolgs. Regulierung verunsicherter Anerkennungsansprüche. in: Denis Hänzi/Hildegard Matthies/Dagmar Simon (2014) (Hg.), Erfolg. Konstellationen und Paradoxien einer gesellschaftlichen Leitorientierung. *Leviathan Sonderband 29*. Baden-Baden, Nomos, 105–122 (mit Stephan Voswinkel); Die Person als Leistungskraft. Anerkennungspolitiken in Organisationen, *Leviathan*, Jg. 40, 2012, S. 591–608 (mit Stephan Voswinkel); Ein »neuer Geist des Kapitalismus«? Paradoxien der Selbstverantwortung. *Österreichische Zeitschrift für Soziologie*, Jg. 32, 2007, S. 3–24.